Stefan Jurczyk

Symbolwelten

Studien zu „Caliban über Setebos" von Arno Schmidt

Stefan Jurczyk

Symbolwelten

Studien zu „Caliban über Setebos" von Arno Schmidt

LITERATURWISSENSCHAFT

Für meinen Vater
Herbert Jurczyk (1924-1978)

Dieses Buch wurde als Dissertation der Philosophischen Fakultät der Westfälischen Wilhelms-Universität Münster (Kennziffer D 6) angenommen.

Stefan Jurczyk
Symbolwelten. Studien zu „Caliban über Setebos" von Arno Schmidt
1. Auflage 1991 (Literatur- und Medienwissenschaft ; Bd. 61) | 2. Auflage 2010
ISBN: 978-3-89621-228-3
Satz: Malena Brandl
© IGEL Verlag Literatur & Wissenschaft, Hamburg, www.igelverlag.com
Alle Rechte vorbehalten.
Igel Verlag Literatur & Wissenschaft ist ein Imprint der Diplomica Verlag GmbH
Hermmanstal 119 k, 22119 Hamburg
Printed in Germany

Die Deutsche Bibliothek verzeichnet diesen Titel in der Deutschen Nationalbibliografie.
Bibliografische Daten sind unter http://dnb.d-nb.de verfügbar.

Inhaltsverzeichnis

I. Einleitung 6

„Caliban über Setebos" als ein zentraler Text der mittleren Werkphase Arno Schmidts • Forschungslage • Absicht dieser Studien • Textgrundlage

II. Formen 13

Die Fabel • Abenteuerliches Erzählen • Struktur der Vermutung: Labyrinthe • Die Konstruktion des Ortes • Die Figur Düsterhenn • Der Duktus des Erzählens • Das Komische • Burleske Welt: Rabelais • Groteske Darstellungsformen in „Caliban über Setebos": die instabile Welt • Das Groteske als Schlüssel zum späten Schmidt.

III. Psychoanalyse 31

III. 1. Mit Kara Ben Nemsi nach Schadewalde 31

Die burleske Abenteuererzählung Mays als Muster • Die kryptische May-Folie • „Himmelsgedanken" und Spätwerk • Die Orientreise nach Schadewalde: Wendepunkt eines Künstlerlebens

III. 2. „Sitara", oder die Geburt der „Etym"-Theorie 41

„Sitara": Kopfgeburten eines okkasionell Invertierten • Etyms: Ursprache des Unbewußten? • Schmidts Vulgata-Version von Freud • Der monosemierende F/S-Code

III. 3. Psychoanalyse in „Caliban über Setebos" 57

Poetologische Leseanweisungen: Traumtext • Variationen zu Edgar Allan Poe • Dr. med. Roland S., Analytiker • Pathographie eines Schlagertexters • Dr. med. Wilhelm F., Nasenarzt • Sexuelle Überdeterminierung • „Caliban über Setebos" als Urmythos der Etym-Theorie

III. 4. Selbstanalyse: autobiographische Spiegelungen 70

Orpheus, ein Selbstdeutungsmythos • ‹Erste & Letzte Lieben›: der Johanna-Wolff-Komplex • Autobiographische Spiegelungen

IV. Der Spiegel der Literatur 80

IV. 1. Das Zitat in der Erzählkunst Arno Schmidts 80

Techniken der Zitation • Subtexte • Der Leser als erweiterter Autor • „Meta=Litteratur"

IV. 2. Dichter und ihre Gesellen 83

Scherz-satirisches Rattengift: Grabbe • Balduin Bählamm in Schadewalde: Destruktion der Idylle • Storm: „Immensee" und „Späte Rosen" • Spitteler: „Imago" • Travestiekunst: Offenbach

IV. 3. Ein Monster und sein Demiurg 99

Das Monster Caliban: Shakespeare • Brownings Soliloquium: der Gnostiker Caliban • Die Gnosis bei Arno Schmidt

IV. 4. „Der Bäcker, der seine eigenen Brötchen anbetet": Rilke 113

Die Travestie der „Sonette an Orpheus" bei Schmidt • Rilke als Dichterpriester • Der Sänger auf dem Schiff • Rilke, die Psychoanalyse und Schmidt • Paramythie

IV. 5. Der Meistersänger von Schadewalde 130
> Wagners „metaliterarische" Literaturoper in „Caliban über Setebos" • Die „Etym"-Dichtung der Orpheus-Inkarnation Walther von Stolzing • Düsterhenn: Ein Porträt des Meistersingers als alternder Mann

V. Mythologie 142

V. 1. Mythentheorien 142
> Der Mythos bei Schmidt • Mythen als „ins Narrative gewendete Psychoanalyse" • Vorbild Joyce? • Thomas Mann und der Mythos • Travestie: der Lachaspekt am Mythos

V. 2. Vom Werden des Dichters: die Katabasis des Orpheus 152
> Düsterhenn und die Metamorphosen des Orpheus • Schmidts Orpheus-Erzählung: eine „hochmanieristische Travestie" • „Orpheus" als Produktionskonstellation • Orpheus: ein „Monomythos"

V. 3. Ein germanischer Gott und ein griechischer Jäger 161
> Wotans Ritt nach Hel • Ägyptologie? • Jagdzeit in Schadewalde • Die „Jägertapete" als Kulisse eines mythologischen Spiels: Aktaion • Der Aktaion-Mythos als Folie von Düsterhenns masochistischer Gynäkophobie

V. 4. Der „Phall" des Voyeurs: Pentheus 170
> Die „Bakchen" des Euripides in „Caliban über Setebos" • Dionysos, der Teufel, Mephisto • Düsterhenn als entdeckter Voyeur Pentheus • Der bakchantische Dionysos Tulp • Dionysische Riten in Schadewalde • Psychopathographie des Pentheus - die Charakterneurose Düsterhenns • Bedeutungsgehalt der „Bakchen": das Rohe und das Gekochte • Bedeutungsverengung der „Bakchen" bei Schmidt

VI. Symbolwelten 186
> Mythen als ein System von Spiegeln • Arbeit gegen den „Absolutismus der Wirklichkeit" • Das wilde Denken • Psychoanalyse und Literatur • Der „F/S"-Großmythos • Die „Caliban"-Welt: Symbolsysteme

Literaturverzeichnis 196

Siglen 216

I. Einleitung

Arno Schmidt „…bezog 1959 mit seiner Alice in abgelegener Gegend eine Bruchbude, um zu schriftstellern; kam aber auf keinen grünen Zweig und verfiel mehr und mehr dem Maggi-Suff. Ein liebenswerter Gesell – von seinen Werken aber spricht heute kein Mensch mehr."[1] Entgegen dieser launigen Meinung begünstigte der Umzug Arno Schmidts nach Bargfeld, einem Dorf in der südlichen Lüneburger Heide, die Entwicklung eines neuen produktiven Abschnitts seines Werkes;[2] mehr noch: die einsetzende Selbstisolation in der menschenarmen, entlegenen Region wandelte Schmidts Selbst- und Weltverständnis – und mit diesem seine künstlerische Produktion.[3] Wolfgang Proß setzt mit dem dort als erstes neues Werk entstandenen Roman „Kaff, auch Mare Crisium", erschienen 1960, den Beginn der mittleren Werkperiode an, die er bis zum Erscheinen von „Zettels Traum" im Jahre 1970 datiert.[4] Für Volker Wehdeking markiert dieser Umzug nach Bargfeld gar den Beginn der zweiten und letzten attraktiven Werkphase, die er mit den Jahreszahlen 1960 bis '64 enger faßt, den monolithischen Block „Zettels Traum" dabei außen vor lassend.[5] Ob Schmidt dabei auf einen „grünen Zweig" kam, muß in ökonomischer Hinsicht gewiß verneint, in ästhetischem und künstlerischem Ertrag aber Gegenstand einer kritischen Diskussion sein.

In diesem mittleren Werkabschnitt entstanden hauptsächlich der von phonetischer Anarchie geprägte, auch drucktechnisch auf zwei Ebenen spielende Roman „Kaff, auch Mare Crisium"; die deutlich von Schmidts individueller Freud-Rezeption Zeugnis gebende Karl-May-Studie „Sitara" (1963);

---

[1] Paul Burg-Schaumburg; zitiert nach: Der Rabe. Nr. 29, Seite 212.

[2] Nicht zu unrecht teilt Hans Wollschläger die Perioden von Schmidts Werk nach den Entstehungsorten ein (vgl. Wollschläger: Insel, Seite 32) – auch darin selbstverständlich Schmidt selbst folgend: „…wie immer bei dem Geschlecht der feinsten Wortriesen, die die Epochen ihres Lebens nicht nach *Daten* rechnen, sondern nach den *Großveränderungen des Ortes*…" (Schmidt: Herder, zitiert nach der „Bargfelder Ausgabe", Werkgruppe II, Band 2 (künftig abgekürzt: BA II/2 etc.), Seite 107).

[3] Vgl. Witt: Dädalus, Seite 185: „Nach seinem Umzug veränderten sich Blickwinkel und Erlebnisweise des Schriftstellers. Und ein, wie Schmidt meinte, biologisch bedingter 'Um=Bau' seiner Persönlichkeit wäre wohl nicht so extrem und so folgenreich ausgefallen, hätte nicht Isolierung ihn verstärkt und verabsolutiert. Es entstanden radikale Wandlungen seines Wirklichkeitsverhältnisses, seines Traditionsbezugs, seiner literarischen Intentionen."

[4] Proß: Schmidt, Seite 69: „'KAFF' ist exemplarisches Beispiel für den Übergang von der ersten zur zweiten schriftstellerischen Phase Schmidts…".

[5] Wehdeking: Nachkriegsliteratur, Seite 274; Wehdeking parallelisiert hier Schmidts frühe und mittlere Werkphase mit der Entwicklung der deutschen Nachkriegsliteratur: „Seine zwei produktivsten und attraktivsten Werkphasen, 1949 – 1957, von *Leviathan* bis *Die Gelehrtenrepublik*, und 1960 – 1964, von *Kaff auch Mare Crisium* bis *Kühe in Halbtrauer*, fallen mit jenen von Böll und Koeppen für die ersten wichtigen Nachkriegsromane, mit Grass, Böll, Johnson, Walser und Andersch für die zweite Periode zusammen."

die „Ländlichen Erzählungen"[6] der Sammlung „Kühe in Halbtrauer" (1964) und die wichtigen Dialog-Essays des Bandes „Der Triton mit dem Sonnenschirm. Großbritannische Gemütsergetzungen" (1969), in dessen Joyce-Essays und -Nachtprogrammen eine explizite Darlegung der „Etym"-Theorie zu finden ist. In Bezug auf die Verwandtschaft des Themas (wie in „Sitara" eine eigenwillige literaturpsychoanalytische Studie zu einem Autor des 19. Jahrhundert), der Übernahme von Erzählsituation und Handlungsführung eines der Texte aus „Kühe in Halbtrauer" („Die Wasserstraße"[7]) sowie der zum Abschluß kommenden Entwicklung der „Etym"-Theorie gehört „Zettels Traum" im Grunde auch zu dieser mittleren Werkepoche. Die späteren Typoskripte „Die Schule der Atheisten", „Abend mit Goldrand" und das unvollendet hinterlassene Werk „Julia, oder die Gemälde" sind als szenenhaft aufgebaute Dialogromane, in denen die „Etym"-Theorie nicht mehr explizit diskutiert wird, deutlich von dem „Roman-Essay" „Zettels Traum" zu unterscheiden, so daß diese drei Werke das eigentliche Spätwerk bilden.

Zählt man nun „Zettels Traum" hinzu oder nicht, die mittlere Werkperiode bildet mit ihren deutlichen Akzentverlagerungen und Neuansätzen in Poetologie, Thematik und Sprachverwendung – angeregt durch den tiefgreifenden Einfluß, die Welt- und Selbstwahrnehmung verändernde, gleichzeitige Rezeption von Joyce und Freud ab Ende der fünfziger Jahre – die wohl interessanteste Schaffensperiode im Werk Schmidts. Und dies um so mehr, läßt man sich bei der Interpretation dieser Werke auf die Charakteristika des Übergangshaften, der Stellung zwischen dem realitätszugewandten, sprachlich und kompositorisch vom Erbe des Expressionismus zehrenden, handlungsreich „...die für ihn archetypische Situation des Schiffbrüchigen..."[8] variierenden Frühwerk und den nachhaltig von der späten Poetologie der „Etym"-Theorie geprägten, die Literatur und die Sprache selbst thematisierenden, nahezu esoterischen Typoskripten ein.[9]

---

[6] So der Titel der Sammlung innerhalb der „Bargfelder Ausgabe": „LÄNDLICHE ERZÄHLUNGEN war einer der von Schmidt in Briefen genannten Arbeitstitel und wurde von ihm auch nach Erscheinen des Sammelbandes in Gesprächen gebraucht." („Editorische Nachbemerkung" in BA I/3, Seite 541).

[7] Vgl. zu der Deszendenz des Großbuches „Zettels Traum" von der kleinen Erzählung den Aufsatz von Thomas Meurer: „Arno Schmidt. Die Wasserstraße".

[8] Proß: Schmidt, Seite 51.

[9] Das Reizvolle dieses Übergangshaften der mittleren Werkperiode betont auch Josef Huerkamp: „Immer interessanter wird derart diese 'mittlere' Schaffensperiode im Werk Schmidts (...). Daß diese ganze Phase nur 'von hinten' gelesen werden kann, also von den theorieartigen Gebilden der Etymtheorie, der Vierten Instanz, den Dioramen, wie sie in 'Zettels Traum' dann entwickelt werden, sollte aber nicht dazu führen, die fruchtbaren Unsicherheiten und Ungeklärtheiten der 'mittleren' Phase zu bloßen Vorstufen des magnum opus zu mediatisieren. Gerade dort, wo die Rationalisierung noch nicht alle Textelemente subsumieren konnte, gerade dort sind womöglich die überraschendsten Entdeckungen möglich." (Huerkamp: Klarglaswitzbold, Seite 223). Widerspruch muß allerdings die Behauptung hervorrufen, die ge-

Die zehn Texte der Sammlung „Kühe in Halbtrauer", allesamt funkelnde Capriccios, denen das Bewußtsein, am Ende der Moderne zu stehen, eingeschrieben ist,[10] sind somit die letzten erzählenden Texte Schmidts, die in der Form 'klassischer' kurzer Erzählungen erscheinen. Zumeist handlungsarm, thematisieren die mehrschichtig angelegten Texte vor allem Literatur und Sprache, reflektieren ihre eigene Literarizität. „Caliban über Setebos", der zuletzt entstandene Text der Sammlung,[11] nimmt in mehrfacher Hinsicht eine Sonderstellung innerhalb der „Ländlichen Erzählungen" ein. Es ist der mit Abstand umfangreichste,[12] gilt als einer der schwierigsten und verschlüsseltsten Texte Schmidts und ist im Vergleich mit den anderen Texten der Sammlung ungewöhnlich handlungsreich. Daß Arno Schmidt sich der Komplexität des Stückes bewußt war, belegt nicht nur die oft zitierte Stelle aus einem Brief an Jörg Drews („Ich habe mir erlaubt, zweistimmig zu singen; mit 3000 Fioriituren & Pralltrillern, die eine erhebliche Kunst & Mühe erforderten.")[13], sondern auch die anfängliche Idee Schmidts, im Druck dem Text von „Caliban über Setebos" Zahlen an den Rand zu setzen, welche die Anspielungen auf die 'zweite Stimme', auf das mythologische Lesemodell verdeutlichen sollten.[14] Jedenfalls hatte es Schmidt ob seiner von ihm erkannten

---

     samte Phase könne nur *post festum* von der Warte der entwickelten Theorie in „Zettels Traum" aus gelesen werden.

[10] Vgl. die Erzählung „Schwänze", in der ein heruntergekommener Autor von Feuilletongeschichten für kleine Provinzzeitungen sich wehmütig an seine avantgardistischen Anfänge als expressionistischer Lyriker erinnert: „Dabei –: *Was soll denn das Alles?!* Ich meine, man ist schließlich auch kein Gimpel! Man hat auch seinerzeit an Teichen gestanden, und losgelegt (...) ...also *mir* soll Keiner von ‹Avantgarde› vorprahlen, und wenn er *so* lange Haare dran hat!" (Schmidt: Schwänze, BA I/3, Seite 319).

[11] Präzise: vom 9.4. bis 18.5.1963 geschrieben (vgl. Fioriituren & Pralltriller, o.P. (erste Textseite).

[12] Je nach Druck zwischen 60 (in der „Bargfelder Ausgabe") und 90 (in der Erstausgabe innerhalb der Sammlung „Kühe in Halbtrauer") Seiten – damit so umfangreich wie manche der frühen „Kurzromane" Schmidts.

[13] Brief Arno Schmidts an Jörg Drews vom 13.9.1964, zitiert nach Fioriituren & Pralltriller, o.P. (dritte Textseite).

[14] Vgl. den Brief Schmidts an seinen damaligen Verleger und Lektor Ernst Krawehl vom 8.1.1964: „Da ich nun aber keineswegs aus Leibeskräften unverständlich sein möchte, erwäge ich tatsächlich dringend: ob wir nicht, in ganz lütter Type, einige Hundert Zahlen an den Außenrand setzen sollten? Um alle Anspielungen auf das L[esemodell] II – in diesem Falle eben den ‹O› – die ich bewußt eingearbeitet habe, zu bezeichnen. (...) ...selbst, Wer das Stich= & Zündwort vom ‹ORFEUS› wüßte, möchte ungeahnte Schwierigkeiten antreffen, zu jeder der viel=Hundert Zahlen die entsprechende Allusion zu erkennen!" Wenig später jedoch, am 29.1. schrieb Schmidt Krawehl: „...ich hab' mir's inzwischen auch überlegt: lassen wir die närrischen Randzahlen beim SETEBOS weg. Und auch Prospekt=Hinweise auf etwaige ‹mythische Unterströmungen› würde ich sagen, verkneifen wir uns nach Kräften: Scheißmythos! Die Leute soll'n sich amüsiern." (zitiert nach Fioriituren & Pralltriller, o.P. (Textseite 1ff).

Bedeutung als das „eigentliche top=secret Stück"[15] im Kontext der eigenen Werkentwicklung durchaus zur selbständigen Veröffentlichung vorgesehen, bevor es dann doch im Rahmen der Sammlung „Kühe in Halbtrauer" erschien.[16]
Als ein Werk von derart essentieller Wichtigkeit im Kontext des gesamten Oeuvres Schmidts hat „Caliban über Setebos" eine Vielzahl von Untersuchungen evoziert.[17] Die zumeist kleineren Abhandlungen beschäftigen sich vorrangig mit der psychoanalytischen und der mythologischen Bedeutungsebene des Textes;[18] die bisherigen Forschungsergebnisse finden sich zusammengefaßt in der Dissertation Ralf Georg Czaplas zum Gesamtzyklus „Kühe in Halbtrauer" und der einzigen größeren Arbeit, die nur den „Caliban" -Text interpretiert, Michael Neuners „Flucht aus dem Paradies".[19] Manche dieser Arbeiten weisen dabei in Teilen die Schwäche auf, die Michael Schneider in seinen beiden Forschungsberichten von 1984 bzw. 1990 beklagt: die Arno-Schmidt-Forschung, noch weitgehend in den Händen der „Schmidt-Gemeinde",[20] komme häufig nicht über „sekundäres Paraphrasieren" und das „Nachzeichnen der Autorintention" hinaus. Doch, so fordert Schneider, erst dort, „…wo die herkömmliche hermeneutische Bemühung (…) endet, müßte Ausdeutung (…) beginnen…".[21] Es kann heute aber eine

---

[15] Schmidt: Briefwechsel Schlotter, Brief Nr. 129, Seite 227.
[16] Im Briefwechsel mit Alfred Andersch wurde der Plan einer Veröffentlichung in der Reihe „Walter=Drucke" wohl erörtert; Schmidt schrieb ihm aber, er habe „…ein Dings von 100 Seiten daliegen, 'Caliban über Setebos'; aber das ist so rasend kompliziert, daß ich es wahrscheinlich in den o.a. Sammelband einschmuggeln muß…" (Schmidt: Briefwechsel Andersch, Brief Nr. 235, Seite 223). Dieses „Einschmuggeln" bestätigte er Andersch mit nochmaligem Hinweis auf die Bedeutung des Textes in einem späteren Brief: „Nebenher erscheinen im Frühjahr 'Kühe in Halbtrauer' (in denen der früher schon einmal kurz erwähnte 'setebos', ein 100=Seiten=Stück, das Wichtigste ist)…" (ebenda, Brief 239, Seite 226). 1974 erschien dann in der Tat eine bibliophile Ausgabe von „Caliban über Setebos" unter dem Titel „Orpheus" als Einzelveröffentlichung im Propyläen Verlag.
[17] Vgl. Weninger: Bibliographie, Seite 30f.
[18] Als wichtigste Untersuchungen seien hier genannt Wohlleben: Götter; Kaiser: Sengers Phall; Drews: Caliban; Hink: Losung; Dunker: Njus.
[19] Vgl. Czapla: Mythos; sowie Neuner: Flucht.
[20] Schneider: Geschichte und Schwerpunkte, Seite 306: „…Schmidt-Forscher sind bis heute überwiegend die Schmidt-Fans; als Auslöser ihrer Forschungstätigkeit fungieren weit stärker Passionen wie Bewunderung und Begeisterung für den Autor als allgemein fachlich-literaturwissenschaftliches Interesse." Der Kommentar Arno Schmidts zur „Stifter-Gemeinde" in seinem Nachtprogramm zum „Witiko" von 1963 mutet fast wie ein sarkastischer Kommentar zu der späteren „Gemeindebildung" um sein eigenes Werk an: „Ja; es scheint leider ein Literatur=Gesetz zu sein, daß für die Bildung von ‹Gesellschaften› um einen bedeutenden Namen herum, identisch sein müsse mit Gründungen eines ‹Clubs von Götzendienern›; im Ergebnis also nur scheuklappiger Bienenfleiß plus erstarrte Anbetung." (Schmidt: …und dann die Herren Leutnants!; BA II/3, Seite 148).
[21] Schneider: Zum gegenwärtigen Stand, Seite 236.

deutliche Emanzipation der Forschung von ihrem (einst übermächtigen) Gegenstand beobachtet werden.

Die vorliegende Arbeit möchte sich erneut auf den Text von „Caliban über Setebos" einlassen. Und dies vor allem aus der Überzeugung heraus, daß sich selbst innerhalb der scheinbar „ausinterpretierten" Themenfelder Psychoanalyse, literarische Zitate und Mythologie noch Funde machen lassen, die das Verständnis des Textes vertiefen und erweitern. Denn Texte wie dieser komplexe und zugleich subtil seine Gelehrsamkeit verbergende „Selbstverständigungstext" des Künstlers Schmidt sperren sich mit ihrem enigmatischen Charakter gegen eine allzu eilfertige abschließende Beurteilung. „Ein Roman ist eine Maschine zur Erzeugung von Interpretationen.",[22] schreibt Umberto Eco – und so erzeugt auch der Text „Caliban über Setebos" noch weitere und andere Interpretationen als die inzwischen landläufige, er sei eine psychoanalytisch unterfütterte Travestie des Orpheus-Mythos mit der Funktion der Selbstexplikation der „Etym"-Theorie. Dazu muß der Text aber zum Sprechen gebracht werden, was bei einem Text eines Dichters vom Typus des *poeta doctus*, wie ihn Arno Schmidt mit seiner polyhistorischen Bildung verkörpert, zunächst bedeutet, sich auf die mühevolle Kleinarbeit der Kommentierung des Textes einzulassen. Die hermeneutische Arbeit am Text wirft dabei den Gewinn ab, zu neuen Einsichten über die Funktionen der Leseebenen, der Intertextualität, der Poetologie, des mythologischen Rückbezugs des Textes zu kommen: im Spannungsfeld zwischen dem herausgearbeiteten Material und dessen Ausdeutungen wird der Text erst lebendig.

Und das durchaus auch gegen die Intention und Selbstdeutung des Autors, wie sie Schmidt u.a. in seinem Hauptwerk „Zettels Traum", das Deutungen zum gesamten vorhergehenden Werk seines Autors enthält, vornimmt – und der sich manche Interpretation nur allzu bereitwillig anschließt. Wohl gibt ein Autor den roten Faden zur Interpretation seines Werkes vor, doch einen Text *lesen* bedeutet, sich auf die Fluchten und Bedeutungslinien, die er eröffnet, einzulassen. Gerade angesichts der monosemierenden Tendenz, die Schmidts späte Poetologie und Weltdeutung unter dem Einfluß seiner „Etym"- und „4. Instanz"-Theorie entwickelt, ist es angezeigt, auch die dieser roten Linie widersprechenden Fäden, den Reichtum des Textes, seine vielfältigen semantischen Bezüge, seine Verwurzelung und Anverwandlung der Tradition, in summa: seine Eigenbewegung herauszustellen.[23] Als „...der Höhepunkt von Schmidts experimenteller Prosa vor *Zettels Traum*..."[24] soll der „Caliban"-Text daher nicht, wie es Josef Huerkamp als unabdingbar betrachtet, „von hinten", also von den „...theorieartigen Gebil-

---

[22] Eco: Nachschrift, Seite 9f.
[23] In epigrammatischer Kürze bringt Umberto Eco das Problem auf den Punkt: „Der Autor müßte das Zeitliche segnen, nachdem er geschrieben hat. Damit er die Eigenbewegung des Textes nicht stört." (ebenda, Seite 14)
[24] Minden: Erzählen, Seite 150.

den (...) wie sie in 'Zettels Traum' dann entwickelt werden..."[25] gelesen werden. Aus der Perspektive der vorher entstandenen Karl-May-Studie wird die in „Zettels Traum" voll ausformulierte Poetologie schon erkennbar. Es wird zu zeigen sein, wie deutlich und aussagekräftig die Folie „Karl May" in den „Caliban"-Text eingearbeitet ist und auf die „Sitara"-Studie verweist. Dort bildet sich Schmidts eigenwilliges psychoanalytisches Interpretationsinstrumentarium heraus. Zugleich artikuliert sich dort das unter dem Einfluß der Freud-Rezeption gewandelte Selbst-, Literatur- und Weltverständnis Schmidts. Unumgänglich wird eine eingehende Kritik der eigentümlichen Psychoanalyse-Rezeption Schmidts sein, da diese bedenkliche Folgen für den erzählenden Text zeitigt: die potentielle Vieldeutigkeit, die in der mehrschichtigen Konstruktion der Erzählung angelegt ist, wird durch den monosemierenden Effekt der sich hier schon entfaltenden „Etym"- und „4. Instanz"-Theorie tendenziell wieder eingezogen.

Dieser Crux des Textes wird in den sich anschließenden Untersuchungen zum literarischen Anspielungshorizont, der sich über die unzähligen, raffiniert in den Text eingesetzten Zitate aufbaut, und den unterlegten mythologischen Folien nachgegangen. Weil diese letzte Erzählung vor „Zettels Traum" „...von dem massiven Kommentarapparat des Spätwerkes noch nicht eingeholt..." und Schmidts späte Poetologie „...noch embryohaft angelegt [ist] in dem Geist des Spiels...",[26] wird sich zeigen lassen, daß der polysemantische Reichtum des mythologischen und literarischen Anspielungshorizontes mit seiner den Leser fordernden und einbeziehenden spielerischen Qualität das Prokrustesbett der „Etym"-Theorie immer wieder überschreiten kann. Insbesondere die mythologische Leseebene des Textes, die sich als reichhaltiger und differenzierter erweisen wird, als es die umlaufende Kennzeichnung von „Caliban über Setebos" als Travestie des Orpheus-Mythos vermuten läßt, wird am Ende einen anderen Blick auf den Text ermöglichen. Da die „Caliban"-Erzählung exemplarisch viele Züge der mittleren und späten Werke Schmidts zeigt, werden sich einige der Ergebnisse dieser Studien auch auf andere Texte dieser Werkphasen übertragen lassen.
Als Textgrundlage hat sich in der Sekundärliteratur in den letzten Jahren die „Bargfelder Ausgabe", herausgegeben von der 'Arno-Schmidt-Stiftung' in Bargfeld, durchgesetzt. Allerdings ist diese Ausgabe, die sich *nicht* als (historisch-)kritische versteht,[27] nicht ohne gewisse Vorbehalte zu wählen. Sie greift als „Lese- und quasi Kerntext", nicht ohne von diesem Prinzip zuweilen abzuweichen, auf „,...die jeweils letzte autorisierte Textfassung (...) (zumeist also die Taschenbuchversion), *zuzüglich* aller von Schmidt für zukünftige Ausgaben vorgesehenen Änderungen und Ergänzungen..." zu-

---

[25] Huerkamp: Klarglaswitzbold, Seite 223 (s.o.).
[26] Minden: Erzählen, Seite 159.
[27] Vgl. BA I/2, Seite 353: „Obwohl die hier vorliegende Ausgabe keine ‹kritische› ist...".

rück.[28] Diese schwankenden Editionsprinzipien führen z.B. dazu, daß die Typoskripte Schmidts in *gesetzter* Form erscheinen – und somit der Werkcharakter der Typoskripte eine Änderung erfährt. Im Falle des Textes „Caliban über Setebos" wurde vom Namen der Sammlung, in der er erschien („Ländliche Erzählungen" statt „Kühe in Halbtrauer"; s. o.), über die Anordnung der Texte (nun nach Entstehungsdaten)[29] bis hin zu Textvarianten verändernd gegenüber dem Erstdruck eingegriffen. Damit weicht die „Bargfelder Ausgabe" insgesamt von dem editionsphilologischen Prinzip ab, den Text in den Vordergrund zu stellen, sondern (re)konstruiert den Willen des Autors mit seiner Text- und Ausgabengestaltung. Auszugehen wäre aber immer vom Erstdruck, da dieser „...am Schnittpunkt von Produktion und Rezeption Werkcharakter begründet...".[30] Da sich die „Bargfelder Ausgabe" aber einerseits durchgesetzt hat, andererseits den Vorteil bietet, alle (auch noch so verstreuten) Texte zur Verfügung zu stellen, wird hier mit folgendem Kompromiß nachgewiesen: der Text „Caliban über Setebos" wird im fortlaufenden Text sowohl nach der Erstausgabe mit der Sigle „CüS", als auch nach der „Bargfelder Ausgabe" in der Sammlung „Ländliche Erzählungen" mit der Sigle „BA" zitiert [= (CüS.../BA...)].[31] Die Typoskripte, von denen „Zettels Traum"[32] ohnehin noch nicht im Rahmen der „Bargfelder Ausgabe" gesetzt erschienen ist, werden nach den ursprünglichen, faksimilierten Typoskriptausgaben zitiert. Alle anderen Werke Schmidts aber werden nach der „Bargfelder Ausgabe" mit Angabe des Kurztitels zitiert – wie auch auf alle weitere benutzte Literatur nur mit Kurztitel verwiesen wird.

---

[28] Ebenda.
[29] Die neue Anordnung nach Entstehungsdaten bedingte auch die Titeländerung: „Einer Erklärung bedarf noch der Sammeltitel LÄNDLICHE ERZÄHLUNGEN. KÜHE IN HALBTRAUER, wie die Erstausgabe dieser 10 Erzählungen bei Stahlberg hieß, schien den Editoren zu sehr verknüpft mit der Reihenfolge der Texte in jenem Band..." („Editorische Nachbemerkung" in BA I/3, Seite 541).
[30] Kraft: Editionsphilologie, Seite 29.
[31] Dabei wird der Text der Erstausgabe zitiert. Die jeweilige Parallelstelle der „Bargfelder Ausgabe", die typographisch und zuweilen auch orthographisch vom Erstdruck abweicht, wird als Beleg angegeben.
[32] Die Schreibung des Titels hält sich hier an den Haupttitel; Schmidt selbst schreibt, gegen die Duden-Norm, auf „zettel 1" mit Apostroph vor dem Genitiv-s (damit vermutlich auch auf Joyces „Verschreibung" von „Finnegans Wake" ohne das englische Apostroph anspielend). Zitiert wird mit Seitenzahl für „Zettelzahl" und mit Kurzangabe des Ortes auf der Großseite; z.B. Seite 915 mm = Zettel 915 *m*ittlere (*l*inke, *r*echte) Spalte, *m*ittleres (*o*beres, *u*nteres) Drittel.

II. Formen

„Caliban über Setebos" ist die Geschichte des alternden Schlagertexters und Trivialdichters Georg Düsterhenn, der ins Heidedorf Schadewalde reist, um sich durch das erhoffte Wiedersehen seines Jugendschwarms Fiethe Methe, genannt Rieke, im Interesse seiner lyrischen Produktion „unwiderstehlich schmalzig zu stimmen" (CüS 229/BA 479). Schon auf der Hinreise im Bus fühlt er sich unangenehm bedrängt von vier jungen Frauen, die sich wie Düsterhenn, der dort über einem Bier inzwischen sein erstes Kitschgedicht zusammenschustert, in O. Tulps Gasthaus einmieten. Düsterhenn begibt sich daraufhin lieber auf einen Erkundigungsgang durch das Dorf, kauft im kleinen Lädchen ein und sieht laternentragende Kinder. Den Weg zurück zunächst nicht findend, folgt er Tulps Knecht und erspäht heimlich dessen Kopulation mit der Hausmagd im Wirtschaftshof des Gasthauses – sowie seine anschließende Darmentleerung auf dem Misthaufen. Wieder in der nun mit Dorfbewohnern sowie den vier Frauen gefüllten Gaststube speist Düsterhenn, spricht mit einem Philatelisten, kommentiert das Fernsehprogramm, beobachtet das Treiben der Dorfbewohner und schreibt eine Postkarte. Als er einen alten Krug entdeckt, erwirbt er ihn, läßt ihn mit Schnaps füllen und gibt diesen, inklusive einiger Zigarren, als Lokalrunde. Auf der Suche nach einem Postkasten begibt Düsterhenn sich wieder hinaus, verläuft sich erneut und verfaßt im Mondschein an der Straße ein weiteres Gedicht. Dabei begegnet ihm der Jude H. Levy, der mit seinem Lieferwagen unterwegs ist, um die Kondomautomaten der Gegend aufzufüllen. Levy bringt Düsterhenn zurück zum Gasthof Tulps, der seine Magd anweist, Düsterhenn auf sein Zimmer zu führen: die Magd entpuppt sich als die in der Jugend vergebens angebetete und kurz zuvor mit dem Knecht beobachtete Rieke. In seiner Desillusion angesichts der Begegnung und der ausbleibenden körperlichen Reaktionen seinerseits verläßt Düsterhenn um Mitternacht heimlich das Gasthaus. Draußen belauscht er die lesbische Orgie der in der Scheune untergebrachten Frauen. Als er dabei von ihnen entdeckt wird, kann er sich der wütenden Verfolgung nur durch einen Sprung in Levys gerade vorüberfahrenden Lieferwagen entziehen.

Eine auf den ersten Blick banale, ja wirre und absurde Geschichte, die hier, präludiert von einer in phonetisiertem Englisch dargebotenen Musenanrufung, in neun Kapitel, die nach den neun Musen benannt sind,[33] zu lesen ist. Allerdings entfaltet das (scheinbare) Hauptmotiv der Handlung, der Dichter auf der Suche nach der verlorenen Jugendliebe, einen gewissen detektivi-

---

[33] Vorbild dafür sind Herodots „Historien" und Goethes „Hermann und Dorothea".

schen, abenteuerlichen Reiz.[34] Und mit diesem Stimulus des Abenteuers wird insbesondere in der Anfangspassage gearbeitet, um den Leser in die Geschichte hineinzuziehen. Typische Spannungselemente abenteuerlichen Erzählens werden eingesetzt: die vier Frauen werden als Antagonisten eingeführt, die von Düsterhenn mit noch diffusen Ängsten besetzt werden. Es gibt das klischeehafte Stimmungsbild aus bedrohlichem Wetter und wilder Landschaft („All dies in einer so wilden Gegend und unter dem schwankenden Zwielicht der Herbststunde, (genau auf der afternunijen Kippe zwischen Spätnachmittag und Frühabend..." CüS 227/BA 478). Ebenso fehlt es nicht an Vorausdeutungen (sicherheitshalber notiert Düsterhenn nach Verlassen des Busses die Abfahrtszeiten und kommentiert: „...nachts, 0 Uhr 40, sollte der Letzte von hier abfahren; erstaunlicher Verkehr für die winzigen Nester & dies tote Zonengrenzgebiet." CüS 227/BA 478) und selbst die Örtlichkeiten Schadewaldes entbehren nicht angsteinflössender oder exotischspannender Momente (verschlingenden Scheunen, eine verlassene Ziegelei, der Müllabladeplatz, das Wildost-Lädchen, etc.). Diese Anklänge an die Konstruktion der Abenteuererzählung sind nicht nur wichtig, weil sie das Leserinteresse weckt, sondern erweisen sich als überaus tragfähig, all die Digressionen, die den Hauptteil des Textes ausmachen, und insbesondere die subtil eingearbeiteten 'Lesebenen'[35] Psychoanalyse, Zitat und Mythologie, die in den folgenden Hauptkapiteln behandelt werden sollen, in den Text einzuarbeiten. Zudem verleiht die (vorgebliche) Anlage von „Caliban über Setebos" als Ermittlungsgeschichte dem Text die „Struktur der Vermutung", die Umberto Eco mit dem Modell des Labyrinths in seinen drei Ausformungen erläutert.[36] Übertragen auf den „Caliban"-Text wäre das ursprünglich handlungsauslösende Moment der Suche nach Rieke dem Labyrinth erster Ordnung, dem des Theseus zuzuordnen: das Dorf mit dem in der Mitte gelegenem Gasthaus, das wiederum mit seinen unzähligen „Kammern und Seelen" den Eindruck eines verschlungenen, gefährlichen Irrgartens erweckt („...‹ich will ein Unbetretbares werden›..." CüS 234/BA 482), ist das Labyrinth, in dessen Zentrum es Rieke zu entdecken gilt („...Hier soll ich Dich nun finden, Constanze?–" CüS 233/BA 482). Der Text macht allerdings überdeutlich, daß es um diese Suche nach dem Schwarm der Jugend nur höchst beiläufig geht – Düsterhenns eigentlicher Wunsch ist es, Aufklärung

---

[34] In der Spiegel-Titelgeschichte aus dem Jahre 1959 wird vielen Werken Schmidts eine Handlung nach dem Schema des Abenteuerbuches bescheinigt; vgl. Anonym (Ortlepp): „ ,;.–:!–:!!", 53.

[35] Der Neologismus lehnt sich an Schmidts Begriff des „Lesemodells" an, betont aber die produktionsästhetische Komponente im Gegensatz zum Begriff Lesemodell, den „...Schmidt an keiner Stelle definiert...", jedoch „...fällt bei seiner Verwendung in den literaturwissenschaftlichen Untersuchungen zu James Joyce und Karl May die deutliche Akzentverschiebung von der produktions- zur rezeptionsästhetischen Betrachtung eines Kunstwerks auf..." (Czapla: Mythos, Seite 43).

[36] Vgl. Eco: Nachschrift, Seite 64ff.

und Wissen über sich selbst zu erlangen, sich über seine seelischen Ängste, seine körperlichen Verfallsanzeichen und unterschwelligen Inversionsneigungen Klarheit zu verschaffen. Diese Erkenntnisinteressen erweisen sich allerdings als eng verknüpft mit seiner Biographie, mit seiner literarischen Bildung, seinem Weltbild und sogar mit mythologischen Mustern, die er ohne es zu wissen nachlebt: letztlich ist hier alles mit allem verknüpft. Dieses innere Labyrinth des Textes ist vergleichbar dem von Eco mit einem von Gilles Deleuze und Felix Guattari entliehenen Begriff benannten dritten Typ:

> „...das Labyrinth als Netzwerk oder (...) als Rhizom. Das Rhizom-Labyrinth ist so vieldimensional vernetzt, daß jeder Gang sich unmittelbar mit jedem anderen verbinden kann. Es hat weder ein Zentrum noch eine Peripherie, auch keinen Ausgang mehr, da es potentiell unendlich ist."[37]

Auf die Vorstellung des Labyrinths wird im Text selbst angespielt, sei es mittels Düsterhenns permanentem Gefühl, sich zu verlaufen („Und schickte mich dann an, ebenfalls nach Kräften meines rechten Weges zu gehen. // ERATO : Welches aber war dieser?–" CüS 254/BA 496)[38] oder das ihm angesichts der Gangart eines Bauern „ein schöner Mäh-Ander"[39] (CüS 260/BA 500) einfällt. Konsequenterweise fällt dann auch explizit der Begriff, wenn Düsterhenn in Bezug auf die „krummen Höfe" des verzweigten Tulp'schen Anwesens von den „limburgischen Labyrinthe[n]" (CüS 255/BA 497) spricht. Düsterhenn kann mit gutem Recht auch in Anspruch nehmen, was eine Figur einer anderen Geschichte aus der Sammlung „Kühe in Halbtrauer" für sich reklamiert: „'...'n Arzt hat mir ma gesagt, (...) ich hätte'n ‹Labyrinth-Komplex›.' ('Wer hätte den nicht?' fragte der Gestreifte erstaunt.)".[40]

Schadewalde ist für Düsterhenn in mehrfachem Sinne ein Labyrinth; voller Mutmaßungen, Verzweigungen, Irrwegen, voller Verbindungen und

---

[37] Ebenda, Seite 65.
[38] Das Zitat zieht sich über die Kapitelgrenze zwischen dem „Kalliope"-Kapitel, in welchem Düsterhenn seinen ersten Erkundungsgang durch das Dorf unternimmt, und dem „Erato"-Kapitel, in dem er den Akt zwischen dem Knecht und der Magd Tulps beobachtet, hin. Düsterhenn wird also von dem im verwinkelten Dorf sich verirrenden Wanderer zu dem im „Erato"-Kapitel – im Namen der Muse klingt auch das Wort 'errator' (= der Umherirrende, *Mäander*) mit – im *Irrgarten* der Liebe umhertaumelnden Kavalier.
[39] Dies natürlich auch eines der vielen Zitate aus Rilkes „Sonette an Orpheus"; vgl. Rilke: Sonette, 1. XXIV, Seite 746: „(...) Einsamer nun (...) führen wir nicht mehr die Pfade als schöne Mäander, // sondern als Grade." Im Französischen gab es für das Labyrinth neben der direkten Übersetzung 'labyrinthe' auch die Bezeichnungen 'dédale' (= Kirchenlabyrinth), 'chemin de Jérusalem' (ebenfalls die Pilgerreise nach Jerusalem versinnbildlichend meist in Kirchen) und eben auch 'meandre' (vgl. Delft/Botermans: Denkspiele, Seite 132).
[40] Schmidt: Windmühlen, BA I/3, Seite 290.

Zusammenhängen: damit auch Sinnbild von Welt und Psyche Düsterhenns, Abbild einer Welt von potentiell unendlichen Verknüpfungen und Vernetzungen ohne festen Bezugspunkt. Als bedeutungsreiches Symbol steht das Labyrinth bei vielen Völkern für (Wieder-)Geburt und Tod[41] – vor allem letzteres fügt sich in die Thematik von „Caliban über Setebos" ein. In „Zettels Traum" liefert Schmidt dann noch die einschlägigen, zumeist erotisch konnotierten Etym-Assoziationen nach:

> „...`läbb=y=rinnt` – (...) Lateinisch `labium`: Lippm, obm wie untn. `lap` der Schoß: `lapthis linguae`! `lapse` iss Fehlt=ritt Sündnphall; ist Schreib= & Sprech=Fail=Leistung. – ?`. / (Gut Auch das `Dahinströmen eines Wassers`. `lap` noch der `Rundlauf`. – : Das `lecken`, (`to lap a lap`, hattesDu=selbst schon.) (– daß `lap` auch noch `sich unmenschlich besaufm` bedeute, verschwieg ich erst ma.) (...) Vor allem aber noch die, mit `Labyrinth` intellektuell=gekoppelten Vorstellungen, wie: `den Ein= & Ausgang suchen; die Verirrung; der Er=Finder ein gewisser Diddelus`...".[42]

Diese Interpretation Schmidts belegt den freien Assoziationsvorgang der Etym-Suche, die sich zugunsten der gesuchten sexuellen Konnotationen auch von dem „Vorbild" orthodox-freudscher Deutungen entfernt – Freuds Deutung, die gleichwohl wie so oft auch „...im weitesten Sinne sexuell zu nennen ist...",[43] ist nicht vaginal, sondern anal determiniert: „So läßt sich z.B. die Labyrinthsage als Darstellung einer analen Geburt erkennen; die verschlungenen Gänge sind der Darm, der Ariadnefaden die Nabelschnur."[44] So sehr auch das Anale in „Caliban über Setebos" thematisiert wird – bestimmender jedoch ist das Weltgefühl, welches die Labyrinthe des Textes vermitteln. Das Verwirrende, das Abirren angesichts der verknoteten Überfülle der Welt gehört dabei – in Vereinigung des Gegensätzlichen – essentiell zum Finden. Das Labyrinth ist eine „...‹vereinigende› Metapher für das berechenbare und unberechenbare Element in der Welt. Der Umweg führt zum Mittelpunkt."[45]

Daß es vor allem um das innere Labyrinth geht, um das instabile Weltgefühl der Verwirrung und der Mutmaßungen, wird auch verdeutlicht durch den relativ begrenzten und scharf abgezirkelten Raum, in dem sich die Handlung entfaltet. Dieser hat die Konstruktion einer Insel: das Runddorf Schadewalde („das bißchen (geometrischer) Ort"; CüS 287/BA 518) liegt abgetrennt von der es nicht tangierenden Hauptstraße, an der der Bus die Reisenden gleich-

---

[41] Vgl. Delft/Botermans: Denkspiele, Seite 126.
[42] Schmidt: Zettels Traum, Seite 92rm.
[43] Freud: Neue Folge der Vorlesungen, StA I, Seite 467.
[44] Ebenda.
[45] Hocke: Welt als Labyrinth, Seite 128.

sam aussetzt. Düsterhenns Wanderungen entlang der Peripherien des Dorfes gleichen denn auch den Erkundungsgängen eines auf einer Insel Gestrandeten. Und wie eine Insel ist Schadewalde umgeben von Gewässern und liegt in der Einsamkeit des „tote[n] Zonengrenzgebiet[s]" (CüS 227/BA 478) am Ende der Welt (an der „Schosseh nach Endewold"; CüS 284/BA 516).

Damit konstituiert sich in „Caliban über Setebos" ein weiteres Mal das von Hans Wollschläger zur Zentralmetapher für und bei Arno Schmidt erklärte Bild der Insel, konnotiert mit Isolation als ihrer „negativen Hohlform" und mit dem Tod.[46] Schadewaldes Inselartigkeit hat aber auch mehrere konkrete Vorteile für die fiktionale Welt des Textes: sie verleiht Übersichtlichkeit, stellt aber zugleich den Bühnencharakter und die artifizielle Modellhaftigkeit des aus Jugenderinnerungen an Schadewalde in Schlesien,[47] Schmidts letztem Wohnort Bargfeld, der über den Anklang an den Namen des bekannten Altphilologen Wolfgang Schadewaldt vermittelten Anspielung auf den klassisch-mythologischen Hintergrund und dem schon mit dem Ortsnamen zu assoziierenden Charakter einer „Schattenwelt" in Schmidts „Mischtechnik" zusammengesetzten Dorfes heraus.[48] Und Schmidt wäre nicht Schmidt, wenn er diesem winterlichen Ort an der Grenze nicht auch noch eine literarische Bedeutungsebene unterlegen würde. Als Düsterhenn vor der Flucht aus dem Gasthof eine Münze für Rieke hinterläßt, die wie ein „Chryse-Inselchen im runzlijn Holz-Meer" auf dem Tisch liegt, überlegt er: „Da müßte Einer schon weit sein, um sich als Pseudonym ‹PONTUS EUXINUS› zu wählen – na, vielleicht komm'ich noch da hin." (CüS 298/BA 526) „Pontos Euxeinos", das „Gastliche Meer" nannten die griechischen Kolonialisten das Schwarze Meer. Und so nennt es auch Ovid, der dort in Tomi, an der Grenze von römischer und barbarischer Welt in der Verbannung lebt, ein Ort am „…öden Gestade des 'Gastlichen Meeres' / (…) es liegt nahe dem eisigen Pol"[49], einem Ort, der „…real ist und doch *an den stygischen Küsten gelegen*, am Eingang zur Unterwelt, ein Ort, wo sich Mythos und Wirklichkeit durchdringen, eine zwar traurige, aber poetisch ungemein ergiebige Szenerie für den Dichter der Metamorphosen."[50] Mit dieser zusätzlichen literarischen Codierung Schadewaldes verbeugt sich Schmidt zugleich vor Ovid als dem Mythographen, der auch ihm den Stoff der Orpheus-Geschichte liefert. Schadewalde, dieser konstruierte Ort, ist also ein artifizielles Arrangement, eine Schaubühne, eine Kulisse.

---

[46] Vgl. Wollschläger: Insel, Seite 26f.
[47] Vgl. Schweikert: Lauban, Seite 82f.
[48] Vgl. auch Neuner: Flucht, Seite 11 – 15; hier auf Seite 15: „Der Ort (…) wurde in Schmidts Erzählung so angelegt, daß er für verschiedene sinnvolle Deutungen – und damit für verschiedene Lesemodelle – offenbleibt. Schadewalde ist gleichzeitig kein Ort und alle Orte, Paradies und Hölle, die Bühne, auf der eine kleine Liebesgeschichte und ein großes Künstlerdrama vorgeführt werden."
[49] Ovid: Tristia, V 2,63f; zitiert nach Giebel: Ovid, Seite 113.
[50] Ebenda; in Kursivschrift zitiert Giebel aus den „Tristia".

Der Raum „Schadewalde" hat keine Binnendifferenzierung: alles ist hier Unterwelt, Hölle, leviathanische Welt (in der sich wiederum weitere Unterhöhlen, dunkle Scheunen etc. eröffnen). Keine Binnendifferenzierung des Raumes bedeutet: er hat auch keine strukturelle Grenze, die zu überschreiten wäre – im Sinne Lotmans heißt dies, daß eine unveränderliche, sujetlose Welt abgebildet wird.[51] Dennoch ist sehr viel von Grenzen die Rede: vom Zonenrandgebiet, von der Elbe als Grenze, den Grenzen des Dorfes. Sie alle verweisen aber auf die inneren, psychischen Grenzen der Figur Düsterhenn, die dieser im Verlauf seiner Erlebnisse in Schadewalde kennenlernt, anerkennt und zuletzt wohl auch überschreitet: die Grenze zwischen sexueller „Normalität" und Inversion, zwischen Virilität und beginnendem körperlichen Verfall mit Impotenz, sowie schließlich die zwischen seiner Produktion kitschiger Unterhaltungsverse und dem radikalen, experimentellem Künstlertum, zu dem er sich dann offensichtlich bekennt.

Wenn es also eine Entwicklung in der Schadewalder Welt von „Caliban über Setebos" gibt, so ist dies höchstens Düsterhenns zögerliche Annahme längst schon vollzogener psychischer und körperlicher Veränderungen. Die alles beherrschende Figur des Ich-Erzählers Düsterhenn ist ebenso wie das Konstrukt „Schadewalde" eine sehr artifizielle Figur, die – wie noch ausführlich zu zeigen sein wird – autobiographische Spiegelung des Autors und clowneskes Abziehbild des verspotteten Erfolgsschriftstellers, Variation auf unzählige Vorgänger in der Literaturgeschichte und Parallelbildung zu mythologischen Figuren, schließlich auch noch anthropomorphisiertes Spiel psychoanalytischer Instanzen und Verkörperung von Literaturprogrammen in sich vereint. Auch Disparatestes – auf der einen Seite der zynische Intellektuelle und auf der anderen Seite der sentimentalen Schlagertexter – wird in dieser Figur integriert, was einer (kontrollierten) Ich-Spaltung gleichkomme, wie Ulrich Goerdten schreibt: „Düsterhenn bewegt sich infolgedessen in der Erzählung wie in einer komplizierten äquilibristischen Schaunummer, in der er fortwährend das eigentlich Unmögliche zu erreichen versucht: die Koinzidenz des Unvereinbaren."[52] Die Figur Düsterhenn ist nicht mehr so geschlossen, nicht mehr in solch hohem Maße Alter ego wie es die Protagonisten früherer Texte Schmidts waren; die Distanz des Autors zu seinem Ich-Erzähler ist spürbar. Zwar erzählt Düsterhenn „... ganz wie der bekannte großspurige Referent des Frühwerks: schnoddrig, bramarbasierend, exzentrisch-egozentrisch...",[53] wie Michael Schneider schreibt, jedoch schwächt sich durch die vielen Funktionen und Rollen, welche die Figur im Text übernimmt, das epische Ich von einem „Ich-für-sich" zu einem „Ich-für-Anderes" ab: „Man spürt – einmal auf die Spur gesetzt – immerzu deutlich, daß das Ich hier nicht auf eigenen Füßen steht, da quasi über seinem

---

[51] Vgl. Lotman: Struktur literarischer Texte, Seite 327 – 340.
[52] Goerdten: Ich-Spaltungen, Seite 128.
[53] Schneider: Bilanzen, Seite 187.

Kopf jemand – der Autor – es an Regie-Fäden führt."[54] Diese marionettenhafte, ironische Brechung der erzählenden Hauptfigur, die in kulissenhaften Räumen literarisch vorgeprägte Handlungen vollführt, ließ Helmut Heißenbüttel davon sprechen, daß hierin nicht mehr der „Inhalt" des Textes zu sehen sei:

> „Inhalt ist hier als eine Art begrenzten sprachlichen Innenraums zu bezeichnen, ein Sprachfeld, das repräsentant ist für eine Art und Weise, in der Welt zu sein und sich zur Welt einzustellen. Inhalt ist ein Typus, etwas, das eher verwandt ist mit dem 'lyrischen Ich' als mit der fiktiven Person eines konventionellen Romans."[55]

Heißenbüttel sagt denn auch konsequenterweise über die Stücke des Sammelbandes „Kühe in Halbtrauer": „Insofern sind dies auch keine Erzählungen, sondern, eben: Texte."[56]

Die These, die Texte Schmidts bildeten den „sprachlichen Innenraum" ab, wird jedenfalls gestützt vom Duktus des Erzählens. Die erzähltechnische Form dieser „Texte" Schmidts ist eine

> „…spezifische Mischung aus Bericht und Reflexion, aus Erzählung von in der Außenwelt Wahrgenommenem und vom erzählenden Subjekt Gedachtem, aus Ich–Erzählung und Innerem Monolog. Diese Fiktionsform vermag dauernd präsent zu halten, daß die ganze erzählte Welt in diesem Ich zentriert ist: Außenwelt erscheint nur in der Brechung durch das wahrnehmende Subjekt, das dazu gleich übergangslos und ungeschieden seinen Kommentar, sein Denken, seine verborgensten Regungen mitgeben kann."[57]

Gleichwohl changiert der Text zwischen sich objektiv gebärdender Darstellung der Welt und absolut subjektiver Brechung alles Wahrgenommenen. Zu dieser Unbestimmtheit des Textes trägt auch das Präteritum als vorherrschendes Erzähltempus bei: „Das ist kein episches Präteritum im Sinne Käte Hamburgers, andererseits haftet ihm doch noch etwas von der souveränen Gebärde des epischen Erzählens an, das die Welt als bekannt voraussetzt."[58] Selbst in den eindeutig reflexiven Passagen, in den Partien des inneren Monologs wechselt der Text zwischen Präsens und Präteritum, zwischen radika-

---

[54] Ebenda. Schneider weist an gleicher Stelle darauf hin, daß auch andere Erzählungen des Bandes „Kühe in Halbtrauer" einen solchen zurückgenommenen, gebrochenen Erzähler zeigen, so z.B. der Text „Windmühlen" (vgl. im selben Sinne dazu: Huerkamp: „Gekettet an Daten & Namen", Seite 210). Allerdings stellte Helmut Heißenbüttel schon 1963, also noch vor Erscheinen der „Kühe"-Sammlung fest, daß schon „Kaff, auch Mare Crisium" in Hinblick auf den Erzähler einen Einschnitt im Werk Schmidts darstellt: „In ihm [= dem Roman „Kaff"] erscheint der Erzähler zum erstenmal ironisch gebrochen." (Heißenbüttel: Annäherung, Seite 694).
[55] Heißenbüttel: Die Sprache Arno Schmidts, Seite 138f.
[56] Ebenda, Seite 139.
[57] Drews: Arno Schmidt vor „Zettels Traum", Seite 169f.
[58] Minden: Erzählen, Seite 145.

ler Subjektivität und erzählendem Gestus. Damit wird der Text „...im Brechungsgürtel der Subjektivität (...), in jener Zone, in der Ich und Welt ineinander übergehn...",[59] „...an der Grenze von Erzählen und Erleben..."[60] angesiedelt.
Gebrochen wird der Erzählfluss zudem von den unzähligen Digressionen, die ein wesentliches Charakteristikum Schmidtscher Texte sind.[61] Dies bedingt auch den zumeist parataktischen, mittels Klammern und Kommata stark untergliederten Satzbau. Der überreichlichen Zeichensetzung kommen daneben auch noch prosodische, gestische, piktische etc. Funktionen zu.[62]

Die Semantik des Textes wird durch viele der aufgezeigten Techniken des Erzählens in Schwebe gehalten. Dies leistet auch ein weiteres wesentliches Stilmittel Schmidts, welches „...unaufhörlich, ein grau-silbernes Licht, durch den Text diffundiert: Humor."[63] Eine große Bandbreite verschiedenster Formen des Komischen belebt den Text, verleihen ihm etwas Spielerisches. Nicht selten changieren die Pointen und komischen Effekte zwischen diesen Formen, sind daher oft schwer in ihrer Aussage eindeutig zu bestimmen.
Auffällig ist neben den „hohen" Formen wie dem satirischen, abstrafenden Witz oder den erhellenden, ingeniösen Wortspielen die Fülle der Kalauer, das rein Alberne, die Zotenhaftigkeit des Textes. Der Kalauer kann mit seinen Fürsprechern Karl Kraus oder Günter Eich noch als eine legitime Form des Bloßstellens, der erhellenden Vernichtung so mancher auf tönernen Füßen stehender hohen Dinge, oder einfach auch nur der Freude an der absurden, witzigen Verkehrung verteidigt werden:

„Wie gesagt, Kalauer sind keine Steigerung von Calau. Aber mir sind sie recht. Eine Möglichkeit, die Welt zu begreifen, vielleicht die einzige, anspruchslos und lila."[64]

Dennoch ist das Kalauernde, Alberne, Zotige in „Caliban über Setebos" vor allem von Joachim Kaiser scharf angegriffen worden.[65] Horst Thomé hat in Bezug auf die von Kaiser monierten „...billige[n] und nicht einmal beson-

---

[59] Heißenbüttel: Annäherung, Seite 687.
[60] Minden: Erzählen, Seite 145.
[61] Als explizites Bekenntnis zu diesem digressiven Erzählstils darf man wohl die Verbeugung vor Laurence Sterne (CüS 269/BA 506) und dessen „Tristram Shandy" („eine Attitüde, des alten Herrn SHANDY würdig"; CüS 301/ BA 528) werten.
[62] Vgl. dazu Ott: Typographie als Mimesis.
[63] Andersch: Düsterhenns Dunkelstunde, Seite 357.
[64] Eich: Lesebuch, Seite 272.
[65] Vgl. Kaiser: Sengers Phall; dort z.B. Textseite 9: „Alles in allem: ein unangenehmes, gelehrt, auch mal selbstironisches, witzelndes Ich, der Orpheus-Düsterhenn. Solange dieses Setebos/Bargfeld-Ich hier assoziiert und kalauert, verbreitet es die Stimmung skeptischen Ressentiments – belesene Landser, die an nichts mehr glaubten, witzelten so in Kriegsgefangenenlagern...".

ders pikante[n] Zote[n] ..." zu bedenken gegeben, daß „...das Unbewußte überhaupt oder vielleicht auch nur das Unbewußte des Autors, das im Text ›seelenkundlich‹ expliziert werden soll, möglicherweise wirklich so arbeitet."[66] Jedenfalls evozieren die vielen Zoten, die Kalauer eine burleske Stimmung, die den Text durchzieht. Schmidt verteidigt in „Caliban über Setebos" das Burleske als adäquate Form der Darstellung des „Allgemeinmenschliche[n]". So überlegt sich Düsterhenn ein neues System zur Benennung der Sternbilder:

> „(Das ‹konstante Dutzend› selbstredend nichts national oder religiös Gebundenes; eher das Fröhlich-Allgemeinmenschliche, so Abbildungen immer wieder int'ressierender Organe, wie ‹HANS CARVELS Ring›: dagegen könnte ja kein PRIOR etwas haben)."
> (CüS 278/BA 512)

Mit diesem Sternbildnamen spielt Schmidt auf eine der bekanntesten Fazetien aus der Literatur der Renaissance an,[67] die am geläufigsten wohl im „Gargantua und Pantagruel" des Francois Rabelais überliefert ist: in Angst, von seiner jungen Frau zum Hahnrei gemacht zu werden, träumt Hans Carvel, der Teufel stecke ihm einen Ring an den Finger, der ihn vor solchem Ungemach bewahre; „...als aber Hans Carvel nun seelenvergnügt erwachte, sah er, daß er seinen Finger in dem – wie heißt's doch – seiner Frau stecken hatte."[68] In solcher Manier, derb, aber geschliffen, in burlesker Verzerrung zur Possenhaftigkeit, wird auch in „Caliban über Setebos" vielfach erzählt – insbesondere über die Themen Sexualität, das ungezügelte Treiben der Landbevölkerung, maßloses Essen und Trinken und dergleichen. Auch hierin treffen sich die beiden Autoren, und es verwundert nicht, daß in „Gargantua und Pantagruel" sich die Liebes- und Lebensprobleme der Protagonisten zuletzt ebenfalls mittels einer krugförmigen, „Göttlichen Flasche" lösen und die Reisenden in einen „Dichterwahnsinn" versetzt werden.[69] Sowohl bei Rabelais als auch bei Schmidt ist in dieses burleske Erzählen umfangreiches Wissen, gelehrte Anspielungen, Digressionen und Zitate eingelassen, wird das Erhabene immerfort mit dem Derbkomischen vermischt. Daher beruft sich Schmidt nicht zu unrecht explizit auf die rabelais'sche Tradition, wenn er Düsterhenn feststellen lässt: „Und die eines Denkenden würdige Einstellung [ist] einzig die von Doktor RABELAIS: VOLTAIRE plus STERNE durch 2! – Aber das darf man heute gar nich sagn." (CüS 269/BA 506).
Andererseits ist aber zu konstatieren, daß das Burleske auch den Restbestand an kritischer Gegenwartsbezogenheit, die Schrumpfform der politischen Stellungnahmen Schmidts ab den sechziger Jahren gegenüber den doch weit

---

[66] Thomé: Natur und Geschichte, Seite 200.
[67] Die Geschichte des Hans Carvel findet sich auch bei Gian Francesco Poggio Bracciolini, Ludovico Ariost, später bei Jean de La Fontaine etc. .
[68] Rabelais: Gargantua I. Band, Seite 418.
[69] Vgl. ebenda II. Band, Seite 320ff.

engagierter, pointierter und analytisch genauer vertretenen Positionen seiner Anfangsjahre nach dem Krieg darstellt.[70] Jörg Drews stellt zutreffend fest, daß

> „...in den Erzählungen des Bandes *Kühe in Halbtrauer* (...) Politik fast keine Rolle mehr spielt, höchstens die Protagonisten zu mokantem Gelächter oder zu Sarkasmen veranlaßt. (...)...Schmidt [sah] Politik jetzt fast nur noch als jenes närrische Gehampel, jenes aberwitzig lügnerische und absurde Sich–Spreizen von Politikern, wie es ihm allabendlich sein Fernsehgerät vorführte und wie er es von *Zettels Traum* bis *Abend mit Goldrand* mit schrillem Witz schildert."[71]

Nicht erst seit „Zettels Traum", schon in „Caliban über Setebos" gibt es jene, danach immer wieder variiert vorkommende Fernseh- „Inszenierung"[72] politischer Wirklichkeit in Schmidts Büchern. In der gutgefüllten Wirtsstube Tulps darf sich Düsterhenn während seines Abendessens an dem Sendeangebot des Fernsehers ergötzen. Schon die erste Sendung ist eine theologisch-politische Diskussion:

> „Zwischen einem Atheisten, (der lauter Lästerungen & Unsinn von sich gab; ein widerlicher Geselle, mit arschnacktem Zuchthäuslerschädel, sah aus wie 3 Kommunistn: nich ma richtig Deutsch konnte der Kerl!). Und einem anderen Ernstzunehmen-

---

[70] Es ist bezeichnend, daß die neueste größere Arbeit zu diesem Thema, Joachim Kleins Abhandlung „Arno Schmidt als politischer Schriftsteller", sich weise auf Schmidts Veröffentlichungen der fünfziger Jahre beschränkt. Gegenüber der etwas naiven Stilisierung Schmidts in jene (von Schmidt selbst im „Caliban"-Text dem Spott preisgegebene, bzw. selbstironisch als Verspottung all jener Leser, die an diese Rolle glauben, zitierte) „Charakterrolle des ‹Guten Linken Mannes›" (CüS 258/BA 499) bei Andre Desilets (vgl. Desilets: Protest und Außenseitertum) oder der polemisch vorgetragenen pauschalen Aburteilung Schmidts als kleinbürgerlicher, undemokratischer, elitär denkender Reaktionär bei Dieter Kuhn (vgl. Kuhn: Mißverständnis) kommt Klein zu sehr viel differenzierteren Einsichten, wenngleich er im Falle des „Leviathan"-Komplexes, den er als eine politische Widerstandsideologie sieht, den mythisch-gnostischen Charakter verkennt. Letztendlich muß aber auch Klein konstatieren, daß Schmidts politische Äußerungen keine Wirkungen zeitigten und von elitärem, potentiell undemokratischen Gedankengut durchzogen waren. So ist Schmidt, da er den Glauben auf Beeinfluß- und Aufklärbarkeit der Öffentlichkeit niemals teilte, nicht zu den politischen Schriftstellern (bei Klein: den „Intellektuellen" im Sinne der französischen Definition seit der Dreyfuß-Affäre) im eigentlichen Sinne zu rechnen (vgl. Klein: Schmidt).

[71] Drews: „Wer noch leben will", Seite 25.

[72] Jene stets wiederkehrenden Partien im Spätwerk, in denen länger von mehreren Personen, die eingehende Kommentare zum Gaukelspiel liefern, ferngesehen wird, nennt Henning Hermann-Trentepohl „Inszenierungen", die er in seiner Untersuchung zur „Rolle des Fernsehns im Spätwerk Arno Schmidts" analysiert – leider aber erst mit „Zettels Traum" beginnend (vgl. Hermann-Trentepohl: „Verfluchte Zeit!", Seite 10).

den, sachlich & geduldich gekleidet, der verantwortungsvoll wiecherte; eine Schriftrolle vom Todten Meer in der Hand, durch deren bloßes Vorzeigen er Den ja mühelos mund–tot machte: *BEWEIS* !. Das Ganze schloß mit einer so vernichtenden Nutzanwendung für alle nochnicht Mitglieder der CDU, daß selbst der Wirt 1 Augenblick auf sah; (‹Der Teppich des Bundes von der Rückseite› ..." (CüS 259/BA 499f).

In dieser kurzen „Inszenierung" finden sich die grundsätzlichen Ansichten Schmidts von der politisch–geistigen Atmosphäre des späten „ADENAUERIEN" (CüS 280/BA 513) versammelt: eine feste Koalition von Thron und Altar prägt das Leben in der Bundesrepublik. Dieses geistige Klima ist bis hin zu „...von den Katholen finanziertn..." Wissenschaftlern (CüS 277/BA 512) und der vorherrschenden künstlerischen Richtung spürbar, gleichviel, ob es sich um naiv-sentimentale Verklärung des „einfachen Lebens" verbunden mit schwermütig-mystizistisch vorgetragener christlicher Heilslehre wie bei Ernst Wiechert („verantwortungsvoll wiecherte") handelt, oder der ästhetischen Sublimierung ähnlicher Gefühle, auf die Schmidt mit bösem, verkürzenden Seitenhieb auf Stefan George[73] anspielt: „...der Deutsche von 1964 will Sentimentalität und Präsentiermärsche..." (CüS 229/BA 479). Opposition gegen diesen katholisch-religiös-kulturell-politisch-militärischen Komplex hebt sich in einer derart gleichgeschalteten Gesellschaft von selbst auf: die burleske, ja grotesk überzeichnete Figur des Opponenten der Fernsehdiskussion veranschaulicht diese Schmidtsche Überzeugung mit schon grimmigem, sarkastischem Witz.

Auf burleske Weise, damit aber auch entschärft, abgebogen in unverbindliches Scherzen, erscheinen die zeitgeschichtlichen und politischen Bezüge in „Caliban über Setebos", sei es der zu aberwitzigen Tauchveranstaltungen von Agenten geschrumpfte Kalte Krieg (CüS 289f/BA 520f), sei es Tulp, ein „...altbackener Nazi der am liebstn Alles umbringn möchte..." (CüS 286/BA 518), welcher sich als selbstgefälliger, ungebildet aber großspuriger, lächerlicher Spießer erweist, der zudem noch von seiner Frau beherrscht wird. Mit der Figur des dem „Katzett", der deutschen Hölle auf Erden, entronnenen Juden H. Levy ist aber die Grenze des burlesk darstellbaren Zeitgeschehens erreicht. Das Lachen über den gedunsenen, homosexuellen, mit „trüben Eunuchn-Tenor" ein seltsames, jiddisch durchzogenes Deutsch interpunktionslos sprechenden, „capotije[n] Capaun" Levy erstickt angesichts der Wirklichkeit des Holocaust. Mit dieser zu unbedenklichen Zeichnung gerät Schmidt in gefährliche Nähe zur stereotyp-klischeehaften Figur „*des Juden*" in der deutschen Literatur, die dem antisemitischen Vor-

---

[73] „Der Teppich des Bundes von der Rückseite" ist eine Kontamination aus den Titeln zweier Gedichtbände Georges: „Der Teppich des Lebens" und „Der Stern des Bundes". Die Rückseite des ästhetisierenden L'art pour L'art ist für Schmidt wohl Konservatismus mit religiöser Verbrämung.

urteil zuarbeitet – man vergleiche nur die Beschreibung von Aussehen, Mimik, Gestik und vor allem (der Schmidtschen sprachlichen Charakterisierung Levys nahekommenden) Sprache „*des Juden*" bei dem erklärten Antisemiten Wagner, der damit seine Figuren Mime und Beckmesser als Verkörperungen des verachtenswerten Juden auf die Bühne bringen konnte, ohne sie explizit als solche zu bezeichnen. Wenn man Schmidt auch des Antisemitismus für unverdächtig halten kann,[74] so bezeichnet doch die Figur Levys am eindrucksvollsten den Punkt, an dem burleske Komik umschlägt in das Grauen vor dieser Welt und ihrer Einrichtung.

Angesichts solcher Stellen vom „Humoristen" Schmidt zu sprechen, bedarf – wie bei vielen der großen Humoristen der Literatur – einer Präzisierung der gängigen Vorstellung über den „Humor". Dieser ist, so eine gängige Definition, gekennzeichnet von einer „Gemütsstimmung, die sich über die Unzulänglichkeiten des Menschenlebens wohlwollend, doch distanziert lächelnd erhebt ..." und „... durch milde, humane Nachsicht und erhabene Gelassenheit der direkten Betrachtung vom scharfen Spott der Satire wie der uneigentlichen Redeweise der Ironie und der derben Komik geschieden ...".[75] In den Werken vieler großer Humoristen der Weltliteratur bleibt hingegen der dunkle, oft pessimistische weltanschauliche Hintergrund ihrer Komik und ihres Humors spürbar – und verleiht diesem erst ihre Tiefe. Gerade die komische, witzige Weltdarstellung des „Humoristen" Schmidt erhebt sich über einen Grund von Leiderfahrung, schopenhauerianischem Pessimismus und – wie noch zu zeigen sein wird auch im burlesken „Caliban" – gnostischer Weltverneinung. Nur so ist Jörg Drews beizustimmen in seiner Bestimmung des Komischen in den Texten der „Ländlichen Erzählungen":

> „Das, was man gerade in den Erzählungen des Bandes *Kühe in Halbtrauer* Schmidts Humor nennen kann, ist eigentlich genauer eine Art amüsiert-sarkastisches Staunen darüber, daß die Katastrophe nicht so schnell eingetreten war, wie er dachte, noch vielleicht so schnell nicht eintreten werde und daß man jedenfalls in der Zwischenzeit abgebrüht und illusionslos, aber doch auch mit gut-

---

[74] Zumindest Dieter Kuhn, der Schmidt „Anfälligkeit für rassistische Irrationalitäten" (Kuhn: Varnhagen, Seite 65) attestiert, unterstellt ihm auch noch antisemitische Tendenzen. Allerdings hat Kuhn auch ob solcher Äußerungen in weiten Kreisen der Schmidt-Forscher den Ruf des Herostratentums (vgl. Wollschläger: Bruder Kuhn). Leibl Rosenberg stellt hingegen in seiner Studie über die „Jüdische Frage" im Werk Schmidts fest, daß zwar sprachliche Partikel des Antisemitismus im Werk zu finden seien, Schmidt aber nicht als Antisemit bezeichnet werden könne. „Die Rolle, die der Autor Arno Schmidt dem überlebenden Juden zuteilt, sei es die eines Pferdemetzgers, wie in der 'Schule der Atheisten' oder die eines Vertreters für Präservative wie im 'Orfeus', ist (...) bemerkenswert und ominös genug. Es dürfte schwer sein, daraus ein weltanschauliches Programm Arno Schmidts ableiten zu wollen." (Rosenberg: Zionistische Rowdies, Seite 199).

[75] Wilpert: Sachwörterbuch, Seite 355.

mütigem Spott dem Treiben der Menschen zusehen – und Bücher schreiben könne."[76]

Das Ausbleiben der Katastrophe, der endgültigen Apokalypse in einem dritten Weltkrieg, dessen 'Naherwartung' Schmidts Schreiben in den fünfziger Jahren spürbar prägte, führt in „Caliban über Setebos" zu einer Form des Komischen, in der der Witz immerzu kippen kann zu schärfster Satire, beißendem Sarkasmus und auch zum Ersticken des Lachens in der Darstellung des Grauens, das hinter der zunächst witzig-burlesk geschilderten Oberfläche lauert. „Gutmütiger", milder und wohlwollender wurde Schmidts Humor kaum – oder doch höchstens in dem Maße, in der er das Interesse an Politik verlor und sich Psychoanalyse und Literatur in den Vordergrund seines Interesses schoben.[77]

Das Komische, der Witz zeigt sich eben in „Caliban über Setebos" auch, und sogar zum größeren Teil, in einer dem burlesken und niederem Witz verwandten, aber noch zugespitzeren Variante: nicht mehr nur launig, kalauerhaft oder in Form des satirischen Witzes noch auf ein utopisches Ideal bezogen, schlägt hier der Witz verfremdend durch ins Abgründige, (Alp-)Traumhafte, ins *Groteske*. Im grotesken Witz liegt „...nicht nur etwas Spielerisch-Heiteres, Unbeschwert-Phantastisches, sondern zugleich etwas Beklemmendes, Unheimliches angesichts einer Welt, in der die Ordnungen unserer Wirklichkeit aufgehoben ..."[78] sind. In „Caliban über Setebos" sind verschiedenste groteske Gestaltungsprinzipien aus der reichen und verzweigten Tradition der Darstellungsart zu finden, also sowohl das Derbkomische, vom Ernst der Welt befreiende und im „karnevalistischen Weltempfinden" wurzelnde Lachen der frühneuzeitlichen Groteske, als auch das ins Unheimliche, Monströs-Grauenvolle sich wandelnde und umschlagende Lachen späterer, vor allem der romantischen und surrealen Abwandlungen des Grotesken.[79]

---

[76] Drews: „Wer noch leben will", Seite 25.
[77] Vgl. ebenda, Seite 24f: „Man hat den Eindruck, daß Schmidt seine Literatur und auch sein Lebensgefühl Anfang der sechziger Jahre von Politik und Geschichte abkoppelte. (...) Überdies war er durch die Entdeckung der Psychoanalyse und insbesondere sein Studium Freuds seit den späten fünfziger Jahren ganz anderen als politischen Katastrophen auf der Spur: der katastrophalen, leid- und konfliktträchtigen psychischen Verfassung des Menschen überhaupt und jenen Katastrophen seiner eigenen psychischen Entwicklung, die sein so häufig verdüstertes Lebensgefühl, seine Unsicherheit im Umgang mit Menschen, seine Aggressivität und seine Verkrampftheit erklärten...".
[78] Kayser: Das Groteske, Seite 22.
[79] Es ist notwendig, Kaysers etwas vereinseitigend auf die „romantische Groteske" sich beschränkende Darstellung des Grotesken mit Michail Bachtins Insistieren auf der Tradition und dem Erbe der Renaissance-Groteske zu kritisieren und zu erweitern (vgl. insbesondere das Kapitel „Wolfgang Kaysers Theorie des Grotesken" in Bachtin: Literatur und Karneval, Seite 24 – 31). Bachtins Betonung der befreienden, karnevalistischen, grotesken Lachkultur der Renaissance ist natürlich durch seine

Grotesk wirkt die Überfülle, Unübersichtlichkeit, die Detailhäufung („...überfordert von den vielen–neuen Reiseeindrücken ..." CüS 266/BA 504) der dargestellten, voller aberwitziger Einzelheiten (wie dem Kupferpfennig mit eingraviertem Vaterunser CüS 264/BA 503) strotzenden Welt. Groteskes zeigt sich insbesondere bei den Nebenfiguren. Hier dominieren geradezu die grotesken Leiber, die Auflösung der Personen durch skurril überzeichnete, verfremdete einzelne Körperteile, die obszön herausgestellte Körperlichkeit. Schadewalde ist nicht mit Personen bevölkert, sondern mit dem „Säufernäschen einer Bewohnerin" (CüS 250/BA 493), ein „Nasenläufiger"[80] (CüS 250/BA 494) stiert nicht auf eine Frau, sondern „...mitten in eine tiefgespaltene Lüstlynx–Büste" (ebenda) und ein „camen-bärtiger Alter" treibt ebenfalls im „Wildost-Lädchen" (CüS 249/BA 493) sein Unwesen. Zum klassischen Formenbestand grotesker Kunst, der sich in „Caliban über Setebos" findet, gehören die Vermischungen von Tierischem und Menschlichem.[81] Sehr viele Figuren werden in solcher Vermischung geschildert, sei es der pferdeartige „Erste Schiffer" und die in dieser Szene gleichfalls mit Pferdeattributen versehenen vier Frauen (CüS 230f/BA 480), der mit einem Stier verglichene Bauer „Voll-Meyer" („Tauromorfm" CüS 244/BA 489), Tulps Knecht „Zebra-Otto" und die Magd Rieke, die bei ihrer Vereinigung („das Thier, das es nicht gibt") als „Vieh–Male" und „Einhorn" tituliert werden (CüS 255f/BA 497f) oder selbst Düsterhenn, der an sich zuweilen Bocks- (beim Blick in den Spiegel:

> „...ich verzook angewidert den Mund, op des wullstijen Bocks–dort : ! (dessen ‹Gesicht› darob jedoch einen derart quasi-modrijen Ausdruck annahm, daß ich ihm freiwillig das Feld räumte: tat twam asi, oh weh !)." CüS 295f/BA 524)

Romantheorie, die den modernen Roman mit Rabelais beginnen und damit in dieser oppositionellen, folkloristischen Lachkultur wurzeln lassen möchte (vgl. Bachtin: Formen der Zeit, Seite 210 – 251), interessegeleitet. Dennoch erweitert er damit die Vorstellung vom Grotesken. Da die Variationsbreite grotesker Darstellung sehr groß (auch über Bachtins Erweiterung hinausgehend) und damit eine einheitliche Theorie bzw. Definition des Grotesken (wie sie Kayser wohl versucht) beinahe unmöglich ist, wird in dieser Arbeit nur von „grotesken Gestaltungprinzipien" u.ä. gesprochen.

[80] Bachtin: Literatur und Karneval, Seite 15 über „...die Bedeutung der Nase in grotesken Gestalten...": „Die Nase vertritt nämlich stets den Phallus."

[81] Die antike Ornamentik, die in italienischen Grotten Ende des 15. Jahrhunderts gefunden wurde und von der sich das Wort 'grottesco' ('grotta' = Grotte) ableitet, zeigt als wichtigstes Charakteristikum eben jene Vermischung tierischer und menschlicher Formen, über die sich der römische Architekturtheoretiker Vitruv ablehnend, aber treffend äußert: „Denn an die Wand malt man jetzt lieber Monstren als klare Abbilder der dinglichen Welt. (...) Und schließlich tragen die Stengel gar Halbfiguren, die einen mit Menschen-, die anderen mit Tierköpfen. Solches Zeug aber gibt es nicht, wird es niemals geben und hat es auch nie gegeben." (zitiert nach Kayser: Das Groteske, Seite 20f).

oder Hirschmerkmale feststellt (bei der Flucht vor den Frauen CüS 313/BA 536). Auf der anderen Seite werden Tiere vielfach anthropomorphisiert: so die Eule, die Düsterhenn mit „Kriwit, Herr Kollege." anspricht und als „...ein HErr in Grau auf GRau..." beschreibt (CüS 279/BA 513) – in beide Richtungen darf sich der Ich-Erzähler Düsterhenn zurecht eines ausgeprägten „oh rien Tierungs-Sinn" (CüS 254/BA 496) rühmen. Diese „...aus Bändern Sehnen & Gebein geflickte[n] Halbnatur[en] ..." (CüS 230/BA 480) gehören zum ehernen Bestand grotesker Weltdarstellung, repräsentieren manieristischen Synkretismus.

Grotesk im Sinne der karnevalistischen Renaissance-Tradition ist das Treiben der Gäste im zentralen Handlungsort, in Tulps Gasthaus – als Kneipe eh eine „...Hauptarena der karnevalistischen Handlungen ...".[82] Die Besucher der Wirtsstube sind „Archetypen" (CüS 258/BA 498), „Menglinge aus Tagelöhnern & Nachtmahren" (CüS 264/BA 503), die bizarre Schlauchtänze vollführen und dazu „...ein Gemecker wie von lauter Affen & Bökken in der Casa del Fauno..." (CüS 267/BA 505) erheben. In Tulps Reich finden auch die „...wesentlichen Ereignisse im Leben des grotesken Leibes, sozusagen die Akte der Körper–Dramas, Essen, Trinken, Ausscheidungen (Kot, Urin, Schweiß, Nasenschleim, Mundschleim), Begattung, (...) Altern, Krankheiten, Tod, Zerfetzung..."[83] statt – wenn auch die beiden letzteren Körperakte nur in symbolischer Verschiebung zur Ausführung gelangen. Insbesondere die sexuellen Szenen und die Funktionen der analen und urogenitalen Körperpartien (bezeichnenderweise veröffentlichte Düsterhenn in einem Literaturmagazin namens „‹Delirium Tremens›" seine „‹Ode to Defecation›"; CüS 229/BA 479) werden gemäß der Tradition grotesker Gestaltungsprinzipien in aller Ausführlichkeit und Obszönität, oftmals wieder mit Vermischung menschlicher und tierischer Züge, geschildert.[84]

Für all diese Züge renaissancehafter, karnevalistischer Groteske in „Caliban über Setebos" steht als Ahnherr wiederum der von Düsterhenn gepriesene Francois Rabelais ein. Es finden sich im Text aber auch Beispiele jener grotesken Darstellungsform, in der das Lachen ins Unheimliche, ins Alptraumhafte hinüberspielt. So kippt die oben zitierte „Fernsehinszenierung" mit Düsterhenns Vorstellung: „...sollte man sich bei solchen Streitgesprächen nich ma den Spaß machen, Röntgenstrahlen zu verwenden? Sodaß 2 Todtenschädel miteinander zu zanken scheinen?" (CüS 260/BA 500). Auch die Bewohner Schadewaldes werden keineswegs nur burlesk–bukolisch geschildert. So ist die Szene, in der Kinder singend und mit Laternen einen Umzug machen, eine Szene also, die ein wenig idyllische Romantik in den

---

[82] Vgl. Bachtin: Literatur und Karneval, Seite 56.
[83] Ebenda, Seite 17.
[84] Vgl. Fußmann: „Du bekommst bestimmt eine Antwort", Seite 16: „Das Unanständige ist bei Arno Schmidt auch noch grotesk und vor allem komisch und so überhaupt erst zu genießen."

Text einfließen lässt, in typisch grotesker Weise durchzogen von genau gegenteiligen Stimmungen: eines der Kinder geht schließlich auf ein Tor zu

> „...hinter dem es haderte & zangte, wie i'm Altersheim: da geht ja nichts drüber, wenn so ein 85-Jährijer zitternd ein'n 84-Jährijn bey der Keif-Kehle pakkt. Oder Grey-sinen, langen Mist an den schlappm, sich gegenseitig der Imp–Potenz bezichtijn." (CüS 253/BA 495).

Und das anführende Mädchen „Marschierte so, in lied'lichster Illabaturobis-Laune, badness-Knospe contra Krähen-pi-broch, zwischen die Schattenscheunen hinein, eisengraue Loden-Mantie.", wobei sie singt: „‹Heuteblau. Und morgenblau. Und über-morgän-wie-där!›" (ebenda). Hier liegt durchgehend groteske Gestaltung vor: Kreuzung und Mischung der gegensätzlichsten Stimmungen, der idyllische Laternenzug und die zotigen Lieder, absurder Kampf von Greisen und (scheinbar) unschuldige Kinder, das alles vor dem Hintergrund bedrohlicher Landschaft und Abendstimmung. Düsterhenns Abendspaziergang beginnt schon unter dem Eindruck einer Landschaft, die den Gemälden des Hieronymus Bosch entnommen sein könnte:

> „Die abgestürzte Sonne hinter einer Eichensäule festgerannt; Beide blutetn. Die firmamentlose graue Overall–Plane (...) hatte gleichfalls viel Unangenehmes. Die ganze Gegend jedenfalls wüst ..." CüS 243/BA 489).

Charakteristisch ist auch die beständig unterschwellig vorhandene Gewalt der Menschen untereinander, die oft – wie in den oben zitierten Beispielen z.B. in den Laternenumzug der Kinder der Kampf der Alten eingelassen ist, der eitle, aber gemütvolle Wirt sich als Alt-Nazi erweist, der am liebsten immer noch alle umbringen möchte, während die groteske Witzfigur Levy die Hölle des Konzentrationslagers hinter sich hat, oder, andersherum, Düsterhenn beim Anblick einer „eternity-box" auf die burleske Idee kommt, hier hätte es Jemanden erwischt, „...der ne 7 gewürfelt hatte." (CüS 231/BA 480) – mit idyllischen oder burlesken Situationen verkreuzt ist.

Zudem lebt Schmidts Text geradezu, wie noch ausführlich gezeigt werden wird, von der Degradation 'geheiligter' Dinge, der Verkehrung des Erhabenen in derb-obszöne Niederungen und den vielfachen (insbesondere sexuellen) Inversionen: all dies tradierte groteske Gestaltungsmittel.

Die vom Künstler grotesk gezeichnete Welt ruft beim Rezipienten eine spezifische Mischung von Gefühlen hervor, sie erweckt, wie schon Wieland bemerkte, „...durch das Übernatürliche und Widersinnige seiner Hirngeburten bloß Gelächter, Ekel und Erstaunen über die Kühnheit seiner ungeheuern

Schöpfungen…".[85] Gelächter, Ekel und Erstaunen: es ist eine etwas ratlos Mischung angesichts der *verfremdeten* Weltdarstellung mittels grotesker Stilmittel: „…das Groteske ist die entfremdete Welt. (…) Dazu gehört, daß was uns vertraut und heimisch war, sich plötzlich als fremd und unheimlich enthüllt. Es ist unsere Welt, die sich verwandelt hat."[86] Es ist also eine *instabile* Welt, die hier begegnet, eine Schadewalder Welt, in der das Ernste jederzeit in derbe Zoten, das Erhabene ins Lächerliche, und das Burleske ins Abgründige umschlagen kann. Instabil auch durch die „Struktur der Vermutung", die in sich widersprüchliche, deutlich an den Fäden seines Autors hängende Figur des Ich-Erzählers und die ebenso artifizielle Raumkonstruktion, die Eigentümlichkeiten von Erzähltempus, die allgemeine Vereinigung des Gegensätzlichen im Text. Eine instabile Welt, die deutliche Verwandtschaft zur Welt des Traumes, des Unbewussten hat: „…das Groteske ist die Gestaltung des 'Es' …".[87]

An diesem Punkt zeigt sich, daß ein Text wie „Caliban über Setebos" auch einen anderen Zugang zu seiner traumartig verfremdeten Welt zulässt, als den vom Autor beschworenen und von den Interpreten bevorzugten des „Traumspiels", der „Versuchsreihe IV (Traum)".[88] Ein solcher interpretatorischer Zugang reiht Schmidts Text in Traditionslinien ein, eröffnet neue Perspektiven und wirkt der Verengung der literaturwissenschaftlichen Auslegung des Textes durch die Übernahme der „4. Instanz" -Poetologie des Autors entgegen. Lohnend ist die Interpretation Schmidtscher Texte aus der Perspektive grotesker Darstellungsformen und der Traditionslinien burleskkarnevalistischer, aber auch verfremdend-unheimlicher Groteske sicherlich, denn „Caliban über Setebos" ist auch in dieser Hinsicht zwar ein Höhepunkt, aber nicht das einzige Werk Schmidts, welches sich grotesker Gestaltungsprinzipien bedient, sich in die Tradition großer grotesker Werke einreiht. Vor allem das letzte vollendete Buch Schmidts, „Abend mit Goldrand", lebt aus dem Geist des Grotesken. Dort wird denn auch Hieronymus Bosch, dem wohl bedeutendsten und außergewöhnlichsten Maler des Grotesken, entsprechend gehuldigt: zwei seiner bekanntesten Bilder haben wichtige Funktionen

---

[85] Wieland: Unterredungen, Seite 517; Wieland grenzte schon sehr genau die „Grotesken" von den satirischen „Karikaturen" ab, und verweist als Beispiel für erster auf den „so genannte[n] *Höllenbreugel*" (ebenda).
[86] Kayser: Das Groteske, Seite 198.
[87] Ebenda, Seite 199; Kayser versteht diese „Es" eher existentialistisch (vgl. die Kritik bei Bachtin: Literatur und Karneval, Seite 27f), weit treffender wäre hier aber die Freudsche Auffassung dieses „Es". Die Affinität grotesker Darstellungen zum Unbewußten betonte schon Schopenhauer: „Es ist jenes Wollen, welches auch unser Wesen ausmacht, das uns hier vor Augen tritt, in Gestalten, in denen seine Erscheinung nicht, wie in uns, durch die Besonnenheit beherrscht und gemildert ist, sondern sich in stärkeren Zügen und mit einer Deutlichkeit, die an das Grotteske und Monstrose streift, darstellt…" (Schopenhauer: Welt als Wille, Band I, Seite 294). Dem Schopenhauerianer Schmidt könnte diese Stelle bekannt gewesen sein.
[88] Vgl. dazu Czapla: Mythos, Seite 19 – 46.

in dem Buch, „Der Garten der Lüste", als Reproduktion im Zimmer eines der Protagonisten hängend, ist ein Sinnbild der dargestellten Welt und wird sogar von Ann'Ev betreten,[89] während die von ihr angeführte „Rotte", eine grotesk überzeichnete Hippie-Gruppe, auf einem „Strohberg" Station auf ihrer Reise macht und damit Boschs Bild der Lebensreise, „Der Heuwagen", zitiert.

Eine prägnante Umschreibung der grotesken, instabilen, ent- und verfremdeten Welt mit Vertiefung ins Nihilistische, die dem späteren Welt- und Lebensempfinden Schmidts nahe kommt, bietet schließlich das Motto, das „Abend mit Goldrand" vorangestellt ist, ebenso aber über vielen der mittleren und späten Werke Schmidts stehen könnte:

> „'So wäre also,' sagte Bernard tiefsinnig, 'das ganze große Menschendaseyn nichts in sich Festes und Begründetes? Es führte vielleicht zu nichts, und hätte nichts zu bedeuten? Thorheit wäre es, hier historischen Zusammenhang und eine große poetische Composition zu suchen: eine Bambocchiade oder ein Wouvermanns drückten es vielleicht am richtigsten aus?' 'Das kann wohl seyn,' sagte Peter."[90]

Philips Wouwerman (1619 – 1668) malte mit Vorliebe Schlachten und Straßenüberfälle; Pieter van Laer (1582 – 1642), der seines entstellten Körpers wegen 'Bamboccio' (dickes Kind) genannt wurde, prägte ein neues Genre, das nach seinem Übernamen 'Bambocciaden' hieß: zu seiner Zeit als vulgär verhöhnte, derb-komische bis burlesk-groteske Kirmes- und Jahrmarktsszenen, oft in dunklen Tönen. Das trifft es.

---

[89] Schmidt: Abend mit Goldrand, Seite 64.
[90] Ebenda, Seite 1. Schmidt gibt als Quelle verrätselnd „Gottlieb Färber, 'Die 7 Weiber',, an: gemeint ist „Die sieben Weiber des Blaubart" von Ludwig Tieck, der den Namen 'Gottlieb Faerber' als Pseudonym benutzte.

III. Psychoanalyse

III. 1. Mit Kara Ben Nemsi nach Schadewalde

Spricht man der Oberflächenhandlung des Schmidtschen Textes schon eine Abenteuerstruktur zu, so ist die Herkunft bestimmter Elemente derselben aus dem Hause May nicht zu verleugnen.[91] Die sachliche Motivierung der Reise Düsterhenns – der Wunsch, die Jugendgeliebte wiederzusehen – mag noch als ungewöhnlich völlig aus dem Rahmen Mayscher Fabelkonstruktion fallen; allein die faktische Detektivtätigkeit Düsterhenns entspricht der Beschäftigung der Mayschen Helden. Verbrechensaufklärung oder -verhinderung, die Aufdeckung von Familientragödien oder die Entdeckung von Schätzen: „...plump=exotische Kriminalromanzen sind's im Grunde ..."[92], detektivische Unternehmungen treiben die Helden und somit auch die Handlungen der Texte Mays voran.[93] Als „substantielle" Motive des Mayschen Abenteuerromans, die sich aus der sachlichen Motivierung ergeben, erscheinen „...Flucht und Verfolgung, Anschleichen und Belauschen, Gefangennahme und Befreiung."[94]

Die Handlung von „Caliban über Setebos" ließe sich in Mayschen Kategorien auch folgendermaßen erzählen: der Held gerät in selbstgestellter detektivischer Aufgabe in ein unbekanntes, beinahe feindliches Terrain („...in den Lüneburger Prärien ..." CüS 258/BA 499), nimmt Unterkunft beim geheimnisvollen Oberhaupt der fremden Gemeinde, geht auf einen Erkundungsgang (auf dem er sich prompt verläuft – im Hinblick auf die omnipotenten Pfadfinder Mays ein schöner ironischer Einfall). Durch Nachschleichen der Fährte eines Untergebenen seines Wirtes findet er den Weg zurück und nutzt die Gelegenheit zur Belauschung von Knecht und Magd im Wirtschaftshof. Daran schließt sich eine Wirtshausszene an, mit rustikalen Figuren und ebensolchen Geschichten – nicht nur dem Eumäus–Kapitel des Ulysses verdankt sich diese Szene, sondern wohl auch der Vorliebe Schmidts für die „Old Surehand"-Trilogie Mays, deren mittlerer Teil vollständig aus Kneipengesprächen besteht. Düsterhenn begibt sich nochmals auf einen Erkundungsgang, der wiederum auf fremden Pfaden in Orientierungslosigkeit und „Neit-ßots" (CüS 274/BA 509)[95] endet. In dieser Situation erscheint einer der skurrilen Helfer und Nebenhelden Mayscher Provenienz, um Dü-

---

[91] Zum Schema der Abenteuererzählung bei den Reiseromanen Mays vergleiche allgemein Schmiedt: Handlungsführung und Prosastil; sowie Klotz: Durch die Wüste.
[92] Schmidt: Sitara, BA III/2, Seite 242.
[93] Zuweilen ist der Maysche Held auch als „Informeller Mitarbeiter" oder gar ausdrücklich als fest angestellter Detektiv unterwegs; so z.B. in „Winnetou 2".
[94] Klotz: Wüste, Seite 86 und 92.
[95] Vergleiche das Kapitel über die „frommen fadings" bei May in Sitara, BA III/2, (§ 20), Seite 132ff.

sterhenn wieder zurück in den Gasthof zu helfen. Nach dem Fehlschlag seiner Mission entschlüpft Düsterhenn nächtens heimlich aus dem Haus, nimmt aber die sich bietende Gelegenheit zur Belauschung des geheimnisvollen Treibens in der Scheune war und wird dabei entdeckt. Nun folgen die typischen May-Motive Flucht und Verfolgung sowie das rechtzeitige, 'zufällige' Auftauchen des Helfers als Deus ex machina, der den Held rettet.

Die bloße Aufzählung von Handlungselementen, die bei May vorgebildet sind oder so auch bei ihm auftauchen, könnte noch als Zufall gewertet werden und nicht auf eine deutliche May-Folie im Schmidtschen Text hinweisen. Die Beziehung ist aber eine noch viel tiefere und vielschichtiger: alle Texte der Sammlung „Kühe in Halbtrauer" sind durchzogen von Anspielungen auf Karl May[96], am deutlichsten sicherlich die schon als poetologisch wichtig bezeichnete Erzählung „Schwänze". In der dort beschriebenen „Künstlerkolonie" arbeitet der Komponist Jacob Mohr an der Oper „DAS WALDRÖSCHEN, oder die Verfolgung rund um die Erde. / Opera seria in 5 Akten.", zu der ihm der Dichter und Ich-Erzähler J.B. Lindemann das Libretto schrieb.[97] Der Bildhauer Caspar Schmedes wiederum plant seit Jahrzehnten eine Monumentalfigur des Benito Juarez – dieser liefert in einem Teil ebenjenes „Waldröschen"-Monumental-romans die politische und historische Situierung der Abenteuerhandlung.[98]

Die Bezüge auf May in „Caliban über Setebos" sind weitaus vielschichtiger und kunstreicher in den Text eingewebt. Es erscheinen Begriffe und Wendungen, die für die Welt Mays Signalcharakter besitzen. So ist von den „Lüneburger Prärien" (CüS 258/BA 499) die Rede, Düsterhenn nennt seine Goldmünzen „Deadly Dust" (CüS 290/BA 521) und sein Haupthaar zweimal „Skalp" (CüS 262 & 313/BA 502 & 536).

---

[96] Vgl Kutschkau: Kaleidoskop; hier wird unter den Motivketten, die den Zusammenhang unter den Erzählungen des „Kühe in Halbtrauer"-Zyklus stiften, neben Freud, Undine und Mythologie eben Karl May genannt.

[97] Schmidt: Schwänze, BA I, Seite 318. Die in den Anfangsgründen steckengebliebene Oper nach Karl Mays Kolportageroman ist ein umso witzigerer Einfall, als daß Karl May selbst mit „Die Pantoffelmühle. Originalposse mit Gesang und Tanz in acht Bildern von Karl May" Opernambitionen zeigte – freilich auf dilettantischem Niveau (vgl. dazu Kühne: Kompositionen, Seite 603f: „Die Anordnung der Instrumente in der Partitur läßt vermuten, daß der Autor niemals eine Orchesterpartitur von einem klassischen Komponisten studiert hat, vielmehr läßt das Arrangement (…) auf die Bekanntschaft mit Blasmusik schließen."). Seine im Fragmentstadium verbliebene Opernkomponistenkarriere May mit milder Selbstironie in der Figur des Kantors Hampel in „Der Ölprinz": dessen Wildwest-Heldenoper erleidet das bekannte Schicksal („Und die zwölfaktige Heldenoper? Wenn die ersten drei Takte davon fertig sind, werde ich es sofort melden."; May: Ölprinz, Seite 613).

[98] In der Bamberger Ausgabe der Gesammelten Werke Mays trägt der dritte Band des fünfteiligen „Waldröschen"-Romans den Titel „Benito Juarez" (GWB 53).

Neben diesen relativ offenen Bezügen gibt es aber auch kryptische Zitate mit mehreren Ebenen, die als eine von Schmidts bevorzugten Zitattechniken gelten können. So lässt sich Düsterhenns Feststellung angesichts der von ihm entdeckten Tribaden: „Wer Unrecht hatte, war natürlich wieder ma einwandfrei Ben Akiba ..." (CüS 302/BA 528) als 'mehrfaches Zitat' lesen. Angespielt wird auf Akiba Ben Joseph (* um 50, + um 135), ein jüdischer Schriftgelehrter, der als Vorläufer der Texthermeneutik angesehen werden kann. Sein Grundsatz, daß bei der Bibelauslegung kein einziger Buchstabe nebensächlich sei, trifft das Wesen Schmidtscher „Verschreibkunst"[99] mit prophetischer Genauigkeit. Im Grunde gemeint aber ist die Figur des alten weisen Rabbi Ben Akiba aus dem Trauerspiel „Uriel Acosta" von Karl Gutzkow. Akiba äußert sich über die religiöse Abweichung des Titelhelden mit der litaneihaft wiederholten Wendung: „Das war schon alles da."[100] – seinerseits ein verkapptes Zitat der berühmten Sentenz des Salomo: „...es gibt nichts Neues unter der Sonne."[101] Der außerordentliche Erfolg des Stückes im 19. Jahrhundert sicherte Gutzkows Diktum damals die Sprichwörtlichkeit – bis hin eben zur Zitatquelle Schmidts, Karl May. In aberwitziger Verdrehung – ähnlich vielen Zitaten bei Schmidt – findet sich im „Ölprinz" folgende Sequenz:

> „'Nicht wahr, Sie staunen?' fragte der Emeritus triumphierend. 'Da wird sogar Ben Akiba zu Schanden.' 'Ben Akiba? In wiefern der?' 'Er hat behauptet, es sei alles schon dagewesen; aber einen Petroleumsee auf der Bühne hat es noch nicht gegeben.' 'Das mit der Bühne mag richtig sein; das mit Ben Akiba aber is unbedingt falsch.' 'Wieso?' 'Es is eene Verwechslung identischer Persönlich-keeten. Wissen Sie, wer das gewesen is, der gesagt hat, es sei schon alles 'mal dagewesen?' 'Eben dieser Ben Akiba.' 'Nee. Wenn Sie das sagen, da halten Sie die ungerade Fünfe vor eene gerade Neune. Das Wort, daß alles schon dagewesen is, hat Benjamin Franklin gesagt, als er den Blitzableiter erfand und nachher an eene Scheune kam, wo schon seit langer Zeit eener droff gewesen war. Ben Akiba war een ganz andrer Mann, een persischer Feldherr, und hat den griechischen Kaiser Granikus in der Seeschlacht bei Gideon und Ajalon besiegt."[102]

So, wie Ben Akiba angesichts des Petroleumsees in der Heldenoper des Kantors Unrecht hat, hat er – Düsterhenn zufolge – „...natürlich wieder mal einwandfrei ..." Unrecht in Bezug auf die „...Jägerinnen, wie ich sie so noch

---

[99] Der Untertitel von Schmidts „Abend mit Goldrand" adressiert das Werk an „Gönner der VerschreibKunst".
[100] Gutzkow: Uriel Acosta, Vierter Aufzug, Zweiter Auftritt; Seite 49 bis 53. In diesem einzigen Auftritt, den Ben Akiba im Stück hat, legt ihm Gutzkow die Wendung mit leichten Abänderungen ganze elfmal in den Mund.
[101] Bibel, Prediger. 1,9 (Seite 680).
[102] May: Ölprinz, Seite 394.

ny sah..." (CüS 302/BA 528), nämlich während ihrer Orgie in der Scheune. Und so, wie May mit dieser Passage den zeitgenössischen Gymnasiasten, Zielpublikum seiner Jugendromane, als Literaturpädagoge Wissen vermitteln wollte, so zitiert Schmidt als „praeceptor Germaniae".[103]

Die Spannweite von Mays Werk wird angedeutet durch Anspielungen auf verschiedene Werkphasen. Aus dessen schriftstellerischen Anfangsjahren – May war ja wie Schmidt ein literarischer Spätentwickler[104] aus trivialen Anfängen – wird ein bezeichnender Titel genannt: „...Manchmal stößt man auf diesen Dörr-fern, dörrend in Dach-Schrägungen, klamm in der Kellerklamm, auf verschollenste Zeitschriften, unschätzbar dem schöpferischen Plagiator, ganze JUWELENINSELN von Kittsch..." (CüS 252/BA 495). Mays „Die Juweleninsel" von 1880/82, Fortsetzung seines ersten erfolgreichen Kolportageromans „Scepter und Hammer" (1879/80), erschien in der „verschollenste(n)" Zeitschrift „Für alle Welt". Folgt man dem autoritativen Karl-May-Handbuch, so stellt der Roman einen „...schweren Rückschritt in der Entwicklung des Romanschriftstellers May..." dar, und zeigt eine „...zunehmende Hinwendung Mays zum Kolportagestil...".[105] Mays kommerziell erfolgreichste mittlere Werkperiode als Verfasser der populären „Reiseromane" wird durch die Anspielung auf den „Kommerz'jenrat Pustet" (CüS 281/BA 514) bei der Begegnung mit dem – gleichsam dem skurrilen Figurenpanoptikum Mays entstiegenen – Präservativhändler Levy angedeutet. Im Verlag des Kommerzienrat Friedrich Pustet erschien eine der erfolgreichsten katholischen Familienzeitschriften des Kaiserreichs, der „Deutsche Hausschatz". May war seit 1879 Mitarbeiter der Zeitschrift und veröffentlichte bis 1897 viele seiner erfolgreichsten Werke – unter anderem den Orientzyklus – als Erstdrucke in dieser Zeitschrift. Nach zehnjähriger Pause veröffentlichte er auch sein bedeutendstes Spätwerk, „Ardistan und Dschinnistan", in dieser Zeitschrift. Die Pointe ist dabei die Tatsache, daß der Protestant May selbst in Pustets stark katholisierenden „Marienkalender" mitarbeitete[106] – was in der durch den „Kulturkampf" vergifteten Atmosphäre

---

[103] Rainer Barczaitis sieht den Gewinn solchen Zitatgebrauchs im Lesespaß und Wissenzuwachs. In letzterem Sinne bezeichnet er Schmidt als „praeceptor Germaniae von eigenen Gnaden..." (Barczaitis: Anmerkungen, Seite 120).

[104] Vgl. Wollschläger: Schmidt & May, Seite 80; der Aufsatz geht kenntnisreich und detailliert Schmidts Entwicklung sozusagen 'an May herauf' nach.

[105] Lorenz: Juweleninsel, Seite 379; vgl. ebenda: „...die Handlung der JUWELENINSEL [wirkt] unzusammenhängend, vollkommen unwahrscheinlich und streckenweise dilettantisch konzipiert."

[106] „Zum religiösen Schrifttum der Zeit gehörten auch die sog. 'Marienkalender', in denen May seit 1891 eine ganze Reihe seiner Erzählungen erstmals drucken ließ. (...) Bei den Marienkalendern handelte es sich nun um volksnah gestaltete Erbauungsliteratur mit unterhaltenden, belehrenden und tröstenden Beiträgen, die einer massiven marianischen Grundtendenz verpflichtet waren. Einer der führenden Marienkalender, der schnell eine Auflage von 400 000 erreichte und im katholischen

nach Aufdeckung der wahren Sachverhalte zu heftigen Angriffen gegen May seitens der katholischen Presse und entsprechenden Gegenschlägen Mays, unter anderem durch satirische Überzeichnung des katholischen Gottesvolkes in den Spätwerken „Silberlöwe III - IV" und „Ardistan und Dschinnistan", führte.[107] Mays „...feile Käuflichkeit, die sich nicht entblödete, erst 25 Jahre lang das Hausschatz=Honorar für 1 Messe wert zu ästimieren...",[108] erinnert sehr an Düsterhenns Käuflichkeit, der des Gewinns wegen dreist Kitsch verfertigt, in Engelserscheinungen schwelgt und sich gar für ein Lied „...gegen die Wehrdienstverweigerer, ‹bei der Musterung zu singen› ..." mit dem „Strauss-Preis" auszeichnen läßt (CüS 236/BA 484). Ausdrücklich bekennt sich Düsterhenn ja zum Vorbild May in Sachen gewinnträchtiger Popularität: „Die hatten ja ein Heiden-Geld gemacht, dieser LÉHAR-damals! Oder auch KARL MAY; ewige, nie genug zu verehrende Vor-Bilder uns nach Volkstümlichkeit Ringenden. Man *dachte* noch vielzuviel: ‹dumm & geil›, das ist das Rezept des Erfolges." (CüS 270/BA 506f) So bildet sich ein Subtext aus Anspielungen auf May heraus, der zugleich eine hintergründige, kritische Charakterisierung der Figur Düsterhenn ist.

Zwei wichtige Stichworte aus dem Spätwerk werden anzitiert: die von May so oft beschworene „Menschheitsfrage" (CüS 284/BA 516), sein Ter-

---

[107] Verlag Pustet erschien, wurde ab 1866 in Regensburg herausgegeben.", Tschapke: Markt, Seite 54f, dort auch allgemein zur Beziehung Mays zum Verlag Pustet. Vgl. Schmidts Darstellung: „MAY, der geborene, also zumindest ‹nominelle› Protestant, hat es nicht verschmäht, sich öffentlich als ‹Katholiken› zu bezeichnen; und zwar aus rein kommerziellen Erwägungen, um als Mitarbeiter an jenem, literarisch nullen aber unangenehm bigotten, HAUSSCHATZ mittun zu können. (...) da verwundert es denn freilich nicht mehr, daß selbst ‹Pastoralblätter› den 'beliebten katholischen Schriftsteller' empfahlen, was der Frechling noch 1902 (DL, 143) selbst zum Drucke beförderte. Aber unwiderstehlich wirkt das beiderseitige Getue, als CARDAUNS nach 25 HAUSSCHATZ=Jahren endlich herausfand, daß der 'beliebte Weltläufer' nicht als ein Deus'chen von Ketzer sei, der die Alleinseeligmachende so ausdauernd ums gute Baare geprellt hätte. War nämlich die katholische Presse bisher maßlos stolz auf ‹ihren MAY› gewesen (...) so war dieses nunmehr nicht nur ‹aus›, sondern die Klugheit reichte nicht einmal zum Verschweigen & Vertuschen; vielmehr begann ein solennes Kessel=, z.T. sogar Haberfeldtreiben. MAY seinerseits (...) (der typisch gefährliche ‹Rechtsausleger› nebenbei; jeder Boxer wird sofort beträchtlich die Blumenkohlohren hängen lassen, und der, 100%=ig doch nie gelingenden, Umstellung gedenken, die so ein Gegner erfordert) – MAY also muß sich, in seiner unbestreitbaren *Po*pularität noch sehr sicher gedünkt haben; denn er nahm sämtliche Fehdehandschuhe ingrimmig auf." (Schmidt: Sitara, BA III/2; Seite 230f) Die Angabe „DL, 143" bezieht sich auf die Schrift „'Karl May als Erzieher' und 'Die Wahrheit über Karl May' oder Die Gegner Karl Mays in ihrem eigenen Lichte" in der May unter der Verfasserangabe „Von einem Dankbaren May-Leser" (unter der griffigen Bezeichnung „Der dankbare Leser" = DL ist die Schrift in die Forschung eingegangen) für sich selbst einige Lanzen bricht und an der angegebenen Stelle gar „Empfehlende(n) Worte(n) deutscher Bischöfe" – katholischer Bischöfe versteht sich – abdrucken läßt.

[108] Schmidt: Sitara, BA III/2, Seite 230.

minus für die Erziehung, für die geschichtsphilosophische Aufgabe des Menschengeschlechts, wird als Problem der Überbevölkerung ironisiert. Und als Düsterhenn über einsame Sterne in den leeren Räumen der Galaxien nachsinnt, resümiert er: „...da müßte's arg schön sein, auf so einem SITARA!" (CüS 278/BA 512) Sitara ist das Orplid Mays, sein utopischer Stern, auf dem die Handlung seines großen Altersromans „Ardistan und Dschinnistan" (1907/09) spielt. Zugleich spielt Schmidt auf sein eigenes Buch über May, „Sitara und der Weg dorthin", an.

Trotz des Netzes von Zitaten ist bisher die besondere Qualität der Bezüge auf May in „Caliban über Setebos" gegenüber anderen Werken Schmidts, insbesondere auch den Texten der „Kühe in Halbtrauer" - Sammlung, noch nicht deutlich geworden. Es soll aber nachfolgend gezeigt werden, daß Schmidt in seiner „Orpheus" -Geschichte eine in mehreren Ebenen sich staffelnde Auseinandersetzung mit May vollzieht.

Auf einer ersten, noch relativ oberflächlichen Ebene erreicht die Qualität der Anspielungen auf May die einer deutlichen Unterlegung der Figur Düsterhenns mit den Zügen Karl Mays.

Die Herkunft der beiden Gedichte Düsterhenns aus Karl Mays Band „Himmelsgedanken" wurde schon verschiedentlich bemerkt.[109] Zu Weihnachten 1900 erschienen, versammelten die „Himmelsgedanken" Sinnsprüche und religiös gefärbte Lyrik, deren seichte Epigonalität selbst das Karl-May-Handbuch nicht beschönigt.[110] Die harsche Kritik Schmidts an der „...rührend unbeholfene[n] Gedichtsammlung der HIMMELSGEDANKEN..."[111]

---

[109] Es sind die Gedichte „Mein Engel" und „Des Waldes Seele". Bezüglich der Editionssituation besteht für die Lyrik Mays immer noch die von Arno Schmidt schon beklagte Lage, die im Metzlerband zu May von 1987 – also gut 30 Jahre, nachdem Schmidt auf die Editionsmängel der verbreiteten Ausgabe hinwies – folgendermaßen dargestellt wird: „Es herrscht der kuriose und betrübliche Umstand, daß die meistverbreitete May-Edition, die vom Karl-May-Verlag in Bamberg herausgegebene 74bändige Reihe der 'Gesammelten Werke', nicht zitierfähig ist. Bei allen schweren Mängeln bilden jedoch diese 'Gesammelten Werke' eine fast vollständige Werkausgabe. (...) Bd. 49 ('Lichte Höhen') ist, von knappen Separatdrucken abgesehen, die einzige heute greifbare Publikation von Mays dramatischem und lyrischem Oeuvre." (Lowsky: May, Seite 4). In dieser „heute greifbaren Publikation" (May: Bd. 49 GWB) finden sich aber diese Gedichte nicht mehr: die Himmelsgedanken sind hier radikal zusammengestrichen, die Sinnsprüche von den wenigen verbliebenen Gedichten getrennt usw. Man muß schon auf die Radebeuler Ausgabe zurückgehen; dort (May: Lichte Höhen, Bd. 49 GWR) finden sich die beiden Gedichte auf Seite 101 – 103 („Meine Engel") und 258 – 261.

[110] „Doch ist dieser späte Versuch, sich in allem Sparten von Dichtung zu beweisen, sieht man von einigen Ausnahmen wie 'Im Alter' ab, letztlich zuungunsten Mays und seiner Gedichtkonstruktionen verlaufen."; Schöntal/ Tschapke: Lyrik, Seite 600.

[111] Schmidt: Winnetous Erben, BA III/3, Seite 463. Siehe vor allem Schmidt: Abu Kital, BA II/2, Seite 42f, wo Schmidt – u.a. am Beispiel des Gedichtes „Des Waldes Seele", welches im „Caliban"-Text als zweites von Düsterhenns Gedichten er-

stimmt mit dem Urteil der May-Philologie überein.[112] Überaus gelungen werden die beiden Gedichte Mays zwecks witzig-ironischer Desillusionierung hehren Dichtertums und tiefsinniger Lyrik in den Text von „Caliban über Setebos" einmontiert. „Dazu genügte Schmidt der einfache, aber wirkungsvolle Travestie-Trick, Mays Verse unverändert zu übernehmen und in einen durch Diskrepanz decouvrierend wirkenden Zusammenhang zu bringen."[113] Schmidts „Gelächter hinter vorgehaltener Hand"[114] über die Mayschen Verse enthält eine weitere hintergründige Ebene insofern, als daß die Travestie des Produzierens von Lyrik anhand des Gedichts „Meine Engel" (CüS 238 – 241/BA 485 – 487) Mays Vorliebe für die Inspirationslegende, die er mit vielen Künstlern teilt, ironisch unterläuft. Realiter benutzte May ebenso wie Georg Düsterhenn Hempels „Allgemeines deutsches Reimlexikon".

Beim Verfertigen seines Reimes auf „Herzensbübchen" versucht Düsterhenn, sich einen solchen vorzustellen:

„…ich blickte in meinen, erfreulicherweise stets unfruchtbar gebliebenen Schoß; und versuchte mit Gewalt, mir einen süß–lallenden Knaben hinein zu projizieren:……?. (Auch meine Freundinnen, Fairfat & Farty, hatten dergleichen immer klug zu vermaiden gewußt:….?)." (CüS 240/BA 486)

Wenn zwischen May-Versen von zwei Frauen gesprochen wird, die Nachwuchs immer zu „ver*mai*den" wußten, so wird die Verschreibung weniger auf 'maiden', auf unverheiratete junge Frauen, womöglich Jungfrauen, abzielen, als auf die zwei kinderlos gebliebenen Ehefrauen Mays, Emma und Karla. Düsterhenn schildert sich selbst – im Unterschied zu so vielen Alter egos seines Autors, die grundsätzlich „sechs Fuß" groß sind – als „…halt bloß so'n Händvlling…" (CüS 227/BA 477) und „alterndes Halbweltergewicht" (CüS 312/BA 536): als den alternden, beim Verfassen der „Himmelsgedanken" achtundfünfzigjährigen, 1,66 kleinen May.

Mit der Bereitstellung von Material zur Verspottung lyrischen Schaffens erschöpft sich die Funktion des Mayschen Gedichtbandes aber keineswegs. Daß selbst die Buchausstattung der „Himmelsgedanken" von Schmidt in grotesker Verzerrung als Ausstattung des Düsterhennschen Lyrikbändchens zitiert wird („…eher mach'ich den Band mit Rundumgoldschnitt; auf postkartenstarkem Bütten; in patagonische Jungfernhäutchen gebunden!" CüS

---

scheint (CüS 280/BA 514) – die „primitive Formelhaftigkeit" und „sächselnden Reime" der „Trivialitäten" geißelt und resümiert: „Der überwältigende Teil des Geversels ist jedenfalls so grausam platt, daß man May dabei von Herzen gram werden könnte."

[112] „Die Lyrik Karl Mays, auch die der *Himmelsgedanken*, (…) wird so von der Kritik fast ausschließlich negativ bewertet und weit unter sein erzählerisches Werk gestellt."; Schöntal/Tschapke: Lyrik, Seite 600.

[113] Schweikert: Wirkung, Seite 254.

[114] Ebenda, Seite 255.

230/BA 479)[115] betont die Bedeutsamkeit gerade dieses Bandes – auch wenn ihm unter Mays Werken ein inzwischen geradezu apokrypher Charakter zukommt.[116] Mittels der „Himmelsgedanken" verbindet Schmidt selbst May mit dem „Caliban" -Thema der esoterischen, mystischen Weltdeutungen. Denn sieht May seine Gedichte auch als „…religiöse, speziell (…) christliche und als christlich verstandene Lyrik…"[117], so verdanken sich doch zumindest die zwischengeschalteten Aphorismen anderer Anregungen: denen des Spiritismus. Wenn Düsterhenn als Lokalrunde den neuerworbenen Krug füllen läßt, bestimmt er: „…aichen Sie ihn mit 6 Flaschen ALLAN KARDEC…(…) Wer rauchen möchte, bekommt 3 GÜLDENSTUBBE dazu: auf meine Kosten." (CüS 270f/BA 507). Die Schnaps– und Zigarrenmarkennamen in Kapitälchen erweisen sich beim Nachschlagen mitnichten als „product-placement", sondern als die Namen zweier spiritistischer Autoren des 19. Jahrhunderts, die May kannte und die dann auch entsprechende Spuren im Werk hinterlassen haben.[118] In „Sitara" spricht Schmidt May rundweg die von diesem selbst oft reklamierte Verwurzelung im christlichen Glauben ab und behauptet:

> „Das nämlich ist, ich will nicht lange fackeln, das ganze schnurrige mysterium magnum: der Mann war Spiritist! Und laborierte, nach Art aller Irgendetwas=Gläubigen, nicht nur an Unendlichkeitsfimmel; sondern wollte auch noch eine geisterschriftlich=garantierte ‹Zulage zur Ewigkeit›."[119]

In Mays nebulösem Weltbild will Schmidt Parallelen zu Swedenborgs Theorie der spirituellen Welt entdecken, schränkt aber sogleich ein:

> „…er wird SWEDENBORG nie im Original gelesen, sich vielmehr mit bloßen Aufgüssen coelestischer Arcane begnügt haben; wenn man seiner Bibliothek trauen darf, etwa mit ALLAN KARDEC oder GÜLDENSTUBBE…".[120]

---

[115] Tatsächlich legte Fehsenfeld die „Himmelsgedanken" auf Mays Wunsch als „…Prachtband vor: im Strahlenkranze, man sieht's am Glanze: schwerer Goldschnitt wird nicht vergessen.", wie Wollschläger: May, Seite 106 mit subtiler Ironie bemerkt.

[116] Schon die Erstausgabe erschien in – für Mays Verhältnisse – recht niedriger Startauflage (5000 Exemplare) außerhalb der numerierten Freiburger Fehsenfeld-Ausgabe. Die heutige Ausgabe innerhalb der Bamberger „Gesammelten Werke" bietet unter dem Titel „Lichte Höhen" (GWB 49) nur noch eine dem Drama „Babel und Bibel" beigegebene, bearbeitete Auswahl der „Himmelsgedanken". Es versteht sich, daß dieser Band mit geringer Verkaufszahl zu den unbekanntesten Mays zählt.

[117] Schönthal/Tschapke: Lyrik, Seite 596.

[118] So bemerkt denn auch Hans Wollschläger über die Aphorismen der „Himmelsgedanken", daß sie „…teilweise von Güldenstubbes 'Gedanken der Geister von jenseits des Grabes' inspiriert…" seien (Wollschläger: May, Seite 106).

[119] Schmidt: Sitara, BA III/2, Seite 238.

[120] Ebenda, Seite 242.

Auf der einen Seite überzieht Schmidt damit die Bedeutung des Spiritismus gegenüber der christlichen Grundschicht in Mays Werk,[121] im Gegenzug sind dafür die Urteile über Kardec und Güldenstubbe recht leichtfertig.[122]

Doch auch mit diesen thematischen Verknüpfungen ist die Bedeutung der „Himmelsgedanken" für „Caliban über Setebos" noch nicht erschöpft.

Der so epigonal-spätromantische Kitsch seiner Gedichte war für die schriftstellerische Entwicklung Karl Mays gleichwohl eine wichtige Station. Nachdem die Reihe seiner „Reiseromane" sich mit zunehmender Bandzahl immer stärker als leerlaufende Maschinerie erwiesen, der er selbst spürbar überdrüssig wurde,[123] und zudem in der Presse Angriffe auf seine Person und vernichtende Kritik der literarischen Qualität seiner bisherigen Werke laut wurden, entschloß er sich förmlich zur Produktion von „Kunst": „Daß May den Beruf des 'Dichters', zu dem er sich jetzt so feierlich entschließt, zunächst ganz einfach im Verfertigen von Gedichten sieht, paßt in das Bild: sein Lernen beginnt auch hierin bei den Anfangsgründen."[124] Die Gedichte der „Himmelsgedanken" entstehen zum größten Teil während der Orientreise, die May Ende März 1899 antritt. Diese Reise wird zum Wendepunkt seines Lebens: in krisenhafter Zuspitzung verdichten sich private Probleme und öffentliche Angriffe, innerer und äußerer Druck, und kulminieren schließlich in einem „…inneren Zusammenbruch, der zeitweise psychotische Formen annahm."[125] Die erste reale Begegnung mit Landschaft und Bewohner seines

---

[121] Weit angemessener urteilt hier Roxin: Mays Leben, Seite 110: „Dabei hat er selbst sich stets als überzeugten Christen verstanden. Doch weist die Religionsphilosophie des Spätwerks auch okkulte, theosophische und mystische Elemente ebenso wie Motive anderer Religionen auf. Daneben treten in den weltanschaulichen Haupttendenzen des Spätwerkes (…) auch weltbürgerlich-humanistische Züge hervor, die sich mit sehr verschiedenen Glaubensvorstellungen verbinden und auch ohne sie denken lassen."

[122] Zumindest in Hyppolite Léon Denizard Rivail (1804 – 1869), der sich als Schriftsteller Allan Kardec nannte, darf man einen der Begründer des Spiritismus sehen, der mit seiner Lehre große Beachtung fand. Diese als Aufgüsse coelestischer Arcane („Arcana coelestia", in acht Bänden zwischen 1749 und 1756 erschienen, ist der Titel von Emanuel Swedenborgs (1688 – 1772) theosophischen Hauptwerk) zu bezeichnen, verkennt die Unterschiedlichkeit beider Lehren: im Mittelpunkt von Swedenborgs Lehre steht seine auf visionären Geistesreisen gewonnene anthropopathische Kosmogonie („„…se Juni–wörsl Hewwn in is se Schäip off ä SWEDENBORG meint Männ." (CüS 296/BA524); Kardec hingegen vertrat eine sich als geistige Höherentwicklung verstehende Reinkarnationslehre. Recht hat Schmidt höchstens mit der Annahme, daß May sich in seinem verschwommen-synkretistischen Weltbild um solche 'feinen Unterschiede' wenig gekümmert haben wird.

[123] Anschaulich wird dies in den ersten beiden Bänden der Tetralogie „Im Reiche des silbernen Löwen", die fast ausschließlich aus Reminiszenzen und Versatzstücken früherer Bücher bestehen. Die beiden Bände erschienen als Buchausgabe Ende 1898, also unmittelbar vor der entscheidenden Lebenszensur und der Wende zum Spätwerk mit „Am Jenseits" (abgeschlossen im März 1899).

[124] Wollschläger: May, Seite 106.

[125] Roxin: Mays Leben, Seite 108.

orientalischen „Traumraum[s]"[126] ließen seine Abenteuerwelt und die omnipotenten Projektionsfiguren seines Ich-Ideals zusammenbrechen: May war „...überfordert von den vielen-neuen Reiseeindrücken..." (CüS 266/BA 504) wie es Düsterhenn für sich feststellt. Hans Wollschläger sieht in seiner Psychobiographie Mays an diesem Wendepunkt den Zusammenbruch seines vom Vaterimago bestimmten, männlich-tyrannischen Ich-Ideals und, nach einer Regressionsphase, die Aufrichtung seines das Alterswerk bestimmenden, am Mutterbild orientierten Ich-Ideals. Dieses Alterswerk lebt stark von Mays undeutlichem Bewußtsein seiner psychischen Transformation: Psychologie ist das Lieblingswort Mays der späten Werke, und all ihre Symbolik ist letztlich Ausdruck der nicht zu Begriff gebrachten psychischen Konflikte ihres Autors. Die „Himmelsgedanken" mit ihrer überwiegend puerilen Verkitschtheit interpretiert Wollschläger folgerichtig als die regressive Äußerung auf den Schock des Zusammenbruchs vor der Transformation der Persönlichkeit: „...in den ›Himmels–gedanken‹ ist (...) die Position infantil; fast überall signalisiert bei May die gebundene Rede Regression...".[127]

Begreift man den Stellenwert der „Himmelsgedanken" in Mays Biographie und Werkentwicklung in der oben aufgezeigten Tiefendimension, so erweitert sich der vordergründige Witz, der scheinbar mit May getrieben wird, zur Perspektive auf die Zäsur, die Schmidt in dieser mittleren Werkphase in seiner eigenen künstlerischen Entwicklung durchmachte und *bewußt* in den Text von „Caliban über Setebos" einschrieb. Denn Düsterhenn als Ensemble unterschiedlichster *personae*, verschiedenster Rollen und Masken („...die Maske des (ja nu nich bloß ‹Zwei›- sondern) Drei-fels." CüS 295/BA 524) enthält ja auch die Figur seines Autors in seinem Vexierbild. Dessen schriftstellerische Entwicklung ist, wie Wollschläger es von den Anfängen vor dem Krieg bis hin zu Sitara aufzeigt, engstens mit seiner Beschäftigung mit May verknüpft. Wenn Düsterhenn sich an Werkprojekte erinnert „...aus jünglingshaftesten Plainen heraus: hatte ich nich soga-ma einen ‹SATASPES› schreiben wollen; Herodot 4,43 ? In Nibelungen-Versen; ook dat noch; bloß nich daran denkn!" (CüS 269/BA 506), so ist „...die Hypothese zu riskieren, daß der frühe SATASPES Schmidts in engem Zusammenhang mit seiner frühen May-Bindung steht, als Fulfillment eines vom geliebten Lehrer vorentworfenen Projekts...".[128] Der junge Schmidt habe, so Wollschläger, die im Nachwort älterer Auflagen von Mays „Ich"[129] angege-

---

[126] Wollschläger: Spaltung, Seite 49.
[127] Wollschläger: Spaltung, Seite 70; zu der Orientreise und den „Himmelgedanken" vergleiche vor allem Seite 54ff.
[128] Wollschläger: Schmidt & May, Seite 82.
[129] Der Band „Ich", 1916 als 34. Band in die Reihe der „Gesammelten Werke" des damals noch in Radebeul ansässigen „Karl-May-Verlages" aufgenommen (= GWR // GWB 34), enthielt als Sammelwerk autobiographische Schriften Mays, vor allem seine Selbstbiographie „Mein Leben und Streben" (1910) – allerdings in durchweg bearbeiteten Fassungen durch den Verlagsgründer Euchar A. Schmid. Dieser

bene Reise Mays zum Grab des Kyros für wahr gehalten und die sich daran anschließenden, tatsächlich existierenden Pläne Mays zu einem Drama namens „Kyros" mit seinem Versepos ausführen wollen.[130] Zusammen mit einer zeitgleich entstehenden Arbeit über das unvermutete Auftauchen Friedrich Nietzsches in der zweiten Hälfte des „Silberlöwen" -Zyklus ergäbe sich „...die May-Charakteristik des ersten von Schmidt bezeugten poetischen Texts (›Geversel‹ könnte ich auf die hier zuständige SITARA-Art auch sagen)...".[131] Da Schmidts spätere Kritik an May immer auch ein gutes Stück Selbstkritik enthalte, vermutet Wollschläger, daß das frühe Versepos „...insgesamt wohl ein schön hochtrabender Schmarren gewesen sein..."[132] wird, ähnlich dem von Schmidt später kritisierten, allegorisierenden und in Blankversen verfaßten Drama „Babel und Bibel". Auch wenn sich Düsterhenn/Schmidt in „Caliban über Setebos" nur noch mit Schauder des „Sataspes" entsinnt, so sei es doch – laut Wollschläger – Grundlage späterer, antikisierender Texte wie „Enthymesis", „Gadir", „Kosmas" und insbesondere des, mit zahlreichen Erzähltechniken Mays geschriebenen und in der Phantasie-Landschaft aus „Im Reiche des silbernen Löwen" spielenden, „Alexanders" gewesen[133] – mithin also ein Grundbaustein des Werkes Arno Schmidts. Anspielungen auf May durchziehen bis zu den letzten Typoskripten alle Bücher Schmidts. Höhepunkt dieser lebenslangen Beziehung ist aber sicherlich die Periode ab 1956, die mit dem „Nachtprogramm" über den *bisher letzte*[n] *Großmystiker unserer Literatur*"[134] begann, mit fast einem Dutzend Texten über das Thema May ein Schwerpunkt seines 'essayistischen Werkes' bildet und 1963 mit dem Buch „Sitara und der Weg dorthin. Eine Studie über Wesen, Werk & Wirkung Karl Mays" kulminiert. Auf dieses Buch zielt die eigentliche Intention der May-Folie in „Caliban über Setebos".

III. 2. „Sitara", oder die Geburt der „Etym"-Theorie

Die Veröffentlichung von „Sitara und der Weg dorthin" 1963 löste ein sehr verstörtes Echo in der Kritik aus.[135] Das unauflösliche Ineinander von philo-

---

[130] schrieb auch als Ergebnis der „seitherigen Forschungen" den Text über Mays angebliche Reise zum Grabmal des Großkönigs Kyros in der altpersischen Königsstadt Pasargadae (vgl. Wollschläger: Schmidt & May, Seite 81).
Fragmente dieses Dramenplans finden sich in May: Lichte Höhen (GWB 49), Seite 300f; im Nachwort des Bandes wird der Plan kurz umrissen: anonym (Schmid, Roland): Wanderer, Seite 459.
[131] Wollschläger: Schmidt & May, Seite 84.
[132] Ebenda.
[133] Vergleiche ebenda, Seite 85.
[134] Schmidt: Grossmystiker, BA II/1; Seite 233.
[135] Vgl. dazu Bock (Hrsg.): Über Arno Schmidt, Seite 125 bis 135; weitere Rezensionen sind nachgewiesen in Bock: Bibliographie 1949 – 78, Seite 174 – 179.

logisch-psychoanalytischer Textexegese und aufhebendem Humor, zuweilen gar sarkastischer Polemik bereitete interpretatorische Schwierigkeiten. Noch in der zehn Jahre nach „Sitara" erschienenen Streitschrift der Karl-May-Gesellschaft brachte Gerhard Klußmeier das Dilemma des Kritikers auf die Formel:

> „...wenn er sich von der manchmal durchaus blendenden Satire bestechen läßt, kann er das Material und die Methodik kaum verurteilen; nimmt er aber das Material beim Wort und erkennt die Fragwürdigkeit der Argumentation, dann setzt er sich dem Vorwurf aus, den Kunstwert des Satirischen nicht würdigen zu können."[136]

Doch abseits der Frage nach Stellenwert und Validität der May-Analyse in „Sitara" bleibt es unbestritten, daß Schmidt in dieser Studie erstmals in großem Stil die Interpretationsmethode der (später erst explizit so genannten) „Etym"-Theorie auf einen Autor anwandt und ihre praktische Verwendungsmöglichkeit als bewußt eingesetztes Verfahren zur Textgestaltung andeutete. Wie wichtig die in „Sitara" erarbeiteten Einsichten für die nachfolgenden eigenen Prosawerke, speziell auch für „Caliban über Setebos" wurden, geht aus einem Brief Schmidts an Eberhardt Schlotter hervor, in dem er in Bezug auf den „Caliban"-Text schreibt:

> „Das eigentliche top=secret Stück. Mit anderen Worten, der ORFEUS; (die eng geschriebenen Maschinenseiten werden fast 100 Normal=Buchseiten ergeben). Das läßt Du am besten gar nicht aus der Hand; es ist nämlich etwas sehr Neues; außerdem hätte ich gern, daß Du erst Sitara gelesen hast; und dann, nachdem ich vorher noch ein paar Erläuterungen gegeben habe: dann würde ich gern mit Dir darüber sprechen."[137]

Was aber war an „Sitara und der Weg dorthin" für die damalige May-Gemeinde so verstörend[138] und zugleich so folgenreich für Schmidts weitere schriftstellerische Entwicklung, für seine späterhin erscheinenden Werke? In „Sitara" behauptet Schmidt, der außerordentliche Erfolg Mays bei seinem Lesepublikum beruhe auf einer unterschwelligen „...pausenlosen Besprü-

---

[136] Klußmeier: Weg, Seite 23. Klußmeier muß geradezu die Satire als Textsorte von „Sitara" annehmen, um sich als Karl-May-Forscher älterer Schule vom 'Sachgehalt' des Textes nicht brüskiert zu fühlen.

[137] Schmidt: Briefwechsel Schlotter, Seite 227 (Brief Nr. 129).

[138] Nicht unbeeindruckt von Schmidts diversen Veröffentlichungen zu Karl May gerade um seinen 50. Todestag und 120. Geburtstag im Jahre 1962 herum hat sich 1969 eine Karl-May-Gesellschaft gegründet, die die Forschung zu Werk und Person auf einen – vor allem im Vergleich zu den bis dahin oft mediokeren Veröffentlichungen – anspruchsvollen literaturwissenschaftlichen Stand gebracht hat. Einer der vorherrschenden Forschungsansätze ist gerade die psychologisch biographische Ausdeutung des Werkes, die unabweisbar von Schmidts „Sitara" – die Intitialzündung erhielt.

hung, Berieselung, Überströmung, Überschwemmung des Lesers mit S=Wirkstoffen!"[139] Dem Autor selbst unbewußt, sei eine deutlich homosexuelle Unterströmung vornehmlich in den im Wilden Westen spielenden Werken spürbar. May habe sich seine Welt, so Schmidt, zweigeteilt: die im Orient situierten Bücher seien heterosexuell unterlegt, die in Amerika angesiedelten Geschichten hingegen wären von den Phantasien eines Invertierten bestimmt. Dem unbefangenen Leser ist dies bei den an der Textoberfläche liegenden Erzählelementen wie Mays Beschreibung seines Helden Winnetou durchaus einsichtig.[140] Entscheidend aber für Schmidts Argumentation und seine, die späteren eigenen (Erzähl-)Texte generierende, Theorie ist die darüber hinaus reichende psychoanalytische Analyse der Texte Mays als nur halbbewußte, träumerische Phantasien eines Sexualneurotikers.

In der „Traumdeutung"[141] unternimmt Freud eine Interpretation des „König Ödipus" und des „Hamlet" analog einer Analyse eines Traumes. Der Text des Künstlers bildet also nur den manifesten Traum ab, dem ein latenter Traumgedanke zugrundeliegt, welcher über die Dechiffrierungsmechanismen der Traumarbeit – Verdichtung, Verschiebung, Umkehrung, Symbolverwendung und die Forderung zur Darstellbarkeit auf manifester Ebene – erschlossen werden kann.[142] Ebenso untersucht Schmidt die Mechanismen, nach denen die latenten Traumgedanken und Wunschphantasien Mays – die unterstellten Phantasien eines okkasionell Invertierten – in die (scheinbar) so sittlich reinen Abenteuertexte transformiert werden.[143]

---

[139] Schmidt: Sitara, BA III/2, Seite 168.

[140] Vgl. ebenda, Seite 31 – 34; hier läßt Schmidt Mays ausführlichen Beschreibungen Winnetous die suggestive Frage folgen: „...wenn Ihnen ein Bekannter, oder Junge, von seinem ‹Freund› in Wendungen der obigen Art vorschwärmte, was würden Sie dann denken? – – : ! ? ! – – : Sehr richtig; einverstanden.–" (ebenda, Seite 33). Es sollte allerdings ebenso vorurteilsfrei erwogen werden, inwieweit an diesem Helden- und Freundesbild Mays noch die verkitscht-kolportagehaften Überreste des romantischen Freundeskult mitgestrickt haben.

[141] Vgl. Freud: Traumdeutung, StA II, Seite 265 – 270.

[142] Von hier aus beginnt die (verhängnisvolle) Entwicklung der psychoanalytischen Textuntersuchungen als Psychopathologie des Autors. Heutige Theoretiker nutzen aus dem psychoanalytischen Arsenal von Techniken eher das Konzept von Übertragung und Gegenübertragung, welches auf das Werk (und nicht auf den Autor) angewandt wird. Vgl. Kuhns: Psychoanalytische Theorie der Kunst, Seite 37: „Wenn wir uns nun dem Objekt [= dem Kunstwerk] zuwenden, so können wir es uns als kulturellen Brennpunkt von Reaktionen und Deutungen, von Übertragungen und Gegenübertragungen über Generationen von Betrachtern mehr vorstellen."

[143] Im wichtigen Aufsatz „Der Dichter und das Phantasieren" rückt Freud die Dichtung mehr zu den Tagträumen und Phantasien; die Grundmotive der anstößigen Phantasien (Vgl. Freud: Der Dichter, StA X, Seite 173f: „Unbefriedigte Wünsche sind die Triebkräfte der Phantasien, und jede einzelne Phantasie ist eine Wunscherfüllung, eine Korrektur der unbefriedigenden Wirklichkeit. (...) Es sind entweder ehrgeizige Wünsche, welche der Erhöhung der Persönlichkeit dienen, oder erotische."; unschwer konnte Schmidt die Ich-Projektionen Kara Ben Nemsi und Old Shatterhand

Zunächst ist dies bei den so wichtigen Landschaftsbeschreibungen Mays die Verzerrung des „latenten (Traum-)Gedankens" ins unkenntlich Riesenhafte; die topographische Kulisse bei May stellt sich dar als

> „*Eine Welt, aus Hintern erbaut!* – : Hintern als Felsenkessel; Hintern als Tälchen, (...); Hintern als Höhlen & schlimme Klüfte; Riesenbäume lümmeln phallisch an liebreizenden Leibritzen (‹Entladungen› manifestieren sich als bleiche Flämmchen); Hintern figurieren als musizierende Tale; und hoch über allem kreist nachtdiebisch die Scheibe eines Hinterns als Gestirn –...".[144]

Ebenso sieht Schmidt auf der Ebene der Figuren und der Handlung bei May unterschwellige (homo-)sexuelle Wünsche vorherrschen: Helden mit grotesk großen Nasen (s.o., der Symbolwert ist so volkstümlich, daß sogar May gewußt haben müßte, was damit auch gesagt sein kann), Transvestiten und unzertrennliche Männerpaare, Reiten, Pferdebändigen und sadistische Züchtigungen als verschobene Sexualakte usw. . Auf der Ebene der Wörter bleibt Schmidt aber nicht beim Nachweis der Fixierung Mays an bestimmte Namen und Vokabeln aus seiner Biographie (z.B. 'Wald' und 'Heim' / 'heimlich' etc. als Fixierung an seine Haftstrafe im Gefängnis Waldheim) stehen, sondern überschreitet folgenreich bei seiner Analyse die Freudschen Vorgaben, indem er Mays Sprache auch nach Wörtern, Wortballen, phonetische Anklänge und sogar Buchstaben (z.B. das 'u' als wollüstiger Laut[145]) absucht, die von unbewußten Wünschen zeugen. Gerade die Verdrängung latenter Wünsche sorgt dafür, daß „...‹anregende› Buchstabenkombinationen (...) die gleichzeitig harmlose & fruchtbare Ramifikationen hergeben..." sich über „...sprachliche Neben=Gleise zur Verschiebung jener, dem Über=Ich

---

sowie die unbefriedigten (homo-)sexuellen Wünsche Mays in die beiden Kategorien Freuds einordnen) und die Mechanismen ihrer Umformung in Texte, die dem Über-Ich und dem Lesepublikum akzeptabel sind, stimmen allerdings weitgehend mit den für den Traum nachgewiesenen überein: „...in der Technik der Überwindung jener Abstoßung (...) liegt die eigentliche *Ars poetica*. Zweierlei Mittel dieser Technik können wir erraten: Der Dichter mildert den Charakter des egoistischen Tagtraumes durch Abänderungen und Verhüllungen und besticht uns durch rein formalen, d.h. ästhetischen Lustgewinn, den er uns in der Darstellung seiner Phantasien bietet." (ebenda, Seite 179).

[144] Schmidt: Sitara, BA III/2, Seite 95.
[145] Hierzu zieht Schmidt als Eideshelfer Theodor Däubler heran, den er zitiert: „*...steife ‹F› stützten wollustvolle ‹U› ((!)).*" (ebenda, Seite 165). Daß sowohl das „steife F" als auch das „wollustvolle U" auf völlig andere, nicht erotische Art gedeutet werden kann, Schmidts Beleg also alles andere als „objektiv" ist (gleichwohl er nachfolgend mit Däublers Buchstabenauslegung arbeitet, als ob sie dies wäre), läßt sich leicht durch die Heranziehung eines ebenso subjektiven Gegenbeispiels belegen. In Josef Weinhebers „Ode an die Buchstaben" (Weinheber: Gedichte II, Seite 93 – 95, hier Seite 93) heißt es von den beiden Buchstaben: „Dunkles, gruftdunkles U, samten wie Juninacht! /..." und „Federfein und ganz Mund, flaumig wie Frühlingsluft, / flötenfriedlich – ach fühl im / F die sanften Empfindungen!"

anstößigen, S=Vorstellungen..." in die Texte drängen.[146] Zur Analyse der Bild- und Symboldarstellungen im Text tritt also die der Wörter, ja der „...sozusagen prae-verbalen, Wort-ähnlichen Keim-Silben..."[147] hinzu, die auf sexuelle Motivierung schließen lassen. Auf Freud aufbauend entwickelt Schmidt eine Sprachtheorie, die sich nicht nur bei der Analyse eines „naiven" Autors wie May, der „...seine eigenen Hervorbringungen nicht zu durchschauen vermochte..." und dessen „...verbale Strategien von geringer Komplexität waren und so die offenbaren Determinierungen leichter zu entlarven...",[148] bewährt, sondern universelle Geltung habe.

Als Überprüfung dieser Theorie liefert Schmidt noch in „Sitara" eine Kurzanalyse der durch intensive heterosexuelle Wünsche determinierten Bild- und Wortwahl des katholisch-frommen, also mit einem stark zensierenden Über-Ich ausgestatteten, Adalbert Stifter nach.[149] Jeder Mensch, so Schmidt, beherberge gleichsam zwei Sprachen in sich: eine der Worte, der orthographisch und grammatisch geregelten Normsprache des Bewußtseins, die akzidentell, lokal beschränkt und historisch wandelbar ist, und eine traumartige, aus Phonetismus und Bildsymbolen bestehenden 'Ursprache', die essentiell, universell und unveränderlich ist.[150] Die Elemente dieser Ur- und Grundsprache, deutlich weniger als die der Normsprache[151] und gelagert nach phonetischer Anordnung im brocaschen Sprachzentrum, nennt Schmidt „Etyms".[152]

---

[146] Schmidt: Sitara, BA III/2, Seite 163; nachfolgend geht Schmidt als Beispiel solcher Buchstabenkombinationen mit „S=Etikett" ('S' steht bei Schmidt als Abkürzung „...für ‹Sex› in allen Biegungen & Formen (...); es ist dies angebracht, nicht nur um dem gewaltigen Tr/be das Odiose zu nehmen, und ihm sachlich gerecht zu werden..."; ebenda, Seite 21) dem „dick= & rundlichen Wortballen (...) ‹Po!›..." nach, der bei May nicht nur in Lieblingswörtern wie 'emp*o*r' oder '*po*rös', sondern in unzähligen Variationen und Kombinationen vorkommt (ebenda, Seite 163f).

[147] Drews: Schmidt und Joyce, Seite 11.

[148] Huerkamp: Klarglaswitzbold, Seite 213.

[149] Siehe Schmidt: Sitara, BA III/2, § 36, Seite 270 – 285.

[150] Vgl. Schmidt: Das Buch Jedermann, BA II/3, Seite 248f.

[151] Schmidt: Vorläufiges, Seite 4: „Was wir die dudengeregelte Sprache heißen ist eigentlich nur die Sprache des Bewußtseins. Das Unbewußte kennt keine Worte, sondern, es kennt nur (wie ich sie für mich getauft habe): Etyms. Jedes Etym faßt, und zwar auf akustischer Basis, eine ganze Anzahl Worte zusammen. Das hat mit der beliebten Wurzel der Philologen übrigens nichts zu tun, denn die Etyms vereinen auch gänzlich divergierende Worte. Es gibt also weniger Etyms, als Worte, das Unbewußte ist ja dumpfer, als das Bewußtsein."

[152] Schmidt: Das Buch Jedermann, BA II/3, Seite 248: „Wie also nennen Wir diese, so Vieles bündelnden linguistischen Grundgewebsgebilde? (...)...taufen Wir die polyvalenten Gesellen einfach einmal ‹*Etym*› – einverstanden?" – eine Nachtaufe, das Wort „etym" erscheint bei Joyce: Finnegans Wake, Seite 353.

In „Sitara" kündigt sich also an, was in späteren Essays und Nachtprogrammen[153] noch ausgebaut wird, um in „Zettels Traum" zum Thema und zur Darstellungsmethode zu werden: die „Etym"-Theorie.[154] Zutreffend bemerkt also Helmut Schmiedt, daß die Analyse Karl Mays für Arno Schmidt zum Katalysator dieser Theorie wurde[155] – damit kommt der Präsenz Mays in „Caliban über Setebos" die Qualität des Bindeglieds zur „Etym"-Theorie zu. Und diese, obgleich dort noch ohne Namen, überschreitet schon in „Sitara" die Funktion einer reinen Analysemethode der Rezeptions- und Produktionsästhetik und wird zur künftigen Poetik Schmidts, zu einer praktischen Anleitung zur Textgenerierung, zur Sprachverwendung für den analytisch aufgeklärten, 'bewußt mit dem Unbewußten arbeitenden', intelligenten Schriftsteller.[156] Diese Poetik kann nur eine des bewußten, nicht mehr naiven, sondern (psycho)analytischen Umgangs mit der Sprache sein; hier formuliert sich die Einsicht und der Auftrag für die weiterhin entstehenden Werke, „…daß die Sprache und der ihr eigene Charakter der nicht restlosen Beherrschbarkeit, sozusagen ihrer eigenen 'Dicke' (Foucault), Gegenstand sein müßten einer 'Metaliteratur'."[157]

Endgültig spekulativ ist dann die Zusatzannahme, die Schmidt vornimmt: beim literarischen Genie kann sich, mit beginnender Impotenz, welche den Triebdruck des „Es" verringere, eine sogenannte „4. Instanz" entwickeln. Diese tritt vor allem dem „Ich" zur Seite und verringere den Einfluß des „Über-Ich": „…die vom ÜI verfügtn Verdrängungn werdn neu=diskutiert, und

---

[153] Vgl. z.B. Schmidt: Sylvie & Bruno, BA III/4, Seite 246 – 264 (Essay zu Lewis Carroll) oder Schmidt: Das Buch Jedermann, BA II/3, Seite 231 – 256 (Nachtprogramm zu James Joyce).

[154] Vgl. Schmidt: Zettels Traum, Seite 1183 mo; mit der Äußerung Wilmas gegenüber Daniel Pagenstecher, dem Alter-ego des Autors, bestätigt Schmidt dort den vorbereitenden Charakter der „Sitara"-Studie (und der Untersuchungen zu Carroll und Joyce) für die „Etym"-Theorie: „'Immerhin ississ Mir ganz unmenschlich lieb, erfahren zu habm, warùm Du, seinerzeit, dies scurrile Buch über MAY & STIFTER geschriebm hasD – : d's gehörte also demnach zu einer ganzn Serie vorbereitndr Untersuchungen? A` la CARROLL = das ZweiSpaltn LG von 'Sylvie & Bruno'; JOYCE oder die Etym=Technik; SITARA oder über die Zeugung der Culisse…'" (der hier für „Sitara" verwendete 'Untertitel' „oder über die Zeugung der Culisse" war tatsächlich lange von Schmidt als Untertitel von „Zettels Traum" geplant; vgl. Von Arnheim zu Zettel's Traum, passim). Vgl. auch Schmidt: Vorläufiges, Seite 8: „Die eigentliche theoretische Untersuchung [in „Zettels Traum", d.V.] (…) setzt die schon in meinem Buch über KARL MAY in SITARA begonnene fort nämlich die Untersuchung: Was liefern die verschiedenen Instanzen der Persönlichkeit bei einem Kunstwerk."

[155] Vgl. Schmiedt: Kritik, Seite 616: „„…die den späten Texten zugrundeliegende Etym-Theorie dürfte ihre Ausprägung wesentlich dem ›Sitara‹-Buch, indirekt also wenigstens teilweise der Beschäftigung mit May verdanken."

[156] Vgl. Schmidt: Sitara, BA III/2, vor allem den § 25, Seite 159 – 162 et passim.

[157] Huerkamp: Klarglaswitzbold, Seite 213.

dabei nich seltn infrage gestellt: das Verdrängte erhält Auftrieb; gewiß."[158] Die auf diese Weise freiwerdenden psychischen Energien bilden nun den „Wortspiel-Generator"[159] der „4. Instanz", der „...humoristische[n] Instanz. Sie verfügt über den Wortschatz des Unbewußten und benützt ihn im witzigen und künstlerischen Sinn."[160]

Um den wissenschaftlichen Wert dieser „Etym"- bzw. „4. Instanz"- Theorie einschätzen zu können, ist es zunächst einmal notwendig, zumindest die Grundlage dieses Lehrgebäudes, Freuds Psychoanalyse – „...die Psychoanalyse nach Freud geruhte Schmidt nicht mehr zur Kenntnis zu nehmen; da verhielt er sich ganz personalistisch..."[161] – wenigstens kursorisch kritisch zu betrachten. Eine umfassende wissenschaftliche Analyse der „Etym"-Theorie müßte weit über die Psychoanalyse hinausgreifen, z.B. in die Psycholinguistik. Seitens dieser Forschung sind allerdings inzwischen Erkenntnisse erbracht worden, die schon die elementarste Grundlage Schmidts einschränken: so werden im Sprachzentrum des Menschen die Worte nicht nur „fonetisch" gelagert, sondern „...unser Lexikon, unser Wortschatz [ist] nach mindestens zwei Prinzipien geordnet (...) – nach der Bedeutung der Begriffe und nach dem Klang der Worte."[162] Im Kontext eines psycholinguistischen Ansatzes, so Wolfgang Marx,

> „...müßte man folgerichtig ganz auf psychoanalytische Unterstützung verzichten. Dabei kommt man dann in die Verlegenheit, erklären zu sollen, wieso beim phonologischen Zugang zum internen Lexikon vor allem sexuell anstößige semantische Komponenten zum Mitschwingen gebracht werden, eine Verlegenheit deshalb, weil man an dieser Stelle jetzt nicht auf die notorische Lüsternheit des ES verweisen darf."[163]

Es zeigt sich schon, daß die „Etym"-Theorie nur im Rahmen und auf der Grundlage der fraglos akzeptierten Psychoanalyse Freuds überhaupt Geltung beanspruchen kann.

---

[158] Schmidt: Zettels Traum, Seite 915 mm. Angesichts des Spannungsverhältnisses, in dem die „4. Instanz" zum Über-Ich steht, ist es verfehlt, davon zu sprechen, daß die „4. Instanz" „...im Grunde nichts anderes als eine intensivierte Über-Ich-Instanz..." (Boenicke: Mythos und Psychoanalyse, Seite 16) darstelle, wie Otfried Boenicke meint. Diese Einschätzung spiegelt aber die Schwierigkeit wider, die Schmidtsche Instanz in der eingeführten Freudschen Topographie des seelischen Apparats unterzubringen.
[159] Drews: Schmidt und Joyce, Seite 11.
[160] Schmidt im Interview mit Gunar Ortlepp; Ortlepp: Apropos, Seite 232.
[161] Drews: Schmidt und Joyce, Seite 10; neben dem von Drews hier zum persönlichen Gott Schmidts erhobenen Freud rezipiert dieser wohl noch das (weitere) sexualwissenschaftliche und psychoanalytische „Umfeld", wenn man dem „namedropping" Glauben schenken darf.
[162] Zimmer: Sprache, Seite 85.
[163] Marx: Psycholinguistische Brocken, Seite 27.

War die Psychoanalyse schon zur Zeit ihrer Entstehung in Fachkreisen umstritten – Hermann Ebbinghaus, Zeitgenosse Freuds und einer der Gründerväter der akademischen Psychologie spitzte seine Kritik leicht boshaft in dem Satz zu: „Was daran wahr ist, ist nicht neu, und was neu ist, ist nicht wahr."[164] – so hat die moderne, naturwissenschaftliche[165] Psychologie – um es euphemistisch auszudrücken – kaum eine der Theoreme Freuds experimentell bestätigen können.[166] Hat sich schon der Ödipus-Komplex – für Freud der Angelpunkt seiner Theorie, an dem sich Anhänger und Gegner scheiden mußten – als wissenschaftliches Märchen erwiesen,[167] so konnte sich auch die Traumtheorie – die Grundlage für die Theorie des Unbewußten, der Fehlleistungen, des Witzes etc. – angesichts der Überprüfung seitens der Schlafforschung nicht halten.[168] Das keineswegs von Freud zuerst „ent-

---

[164] Zitiert nach Eysenck: Freud, Seite 36.

[165] Freud selbst verstand – mit Stolz – seine Psychoanalyse als „ein Stück Wissenschaft" welche sich „der wissenschaftlichen Weltanschauung anschließen" kann (Freud: Neue Folge der Vorlesungen, StA I, Seite 608), womit er ausdrücklich den naturwissenschaftlichen Charakter anspricht: die „…Auffassung, das Psychische sei an sich unbewußt, gestattet, die Psychologie zu einer Naturwissenschaft wie jede andere auszugestalten." (Freud: Abriß, Seite 54). Freud hielt also seine Psychoanalyse für die erste naturwissenschaftliche Psychologie überhaupt. Da sich die Naturwissenschaften aber nicht über ihren Gegenstand, sondern über ihre Methoden (Experiment, Messen, Beobachten, Nachprüfbarkeit; universelle Gültigkeit ihrer Gesetze, Verifikation / Falisifikation etc.) definieren, ist es legitim, die Psychoanalyse einer solchen Überprüfung auszusetzen.

[166] Im autoritativen „Handbuch der Psychologie" versammelt Franz Kiener in seinem Forschungsbericht experimentelle Überprüfungen der zentralen Theorie Freuds (so zu den Instanzen, zur Libido, zum Witz etc.) und kommt zu dem Schluß, daß mit diesen die meisten Theoreme eingeschränkt oder falsifiziert werden: „Damit wird die Exklusivität der psychoanalytischen Theorien überwunden, die wahrscheinlich in einer neuen, empirisch begründeten Tiefenpsychologie 'aufgehoben' werden, soweit sie Bestand haben." (Kiener: Empirische Kontrolle, Seite 1235). Weiteres, reichhaltiges Material bieten – trotz des zuweilen störenden polemischen Untertons – die Bücher des Psychologieprofessors Hans Jürgen Eysenck (Eysenck: Freud; siehe auch: Eysenck, Hans Jürgen/Wilson, Glenn D.: Experimentelle Studien zur Psychoanalyse Sigmund Freuds. Wien 1979) und des Wissenschaftspublizisten Dieter E. Zimmer (Zimmer: Tiefenschwindel).

[167] Abgesehen von dem schon falsch gewählten Namen (das Pflegekind Ödipus hatte keinen Ödipuskomplex, da sein Vater und seine Mutter für ihn Fremde waren; die Heirat mit seiner Mutter ist der Preis für die Vertreibung der Sphinx, und selbst ein sexuelles Verlangen nach der weitaus älteren Jokaste hätte nichts „ödipales" an sich) hat die vielfältig *belegbare* und anerkannte Westermarck-These (vereinfacht: Gemeinsam verbrachte Kindheit läßt kein späteres erotisches Interesse füreinander aufkommen) der spekulativen Theorie von Ödipus-Komplex den Boden entzogen.

[168] Aufbauend auf die Entdeckung des „REM"-Schlafes konnte eine neurophysiologisch fundierte Traumtheorie, die „Aktivations-Synthese"-Theorie entwickelt werden, die Freuds Annahmen über den Traum, die experimentell ohnehin nicht belegbar waren, gänzlich widerlegen. Insbesondere bietet sie physiologische Erklärungen

deckte" Unbewußte[169] wurde später von Freud in „Es" umbenannt[170] und Teil seiner topischen und dynamischen Konzeption des psychischen Apparates, seiner Instanzenlehre. Diese ist, neben ihrer mangelnden Nachweisbarkeit, vor allem Ausdruck einer vorwissenschaftlichen Auffassung des psychischen Geschehens, da sie mit personifizierten, an Homunculi erinnernden Wesenheiten im Inneren des menschlichen Geistes arbeitet. Freud anthropomorphisierte seine Instanzenkonstrukte – ein geläufiger Schritt der Mythologisierung. Der Nähe zur Mythologie war sich Freud auch in anderen Bereichen seiner Lehre bewußt.[171] Mit der mythopoetischen Schrift „Totem und Tabu" machte Freud den in dieser Beziehung letzten Schritt: ein frei erfundener Ursprungsmythos verband den Anfang menschlicher Gesellschaftsordnung und Kultur mit dem postulierten Urdrama der psychosexuellen Entwicklung, dem Ödipuskomplex. Mit diesem Schlußstein rundet sich die pansexuelle Weltsicht Freuds zu einer alles umfassenden Kulturtheorie.

Freuds Pansexualität wird heute allgemein als zeittypisch bedingt angesehen, entstanden aus seiner Unfähigkeit, von den sozialen und politischen Faktoren des Seelenlebens zu abstrahieren.[172] Jedoch wurde diese Pansexualität für ihn zu einem Scheidepunkt, der seine Gegner und seine Anhänger trennte; sie ließ ihn zugleich auch weitreichende, durch nichts zu belegende Theorien vertreten: so die für Schmidts „Etym"-Theorie aufschlußreiche Annahme eines rein sexuell bestimmten Anfanges der Sprache.[173]

---

für die Schwindel-, Flug- und Bewegungsträume, die für Freud sexuell determiniert waren (vgl. Zimmer: Tiefenschwindel, Seite 219 – 247). Hans Jürgen Eysenck (Eysenck: Freud, Seite 125 – 158) diskutiert Freuds Traumtheorie in (logischer) Verbindung mit seiner „Psychopathologie des Alltagslebens" (z.B. die für Schmidt so wichtige Theorie der „Freudschen Fehlleistung" des „Versprechens") und widerlegt sie – neben der Heranziehung konkurrierender, experimentell besser abgestützter Theorie – vor allem aus ihrer eigenen Unstimmigkeit und Widersprüchlichkeit heraus.

[169] Es sei hier auf das Buch von Henry F. Ellenberger verwiesen (Ellenberger: Entdeckung des Unbewußten); insbesondere der erste Band behandelt die 'Geschichte des Unbewußten', die Geschichte der dynamischen Psychologie „...von primitiver Heilkunst zum Magnetismus, vom Magnetismus zum Hypnotismus, vom Hypnotismus zur Psychoanalyse und zu den neueren dynamischen Schulen." (ebenda, Seite 7).

[170] Vgl. Laplanche/Pontalis: Vokabular, Seite 147f: „Der Platz, den das Es in der zweiten Topik einnimmt, ist annähernd gleichbedeutend mit dem des Systems Unbewußt (Ubw) in der ersten...". Dringlich wurde die Umbenennung vor allem durch Freuds Einsicht, daß auch seine beiden anderen Instanzen, das „Ich" und das „Über-Ich" nicht nur bewußte Prozesse vollzogen und Anteil an Un- und Vorbewußtem haben.

[171] Vgl. Freud: Neue Folge der Vorlesungen, StA I, Seite 529: „Die Trieblehre ist sozusagen unsere Mythologie. Die Triebe sind mythische Wesen, großartig in ihrer Unbestimmtheit."

[172] Vgl. Glaser: Freuds Zwanzigstes Jahrhundert, Seite 70: „Indem Freud die zeitspezifischen Ausprägungen der viktorianischen Epoche – die Tatsache weitverbreiteter weiblicher Frigidität, der Hysterie, der männlichen Impotenz (›Preis‹ für die heuchlerische doppelte Moral der Geschlechter, vor allem der herrschenden Klasse) –

Dieser – notwendigerweise verkürzende – Rekurs auf die psychoanalytische Basis der Schmidtschen „Etym"-Theorie zeigt, daß *jede* Theorie, die auf Freud aufbaut, zumindest naturwissenschaftlich auf unsicherem Grund steht; auf der Basis einer Theorie, deren „theoretischer Status fragwürdig" bleibt.[174] Doch je weiter sich Freud von seinen Anfängen als Neurophysiologe entfernt, desto stärker wirkte er und seine Lehre in die Kultur(wissenschaften) hinein. Der Einfluß der Psychoanalyse auf die Kunstwissenschaften und die Kunst, insbesondere die Literatur des 20. Jahrhunderts, ist unbestreitbar immens.[175] Dies liegt vor allem an ihrer Entwicklung hin zu einer Deutungskunst, ihrer „hermeneutischen Wende".[176] Der hermeneutische Charakter, die literarische Qualität ihrer Fallgeschichten, die Inszenierung des menschlichen Innenlebens als Drama mit mythologisierten Protagonisten, die weitreichende Erklärungskraft, dies alles beförderte die Rezeption der Psychoanalyse in der Literatur des 20. Jahrhunderts.

---

vorwiegend als kulturelles und nicht als gesellschaftliches Phänomen begriffen, erwies er selbst seine zeit- wie klassenspezifische Befangenheit. Auch ist seine, wenn auch analytisch-kritische Fixierung auf die allein sexuelle Ätiologie der neurotischen Erkrankungen Teil der sexuellen Obsession der Zeit...".

[173] Freud beruft sich mehrfach auf die Behauptung H. Sperbers, „...daß sexuelle Bedürfnisse an der Entstehung und Weiterbildung der Sprache den größten Anteil gehabt haben. Die anfänglichen Sprachlaute haben der Mitteilung gedient und den sexuellen Partner herbeigerufen: die weitere Entwicklung der Sprachwurzeln habe die Arbeitsverrichtungen der Urmenschen begleitet. Diese Arbeiten seien gemeinsame gewesen und unter rhythmisch wiederholten Sprachäußerungen vor sich gegangen. (...) Das bei der gemeinsamen Arbeit hervorgestoßene Wort habe so zwei Bedeutungen gehabt, den Geschlechtsakt bezeichnet wie die ihm gleichgesetzte Arbeitstätigkeit. (...) Auf solche Weise hätte sich eine Anzahl von Sprachwurzeln gebildet, die alle sexueller Herkunft waren..." (Freud: Vorlesungen, StA I, Seite 175f). Insbesondere der letzte Satz und die Übertragung der zunächst sexuellen „Sprachwurzeln" auf unverfängliche Dinge erinnern stark an die Anwesenheit der geringeren Anzahl der „Etyms" in den „normalen" Worten bei Schmidt.

[174] Selbst ein so zurückhaltendes Lehrbuch der Psychologie wie das von Philip G. Zimbardo (: Psychologie, Seite 410) muß dies konstatieren: „Viele Konzepte sind verschwommen und nicht operational definiert. Folglich läßt sich ein Großteil der Theorie nicht durch empirische Tests und überprüfbare Vorhersagen evaluieren." Nachfolgend faßt Zimbardo weitere Hauptvorwürfe gegen die Psychoanalyse zusammen: die retrospektive Rekonstruktion von Ereignissen und Motiven, die keine Vorhersagen zuläßt; die Überbetonung der Vergangenheit gegenüber den aktuellen, situativen Reizbedingungen eines Verhaltens; die rein spekulative Entwicklung der Theorie anhand behandlungsbedürftiger Klienten läßt Aussagen über „gesundes" Verhalten kaum zu; dies führt auch zu einem insgesamt pessimistischen Menschenbild der orthodoxen Freudschen Psychoanalyse (ebenda, Seite 411f).

[175] Vgl. dazu Thorlby: Literatur und Psychologie.

[176] Vgl. Zimmer: Tiefenschwindel, Seite 67ff.

Arno Schmidts „Etym"- und „4. Instanz"-Theorie ist selbst im Rahmen der breiten Rezeption der Psychoanalyse eine sehr ungewöhnliche, individuell umgeformte Aneignung der Lehre Freuds. Zunächst einmal ist anhand Schmidts Schriften, so Sabine Kyora, „...zu sehen, daß er Freuds Erkenntnisse akzeptiert hat."[177] Schmidt habe, wie die meisten Schriftsteller, auf einer ersten Ebene Freuds Fallgeschichten als Fundgrube benutzt – so für „Caliban über Setebos" die des „Rattenmannes".[178] Mit seinen Zusatztheorien jedoch, die auf einer umstrittenen wissenschaftlichen Basis ein fragwürdiges Lehrgebäude errichten, geht er weit und folgenreich über die gängige Rezeption der Psychoanalyse bei Schriftstellern hinaus.

Der leichtfertige Umgang mit dem theoretischen Instrumentarium zeigt sich bei Schmidt ebenfalls schon in der Karl-May-Studie.[179] Einmal vom Ziel seiner Untersuchung mitgerissen – wobei er die von Freud immer noch beachtete Differenz zwischen den Phantasien eines Menschen und seinem realen Leben einfach einzieht: es lassen nicht etwa Mays Texte eine homosexuelle Lesart zu, nein, May *ist* (zumindest zeitweise) ein Invertierter – vulgarisiert Schmidt die Freudsche Psychoanalyse und benutzt sie als reine Fundgrube, die ihm Material für Sinnstiftungen gemäß der feststehen These zu liefern hat.[180] Wohin diese Verfahrensweise führt, illustriert sinnfällig Schmidts Interpretation der „Brunnenengel" – an drei zentralen Stellen des Großromans vorkommende, als geheime Brunnen angelegte, riesenhafte Engelsstatuen[181] – in Mays Spätwerk „Ardistan und Dschinnistan". Für Schmidt ist die Bedeutung dieser

> „...‹Brunnenengel›, MAYbaumgroße, cavernöse Gebilde, die prinzipiell ‹stehen›, und, fons et origo, ‹befruchtendes Wasser spenden›, wenn man lange genug daran herumleiert – je näher auf's ‹Paradies›, auf ‹Dschinnistan› zu, desto länger & dicker werden diese himmlischen (B)Engel..."[182]

---

[177] Kyora: Freud, Seite 14.
[178] Ebenda, Seite 11f; die Krankengeschichte des „Rattenmannes" ist die Abhandlung Freuds: Bemerkungen über einen Fall von Zwangsneurose, StA VII, Seite 31 – 103.
[179] Die Karl-May-Gesellschaft beauftragte eigens einen Berufsanalytiker, der methodologische Fehler Schmidts in „Sitara" nachwies; vgl. Stolte: Nachträgliches.
[180] Huerkamp: Klarglaswitzbold, Seite 211: „Fasziniert aber ist der in seinen Asservaten und Funden Schwelgende [= Schmidt, d.V.] durch ganz etwas anderes: er hat den Schlüssel gefunden, nach dem die 'bunten Bilderkacheln' sich zusammenfügen lassen...(...) Diesen herauszufinden, hat sich Schmidt heuristischer Muster der Psychoanalyse bedient, wobei es ihm bald überhaupt nicht mehr darauf ankam, inwieweit sein Verfahren durch vorlaufende Theorie abgedeckt war, sondern umgekehrt: ob es im Arsenal des von Freud aufbereiteten Instrumentariums die geeigneten Mittel gab, weitere eindeutige Beziehungen in den Texten herzustellen."
[181] Siehe May: Ardistan, Band 1, Seite 340ff und Band 2, Seite 224ff sowie Seite 429f.
[182] Schmidt: Sitara, BA III/2, Seite 250.

natürlich eindeutig: „...alle diese ‹Brunnenengel› sind Phallen, vom erotischen Altersautismus einer (vielleicht masturbatorisch fundierten?) halb=puritanischen Selbstgenügsamkeit erzeugt...".[183] Die schon bei Freud sehr starre Verwendung der (Traum-) Symbole –

> „Alle in die Länge reichenden Objekte (...) alle länglichen und scharfen Waffen (...) wollen das männliche Glied vertreten. (...) Dosen, Schachteln (...) entsprechen dem Frauenleib (...) und alle Arten von Gefäßen."[184]

– wird hier dem vorweggenommenen Ergebnis der Analyse zuliebe noch stärker mechanisiert: hoch aufragende, längliche (B)Engel sind Phallen. Dabei geht aus dem Kontext des Romans eindeutig hervor, daß die wasser-, in den Wüsteneien, in denen sie stehen also lebensspendenden Engel weibliche Symbolfiguren sind;[185] so, wie denn auch „Ardistan und Dschinnistan" von den weiblichen Figuren, von weiblichen Symbolen und einem „weiblichen Ich-Ideal" Mays dominiert wird.

Beflügelt von dem durch die „Etym-"Theorie gefunden geglaubten Schlüssel geht Schmidt in seinem Entdeckerdrang auch anderweitig unbekümmert um den Kontext einer Fundstelle, um Determinationen durch das Genre oder die Zeit vor. So stellt er – gleich der „‹Elbogensche[n] Hypothese›" in „Sitara"[186] – in „Zettels Traum" Marie Bonapartes psychopathologische Poe-Analyse[187] (wenn er sich auch vorderhand von ihr distanziert, so schöpft er doch aus dieser Quelle) als schützende Gewährsinstanz an den Anfang noch sehr viel weitreichender Spekulationen über Poe. Man sollte

---

[183] Ebenda, Seite 253f.
[184] Freud: Traumdeutung, StA II, Seite 348. Neben der Starre der Symbolübersetzung ist die Generalisierung so weit vorangetrieben und dadurch so unscharf geworden, daß die Symbole letztlich alles und auch nichts aussagen: „Da so fast die gesamte Dingwelt zu Sexualsymbolen erklärt ist, ist es unmöglich, in einem Traum nichts Sexuelles zu finden. Man braucht bloß die Liste der Symbole und ein aufmerksames Auge, um etwaige weitere zu erspähen, die der Katalog vergessen hatte. Das Bildungsprinzip ist ja schlicht genug." (Zimmer: Tiefenschwindel, Seite 233).
[185] Vgl. Lorenz: Messingstadt, Seite 241; Lorenz führt hier die weibliche Symbolik insbesondere der Engelsfiguren detailliert aus.
[186] Schmidt: Sitara, BA III/2, Seite 13f; Schmidt zitiert hier einen Brief von Paul Elbogen an ihn, der schon „‚...'vor Jahrzehnten' die These aufgestellt habe, wie es sich bei MAY um einen 'unterschichtigen Homosexuellen' handeln, und das große S=Objekt im Werk der ‹Winnetou› sein müsse...".
[187] Bonapartes Studie ist geradezu ein Musterbeispiel der Gattung und aller Schwächen literaturpsychologischer Untersuchungen, die das Werk eines Autors einzig als Materialpool ihres Ziel, eine Psychopathographie zu erstellen, nutzen. Poe ist bei ihr daher denn auch der „beschauliche Nekrophile", der sich „die zur Schwindsucht neigende Virginia zur Frau wählte, das Mittel, sich das sadistische Schauspiel einer Agonie zu verschaffen, dem das glich, welches seine infantile Phantasie fasziniert hatte..." (Bonaparte: Poe, III. Band, Seite 281), er habe eine furchtbare Sexualität gehabt, sei zu drei Vierteln impotent gewesen und dergleichen.

sich aber nicht nur immer vor Mutmaßungen über die Persönlichkeit eines Dichters auf dünner Faktenbasis und interessegeleiteter Textinterpretation hüten, sondern insbesondere bei den Texten nie die zeit- und genrebedingten Eigentümlichkeiten z.B. der „gothic novel" aus dem Auge verlieren.[188] Schmidt hingegen führt bei seinen Text-, Bildsymbol- und Sprachanalysen – ungeachtet des Rückbezugs von den Texten auf die Biographie – letztlich nur den Nachweis, „...daß bestimmte Texte einen ganzen Horizont bestimmter Assoziationen ermöglichen, gleichviel auf welche Art und Weise...".[189] Mit dem schon von Freud recht frei zur Trauminterpretation verwendeten Operatoren Verdichten, Verschieben, Umstellen, Symbolisieren etc. wird schließlich sehr vieles „beweisbar": der Text gibt dann her, was der Interpret in ihm lesen möchte. Damit setzt sich Schmidt aber zugleich der Gefahr aus, daß das Prozedere auf ihn selbst zurückfällt.[190]

Unter diesem Aspekt hat die mehr als gewagte Konstruktion einer „4. Instanz" – Karl-Ernst Bröer spricht kurz vom „Vier-Instanzen–Unfug", von dem er aber fürchtet, Schmidt selbst könne ihn „...leider doch sehr ernst nehmen..."[191] – eine zusätzliche Funktion. Ohne eine solche würde selbst Schmidt diese reine Annahme, zu angreifbar da durch nichts zu belegen, wohl nicht eingeführt haben. Sie ist nämlich auch eine Absicherung:[192] das Genie beherrscht den Text und das Unbewußte, welches in den Text einfließt, so vollkommen, daß ein *ungewollter* Einblick in das Unbewußte des Autors *per definitionem* ausgeschlossen ist. Zugleich ist es eine Schutzaus-

---

[188] Siehe hierzu die kenntnisreiche Poe-Biographie Frank Zumbachs, die gerade durch die ständige Bezugnahme zu den Genres und der zeitgenössischen literarischen Kultur, in der Poe schrieb, einen berichtigenden Gegenpol zu den psychologischen Mutmaßungen bietet, denen Poe ausgesetzt war und ist. Zu diesen schreibt Zumbach: „Poes Liebesleben ist Gegenstand der abenteuerlichsten und manchmal gehässiger Spekulation gewesen. (...) Es gibt in seiner gesamten Lebensgeschichte nicht einen konkreten Hinweis auf eine Anomalie in dieser Beziehung, es sei denn seine Verheiratung mit seiner dreizehnjährigen Cousine Virginia – aber daß Mädchen so jung in die Ehe gingen, war damals keineswegs ungewöhnlich. Die Klischeevorstellung von Poe als impotentem Neurotiker mit nekrophilen Neigungen wurde von Psychoanalytikern aus seinem Werk abgeleitet, entbehrt aber in Wahrheit jeglicher Grundlage. (...) Wohl selten ist eine auf sehr schwachen Füßen stehende, rein hypothetische Annahme so überzeugt vertreten worden." (Zumbach: Poe, Seite 265).

[189] Huerkamp: Klarglaswitzbold, Seite 211.

[190] So kommentiert Heinz Stolte die „Sitara"-Interpretation, daß „...alle Assoziationen, die Arno Schmidt beim Lesen Karl Mays gehabt (...) hat, eben niemals auch nur das geringste über die möglichen Unterschwingungen im psychischen Prozeß, im schöpferischen Sprachakt Karl Mays, sondern immer nur etwas über die Assoziationen des Arno Schmidt aussagen können." (Stolte: Nachträgliches, Seite 16).

[191] Bröer: Geburt, Seite 26.

[192] Aber kein Zeichen einer „feindselige[n] Haltung Freud gegenüber" wie Sabine Kyora (: Freud, Seite 14) meint, sondern in Bezug auf Freud eher der Versuch der Übertrumpfung.

sage: die wenigen Ausnahmenaturen können dank dieser Instanz tatsächlich *bewußt* mit dem *Un*bewußten arbeiten – was ja der offensichtliche Grundwiderspruch der gesamten „Etym-" bzw. „4. Instanz"-Theorie ist.[193] Es gibt aber keine bewußte Abbildung des Unbewußten, weder bei dem (wesentlich radikaleren) Versuch der *„ecriture automatique"* der Surrealisten, noch bei Arno Schmidts die Mehrdeutigkeit *ein*deutig fixierenden „Verschreibtechnik": „Das Unbewußte ist hier bewußt gemacht worden und ist also nicht mehr unbewußt."[194]

Die Behauptung, das diese „Grundelemente", „...die ganze Sprache (...) ja irgendwie sexuell superfoetiert..." (CüS 311f/BA 535) sei, steht auf vergleichbar spekulativen Grund wie die von Freud herangezogene Theorie der von sexuellen Grundbedeutungen abgeleiteten Sprachentstehung. Eine Funktionsbestimmung, die sexuelle Kommunikation zwischen Individuen, wird zur Quelle erklärt.[195] Heutige Theorien über den Ursprung der Sprache betonen den sozialen Aspekt, den Werkzeuggebrauch, die allgemeine Kultur- und Sprach-Koevolution als verursachende Bedingungen; ein rein „sexueller Ursprung" der Sprache muß aber als unbelegbare Vermutung zurückgewiesen werden.[196] Schmidt gerät damit unausweichlich in einen „etymistisch"[197] fundierten Pansexualismus – wobei er mit der Gleichsetzung von sexuellem Wesen und Ursprung der Sprache wieder vulgarisierend von Freud abweicht:

> „Eine umfassende Sexualisierung der unbewußten Sprachwurzeln liefe Freuds Theorie vom 'Gegensinn der Urworte' zuwider, derzufolge hier neben den Botschaften des Eros in gleichem Maße die Äußerungen des Thanatos beachtet werden müßten."[198]

Diese naive Gleichsetzung des (noch dazu rein hypothetischen) Ursprungs der Sprache mit seinem Wesen offenbart Schmidts völlig ungebrochenes Verhältnis zur Sprache: „Sprachkritik oder Sprachskepsis, wie sie in der

---

[193] Darauf machte schon Helmut Heißenbüttel aufmerksam (Heißenbüttel: Zettel's Traum, Seite 106).
[194] Mueller: Schmidts Etymtheorie, Seite 43.
[195] Vgl. Thompson: Fall, Seite 122: „Das Problem ist, daß wir eine ganze Reihe von Möglichkeiten sehen, wie sich die Sprache weiterentwickelt haben könnte, *sobald es sie einmal gab*, aber wir können nicht erkennen, was sie ursprünglich initiierte. All unsere Theorien über den Ursprung der Sprache sind eigentlich bloße Beschreibungen der Brauchbarkeit von Sprache, war sie erst einmal da."
[196] Vgl. Zimmer: Sprache, Seite 164 bis 185; Zimmer referiert dort die heute gängigen Hypothesen über die Herkunft der Sprache.
[197] Der Neologismus „etymistisch" wird in der Sekundärliteratur zu Schmidt gebraucht, um dessen „Etym"-Theorie schon terminologisch von der Etymologie der Philologie abzugrenzen.
[198] Strick: Grenzen, Seite 74.

Moderne paradigmatisch von Hofmannsthals 'Chandos'-Brief verkörpert wird, geht Schmidt völlig ab."[199]

Neben der sexuellen Determination seiner „Etyms" belastet Schmidt die unbewußten Grundelemente der Sprache durch eine weitere Unwahrscheinlichkeit: das Unbewußte soll polyglott veranlagt sein. Dabei soll es gerade die Sprachen, die Schmidt beherrschte oder wenigstens rudimentär kannte (deutsch, englisch, sowie die romanischen Sprachen) Wörter verstehen. So versteht es das lateinisch/französische 'culus'/'cul' auch als (Wort-) Bestandteil in deutschen Texten immer als Beschäftigung mit der analen Lustregion.[200]

Schmidts „Etym"-Theorie ist, so darf der kurze Überblick zusammengefaßt werden, ein System phantasievoller Annahmen, eine „dampfwal-zenähnlich reduktive Fassung Freudscher Theoreme"[201] auf der Grundlage einer spekulativen, von der experimentellen Überprüfung weitgehend widerlegten oder eingeschränkten Psychologie. Daß sie von Teilen der Schmidt-Forschung gleichwohl immer noch ernst genommen wird, ist sowohl der Popularität der Psychoanalyse, als auch der Uninformiertheit über die psychologische Forschung zuzuschreiben. Es ist Horst Thomé zuzustimmen, wenn er schreibt:

> „Seine [= Schmidts] literaturtheoretischen Spekulationen werden demnach so gewichtig nicht zu nehmen sein. Ihr Echo ist eher ein Symptom für die immer noch weit verbreitete Unkenntnis der Psychoanalyse. Wichtig werden sie aber dadurch, daß Arno Schmidt ein interpretatorisches Verfahren in ein poetologisches Programm verwandelt."[202]

Es spricht nichts dagegen, daß ein Künstler als theoretische Basis seines Werkes ein „falsches" Theoriegebäude wählt oder baut – solange dabei inte-

---

[199] Dunker: Plagiat, Seite 15.
[200] Vladimir Nabokov, der sich mit der psychoanalytischen Deutung seiner Romane durch William W. Rowe konfrontiert sah, kommentierte treffend: „Wenn jedes ‹come› (kommen) und jedes ‹part› (Teil) auf den Seiten meiner Bücher von mir angeblich gebraucht wird, um ‹Orgasmus› und ‹Geschlechtsteil› auszudrücken, dann kann man sich gut einen Begriff machen von den verwerflichen Schätzen, die Mr. Rowe in jedem französischen Roman heben könnte, wo die Vorsilbe ‹con› so häufig ist, daß jedes Kapitel geradezu zu einem Ragout aus weiblichen Geschlechtsteilen wird." (Nabokov: Strong Opinions, zitiert nach Zimmer: Tiefenschwindel, Seite 237). Man fühlt sich erinnert an Schmidts Suche nach den Wörtlein 'Po' in Mays Texten (Schmidt: Sitara, BA III/2, Seite 164) oder der Unterstellung einer sexuellen Bedeutung bei Stifters Lieblingswörtern 'Haupt', 'Geschlecht' und 'Ding' (ebenda, Seite 270).
[201] Gradmann: Ungetym, Seite 98.
[202] Thomé: Natur und Geschichte, Seite 188; Thomé, dies sei hier der Vollständigkeit halber hinzugefügt, versucht in seinem Text die Dignität der Psychoanalyse, das differenzierte Denken Freuds gegenüber der reduktionistischen Version und Anwendung Freudscher Theorien bei Schmidt hervorzuheben.

ressante, vielschichtige Werke entstehen. Selbstverständlich soll hier nicht abgestritten werden, daß die „Etym"-Theorie nicht auch „...eine Menge präziser Intimbeobachtungen zur Autorpsychologie und zu Textphänomenen verschiedenster Art..."[203] ermöglicht, oder „...als ein enzyklopädisches Unterfangen verstanden werden [könnte], die semantischen Vieldeutigkeiten und Schachtelmöglichkeiten der Begriffe zu erfassen und ihre Modulationen darzustellen."[204] – gleichviel auf welcher Basis. Auch zeigen die späteren Schmidt Texte eine geradezu freigesetzte, höchst artistische Sprache:

> „...typographisch, orthographisch, grammatisch, stilistisch, ästhetisch entfesselt, geben sie sich rückhaltlos Assoziationen hin, verfallen auf verwegene Neologismen und Sprachbilder, die ihre Affinität zu Kitsch, Albernheit und Langeweile häufig gar nicht verleugnen wollen, speichern den Verbalschutt der Epoche, reichern ihn mit mehr oder weniger verbrauchten Bildungstrümmern an und bringen gerade dadurch die Kraft auf zu unverfälschter Zeit– und Gesellschaftsschilderung, aber auch zur Selbstparodie, zur Stilpersiflage, zum Sprachspiel."[205]

Allerdings verkennt Schmidt den *poetischen* Charakter seiner Sprache indem er sie ganz den Zwängen seiner „Etym"-Theorie ausliefert. Und diese Theorie erweitert sich bei Schmidt zu einem monomanischen Weltverständnis: Sprache, Kunst, die Traumwelten wie die Denkgebäude des Menschen – alles wird einer pansexuellen Sichtweise unterworfen. In der „Schule der Atheisten" faßt die Figur Kolderup dies bündig zusammen:

> „Obwohl natürlich all Unser Denkn & Trachtn, LehrGebäude wie LuftSchlösser, PHALLBAUTN sind: PENIDEN, NICHTS ALS PENIDN! id Literatur – ((? – : id Malerei ississ nòch=schlimmer !). Und 'Die Musik' ? : kann ihre Herkunft aus FöglSang & Balz-Geröchl ooch nich verleugnin !)"[206]

So wird aus dem von Freud bereitgestellten Arsenal psychoanalytischer Theorien (die Traumsymbole, die für die literarische Technik gut nutzbaren Mechanismen der Traumarbeit, die sprachlichen Fehlleistungen und die Witztheorie) und eigenen, weitreichenden Spekulationen ein regelrechter *Code*, nach dem Sprache, Texte, Textbauprinzipien, letztendlich alle Phänomene der Welt zu ent- bzw. verschlüsseln sind. Karl-Ernst Bröer prägt in diesem Zusammenhang die Sigle „*F/S*" (im Falle des hier besprochenen Codes in Schmidts Schriften also den „*F/S–Code*")[207]: ein Begriff, der Schmidts theoretisches Gebilde auf der Basis Freuds bezeichnet, welches zugleich eine

---

[203] Drews: Schmidt und Joyce, Seite 16.
[204] Pausch: Arno Schmidt, Seite 79.
[205] Denkler: Reise, Seite 152.
[206] Schmidt: Schule der Atheisten, Seite 242.
[207] Vgl. Bröer: Wortmetzarbeit, Seite 12: „Nur sage ich lieber 'F/S' statt 'Psychoanalyse', weil diese doch bei Schmidt eine sehr eigenwillige Ausprägung hat."

Analysemethode fremder Dichtung, eine Rezeptionsästhetik, die eigene Poetik (mit dem „Selbstschutz" der „4. Instanz" gegen die Wendung psychoanalytischer Literaturanalyse wider den eigenen Text) und eine allgemeine Welterklärung darstellt. Der Begriff „F/S-Code" faßt auch genauer als der des „Etyms", daß Schmidt eben nicht nur rein linguistische Elementargebilde meint, sondern die Symbolbilder der „Traumdeutung" ebenfalls als „Etyms" versteht.[208] Der pansexuelle F/S-Code determiniert das Weltverständnis und die Texte Schmidts so allumfassend, daß dies zu absoluter Eindimensionalität führt. Dies ist die entscheidende Auswirkung der „Etym"-Theorie, der F/S-Theorie auf Schmidts Werke: er *monosemiert*. Alle schon durch die Struktur eines Textes mit mehrfachen Ebenen angelegte Polysemantik, die den Textsinn noch weiter vervielfacht,[209] wird durch den F/S-Code tendenziell wieder eingezogen.[210] Nachfolgend wird dies verdeutlicht z.B. anhand der Mythen, die freudianisch als verbildlichte Psychologie dargeboten werden, oder der vielfältigen literarischen Anspielungen und Folien des Textes, die zu „Belegmaterial", ja zum Stückwerk der „Etym"-Theorie werden. Hier ist der Hauptwiderspruch der späteren Texte, wie er schon in „Caliban über Setebos" offensichtlich wird: monosemierender F/S-Code contra potentieller Polysemantik.

III. 3. Psychoanalyse in „Caliban über Setebos"

Es erhebt sich hier natürlich die Frage, ob ein psychoanalytisches, dem „F/S-Code" folgendes Struktur- und Interpretationsschema von „Caliban über Setebos" nicht ein von außen an den Text herangetragenes Konzept darstellt. Schmidt selbst hat in „Zettels Traum", in dem ja auch Kommentare zu vielen der eigenen Werke gegeben werden, „Caliban über Setebos" – hier verdeutlichend „Orfeus" genannt – in jener Tabelle von Werken, die von Autoren mit entwickelter „4. Instanz" geschrieben wurden, aufgelistet.[211] Doch ist dies, wie auch die schon zitierte Briefstelle, in der Arno Schmidt auf den engen Konnex zwischen den in der „Sitara"-Untersuchung entwickelten poetologischen Konzepten und deren Umsetzung im „Caliban" -Text hinweist, aus literaturwissenschaftlicher Sicht ja nichts als eine erste Interpretation des Textes, wenn auch eine Interpretation *ipsissima verba*.

Das Argument entkräftigt sich durch den Text selbst, der ja – gleich allen Texten – seine Poetologie im Vollzug unmittelbar entwirft – und dabei

---

[208] Vgl. Schmidt: Zettels Traum, Seite 202 lo: „...man müsse die Etyms unterscheidn: in a) all=gültije, der Menschheit' gemeinsame?" / (Nu sicher; à la 'Loch'; oder überhaupt die FREUD'schen Symbole der 'Traumdeutung'...".

[209] Vgl. Hinrichs: Vielfalt der Bedeutungsebenen, Seite 121.

[210] Oswald Wiener kommentiert zurecht: „...das macht mich müde so diese anstrengung daß alle 'ebenen' die gleiche richtung haben..." (Wiener: Arno-Schmidt-Jahr, Seite 44).

[211] Schmidt: Zettels Traum, Seite 915 ru.

eine Reproduktion der in den mehr theoretischen Texten entwickelten poetologischen Überzeugungen im Medium der erzählenden Prosa zu erreichen sucht. Gleichsam verdeutlichend enthält „Caliban über Setebos", wie auch andere Texte des Bandes „Kühe in Halbtrauer", Passagen, die als *Leseanweisungen*' verstanden werden können, die neben ihren semantischen Funktionen auch didaktische der Leserunterweisung und des ständigen Rückbezuges auf die Psychoanalyse und die daraus entwickelte Poetologie haben.

So ist die gleich zu Anfang der Medizinstudentin Lene[212] in den Mund gelegte „Krankenhausschnurre" nicht nur eine typische Schauergeschichte aus dem Ärztemilieu, sondern in erster Linie eine erste Leseanweisung für den Gesamttext „Caliban über Setebos". Denn Düsterhenns Reaktion auf die Frauen und Lenes Erzählung („„...als die andern Drei sich sofort, vampirig–angeregt, die roten spitzen Krallen vor die Saugmäulchen gedrückt hatten, (und ich mir die Aktentasche auf den Schoß)." CüS 227/BA 477), welche die gesamte Szene in ein vieldeutiges Rätsel verwandelt,[213] ist nur zu verstehen, wenn man die Geschichte als eine mit Freudschen Traumsymbolen arbeitende Zusammenfassung von Düsterhenns Kastrations-, Impotenz- und Gynäkophobie lesen lernt.

Präludiert wird die Krankenhausgeschichte (wo nicht anders angegeben, alle Zitate CüS 226f/BA 477) von den Erzählungen der Frauen im Bus, in denen „...genäschig-zungenklatschend, gemeinsame Bekantinnen durchgehechelt..." werden – im Sinne der letzten Geschichte („...eine ‹Rosel› (...), die sich angeblich in der Waschküche von einem Cola de caballo Fahrer hatte pimpern lassen – hat-trick?") meist als derb-sexuelle Zoten. Solchermaßen eingestimmt, wird man in der großen Zehe, an der die Totenkarte mittels einer eingestochenen Reißzwecke befestigt wird, das Traumsymbol eines Phallus erblicken können. Unterstützt wird diese Interpretation durch die zuvor eingeschobene Assoziation „‹Wer hat mir meine Hand gestohlen?!›." –

---

[212] Die Erzählerin der Krankenhausgeschichte ist Lene, denn die Angaben Düsterhenns: „Die allerunangenehmste die lange Megäre hier-rechts (...); Medizin-Studentin, die von einer ‹Knochenbörse› berichtet hatte..." (CüS 227/BA 477) entschlüsseln sich im Verlauf der Geschichte. Während der abendlichen Wirtshausszene bemerkt Düsterhenn: „„...die Lange schien nunmehr endgültig ‹Lene› heißen zu wollen." (CüS 261/BA 501), die von ihm am Ende noch zweimal mit leichtem Grausen „Medizinerin" (CüS 309/BA 534) genannt wird: auf der Flucht vor den Frauen fürchtet er schon „...gar LENE allein; diese Medici wissen so schmerzhafte Stellen..." (CüS 313/BA 536).

[213] Über dessen Bedeutung sich denn auch eine Kontroverse entspann: ein Teil der Interpreten glaubt, daß Düsterhenn eine Erektion unterdrückt, der andere Teil sieht einen Schutzreflex aufgrund der heraufbeschworenen Kastrationsangst. Vgl. aber Hink: Losung, Seite 7: „Düsterhenn bezieht Gesprächsthema und Gestik der Frauen ausdrücklich auf sich, sein Griff zur Aktentasche ist eindeutig Ausdruck der Angst, der Kastrationsangst und nicht der Erektion, wie häufig angenommen wird."

auch hier wieder ein Phallussymbol.²¹⁴ Die gestohlene, also weggenommene Hand und die Verletzung der Zehe durch das Einstechen einer Reißzwecke rufen in Düsterhenn die Kastrationsängste wach, denen er durch den Schutz seines Schoßes mittels der Tasche begegnet. Eine Quelle seiner Kastrationsangst ist auch seine Gynäkophobie, die von der Erscheinung und dem Verhalten der vier Ausflüglerinnen potenziert wird. Sowohl ihr Äußeres („…in kokett–hochhackigen Schaftstiefelchen aus Lackleder (…) Velveton, wirkt (…) wie Wildleder"; „…'n kompletten Kopf größer als ich!"; „…in der Hand 'ne lange Schwippe…" CüS 226f) als auch ihr von Düsterhenn kommentiertes Verhalten („…vampirig–angeregt, die roten spitzen Krallen vor die Saugmäulchen gedrückt…": das Bild der *vagina dentata* drängt sich geradezu auf; CüS 227) strahlen eine aggressive Sexualität aus, verstärken sein Inferioritätsgefühl und bestätigen durch die latente Bedrohung seine Gynäkophobie. Die Geschichte selbst illustriert Düsterhenns größtes sexuelles Problem: die an das Phallussymbol angeheftete Totenkarte, das „noch ma kurz[e]" Aufstehen des „steif[en]" Körpers der als tot Ästimierten sowie der zu erwartende endgültige Tod bilden Düsterhenns Angst, schon impotent zu sein, seine Hoffnung auf ein nochmaliges Erwachen der Virilität, aber ebenso das Sichfügen in die nicht mehr zu ändernde Tatsache ab. Die Impotenzklage, in „Caliban über Setebos" schon eines der zentralen Themen des Textes, ist in allen nachfolgenden Büchern Schmidts das

> „…immer virulenter werdende Thema eines alternden Schriftstellers, der sich in seinen Figuren als einen Kadaver beschreibt, in dem die Würmer sitzen. Eine seltsame Gestalt, die lebt, ohne zu leben. Aber zerfressen werden die Figuren nicht von den Würmern, sondern von der Einsamkeit ihres sexuellen Begehrens, durch das sie immer wieder auf sich selbst verwiesen werden."²¹⁵

Dieses Zürückverweisen des sexuellen Begehrens auf sich selbst wird eine der Hauptantriebskräfte für das Ablösen des sexuellen Interesses von konkreten Körpern hin zu erträumten Liebesbeziehungen mit den Kindsbrautgestalten der späten Bücher, zur Entwicklung der sexuellen Grammatik der Sprache in der „Etym"-Theorie und schließlich zum Sieg über das den Körper versklavende Begehren mittels des „pornographischen Lachkabinetts", welches die „4. Instanz" überall entdeckt und zugleich selbst inszeniert.

Aber nicht die Einführung in die psychosexuelle Struktur der Figur Düsterhenn ist das Entscheidende der Krankenhausschnurre, sondern die Art und Weise, in der dies geschieht. Der Leser wird instruiert, die Geschichte

---

[214] Vgl. Freud: Traumdeutung, StA II, Seite 353: „Die Genitalien können auch im Traum durch andere Körperteile vertreten werden, das männliche Glied durch die Hand oder den Fuß…" – die große Zehe, der Form nach schon phallisch, steht in der „Krankenhausschnurre" pars pro toto für den Fuß.
[215] Martynkewicz: Selbstinszenierung, Seite 195.

als manifesten Traumtext aufzufassen und ihn gemäß einer Traumdeutung zurück in die latenten Traumgedanken zu übersetzen. Dabei wird ihm aber nicht geradewegs ein Traum geboten, der auf diese Weise dann entschlüsselt wird, wie dies die Erzählung „Kundisches Geschirr" vorexerziert.[216] Vielmehr schimmert durch die Krankenhausschnurre – neben dem allgemein angesprochenen Genre der „medizinischen Schauergeschichten" – die literarische Vorlage durch: die gelehrte Vigilie „nachtsinderklink"[217] ist eine Variation zu Edgar Allan Poes Erzählung „Der Fall des Hauses Asher", in der ebenfalls das nochmalige Umhergehen einer Scheintoten die Klimax der unterschwellig sexuell unterfütterten Handlung darstellt.[218] Damit gibt Schmidt auch den Modus der Interpretation für die in „Caliban über Setebos" von ihm zitierte Literatur vor: wenn er auch *coram publico* stets die Mehrschichtigkeit literarischer Kunstwerke betont, so legt er aber doch sein Interpretationsinteresse auf die psychoanalytische, sexuelle Bedeutungsebene der Texte.[219] Neben dieser „Asher"-Variation geht Edgar Allan Poe noch mehrfach im „Caliban"-Text um. So kommentiert Düsterhenn den Beginn einer Rundfunksendung[220] mit einer Anspielung auf Poes Gedicht „Israfel": „„...(gleichzeitig öffnete hinter mir ‹Herr SANDERS seinen Schallplattenschrank›: nun singt so wild & hell einzig Engel Israfel!)..." (CüS 261/BA

---

[216] Vgl. Schmidt: Kundisches Geschirr, BA I/3, Seite 369 – 398; Karls Traum auf Seite 378f, die Deutung der Psychologiedoktorandin Fräulein Seydel auf den Seite 392 – 394.
[217] Es läßt sich dabei auch an das Kapitel „Die Rinder des Sonnengottes" („Oxen of the sun") aus dem „Ulysses" denken, welches ja ebenfalls eine Vigilie in einem Krankenhaus, einem Entbindungsheim, während der „Krankenhausschnurren" erzählt werden, behandelt (Joyce: Ulysses, Seite 537 – 603).
[218] Vgl. zu der Beziehung zwischen Poes „The fall of the house of Usher" und Schmidts „Caliban über Setebos" auch Baumgart: Sengers Phall, Seite 4.
[219] Wiederum muß bemerkt werden, daß hier die Einführung in die psychoanalytische, dem F/S-Code entsprechende Textinterpretation über das aufgegebene Rätsel der Angstreaktion Düsterhenns eleganter gelungen ist, als in der schon erwähnten Geschichte „Kundisches Geschirr", in der die Beimischung der beinahe essayhaften Abhandlung zu F/S-Code („'Ich dissertiere nämlich über die UNBEWUSSTE ABBILDUNG VON LEIBREIZEN IN DER LITERATUR,' erklärte sie: 'Wenn Sie vielleicht – Sie haben ja sicher weit mehr gelesen als ich – weitere Beispiele wüßten, die ich mit aufführen könnte? (...)'(...) 'Kämen infrage Retcliffe-Goedsche; Samarow; Robert Kraft. – : KARL MAY! Der vor allem!',, (BA I/3, Seite 375f); wieder wird hier von Schmidt indirekt auf „Sitara" verweisen) weitaus größer ausfällt.
[220] Vgl. Burmeister: Musikstellen, Seite 135: „'Herr Sanders öffnet seinen Schallplattenschrank' hieß eine der populärsten Rundfunksendungen beim Norddeutschen Rundfunk (NDR) in den 50er Jahren. In dieser Sendung wurden vornehmlich berühmte Arien aus berühmten Opern, gesungen von berühmten Sängern, gespielt – eine Art Hit-Parade."

500).²²¹ Die oben schon erwähnte Stelle mit der Zitation von Karl Mays „Juweleninsel" ist zugleich mit Anspielungen auf Poe gesättigt:

„Manchmal stößt man (...) klamm in der Kellerklamm, auf verschollenste Zeitschriften, unschätzbar dem schöpferischen Plagiator, ganze JUWELENINSELN von Kittsch; oder rare Lexiconbände (...) randvoll der kuriosest-gedrehten Koprolithn, (die man nur mit Wortwässerchen aufzuweichen-anzurühren braucht, um endlossatte Erntn an Artikelchen für Provinz-Zeitungen fexen zu können...(...)...auf dem Nie-Wo von 1840." (CüS 252/BA 495)

Das auffällig zweimal vorkommende „klamm" spielt auf Poes Tante Clemm und ihre Tochter Virginia, Poes spätere Frau an; die Zeitschriften auf Poes Redaktortätigkeit, die Lexikonbände, aus denen Artikel zu destillieren sind auf die Entstehungshintergründe mancher seiner Geschichten, das Wort „Koprolithn" möglicherweise auf die ihm von Schmidt unterstellte Koprophilie an;²²² abgesichert wird die Vermutung, daß hier Poe gemeint ist, durch die Jahreszahl 1840.²²³ Anspielungen auf „POE's Definition" der „‹Boyisch POE-it laww›" (CüS 298 & 294/BA 526 & 523), deren haltlose Gedankenspielerei Düsterhenn nun auch in seinem Versuch der Wiederbelebung einer jugendlichen Schwärmerei sieht, oder die Nennung von Titeln einzelner Bücher des kommenden Großwerkes „Zettels Traum" (so das ironisch als landwirtschaftlicher Thriller charakterisierte 6. Buch „Rohrfrei" (CüS 272/BA 508), das 7. Buch „The $t^w/_o$ilit of the $G^{od}/_{uts}$" (CüS 271/BA 508) sowie die Anspielung auf das 2. Buch „In Gesellschaft von Bäumen" (CüS 256/BA 497)) weisen schon auf die kommende Poe-Exegese voraus, die ja dann noch intensiver als schon die May-Untersuchung in „Sitara" mit dem Instrumentarium der Etym-Theorie vorgenommen wird.

Die dominierende Rolle psychoanalytischer Textstrategien und -interpretation im „Caliban"-Text wird noch unterstrichen durch eine Figur, die, so wie sie im Hintergrund der Handlung steht, dem Text den theoretischen Hintergrund verleiht. Es ist Roland, ein „Bekannter" von Düsterhenn, der in Zusammenhang von Düsterhenns Spekulation über die Frauen bezeichnenderweise mit einem zotigen Witz eingeführt wird.²²⁴ Roland ist Me-

---

[221] Vgl. Poe: Israfel, Werke IV, Seite 84/85, Zeile 3/4 des Gedichtes lauten: „None sing so wildly well / As the angel Israfel" // „keiner singt so wilde hell / wie der Engel Israfel".

[222] Vgl. Schmidt: Zettels Traum, Seite 829 lm oder Seite 448 mm: „...ei'm só exqisitn Ästétn wie POE, würde FREUD allein schon déswegn die raffinierteste Koprophilie auf den Kop zugesagt habm."

[223] Die in auffällige Kapitälchen gesetzte „Juweleninsel" Mays erschien 1880/82, kann also nicht gemeint sein; Poe hingegen war 1840 auf der Höhe seines Schaffens.

[224] Von der jüngsten der vier Frauen nimmt Düsterhenn an „...vielleicht war se aber *grade* noch Jungfrau –", um sich dann aber zu erinnern „,'Zwisch'n'n Zeh'n' pflegte

diziner („LENE – (: *auch* Medizinerin, genau wie Roland..." CüS 309/BA 534), aber offensichtlich wenigstens Sexualmediziner oder gar Psychoanalytiker, denn er kommt Düsterhenn immer in sexuell aufgeladenen Situation in den Sinn und erklärt gar: „...er wisse es jetzt, wie die Seele gebaut sei (...) übrigens sei FREUD der Mann; und JUNG, schnippisch & unklar, nich viel mehr als 'n Rückschritt)." (CüS 306/BA 531) Daß „Nebenergebnisse" seiner Forschungen in der „...Einsicht in die lächerliche Unrealistik sämtlicher bisherijen Literatur..." (CüS 307/BA 532) bestehen, macht ihn für Düsterhenn fast zum Material- und Verfahrenslieferanten: Roland steht für den psychoanalytischen, durch 'Feldforschungen' („Und was Denen [Freud und seinem Kreis, d.V.] an statistisch-tausensassijem Material noch gemangelt hatte, lieferte, in selbst Die überraschender Fülle, der ‹Röntgen-Bus›..." CüS 306/BA 531) abgesicherten Theoriehintergrund von Schmidts Etym-Theorie. Dazu fügt es sich, daß Roland möglicherweise eine weitere anagrammatisch verschlüsselte Figuration des Autors Schmidt im Text darstellt.[225] Ebenso paßt zur Spezifik der Verwendung der psychoanalytischen Theorie im F/S-Code, daß Roland einerseits als 'seriöser', datensammelnder Wissenschafter die Validität des theoretischen Hintergrundes verbürgert, andererseits aber gleich einer grotesken Mischung aus Freud und Hirschfeld[226] burleske Züge trägt („...irgendwie wurde die gesamte Umgebung der Kerls (...) so leicht messchugge: Roland besaß, als besondere Rarität, *2 schwule Kater*! Er hatte selbstverständlich in seiner Fachzeitschrift sofort über diesen ‹Fall von Homoerotik im Tierreich› berichtet, ‹mit Abbildungen›, versteht sich..." CüS 307/BA 532). Zudem ist insbesondere der lange Abschnitt über ihn (CüS 305ff/BA 531f) mit seinen Verschreibungen, der Aufnahme wichtiger Etyms und Themen des „Caliban"-Textes (z.B. „ad o culus": Auge + After; „die Sprechstundenhilfe, maskulin weißgewappnet, halb Templeisin halb Engelserscheinung": Androgynie + Rüstung = kämpferische, bedrohliche Frau + Bisexualität + Engelsfigur)[227], seinen sexuellen Themen in Verbindung mit

---

Roland ('n Bekannter von mir) zu diesem Wort jedesmal & bitter anzumerken." (CüS 231/BA 480)

[225] So jedenfalls nach Jörg Drews: „...ein Mann namens Roland, der also gar nicht viel anders als Arnold oder Arno heißt (Arnold = Arno, *Literary Doctor*)..." (Drews: Caliban, Seite 55).

[226] Der Sexualforscher Magnus Hirschfeld hat mit seinem Forschungsschwerpunkten Homosexualität, Perversionen und sexuelle Zwischenstufen wohl deutlich seine Spuren in „Caliban über Setebos" hinterlassen. In Schmidts Bibliothek (vgl. Gätjens: Bibliothek, Seite 314f) finden sich einige Werke Hirschfelds, größtenteils 1960/63 angeschafft und intensiv bearbeitet: neben den zahlreichen Anmerkungen und Lesezeichen findet sich ein Eintrag Schmidts: „mehrfach zitiert in ZT" – auch hier verhält es sich wieder so, daß in „Zettels Traum" das zitiert und diskutiert wird, was sich in „Caliban über Setebos" schon erzählerisch verarbeitet findet.

[227] Zur Engelsfigur in „Caliban über Setebos" vergleiche die Bemerkungen in den Kapiteln über Karl May und Rilke; die Zusammenstellung mit „Templeisin" (in Wolfram von Eschenbachs „Parzival" die Bezeichnung der Gralsritter, die damit als reli-

den Verweisen auf Sprache („...die Gespräche der Dorfbewohner (...) fröstelnd & geil: die bekamen dann Volkskundler zur Auswertung, beziehungsweise die Germanisten von der Slang-Lexikon-Redaktion..." CüS 306/BA 531) deutlich von der Etym-Theorie bestimmt. Folgerichtig ist der Freudianer Roland Bezugspunkt und fast Produktionspartner Düsterhenns, von den Anregungen für sein künstlerisches Schaffen bis hin zur burlesken Idee, ein empfängnisverhütendes Wasser gemeinsam zu vermarkten („Muß ich doch ma Roland unterbreiten." CüS 273/BA 509).

Die äußerst intensive Präsenz der Psychoanalyse zeigt sich im gesamten „Caliban"-Text. So wird dieser – zumeist über die Chiffren des F/S-Codes – auf der einen Seite zu einer psychoanalytisch ausgerichteten Pathographie der Hauptfigur. Bewußt ist der Figur Düsterhenn eine seiner Zwangsvorstellung („...Ortsschild SCHADEWALDE. (Ergeben nicken: ich hatte schon gewußt, daß mir ‹Leinöl› einfallen würde, I meiner (mehreren) lebenslänglichen Zwangsvorstellungen..." CüS 227f/BA 478).[228] Eher unbewußt bleibt Düsterhenn hingegen seine allgemeine Charakterneurose, die deutlich Züge des von Freud beschriebenen „analen Charakters" zeigt.[229] Hervorzuheben ist hier vor allem seine Fixierung auf Geld, oft in Verbindung mit subtilen Anspielungen auf Kot, zu nennen.[230]

Vielfältige Ängste beherrschen Düsterhenn: sein Abscheu vor der Körperlichkeit, auch dem eigenen Körper und dessen Funktionen,[231] gipfelt in einem allgemein phobischen Verhältnis zur Sexualität. Diese sich in fast allen Bereichen manifestierenden Ängste bestätigt Düsterhenn mit Kommentaren wie „Da es mir noch nie an mangelndem Mut gebrochen hatte..." (CüS 243/BA 488) oder der wiederholten Konstatierung seiner „Basislosigkeit" (z.B. CüS 297/BA 525: „...sondern empfand nur, gedrückt & amüsiert in Einem, wie meine heutige Basislosigkeit immer noch zunahm.").

---

giöser Ritterorden gleich den Templern gekennzeichnet werden; vgl. Wolfram: Parzival XVI, 792, Zeile 21, Seite 360; gemeint sind aber eher die (Jung-)Frauen in der Gralsburg „Munsalvaesche", die die Bedienung bei der Gralszeremonie übernehmen (ebenda, Buch V, 232ff, Seite 104ff)) nimmt das androgyne Spiel wieder auf.

[228] Die *gelbe* Farbe des Ortsschildes, die hier bewußt mit dem Leinöl verbunden wird, begegnet im Text noch unzählige Male: *Gelb* galt Schmidt als die *Höllenfarbe*.

[229] Vgl. Freud: Charakter und Analerotik, StA VII.

[230] Vgl. dazu Drews: Caliban, Seite 56f; dort Seite 57: „Unter solchem Trommelfeuer von Gold- und Kot-Gleichungen ist der pompös-feinsinnige Satz 'Tonnen Goldes streift der Begabte mit jeglichem Blick', von Düsterhenn zitiert, auch zu lesen als: Wohin man sieht, alles Scheiße. Und man sollte das nicht verstehen als willkürliche, zotig-kotige Bild- und Wortspiele Arno Schmidts, sondern als (...) Beleg für seine Überzeugung, daß Sexualität und Habgier die Welt im innersten antreiben. Zugespitzt gesagt: Im Zentrum der Erzählung 'Caliban über Setebos' steht die sprachliche Wendung 'sich ausdrücken' = Kot absondern bzw. Kunst machen. Daher ist die Analität in diesem Text so wichtig."

[231] Die Motivation ist hier allerdings primär in der gnostischen Grundierung der „Caliban"-Welt zu suchen; vgl. dazu unten Kapitel IV.3..

Der Sexualphobie, Düsterhenns konkreter Angst vor dem Körper, korrespondiert seine unverhohlene Schaulust, die nur flüchtig rationalisiert wird. Der Voyeurskomplex, in den späten Werken omnipräsent, manifestiert sich auch in den vielfältigen Anspielungen auf Augen (als Geschlechtssymbol: eye/Ei; Einäugigkeit, Wotan, schlechte Augen etc.) und Sehhilfen (als Potenzverstärker/Penisprothesen: Brille, Fernrohr, Feldstecher etc.).[232] Diese Wendung weg vom eigenen Körper entspricht in psychoanalytischen Termini dem Triebschicksal der „Verkehrung ins Gegenteil".[233] Komplettiert und verkompliziert wird Düsterhenns seelischer Apparat durch seine unterschwellige Homosexualität, die er zunächst noch nach Kräften verleugnet und unterdrücken will (so befürchtet er leicht angewidert von H. Levy: „(Hauptsache er'ss nich direkt schwul; ‹kalaiskalaiskalais› grübelte der Motor vor sich hin)." CüS 282/BA 515). „Nich direkt" heißt hier soviel wie „nicht allzu offensichtlich", denn das Motorengeräusch von Levys Lieferwagen drückt den Sachverhalt auf mythologischer Ebene aus: Kalais, ein Sohn des Nordwindgottes Boreas, war eine unglückliche Liebe des Orpheus.[234] Düsterhenns Inversion – nach einem vermutlich relativ „normalen" heterosexuellen Vorleben: er erwähnt ja seine „Freundinnen, Fairfat & Farty" – ist im Rahmen der psychoanalytischen Theorie als Altershomosexualität zu werten:

> „...zu all denen, die schon nach ihrer Organisation Homosexuelle sind oder in der Kindheit dazu wurden, kommt noch die große Anzahl jener hinzu, bei denen in reiferen Jahren wegen der Absperrung des Hauptstromes der Libido der homosexuelle Seitenarm breit geöffnet wird."[235]

Da der Hauptstrom der Libido Düsterhenns aufgrund seiner Impotenz abgesperrt ist, wird seine prototypische Wandlung zum alternden, über die „4. Instanz" verfügenden Genie von einer ebenso typischen, unterschwellig hervortretenden Altershomosexualität begleitet. Es ist eine abgemilderte, von nicht mehr allzu starken Energien der abnehmenden Libido und fehlender physischer Stärke gespeiste, bisexuelle Spätblüte der polymorphen menschlichen Sexualität, die sich beim genialen Autor in seiner nun erreichten „E-

---

[232] Vgl. dazu auch Maurer: Landschaften bei Arno Schmidt.
[233] Vgl. Freud: Triebe und Triebschicksale, StA III, Seite 90ff.
[234] „Orpheus, der große Sänger, der in Thrakien als Gott galt und durch die Lehre seiner Apostel, der Orphiker, zum wichtigsten Religionsstifter in der griechischen Geschichte wurde, galt auch als Erfinder der Knabenliebe. Phanokles schildert die Liebe des Orpheus zu dem Knaben Kalais mit vielen erotischen Einzelheiten." (Bornemann: Patriarchat, Seite 288). Als weiterer Nachweis vgl. Lesky: Griechische Literatur, Seite 846: „Bei Stobaios ist die Geschichte von Orpheus und Kalais erhalten. Da sehen wir, daß das erotische Motiv dazu diente, die Erzählung vom Tode des Sängers und der Fahrt seines Hauptes sowie ein Aition für die Tatauierung thrakischer Frauen dranzuhängen."
[235] Freud: Die ›kulturelle‹ Sexualmoral und die moderne Nervosität, StA IX, Seite 29.

tym"-Sprachlichkeit freisetzten kann. Hier liegt die Erklärung für die bisweilen ebenso als unverständlich bezeichnete wie „...inzwischen sattsam bekannte Tatsache von homosexuellen Unterströmungen im Spätwerk..."[236] Schmidts – sie entspricht (auch) fakultativen „Forderungen" der Theorie Freuds, der Schmidt, wie hier wieder einmal zu sehen ist, bis in Details folgt. Das Düsterhenn im Laufe seiner Erlebnisse in Schadewalde seine Altershomosexualität letztlich doch noch annimmt, belegt die – im Rahmen der den gesamten Text dominierenden Symboltheorie der Psychoanalyse zutreffende – Deutung der auffällig oft im Text verwendeten Richtungswörter 'rechts' und 'links'. Nachdem Düsterhenn bei seinen Ausgängen im Dorf beharrlich 'rechts' herum gegangen war und sich dabei immerzu verlaufen hatte (so verfehlt er ja bedeutsamerweise 'auf dem rechten Weg' den gesuchten *Briefkasten*, den er selbst an einer *rechts* seinen Weg begleitenden *Scheune* nicht findet: „...(ich bedankte mich aber auch bei ihr; indem ich einmal rundherum ging; und ihr also gewissermaßen ‹einen Briefkasten› zu traute).–" CüS 277/BA 511)[237], wählt er bei seiner letztlich erfolgreichen Flucht vor den ihn verfolgenden Frauen die andere Richtung: „Ich war aus Verwirrung (...) ein Stückchen rechts sandwegan gelaufen. Wurde nun aber hellwach; riß mich auf dem Absatz herum, und fing ernstlich an, zu entspringen..." (CüS 312/BA 536) Die 'linke' Richtung ist also die richtige: es ist in diesem Fall die Richtung des bisher Verbotenen, des Unterdrückten, der Homosexualität. Wolfgang Hink[238] macht als Schmidts Quelle dieser Interpretation eine Stelle in der Traumdeutung aus, in der sich Freud wiederum, möglicherweise da er selber keine Begründung für diese Symbolbedeutung angeben kann, auf Wilhelm Stekel bezieht:

> „*Rechts und Links* sollen nach Stekel im Traum ethisch aufzufassen sein. 'Der rechte Weg bedeutet immer den Weg des Rechtes, der linke den des Verbrechens. So kann der linke Homosexualität, Inzest, Perversion, der rechte die Ehe, Verkehr mit einer Dirne usw. darstellen. Immer gewertet von dem individuell moralischen Standpunkt des Träumers'."[239]

---

[236] Dunker: Njus, Seite 17.
[237] Sowohl der Briefkasten wie auch die Scheune gehören in die Kategorie der aufnehmenden Gefäße und Kästen: „Dosen, Schachteln, Kästen, Schränke, Öfen entsprechen dem Frauenleib, aber auch Höhlen, Schiffe und alle Arten von Gefäßen." (Freud: Traumdeutung, StA II, Seite 348). Wie sehr die gesamte „Briefkasten-Affäre" (ebenso alles Postalisches: die Postkarte und die philatelistischen Gespräche) sexuell unterfüttert ist, ist bei Ulrich Schuch nachzulesen (Schuch: „Posthe" heißt Penis).
[238] Vgl. Hink: Losung, Seite 9.
[239] Freud: Traumdeutung, StA II, Seite 352; auch ebenda Seite 373: „Sehr wertvoll ist hier die von Dr. Stekel gefundene Deutung, nach der links im Traume das Unrecht, das Verbotene, die Sünde bedeutet...".

Aber gerade die Symbolbedeutung von 'links' und 'rechts' offenbart wieder einmal die Schwächen des F/S-Codes: wo Freud noch einer Diskussion der festen Zuordnung von Symbol und Bedeutung ausweicht,[240] sind im F/S-Code die Symbole zu ikonographischer Konsistenz, die von unveränderbarer Allgemeingültigkeit ausgeht, verfestigt, sie werden nach der von Freud kritisch beurteilten „Chiffriermethode", der Freud allerdings keineswegs entgeht, eingesetzt.[241] Dabei belegt die völlige Verkehrung der Semantik des (lateinischen) Wortes 'sinister' (links) – ursprünglich 'Gewinn bringend', 'glücklich', 'günstig' bedeutend, wandelte sich seine Semantik in der klassischen Zeit zu 'unglücklich', 'unheilvoll', 'linkisch', 'böse' – die absolute Abhängigkeit der Symbolbedeutungen vom jeweiligen Gesellschaftssystem, der herrschenden Ideologie, der mythischen und künstlerischen Ikonographie. Die sexuellen Konnotationen von 'links' und 'rechts' sind die Schlußsteine einer völligen Umwandlung des gesellschaftlichen Systems.[242]

---

[240] Vgl. Freud: Traumdeutung, StA II, Seite 346: „Wenn man sich mit der ausgiebigen Verwendung der Symbolik für die Darstellung sexuellen Materials im Traume vertraut gemacht hat, muß man sich die Frage vorlegen, ob nicht viele dieser Symbole wie die 'Sigel' der Stenographie mit ein für allemal festgelegter Bedeutung auftreten, und sieht sich vor der Versuchung, ein neues Traumbuch nach der Chiffriermethode zu entwerfen. Dazu ist zu bemerken: Diese Symbolik gehört nicht dem Traume zu eigen an, sondern dem unbewußten Vorstellen, speziell des Volkes, und ist im Folklore, in den Mythen, Sagen, Redensarten, in der Spruchweisheit und in den umlaufenden Witzen eines Volkes vollständiger als im Traume aufzufinden."

[241] Vgl. Freud: Traumdeutung, StA II, Seite 118f: „Man könnte sie als die 'Chiffriermethode' bezeichnen, da sie den Traum wie eine Art von Geheimschrift behandelt, in der jedes Zeichen nach einem feststehenden Schlüssel in ein anderes Zeichen von bekannter Bedeutung übersetzt wird. (...) Das Wesentliche an diesem Verfahren ist nun, daß die Deutungsarbeit nicht auf das Ganze des Traumes gerichtet wird, sondern auf jedes Stück des Trauminhalts für sich, als ob der Traum ein Konglomerat wäre, in dem jeder Brocken Gestein eine besondere Bestimmung verlangt." Freuds Pansexualismus unterschiebt jedoch der Trauminterpretation immer ein bestimmtes Ziel und weist dadurch letztlich doch jedem Symbol seine feste, nämlich sexuelle Bedeutung zu. Wie sehr Schmidt auch hier wieder Freud folgt, zeigen seine eigenen Interpretationen in den Fällen May und Poe – die wiederum den Rahmen zur Deutung der eigenen Texte abgeben.

[242] Vgl. dazu Bornemann: Patriarchat, Seite 418 – 420, der, unter Rückgriff auf Johann Jakob Bachofen, die mit unzähligen Beispielen belegbare These: „„...die linke Seite war die der Mutter, die rechte die des Vaters..." als Erklärung anbietet. „Ist es deshalb überraschend, daß die Römer, ein vor kurzer Zeit erst von der Toleranz des Mutterrechts zur Disziplin und Sexualunterdrückung des Vaterrechts übergewechseltes Volk, alle sexuellen Tätigkeiten als der Mutter zugehörig, alle Sexualverbote dagegen als dem Vater unterstehend empfanden? Das würde jedenfalls erklären, weshalb bei einer vom Vater verdammten, von der Mutter tolerierten Handlung wie der Masturbation stets die linke Hand, das Symbol der Mutter, und nicht die des Vaters benutzt wurde." (ebenda, Seite 418 und 420). Während im alten Rom (noch viel weniger im antiken Griechenland) die Homosexualität (wenigstens die unter Männern) als keine ehrenrührige Sache galt, die also der linken Seite bedurfte, hat sich die Bedeutung der linken Seite als die der verbotenen, unterdrückten sexuellen

Die „Hommage an Freud"[243] geht so weit, daß sogar auf recht bizarre Theorien der Anfangszeit der Psychoanalyse, die in der weiteren Evolution der Theorie schließlich unterschlagen wurden, angespielt werden. Der „Nasenläufige" in der Kaufladenepisode („Hier schaute ein Nasenläufiger mitten in eine tiefgespaltene Lüstlynx-Büste; (und setzte seine Reihen-Untersuchungen unbefangen bei der Nächstbarin auf der andern Seite fort – als er dann mich vornahm, ärschrak ich aber doch..." CüS 250f/BA 494) ist als eine Anspielung auf die 'Nasaltheorie' von Wilhelm Fließ zu lesen. Für Fließ war die Nase das dominierende Organ des Menschen, welche „...durch ihre Form an das männliche Glied und durch ihre Neigung zu bluten an die weiblichen Geschlechtsteile erinnert. Die Idee der Verschiebung von einem Körperteil auf einen anderen (...) sollte eine Hauptstütze der psychoanalytischen Diagnose werden."[244] Die in der Nase liegenden „genitalen Orte" sollten nach Fließ' Meinung weiblichen wie *männlichen* (!!; Fließ „...war einem Schema biorhythmischer Zyklen von 23 und 28 Tagen verfallen, dem Männer und Frauen unterworfen sein sollten..."[245]) Zyklus beeinflussen.[246] Das hervorstechende Merkmal von Fließ' Theorien, denen sein Freund Freud eine Zeitlang auch anhing, war die Idee der menschlichen Bisexualität,[247] die

---

Praktiken so intensiv tradiert, daß Freud bzw. Stekel im Rahmen der viktorianischen Moralvorstellungen ihrer Zeit zu Recht auch die Homosexualität der linken Seite zuordnen konnten.

[243] Vgl. Drews: Caliban, Seite 54.
[244] Gay: Freud, Seite 71.
[245] Ebenda, Seite 70.
[246] Schmidt war mit den Fließ'schen Theorien zum Zusammenhang von nasalen Symptomen und Reflexzonen und der Sexualität, vor allem der bisexuellen Natur des Menschen, vertraut, wie die Bemerkung zu den unzähligen „Nasenmenschen" bei Karl May in „Sitara" belegt: „Es wäre gar nicht uninteressant, festzustellen, ob er [= May, d.V.] die FLIESS'schen Untersuchungen über die, ja in der Tat bestehenden, Beziehungen zwischen Nasalsymptomen und Genitalapparat gekannt hat..." (Schmidt: Sitara, BA III/2, Seite 100). Anzumerken wäre dazu, daß die heutige Medizin zwar nasale Reflexzonen anerkennt, im allgemeinen aber „...Fließ heute als verschrobener Kauz und pathologischer Numerologe gilt." (Gay: Freud, Seite 69). Daß es Schmidt gleichfalls nicht in den Sinn kommt, die „Nasenmenschen" Mays als humoristische Gegenpole des glatten Helden, daher typisch groteske Nebenfiguren des Abenteuerromans zu sehen, also simple Gattungsstandarts in Betracht zu ziehen (vgl. Klotz: Wüste, Seite 96ff), ist eine leider häufig bei ihm anzutreffende Unterschlagung.
[247] Entgegen der landläufigen Annahme war die Theorie der menschlichen Bisexualität weder eine Entdeckung der Psychoanalyse, noch Fließ', wie Henry F. Ellenberger feststellt: „Es entbrannte ein bitterer Streit zwischen Fliess und Weininger in Bezug auf die Priorität der Theorie von der fundamentalen Bisexualität, was bei beiden eine seltsame Selbsttäuschung voraussetzte, da die Theorie keineswegs neu war." (Ellenberger: Entdeckung des Unbewußten II, Seite 758). Auch Fließ' Theorie belegt, so Ellenberger, die kulturelle Atmosphäre der Zeit, in der ein verbreiteter „Sexualmystizismus" pansexuelle Theorien wie die Fließ' (und eben auch die Freuds) för-

dann Freud für die Psychoanalyse übernahm. So ist denn auch der schadewalder „Nasenläufige" ein (Fließ'scher) Bisexueller, der sich sowohl für das weibliche Geschlecht, als auch für den darob verschreckten Düsterhenn interessiert. Die Bisexualität spielt denn auch in „Caliban über Setebos" eine äußerst wichtige Rolle, von Düsterhenns noch unterdrückter Tendenz zur Homosexualität bis hin zu den vier Frauen, die sehr häufig mit vermännlichenden Attributen ausgestattet sind.[248] Wenn Düsterhenn während der späteren Beobachtung der homosexuellen Orgie der Frauen behauptet: „Und was das Verdienstvolle frühzeitiger Beesexualität anbetrifft, so wahr ich nicht entfernt Kenner." (CüS 305/BA 531), dann straft er sich nicht nur durch die überdeutliche Betonung der Wahrheit (je fester etwas bewußt behauptet wird, desto weniger stimmt es: ein Zeichen der Verdrängung), sondern auch mit dem Tempus Lügen: „so *wahr* ich nicht" heißt: „nun *bin* ich Kenner, auch durch meine eigene Homosexualität". Er *wahr* aber auch schon in seiner Jugend Kenner, denn zu dem Nasenläufigen fällt ihm ja schon 'ärschrocken' (also mit unterschwelligen Verweis auf anale Liebespraktiken der Invertierten und Bisexuellen) ein, daß dieser „…also genau wie ein vor (mein GOtt 30 Jahren!) verstorbener Bekannter…" (CüS 251/BA 494) war.

Die Unterweltsreise Düsterhenns verengt sich also auf eine Erkundung seiner sexuellen Ängste und Wünsche. Der schadewalder Kosmos ist eine voll und ganz sexualisierte Welt. Ungeteilt herrscht in ihr der Freudsche Pansexualismus, der sich über die Mechanismen der Traumarbeit erschließt, wie das Türöffnen oder Treppensteigen als Symbolisierung des Koitus, die verschobenen Phallussymbole wie die Zehe, die in der Krankenhausschnurre angestochen wird, der Fuß, der am Ende bei der Entdeckung Düsterhenns durch die Frauen gequetscht wird und auch Symbole der weiblichen Genitale wie das „schlafende Auge" (CüS 301/BA 528). Seine Impotenz bildet sich ebenfalls in der geschilderten, „toten" Landschaft ab – Schmidts Analyse der Funktion der Landschaften Mays als verschobene Abbildungen seiner Libidoobjekte hat hier Pate gestanden.

Nachdem quasi „vorbereitend" so viele Elemente der psychoanalytischen Lehre, insbesondere die Mechanismen der Traumarbeit,[249] im Text deutlich sichtbar eingearbeitet bzw. gleichsam als Leseanleitungen vorgeführt wur-

---

[248] derte: „Es war bezeichnend für die damaligen Zeiten, daß man Fliess wegen seiner nasal–genitalen Theorie und seiner Numerologie kritisierte, aber nicht wegen seines Pansexualismus." (ebenda, Seite 758)
Vgl. dazu Dunker: Njus, Seite 10f, 17 et passim.

[249] Vgl. die *Leseanweisung* zum wichtigen Begriff der „Überdeterminierung": H. Levy erklärt ihn mit seiner Erläuterung zum Produktnamen seiner Kondome: „…den Nam' ham wa uns extra vo'm Bücho-logen ausarbeitn lassn heßt BÄR'NMARK da kommt sich Jeder gleich bär'nschtark vor und Rükkn-Mark und'aß de Pakkunk ne Mark kostet verschteet sich ooch irgndwie…" (CüS 283/BA 515f).

den, wird zum Ende des Textes dann recht deutlich die „Etym"-Theorie eingeführt: angesichts der tribadischen Orgie kommt es in Düsterhenns Kommentierung zu einer Wörter- und Bilder-, also Assoziations- und „Etym"-Orgie. Zugleich fällt ihm dabei das theoretische Begleitmaterial ein: nicht nur die eher burlesken Überlegungen zu den „Feldversuchen" seines Freundes Roland, die zu der Einsicht in die Unzulänglichkeit bisheriger Sprachabbildungen der „sexuellen Volkssprache" (s.o.) führen, sondern vor allem die Reflexion: „...die ganze Sprache ist ja irgendwie sexuell superfoetirt!" (CüS 312/BA 535). Die Superfetation als Mehrfachbefruchtung ist hier als ein Synonym für die Freudsche „Überdeterminierung" – zudem mit eindeutigen sexuellen Kontext – gebraucht: Wörter sind gleich den Traumbildern mehrfach determiniert, also mit vielfachen Bedeutungen aufgeladen. Da die Superfetation aber ausdrücklich eine sexuelle ist, wird eine Vieldeutigkeit evoziert, die im Volksmund als eine „eindeutig zweideutige" gekennzeichnet wird. Die „Etymistik" des Textes wird von hier aus also unmißverständlich als eine im Freudschen, pansexuellen Sinne „doppeldeutige" bestimmt. Als ein Beispiel der „Etym"-Verwendung in „Caliban über Setebos" kann hier auf das von Wolfgang Hink detailliert herausgearbeitete „Ei-Etym", welches die so wichtige Augen- bzw. Voyeursthematik mit allen anschließenden Assoziationen umfaßt, verwiesen werden.[250]

Als Resümee ist festzuhalten: „Caliban über Setebos" ist in vielfacher Hinsicht, nicht nur in Bezug auf die psychopathologische Ausstattung der Figur Düsterhenns, eine Hommage an Freud. Der Text ist dies vor allem als Einführung des F/S-Codes: Schmidt führt hier einen Text vor, der nur noch mittels der von Freud bereitgestellten und von Schmidt erweiterten Entschlüsselungsmethoden, die wie ein „Dechiffriercode" funktionieren, als „Traumspiel"-Text[251] lesbar ist. Während viele der anderen Texte der Sammlung „Kühe in Halbtrauer", vor allem diejenigen mit vier handelnden Personen, deutlich als Umsetzung der Schmidtschen Theorie der vier Instanzen angelegt sind,[252] ist „Caliban über Setebos" auch in dieser Hinsicht das wichtigste Stück: es ist die paradigmatische Geschichte des „Erwerbs der 4. Instanz" durch einen alternden, impotent werdenden und, sich von den restriktiven Vorschriften der gesellschaftlichen Gebote (in Freudscher Terminologie: des

---

[250] Vgl. Hink: Losung, Seite 12 – 14.
[251] Als solche bezeichnet Ralf Georg Czapla die Texte der Sammlung „Kühe in Halbtrauer", die er als Realisationen der von Schmidt in dessen „Berechnungen II" nicht ausgeführten Poetologie der „Versuchsreihe IV (Traum)", als „Vier-Instanzen-Prosa" sieht (Czapla: Mythos, Seite 42 et passim).
[252] Vgl. Steinwender: Lä/Endlicher Spaziergang (Interpretation der Erzählung „Schwänze" als „4 Instanzen – Prosa"; Goerdten: Zeichensprache (die Titelerzählung „Kühe in Halbtrauer") oder Meurer: Wasserstraße (gerade die Interpretation des Textes „Die Wasserstraße" als „4 Instanzen – Prosa" ist aufschlußreich, da sie die Präfiguration der Personenkonstellation von „Zettels Traum" bietet).

„Über-Ich") lösend, einer sublimierten Altershomosexualität (bzw. - bisexualität) sich hingebenden Schriftstellers. „Caliban über Setebos" hat damit für Schmidt einen vergleichbaren Stellenwert wie „Totem und Tabu" im Werk Sigmund Freuds: so wie Freud für die Theorie, die er für den Angelpunkt seiner Lehre hielt, einen Urmythos konstruiert, der den „Ödipus-Komplex" wie im Individual-, so auch im Gesellschaftskörper und dessen Gedächtnis verankerte, so hat Arno Schmidt seiner selbstgebastelten „4. Instanz"-Theorie mit „Caliban über Setebos" den selbstentworfenen Urmythos maßgeschneidert.

III. 4. Selbstanalyse: autobiographische Spiegelungen

In der Perspektive des aus der Karl-May-Studie „Sitara" entwickelten Strukturschemas von „Caliban über Setebos" kann es nicht verwundern, daß die autobiographische Unterfütterung des Textes sogar das bei Schmidt 'gewohnte' Maß weit überschreitet. Die nahe Verwandtschaft der „Sitara"-Studie zum „Caliban"-Text spiegelt sich in dem Bemühen, die Einsichten über den autobiographischen Gehalt in den Texten Mays nicht nur der Analyse fremder Texte zukommen zu lassen. Konkret heißt das: die Rezeption Freuds hat

> „...sehr tief und wahrscheinlich fast choc-artig Schmidts Selbst- und Weltverständnis geändert..." und so ist „...die Brauchbarkeit der Psychoanalyse (...) für die Konstruktion neuer, insbesondere die Psyche präziser erfassender Erzähltechniken nicht zu isolieren, nicht zu trennen (...) von dieser sowohl persönlicheren wie umfassenderen Wirkung der Psychoanalyse auf Schmidt."[253]

Dies führt unabdingbar zu einer immer stärker sich vorschiebenden Ebene der Selbstanalyse in Schmidts späteren Texten – ähnlich der sich deutlich zeigenden bewußten Selbstinterpretation Mays in seinen Spätwerken.[254] „Caliban über Setebos" fordert zudem durch seine Thematik zu ausgiebiger au-

---

[253] Drews: Caliban, Seite 57; Drews widerspricht damit zu Recht der Einschätzung Josef Huerkamps, daß Schmidts Rezeption der Psychoanalyse „...ausschließlich von ästhetisierend systematischem Interesse geleitet..." sei (Huerkamp: Trommler, Seite 36).

[254] Bezogen auf den autobiographischen Gehalt der Werke spricht Hans Wollschläger von einer (weiteren) geheimen Verwandtschaft zwischen Arno Schmidt und Karl May: in letzteren sieht er den „...einzigen Autor[s] der Literaturgeschichte, der es diesem Autor - mit verwandter, als verwandt gespürter, Motivation - im Ich-Sagen gleichgetan hatte." (Wollschläger: Insel, Seite 31). Die Verwandtschaft der Motivation, die Wollschläger anspricht, sieht er in den lebenslang nachwirkenden Verletzungen aus der Kindheit beider Autoren sowie die übergroße Empfindlichkeit gegen die Welt, die beide Autoren zur „Schutzschicht" eines literarischen Werkes greifen ließ. Auszudehnen wäre dies also auch auf die bewußte Selbstanalyse in den späten Werken beider Autoren.

tobiographischer und programmatischer Äußerung auf: die Orpheus-Geschichte ist auch für Schmidt natürlich „ein Selbst-Deutungs-Mythos".[255]

In „Caliban über Setebos" finden sich daher eine Fülle autobiographischen Materials. Dies beginnt mit den grundlegenden zeitlichen und räumlichen Koordinaten von Herkunft und Kindheit. Die „Liegnitzer Großmutter" (CüS 228/BA 478), der dem Kind „unbekannte[n] Dialekt" (CüS 240/BA 486), die Stadt Bautzen (CüS 228/BA 478) etc. verweisen auf die niederschlesisch-lausitzer Abstammung.[256] Reminiszenzen an die Zeit „...als kleiner Junge in Hamburg..." (CüS 251/BA 494) (Laternengehen ebenda, Schulwanderung inclusive nachherigem Aufsatzschreiben; CüS 249/BA 492f) skizzieren die Kindheit im „Arbeiterviertel (...) Borstelmannsweg-Eiffestraße" (CüS 252/BA 494).[257] Düsterhenn erinnert sich an die Soldatenzeit in Hagenau im Elsaß (CüS 235/BA 483) und seine „Scheiß-Kriegserfahrenheit" als „Schreiber & Rechner" (CüS 275/BA 510) in Norwegen (CüS 296/BA 524) – ebenso auch Stationen seines Autors wie die „‹Patenstadt›" Darmstadt (CüS 229/BA 479) nach dem Krieg.

Ein für Schmidts Werk, insbesondere auch für den „Caliban", äußerst wichtiges biographisches Detail ist die Zeit „...als Twen, eingeklemmt in einem schiachen Beruf...", in der er „‹Bahnhofswirtschaften› frequentierte" (CüS 234/BA 482): die Zeit der prägenden Jugend. Für die Figur Düsterhenn ist dies die Zeit, in welcher er die nun gesuchte Rieke verehrte: „...mein hatt'ich Die damals angehimmelt! Mit 18, als ich noch Prinz war von Arkadien..." (CüS 229/BA 479). Mit dem „Bahnhofsmilieu" und der (stummen) Verehrung ist auch im „Caliban"-Text wieder die kennzeichnende „Liebessituation" vieler Texte Schmidts gegeben.

Sei es im „Leviathan" der Erzähler und Anne Wolf, der ältliche Düring und „*Die große weiße Wölfin*"[258] Käthe Evers „im Faun" oder „Schmidt" und Lore in „Brand's Heide"[259]: die Kombination Bahnhof/Zugfahrt mit der

---

[255] Drews: Caliban, Seite 48.
[256] Vgl. Schmidts „Materialien für eine Biographie" in Reemtsma/Rauschenberg (Hrsg.): Wu Hi; dort auf Seite 19: „...von ‹schlesischen Bergen› war bei uns keine Rede; wir stammten vielmehr aus den sogenannten ‹Lausitzen› ..."; Schmidt stellt hier die Verbidung zu „dieser=meiner Landschaft", die „instinktive übermächtige Neigung zu Flachland, Erica & Ledum Palustre" (ebenda, Seite 17) her: „Als ich dann 25 war, fiel mir endlich (...) eine ‹Übersichtskarte der Norddeutschen Heidegebiete› [in die Hände]; und dort (...) erblickte ich tief im Binnenland eine große isolierte Haide=Insel, *die Niederlausitz* – und in ihr lagen sie alle, die Orte Tschirne und Halbau und Weißwasser! : Da war ich beruhigt."ihr lagen sie alle, die Orte Tschirne und Halbau und Weißwasser! : Da war ich beruhigt."
[257] Vgl. dazu Krawehl (Hrsg.): Porträt.
[258] Schmidt: Faun, BA I/1, Seite 302.
[259] Hier allerdings ohne Happy-End: der Erzähler bringt seine Lore am Ende zum Bahnhof, sie wird ihn dort zurücklassen: „Willst Du mich – noch – einmal se-e-hen

geliebten Frau ist vielen Texten Schmidts konstitutiv. In „Caliban über Setebos" wird aber erstmals die „Urszene" dieser Variationen über ein beherrschendes Thema fast unverhüllt dargeboten: es ist die tägliche Begegnung des Schülers Arno Schmidt, der mit dem Zug nach Görlitz zur Schule fuhr, mit der Laubaner Schülerin des Luisen-Lyzeums in Görlitz, mit Johanna Wolff.[260] Die von Schmidt androgynisierend „Hanne" Wolff genannte Tochter des Laubaner Drogisten Paul Wolff war seine erste große – gleichwohl, da er sie niemals auch nur anzusprechen wagte, unerfüllte – Liebe, die ihn zeit seines Lebens nicht mehr losließ. Rudi Schweikert spricht zu Recht von einer „fürchterliche[n] Fixierung", da Schmidt

> „...mit einem Phantasma (...) lediglich auf der Basis von Jugenderinnerungen ein ›zweites Leben‹ [führte], [er] hatte sie vorm inneren Auge bis zu seinem Tod, sah 'Hanne' als Mädchen, als junge Frau, sah sie mit Grausen, mit Grausen vor sich selber, älter werden, zerfallen, wie er selbst zerfiel, bis kurz vorm Grab, wieder auferstehen in Tochter- und Enkelinfiguren, die er ›liebte‹ wie sie, und schrieb's in seine Bücher."[261]

Das „Phantasma" Hanne Wolff hat sich in weit mehr Figurationen in Schmidts Werken eingeschrieben, als dieser es auf einem Notizzettel zu seinem letzten Typoskript zugibt; dort heißt es: „H.W ist die 1.) H.W des ›Leviathan‹ 2.) Gadir (gegen Ende) 3.) ›Lore‹ d. ›Brands Haide‹ 4.) ›Käthe‹ d. ›Fauns‹ 5.) ›Friederike Methe‹ d. ›Setebos‹".[262] Diese Aufzählung verschweigt weitere vom Urbild der „H.W" beeinflußte Frauenfiguren wie die Monika aus „Alexander, oder Was ist Wahrheit", die Lisa Weber aus „Schwarze Spiegel" oder die Katharina (Katrin) Loeben der „Umsiedler", die der Erzähler wiederum während einer Zugfahrt kennenlernt. Der Erzähler und Liebhaber der Agraule in „Kosmas, oder Vom Berge des Nordens" heißt vielsagend Lykrophon, zu übersetzen mit „Einer mit Wolfsverstand". Ebenso beschäftigt sich Heinrich Düring im „Faun" nicht nur mit seiner „Wölfin" Käthe, sondern nimmt sich launig auch das Studium der „...bekannten Fälle

---

[260] : / mußt Du auf den Bahnhof gehn! : / in dem gro-hoßen Warte-Sa-a-l / siehst Du mich zum allerle-hetzten Mal..." (Schmidt: Brand's Haide, BA I/1, Seite 185).
Schweikert: Lauban, Seite 44: „Wo in Schmidts Werk eine weibliche Figur auftaucht, die er in seinen Phantasien nachhaltiger mit Johanna Wolff verbunden hat, sind in der Regel ein Bahnhof oder eine Zugfahrt nicht fern, offensichtliche Reminiszenz an die Orte, wo sie, Laubaner Lyzeumsschülerin in Görlitz, sich ihm hauptsächlich einprägte." Schweikert dokumentiert vorzüglich die kärglichen realen „Ereignisse" und die umso reicheren literarischen Spuren, die Johanna Wolff im Werk Schmidts hinterließ (ebenda, Seite 40 – 46 et passim).
[261] Ebenda, Seite 42.
[262] Notizzettel Schmidts zu „Julia, oder die Gemälde", zitiert nach Schweikert: Lauban, Seite 43.

von Lykanthropie..."[263] vor – eine in der Antike bekannte Geisteskrankheit, bei der sich die Kranken in Wölfe verwandelt glaubten.[264]
Die Liste ist ebenfalls zu erweitern durch die nach „Caliban über Setebos" noch folgenden „Bewältigungsversuche" Schmidts. In „Zettels Traum" akzeptiert sein alter Ego Daniel Pagenstecher die Tatsache, daß sie ihm von einem anderen, hier seinem besten Freund, genommen wurde. Pagenstecher stand sogar „Schmiere" als die beiden, die ihn nun als Übersetzerehepaar Paul (Vorname von Johanna Wolffs Vater!) und Wilma Jacobi samt androgyner Tochter „Fränzel" (Franziska, eine ebensolche Androgynisierung wie die Mutation des Namens Johanna zu „Hanne") besuchen, sich im Zug auf der Strecke nach Görlitz (sic!) liebten:

> „(Na Wilma? –:das denket Mir wohl noch; wie P Dir, im ›Beschleunichtn‹, zwischn Nik'lausdorf und Lichtenau, das Kränzlein nahm; (& Ich, entsagungsfoll, Schmiere stand: daß kein Schaffner Euch interrumpiere & kein Con=trolleur Euch schade: rattatá!"[265]

Die Bewältigung der tiefen Verwundung unerfüllter Liebe scheint in den späten Typoskripten zu gelingen, da nun Töchter und sogar Enkelinnen der „Hanne"-Figurationen als Projektionsflächen der uneingelösten Wünsche und Triebe in Gestalt der „Kindsbräute" die Texte bevölkern. So ist es möglich, daß die gelassen-wehmütigen Erinnerungen an Kindheit und Jugend in „Abend mit Goldrand" recht frei von schmerzenden Anspielungen auf Hanne Wolff bleiben. Allerdings gibt es im Werk davor einen fast schon perfiden Versuch Schmidts, sich von der nun schon über vierzig Jahre quälenden Verwundung zu befreien: in „Die Schule der Atheisten" ist es nun die Hanne Wolff-Inkarnation „Hanne Meinardi", die Schmidts alter ego „William T. Kolderup" einst unerfüllt liebte:

> „...–?–(: achjá : die alte Hanne nochma'; 'Hinter den Grüften'...(...) (...) DAS ALTE WEIB; (...)...und warst so=hübsch dabei ! :WeißDu, daß ich Dich mehrmals geliebt hab'? (Du=mich nie, was ?)' KOLDERUP: 'Nein.'; (er Du tosset ?)."[266]

Schmidts oben zitierter Notizzettel zu „Julia, oder die Gemälde" ist also bei weitem nicht vollständig, und es ist Schweikert zuzustimmen, wenn er

---

[263] Schmidt: Faun, BA I/1, Seite 367.
[264] Der „Wolfs-Komplex" ist im „Faun" reich ausgebildet; so wird der französische Deserteur Thierry als Werwolf bezeichnet und auf die „Lupercalia", einem altrömischen Fest zu Ehren des Waldgottes Faunus, der sowohl als Bock, als auch als Wolf dargestellt wurde angespielt (vgl. Drews: Lesungen, insbesondere Seite 113f und Kuhn: Handbuch, Seite 210) .
[265] Schmidt: Zettels Traum, Seite 475 ru.
[266] Schmidt: Schule der Atheisten, Seite 8 u. 9 und 13 („er Du tosset?" Dänisch für: „Spinnst Du?")..

schreibt: „Der ›Wolff-Komplex‹ in Schmidts Werk reicht wesentlich weiter, bis in feinste Bedeutungsverästelungen der jeweiligen Texte."[267]

„Caliban über Setebos" kann auch bezüglich des „Wolff-Komplexes" als ein Wendepunkt des Oeuvres Schmidts bezeichnet werden. Im Frühwerk gelingt es dem Helden mehr oder minder (so im „Leviathan", in dem die Beziehung eine platonische bleibt) immer, die jeweiligen „H.W"-Inkarnationen zu erobern – selbst wenn sie den Protagonisten später verlassen wird (so in „Brand's Haide", „Schwarze Spiegel" etc.). Nun aber wird die Omnipotenz Schmidtscher Ich-Helden ernüchternd beschnitten: unternimmt Düsterhenn die Reise nach Schadewalde auch, um die ihm dämmernde Gewissheit beginnender Impotenz widerlegen zu wollen, so wird der Anblick der alt und dick gewordenen, dumpfen Magd Rieke alles andere als eine Stimulanz für ihn werden. Rieke ist nicht nur nicht mehr begehrenswert, ihre triebhafte Kopulation mit dem Knecht stößt ihn ab und verstärkt, nicht zuletzt auch potenziert durch die noch bedrohlicheren „Jägerinnen", seine Angst vor der weiblichen Sexualität. Auf der Figurenebene wird damit möglichst krass der Abscheu vor dem „Ewig-Weiblichen" allgemein und vor einer realen Einlösung der „Boyisch Poe-it laww" (Poe; s.o.) formuliert, um den Autor von der zunehmenden Qual des „Wolff-Komplexes" zu erlösen.

Denn daß es Hanne Wolff ist, die sich auf biographischer Ebene hinter der Figur der Rieke verbirgt, daran ist nicht zu zweifeln. Als Düsterhenn ihr, die vom Wirt aufgefordert wird, den Gast auf sein Zimmer zu bringen, schließlich bewußt begegnet, kommentiert er den verwirrenden und ernüchternden Anblick:

> „...meine Verwirrunk war so groß, wie ich in meinem Alter nie mehr für möglich gehalten hätte! Ich schaute immer nur *SIE* an.) / : wie Sie da stand, im blauen Leinenkleid – (hatten nich die Mitgliederinnen eines gewissen ‹Louisen–Bundes› in meiner Jugend?) – (...) Mensch, das war doch einwandfrei Die vorhin genietremblte!!! – / (Und was *war* *d*as früher für ein hoffärtijer Balkh gewesen! (Der Vater Drogist?) : ich hatte michnich 1–einzijes Mal getraut, sie auch nur an zu reden!)." (CüS 292/BA 522)

Zugleich wird in der oben zitierten Textpassage, durchaus auch *hinter* dem Rücken der Figur, die Verwirrung über den Grad der Affiziertheit nach so vielen Jahren zugegeben. Verwirrung vor allem durch die eklatante Differenz zwischen der realen Rieke und dem „veretherisiertem" (CüS 294/BA 523) Idealbild seiner Erinnerung. Ganz auf der Ebene des Autors Schmidt dürfte es auch die Verwirrung angesichts der Einsicht in den Grad seiner Fixierung auf dieses Phantasma namens „H.W" gewesen sein, die Erkenntnis der Stärke libidinöser und affektiver Energie, welche an dieses imaginäre Liebesobjekt gebunden war. Sich dessen bewußt zu werden, konnte tatsäch-

---

[267] Schweikert: Lauban, Seite 43.

lich eine emotionale Verwirrung auslösen, wie er sie in seinem „...Alter nie mehr für möglich gehalten hätte" (CüS 292/BA 522). Hier spricht sich aber auch ein hoher Grad von Bewußtheit im Umgang mit dem immer noch unbewältigten „Wolff-Komplex" aus, den Schmidt – sicherlich mitbedingt durch die Rezeption der Psychoanalyse, die zugleich Selbstanalyse war – inzwischen erreicht hatte. „Caliban über Setebos" stellt somit in burlesker Verkleidung auch einen Lösungsversuch von der als „...zunehmend bedrückend, aggressions- und depressionsauslösend empfunden[en]..."[268] Fixierung auf das Phantasma Hanne Wolff dar.

Dieser „Wolff-Komplex" ist der tiefsitzende, überaus emotionsbesetzte Anknüpfungspunkt, der den Text „Caliban über Setebos" mit der Biographie seines Autors verbindet. Initiierender Anstoß hingegen dürfte die Geschichte sein, die Schmidts Freund Eberhard Schlotter ihm erzählte:

„Ich hatte während meiner Münchner Studienjahre eine Geliebte. (...) Als ich Soldat werden mußte, verloren wir uns. (...) Als ich 1962 (...) eine Ausstellung (...) in München hatte und mir ein Bekannter mitteilte, 'Deine Freundin von damals gibt es noch', suchte ich sie auf. Ich traf eine fast sechzigjährige verbrauchte Frau an, mit der mich nichts mehr verband. (...) Ich erzählte das Arno Schmidt. 'Du Narr!' schüttelte er den Kopf: 'weshalb mußtest du dich umwenden?' 'Ja, ich weiß, Orpheus!',"[269]

Schlotters Erlebnis evozierte bei Schmidt nicht nur die assoziative Verknüpfung mit dem Orpheus-Mythos, der hier eine gänzlich andere Deutung erfährt. Wichtiger noch ist die Möglichkeit, die sich Schmidt plötzlich eröffnete, um die zunehmend quälende emotionale Bindung an die unerfüllte Jugendliebe aufzulösen: die Vorstellung einer realen Begegung nach all den Jahren. Die zu erwartende Desillusion („‹Graue Haare› würde *SIE* ja übrigens garantiert auch haben, (vorausgesetzt, daß sie nich ‹tuschte›, wie heut die meisten Späten Rosen)..." CüS 228/BA 476) wäre geradezu heilsam – daher die auf der Ebene der Fabel überaus harsche, fast schon groteske Desillusionierung, die Schmidts Protagonist und Projektionsfigur in Schadewalde erleiden muß. Man kann es also auch als ein Zeichen von „Dankbarkeit" für das lehrreich-abschreckende, für Schmidt gleichwohl Erlösung versprechende Beispiel ansehen, daß Schlotter im „Caliban"-Text genannt wird („eberhardt oder auch schlotternd" (CüS 304/BA 530); bezeichnenderweise als adverbiale Bestimmung zu den Kopulationsgeräuschen der Tribaden).
Der zweite Aspekt der autobiographischen Folie ist die Anspielung auf das eigene Werk. Interessanterweise werden explizit vor allem Titel genannt, die als eher 'apokryphe', dennoch aber wichtige Werke zu gelten haben. So das

---

[268] Ebenda, Seite 43.
[269] (Schlotter:) Malerei, Seite 265.

verschollene „Sataspes"-Epos[270] in „Nibelungen-Versen" und das an der betreffenden Stelle (CüS 269/BA 506) im Text ebenfalls anzitierte „Lilienthal"-Projekt, ein von Arno Schmidt lange verfolgter Plan eines „Mehrspaltenbuches", welches möglicherweise den Umfang von „Zettels Traum" noch übertroffen hätte.[271] Der Text, den Düsterhenn in seiner Garnisonszeit in Hagenau geschrieben haben will, „PHAROS oder von der Macht der Dichter" (CüS 235/BA 483) war 1963 gleichfalls unveröffentlicht, wurde allerdings nicht „...in der nächsten Winterszeit dem stillen Heerd..." (ebenda) übergeben, sondern 1975 innerhalb des Typoskriptbuches „Abend mit Goldrand" veröffentlicht.[272] Die Bedeutung des „Pharos" liegt in seiner Bindefunktion zwischen den zu Lebzeiten unveröffentlichten Jugendversuchen und dem Werk nach dem Krieg. Seine literarische Qualität hebt ihn weit über das Niveau der epigonalen, romantisierenden Texte der anderen „Juvenilia" hinaus – und dies bewog Schmidt, seine Entstehungszeit in eine möglichst frühe Lebensphase zu verlegen, um sich als junges, damals aber ver- und unbekanntes Genie darstellen zu können, eine seiner vielen Selbstinszenierungen.[273] Neben der Rückschau auf vergangene „apokryphe" Werke wird im Text auch auf die unmittelbar zum Kontext von „Caliban über Setebos" gehörenden Werke Schmidts angespielt. Wenn Düsterhenns Gedankenspiel um ein Leben auf einem einsamen Planeten kreist („... da müßte's arg schön sein, auf so einem SITARA!" CüS 278/BA 512), so darf man in dem in Kapitälchen – eines der von Schmidt im Text zur Kennzeichnung von literarischen Zitaten genutzten typographischen Mittel – gesetzten Namen des Planeten nicht nur eine Anspielung auf Karl Mays utopisches Gestirn, sondern eben auch auf die gleichnamige Untersuchung Schmidts zu Mays Werk sehen. Im „Caliban"-Text wird – wie oben gezeigt – schon auf einzelne Titel von „Zettels Traum" angespielt. Auf jeden Fall sind in „Caliban über Setebos" schon die wichtigen Themen und Motive des nachfolgenden Hauptwerkes vertreten: die Etym-Theorie und deren Anwendung zur Analyse fremder Werke wie zum stilistischen und formalen Bau der eigenen, Edgar Allan Poe, James Joyce etc.. Gemeinsam ist beiden Werken auch die hohe Übereinstimmung von Protagonist und Autor – im Falle von „Caliban über Setebos" ist die biographische Unterfütterung allerdings stärker spielerisch gebrochen. Zwar

---

[270] Vgl. dazu das obige Kapitel zu Karl May; III.1..
[271] Vgl. dazu Huerkamp: UnerleDichter Fall.
[272] Siehe Schmidt: Abend mit Goldrand, Seite 183-190, wiederveröffentlicht innerhalb der „Juvenilia" in BA I/4, Seite 609-632.
[273] Die Herausgeber der „Bargfelder Ausgabe" trauen in Bezug auf die Datierung des „Pharos" weder Schmidts Bemerkung in „Caliban über Setebos" (Schmidt lag 1941 in Garnison in Hagenau) noch dem weitaus extremeren Versuch, sich mit der Angabe, den Text schon 1932 in Lauban geschrieben zu haben, zum frühvollendeten Genie zu stilisieren (vgl. BA I/4, Seite 637). Mit einer recht überzeugenden Arbeitshypothese hat Friedhelm Rathjen die Entstehung des „Pharos" in die Zeit von Schmidts Kriegsgefangenschaft nach dem 16. April 1945 verlegt (vgl. Rathjen: Revelry by Night).

gleicht Düsterhenn in vielerlei Hinsicht (von „Leben und Meinungen" bis hin zu Details wie gleicher Kleidung und gemeinsamen Lektor[274]) seinem Autor. Aufgebrochen werden aber diese Übereinstimmungen mittels witziger fiktionsironischer Einschübe und Einsprengsel. So entdeckt Düsterhenn auf seinem ersten Rundgang durchs Dorf auf einer Müllhalde zahlreiche Maxwell-Kaffeedosen („Einer-im-Dorf schien gewerbsmäßig MAXWELL zu trinken." CüS 248/BA 492) Der in Kapitälchen gesetzte Markenname lenkt die Aufmerksamkeit auf das die fiktionale Welt durchbrechende Detail – Schmidt selbst gab an, als Stimulans bei der Arbeit Unmengen eben jenes Kaffees zu trinken. Der Dorfbewohner ist also der Autor selbst, das Dorf Bargfeld. Düsterhenns Bekannte sind, wie schon „Roland" erkennen ließ, oft Inkarnationen des Autors: „…I andrer Bekannter von mir, gar kein uneb'ner Mann, berechnete in seiner Freizeit Logarithmen, Ellipsen-Umfänge, ja Quadrat-Wurzeln: sehr richtig; `s iss eh wurscht!" (CüS 265/BA 503) – die (nicht zuletzt durch eigene Erwähnungen) bekannte Beschäftigung Schmidt mit Logarithmen läßt an dieser Stelle deutlich den Autor maskiert durchscheinen.[275] Noch deutlicher und ausführlicher bringt sich der Autor ins Spiel seines Textes, wenn er seinen Protagonisten Düsterhenn von einem weiteren Kollegen berichten läßt:

> „Ein Kollege, der jüngst in den Lüneburger Prärien, (also immerhin einige hundert Kilometer entfernt von hier) gereist war, hatte sich mehrfach erbötig gemacht zu beschwören, man vernehme dort nichts häufiger, als das ‹Horst-Wessel›-Lied, ‹dann sind die Matrosen so still›. Da er jedoch von der Charakterrolle des ‹Guten Linken Mannes› seinen kärglichen Lebensunterhalt zog, glaubte ihm kein Mensch; sicher, für gewisse, auch immer wieder mal anfallende Aufträge, hatte er's bis zum Namen des ‹Dagegen– SCHMIDT› geschafft; aber zum Letzten-Entscheidenden einer Villa in Lämmelberg würde's bei Dem *nie* reichen!" (CüS 258/BA 499)

Doppelbödige ironische Brechung läßt die Passage schon in der Verortung der Lüneburger Heide aus der geschlossenen fiktionalen Welt heraustreten: die Handlung findet in einem Dorf in den „Lüneburger Prärien" statt, zugleich aber auch „einige hundert Kilometer entfernt von hier" im schlesischen Dorf Schadewalde. In solchen fiktionsironischen Aussagen zeigt sich die Hand des Autors, der Figuren, Räume und Handlungen nach Belieben

---

[274] Düsterhenn schreibt eine Postkarte an „(‹Herrn WALTER KREHNS›; die Postleitzahl 43)." (CüS 272); wieder bietet der in Kapitälchen gesetzte Name ein Rätsel an, welches sich als Anagramm des in (4300) Essen wohnenden, langjährigen Schmidt-Lektor Ernst Krawehl, „…Arno Schmidts Stellvertreter auf Erden…" (Ortlepp: Gericht, Seite 195), auflösen läßt. Die äußere Erscheinung Düsterhenns „Mit Baskenmütze, Grauhaar & Kupfernese? Grüner Lederjacke & kurzbeinigen, rauhgraugepelten Hosen…" (CüS 228) läßt sich leicht auf vielen Abbildungen Schmidts wiedererkennen (vgl. z.B. die grüne Lederjacke in Rütz: Schmidt, Seite 142f).

[275] Vgl. Martynkewicz: Schmidt, Seite 32.

mischt, übereinanderblendet und sogar die Fäden, an denen seine fiktionale Welt wie in einem Marionettentheater hängt, vorweist.
   Bedeutsamer noch ist die Distanz, die Schmidt mittels der ironischen Fiktionsbrechung gegenüber sich selbst, den Schmidt der fünfziger Jahre einnimmt: der „Gute Linke Mann", der er damals für einen Teil des Feuilletons war, wird nun von ihm selbst als „Charakter*rolle*" bewertet. Hier spricht sich die Einsicht Schmidts in das, von seinem Publikum dankbar angenommene (Selbst-)Mißverständnis bezüglich seiner politischen Haltung aus.[276] Zugleich aber kommt, maskiert unter der launigen Bemerkung, daß so der kommerzielle Erfolg nie zu schaffen sei, das Unbehagen an dem in den fünfziger Jahren erarbeiteten Image des „Dagegen-Schmidts" zum Ausdruck. Es ist das Unbehagen an die im Signum des „Namens" sich artikulierende Gefahr des künstlerischen Stillstands, der Schmidt sich durchaus ausgesetzt sah. Jörg Drews sieht den Autor Arno Schmidt Ende der fünfziger Jahre durchaus in der Situation, künstlerisch zu erstarren, zugleich aber durch die Rezeption von Joyce und Freud in ebenjenem Zeitabschnitt in dem glückhaften Zwang, seine Poetik weiterzuentwickeln:

> „Schmidt reorganisierte von 1957 an sein Schreibprojekt, und das war wohl ein Glück, daß er dazu gezwungen war, den die 'Gelehrtenrepublik' (re-)produzierte eine Art Witz und Weltsicht, die inzwischen fast ein Schmidtsches Markenzeichen und damit erwartbar (wenngleich nicht weniger amüsant) war. Schmidt hatte sein Konzept von Literatur wieder geöffnet, und das Resultat war, daß 1960 nicht ein drittes Buch vom Typ 'Das steinerne Herz' oder 'Die Gelehrtenrepublik' erschien, sondern eben jener irritierende, geradezu resolut wilde, inhaltlich pessimistisch-resignative, künst-

---

[276] Trotz der z.T. berechtigten Kritik Hans Wollschlägers an Dieter Kuhns etwas leichtfertigem interpretatorischen Zugriffs auf die Texte und seinen allzusicheren politischen Standpunkt (vgl. Wollschläger: Bruder Kuhn) bleibt dessen Relativierung des Wunschbildes vom linken „Schreckensmann" Schmidt (vgl. Schmidts Selbstspiegelung in dem „...nicht seltene[n] literarische[n] Phänomen: *die ‹Schreckensmänner›.*", worunter er radikaldemokratische, aufklärerische Schriftsteller wie Johann Bernhard Basedow, Johann Heinrich Voss, Johann Karl Wezel oder Karl Philipp Moritz kategorisierte (Schmidt: Schreckensmänner, BA II/1, Seite 392f)) eine notwendige Berichtigung. Bei aller zuweilen polemischen Überzeichnung eines undemokratisch-elitär denkenden, kleinbürgerlichen und vor allem in späteren Werken mit reaktionären Vorurteilen nicht geizigen Schmidts durch Kuhn (vgl. Kuhn: Mißverständnis) muß ihm jedoch selbst von Wollschläger zugebilligt werden: „...das späte Weltbild Schmidts ist, hinter den (...) Brechungen der Komödie, wahrlich finster..." (Wollschläger: Bruder Kuhn, Seite 190). Was Wollschläger nur für das späte Weltbild gelten läßt, wird aber auch von wohlmeinenden Autoren mit gutem Recht auf das gesamte Werk bezogen: „...ein Mann des Fortschritts, der demokratischen Ideale von Freiheit und Gleichheit, ist er nie gewesen..." (Ortlepp: Gericht, Seite 205).

lerisch aber äußerst unternehmungslustige Roman 'Kaff auch Mare Crisium'…".[277]

Ist „Kaff" der Durchbruch zu einer nun von Joyce und Freud bestimmten mittleren Werkperiode, so markiert „Caliban über Setebos" mit seiner erzählerischen Umsetzung der in den Texten zu Joyce und dem May-Buch „Sitara" sich formenden Etym-Theorie einmal mehr einen Wendepunkt im Gesamtwerk und zugleich den Gipfel der mittleren Periode Schmidts. Und dies eben mittels Thematisierung der Selbstzweifel am weiteren künstlerischen Gang, der erzählerischen Darstellung der Entwicklung der 4. Instanz bei einem alternden Schriftsteller und dem vor dem Leser abgelegten Bekenntnis zu einer experimentellen Prosa – der „Caliban"-Text „…ist nämlich Schmidts 'Porträt des Künstlers' als Mann mittleren Alters, der sich entschließt, nicht mehr Schnulzenlyrik zu schreiben, sondern illusionslose und radikale Prosa…".[278] Auf der Ebene der Fabel bildet sich dies in der Opposition von kommerziellen Erfolg mit der üblichen Kitschlyrik und Düsterhenns heimlichen Verlangen, ehrliche Prosa zu schreiben („…(: wenn Prosaschreibm bloß nich so gefährlich wäre; manchma hatt'ich direkt Lust dazu!)." CüS 246/BA 491) – womit er die Abbildung des „elementarische[n] Daseyn[s]" (CüS 257/BA 498) mittels der „sexuell superfoetirt[en]" (CüS 312/BA 535) Sprache meint.

„Caliban über Setebos" wird damit für seinen Autor zu einer artistischen, artifiziellen Bühne, auf der er seine Entscheidung über den weiteren künstlerischen Weg durchspielt – daher die Rück- und Vorschau auf das eigene Leben und Werk, die verschlüsselte Brechung des künstlerischen Selbstverständnisses und der neuen Poetik im Prisma der bukolischen Farce. Daher aber auch die vielfache Reflexion der aufgezeigten Themen im Spiegel fremder Literatur.

Die mannigfachen Zitate künstlerischer Werke führen ähnliche archetypische Situationen des Künstlers vor, sei es in Spiegelung orphischer Konstellationen, sei es in Spiegelung der Fixierung auf die erste Liebschaft, sei es in Beleg und Bestätigung der nun als allgemeingültig angesehenen psychoanalytischen Weltauffassung und der daraus abgeleiteten Poetik der Etym-Theorie und der 4. Instanz-Theorie.

---

[277] Drews: Schmidt und Joyce, Seite 10.
[278] Ebenda, Seite 18.

IV. Der Spiegel der Literatur

IV. 1. Das Zitat in der Erzählkunst Arno Schmidts

Kaum ein literarisches Werk ist so stark von dem Stilmittel des Zitats geprägt, beinhaltet einen solch hohen Anteil an „literarischen Fremdgut", wie das Arno Schmidts.[279] Außergewöhnlich schon ist der Reichtum und die Breite der Anspielungen auf die literarische Tradition, die schier unbegrenzte Belesenheit und die kunstvolle Montage der Zitate, die das fremde Gut bis hin zur Unerkennbarkeit in den eigenen Text einwebt. Dieses artistische Arrangement wirft in der Tat das Problem auf, daß es äußerst schwierig ist, anzugeben,

> „...was denn ein Zitat bei Schmidt kategorisch genannt werden darf. Das luxuriert alles so munter und kunterbunt durcheinander: von ganzen Werkteilen, ja Lebensformen herunter, die als Zitate ausgemacht wurden, über einzelne Concetti und Adaptionen der Schmidtschen Diebstahlskriterien bis hin zur Identifikation eines (hebbelschen ??) Kommas: alles Zitat."[280]

Es finden sich zwar – z.B. bei den thematisch sehr wichtigen Zitaten aus Rilkes „Sonette an Orpheus" in „Caliban über Setebos" – zuweilen auch typographische Indikatoren oder sprachliche Eigenheiten, die das fremde Literaturgut sichtbar aus dem fortlaufenden Text herausheben, doch überwiegt eine Zitattechnik, die auf fast vollständige Assimilierung des übernommenen Textes im neuen Kontext abzielt. Dazu tragen auch Schmidts Techniken zur Modulation der Zitate bei: von unbedeutenden Veränderungen der Syntax, der Verballhornung einzelner Wörter, bis hin zur völligen Verkehrung der Semantik durch Umstellungen des Zitats oder der Färbung durch den neuen Kontext reicht das Spektrum. Geht das montierte Material derart nahtlos in dem neuen Textgefüge auf, ist dieser auch ohne jede Kenntnis um das eingewobenen Fremdgut les– und verstehbar.

Dennoch hat auch bei den Texten Schmidts der von Herman Meyer formulierte Grundsatz Gültigkeit,

> „...daß der Reiz des Zitats in einer eigenartigen Spannung zwischen Assimilation und Dissimilation besteht: Es verbindet sich eng mit seiner neuen Umgebung, aber zugleich hebt es sich von

---

[279] Vgl. Leistner: „...der tapfere dünne Lärm zwischen den Felsenzähnen des Dasein", Seite 200: „...zugespitzt könnte man sogar sagen, daß er seine Prosa aus vielfältigstem Material von literarisch Überkommenem konstruierte und also das Innovatorische der Texte maßgeblich auf den überraschenden Zusammenfügungen beruht."
[280] Huerkamp: Gedächtnis der Menschheit, Seite 121.

ihr ab und läßt so eine andere Welt in die eigene Welt des Romans hineinleuchten."[281]

Diese Funktion des Spannungsaufbaus zwischen dem neuen Text und dem schon vorgeprägten Sprachgut behält auch das nur dem Kenner auffallende „kryptische" Zitat, wie Meyer schreibt:

> „Beim kryptischen Zitat handelt es sich weniger um ein einfaches Verstecken als um ein regelrechtes Versteckspiel. Der Sinn des Spieles besteht darin, daß das Zitat entdeckt wird, weil es nur dadurch zu seiner spezifischen Wirkung gelangt. Zwischen dem offenbaren und dem kryptischen Zitat gibt es daher keinen kategorialen, sondern nur einen graduellen Unterschied."[282]

Ob offenes oder kryptisches Zitat, beide laden ein zu dem Spiel, in dem das Zitat seine Wirkung entfalten kann: der Suche nach dem Ursprung des Zitats und den dadurch mögliche werdenden Vergleich, das in Beziehung setzen der Texte. Der Gewinn liegt nicht allein im Spaß und im Wissenszuwachs, der so durch Arno Schmidt als „...praeceptor Germaniae von eigenen Gnaden..." vermittelt wird, wie Rainer Barczaitis meint.[283] Die Vergegenwärtigung des ursprünglichen Kontextes, in dem ein Zitat gestanden hat, eröffnet im neuen, von Schmidt gebildeten Kontext völlig neue Perspektiven, konstituiert aus verbindenden Fäden neue Subtexte. Diese Subtexte führen scheinbar vom eigentlichen Text weg – und sind doch Bestandteile des Sinngehalts des Textes:

> „...jedes erkannte Zitat eröffnet eine Bedeutungsperspektive, die über den Text hinweg in ihn hinein führt zu ikonographischen Reihen, die im Prinzip endlos sind."[284]

Dabei wird immer wieder die Frage nach dem Verhältnis von Autorintention und Leserinterpretation begegnen: „Der Text entwickelt sich zu einem Assoziationsfeld, auf dem Autor und Leser nicht mehr klar gegeneinander abzugrenzen sind...".[285] Der Begriff „Assoziationsfeld" macht deutlich, daß hier ein interpretatives Verfahren legitimiert wird, das die prinzipielle Offenheit des Werkes gegenüber dem aktiv ihn 'fortschreibenden' Leser und den Spielcharakter der an ihn zu knüpfenden, möglichen Beziehungen und Bedeutungen mit einschließt. Ein solcher Text löst Novalis' Blütenstaub-These über das Verhältnis von Leser und Autor ein:

---

[281] Meyer: Zitat, Seite 12.
[282] Ebenda, Seite 13.
[283] Barczaitis: Anmerkungen, Seite 120.
[284] Jauslin: Holbeins Bein, Seite 191.
[285] Minden: Erzählen, S. 149.

„Der wahre Leser muß der erweiterte Autor sein. Er ist die höhere Instanz, die die Sache von der niederen Instanz schon vorgearbeitet erhält."[286]

Ein solches Spiel mit den durch die Zitate eröffneten Bedeutungsperspektiven (sowohl denen des zitierten Textes, als auch des zitierenden) soll nachfolgend an einigen der in „Caliban über Setebos" von Schmidt benutzten Texte gezeigt werden. Insbesondere an den Bezügen und Anspielungen auf Richard Wagners „Die Meistersinger von Nürnberg" soll dieses Wechselspiel der Konnotationen demonstriert werden. Denn einerseits kann hier gezeigt werden, daß Joachim Kaisers Diktum (das dann oft nachgesprochen wurde), die „musikalischen" Bezüge in „Caliban über Setebos" gäben nicht viel mehr her als „Andeutungs-Hochstapelei, Tonfallschwindel"[287], so nicht stimmt. Andererseits läßt sich gerade an den „Meistersinger"-Bezügen das Spannungsfeld, in dem alle Zitate der späteren Texte Schmidts stehen, aufzeigen. Denn der „Etym"-Theoretiker Schmidt verwendet deutlich den reichen Fundus der Literatur als Eideshelfer seiner „Etym"- und „4. Instanz"-Theorie, konnotiert alle Fundstücke im Sinne seines trivial-freudianischen, pansexuellen Weltbildes um, monosemiert. Die Texte, auf die Schmidt sich bezieht, werden sexualisiert oder als verdrängte, poetisierte, rationalisierte, mystifizierte (Rilke) oder religiös-symbolhafte Verschiebungen des Sexuellen gekennzeichnet. Dies wird bei der Analyse des zitierten oder angespielten Materials im „Caliban"-Text (und allen späten Texten Schmidts) immer wieder der Fall sein. Das Sprechen mit Literatur über Literatur, diese 'angewandte Untersuchung' (mit Hilfe der „Etym"-Theorie) über die (sexuellen) Subtexte in der Literatur ist einer der bestimmenden Züge von Schmidts Weg „...aus der bloßen 'Literatur' in eine Meta=Litteratur...".[288]

Zugleich wird sich zeigen, daß zumindest die deutlicher und öfter zitierten Werke und Autoren jeweils einen ganz bestimmten Aspekt des „Caliban"-Weltbildes illustrieren. Diese strukturbildenden Zitate von Werken, auf die öfter angespielt wird und die z.T. sogar durchgehende Subtexte bilden, sollen im Mittelpunkt der Analyse stehen. Hier sind Motive und Denkgebäude auszumachen, die Schmidts gesamtes Werk beeinflußt haben. In einem Fall soll es aber auch erlaubt sein, einen Text mit „Caliban über Setebos" zu vergleichen, der dort nicht explizit als anzitiertes Werk nachgewiesen werden kann, der aber deutliche Parallelen zeigt und einen auch für den „Caliban"-Text wichtigen psychoanalytischen Begriff vorprägte: Carl Spittelers „Imago". Um dieses Vorgehen zu „entschuldigen", sei auf Rudi Schweikerts Vergleich von Boris Vians „Voyeur" mit Schmidts „Caliban" verwiesen.[289]

---

[286] Novalis: Werke, Seite 352.
[287] Kaiser: Sengers Phall, Textseite 6.
[288] Schmidt: Zettels Traum, Seite 510.
[289] Vgl. Schweikert: Sieh da: Vians 'Voyeur'.

In einem ähnlich freien Vergleich zweier Texte, die sich nicht explizit zitierend aufeinander beziehen, fördert Schweikert erstaunliche Entsprechungen zutage, die den Blick auf die Texte und ihre Sujets schärfen – dies soll auch das Ziel der nachfolgenden Kapitel sein.

IV. 2. Dichter und ihre Gesellen

„Caliban über Setebos" behandelt als eines seiner Themen das schier unerschöpfliche des Verhältnisses von Künstler und Gesellschaft – was bei dem vorherrschenden burlesk-satirischen Ton von Schmidts Erzählung natürlich bedeutet, daß der „Caliban"-Text auch eine Literatursatire ist. Auf eine der Präfigurationen der *Literatursatire* „Caliban über Setebos" weist Hans Wollschläger hin, wenn er auf das „...EUTERPE–Kapitel des CALIBAN, wo Grabbes scherz-satirisch-ironischer Journalist den Düsterhenn stellt..." aufmerksam macht.[290] Die damit angesprochene Literaturkomödie „Scherz, Satire, Ironie und tiefere Bedeutung" von Christian Dietrich Grabbe ist allerdings von größerer Bedeutung für „Caliban über Setebos", als es der Verweis auf Düsterhenns erste Gedichtproduktion im Gasthaus vermuten läßt. Tatsächlich trägt das Verseschmieden des Modedichters Rattengift in der zweiten Szene des zweiten Aktes, seine abstruse Metaphernsuche, der lächerliche Rückbezug trivialer Verse auf große Tradition („Triumph, da ist ja das Bild! Kühn, neu calderonisch!"[291] – vergleiche „Immer noch zu taziteisch-gedrängt..." CüS 238/BA 485), das Schwelgen im Eigenlob, gerade auch in der Kommentierung der eigenen dürftigen Verse, etc. Züge, die Düsterhenns Reimszene(n) zur Neuaufführung werden lassen – mit der Steigerung, daß Düsterhenn sich der Trivialität seiner Verse in zynischer Weise bewußt ist.

Düsterhenn übernimmt von Rattengift Charakterzüge („LIDDY (*lächelnd*): Rattengift, Sie sind doch entsetzlich feig! RATTENGIFT: Ich bin ein Dichter, gnädiges Fräulein.")[292], die Neigung zum Pseudonym und seinen Namen – denn Rattengift erklärt dem Teufel, den er zur Gedichtproduktion ermuntern will:

> „Nur bitte ich Sie, einen anderen Namen als den Ihrigen, unter Ihre Poesien zu schreiben. Nicht etwa, wie es jetzt Mode ist, deswegen, weil Sie sich Ihrer Gedichte schämen müssen, sondern um das Charakteristische Ihres Namens zu verbergen. Wie sich z.B. jemand, dem es sehr winklig und düster im Kopfe ist, hell nennen könnte, so können Sie sich ja Engel, Himmel oder Tugend titulieren."[293]

---

[290] Wollschläger: Schmidt und May, Seite 94.
[291] Grabbe: Scherz, II/2, Seite 240.
[292] Ebenda, III/6, Seite 270.
[293] Ebenda, II/2, Seite 241. Grabbes Gegensatz von „düster im Kopf" – „hell nennen" ist ein satirischer Angriff auf den epigonalen Literaten Karl Gottfried Theodor

Der Name Düsterhenn, vor allem eine seiner möglichen Bedeutungen klingt in dem Gegensatz von „düster im Kopf" und „hell nennen" an. Um das Charakteristische seines Namens zu verbergen, möchte auch Georg Düsterhenn seine Lyrik pseudonym erscheinen lassen.[294] Die Übereinstimmung in Details betrifft sogar die skurrilste Figur im „Caliban" – der jüdische Kondomhändler H. Levy, entpuppt sich als aus Grabbes Lustspiel entsprungen. Herr Mollfels bedankt sich beim Schulmeister für Nachrichten über die von ihm angebetete Liddy mit einem besonderen Präsent:

> „Da! für die gute Nachricht zwanzig Kodons! Ich kaufte sie von einem Juden, den ich nicht anders loswerden konnte, und kann sie nicht weiter gebrauchen!"[295]

Im Verlauf der Unterhaltung des Teufels mit dem Dichter Rattengift erläutert der höllische Gast sein Weltbild: die Welt sei weiter nichts

> „...als ein mittelmäßiges Lustspiel, welches ein unbärtiger, gelbschnabeliger Engel, der in der ordentlichen, dem Menschen unbegreiflichen Welt lebt, und wenn ich nicht irre, noch in Prima sitzt, während seiner Schulferien zusammengeschmiert hat. Das Exemplar, in dem wir uns befinden, steht, glaube ich, in der Leihbibliothek zu X...".[296]

In dieser bekannten Stelle ist eine Präfiguration der Reflexion über das Universum im „Caliban"-Text zu sehen, vom stümperhaften Schöpfer bis hin zum Buchcharakter der Welt:

> „...das Meiste war schon ziemlich doof. (...)...war Fusch-Werk, schnell & schluderich, wie vo'm alten-frechen Handwerksburschen: wenn's n Buch wär', würd der Autor schon das seinige zu hören bekomm'm." (CüS 309/BA 533f)

Aus der zentralen Stelle in Grabbes Literaturkomödie ergibt sich gleichsam selbstverständlich der burleske, kolportagehafte Charakter der in „Scherz, Satire, Ironie und tiefere Bedeutung" dargestellten Welt: die standardisierten, kulissenhaften Räume, die klischeehafte Liebeshandlung, die abgrundtief schlechten, entweder aus Geldnot oder sinnlicher Verderbtheit die Baronesse Liddy begehrenden Adeligen, die allgemeine Dummheit, gleichviel ob Wissenschaftler, Literaten oder Bauern, das Trinken („*Sie saufen unmä-*

---

[294] Winkler (1775 – 1856), der sich für seine Veröffentlichungen das Pseudonym Theodor Hell zulegte.
Vgl. CüS 235/BA 483: „Aber dies ‹v. Hagenau› könnte doch vielleicht das Pseudonym ergeben, wie? ; den pseudonym hatte der schmucke Band zu erscheinen, da war mein Steuerberater mehr den je im Recht. Ganz abgesehen davon, daß ‹Georg Düsterhenn› vor lürischen Gedichten unmöglich ist: volkstümlich sein? , das heißt verständlich & sonnig sein, heiterdiekunst."

[295] Grabbe: Scherz, II/3, Seite 248.

[296] Ebenda, II/2, Seite 241f.

ßig."[297]) aus Verzweiflung über Welt und Zeit, die Tendenz der Figuren, Marionetten in der Hand ihres Autors zu sein.[298] Viele dieser Elemente lassen sich leicht in der Unterwelt von Schadewalde wiederfinden: der Kolportagecharakter, der auch (wenigstens der Oberfläche von) „Caliban über Setebos" anhaftet, ist also nicht nur Mayscher Provenienz. In Schmidts Text finden sich noch weitere der Stilmerkmale wieder, die Grabbes Stück in der Tradition der romantischen Literaturkomödie Tiecks aufweist: die Fiktionsironie durch das Auftreten des Autors im Stück, die drastische, derbe Komik, die scharfe satirische Kritik an der Gegenwartsliteratur etc.

Und so, wie Grabbes Lustspiel 1822 als literarischer Reflex auf die nachnapoleonische Restaurationszeit mit den entsprechenden literarischen Trivialprodukten und dem Poeten Rattengift als „…Repräsentant der epigonalen Literatur der Restaurationsepoche…""[299] geschrieben wird, so versteht sich die Geschichte des *Schlager*textes Düsterhenn (der Schlager steht hier für die trivialste lyrische Form) auch als ein Reflex auf die politische, gesellschaftliche und künstlerische Stagnation des restaurativen „ADENAUERIEN" (CüS 280/BA 513). Beiden Werken ist das Bewußtsein ihrer Autoren inhärent, in einer Zeit *nach* einer Epoche künstlerischer Hochleistungen zu leben und zu schreiben. Im Falle Grabbes ist dies die klassisch–romantische Epoche,[300] im Falle Arno Schmidts ist es die Zeit der Weimarer Republik, die ihm als eine Art zweiter Klassik erschien.[301] In solchen Zeiten wird das Genie obsolet und Literatur nur noch nach dem Marktwert berechnet. Grabbe zeigt dies an den Ratschlägen, die Mollfels dem „…mit einem in höheren Ansichten geschriebenen Lustspiele durchgefallen[en]…" Rattengift erteilt: er möge seinen Werken „…nur die gehörige Mittelmäßigkeit verleihen, so ist es unmöglich, daß Sie nicht den rauschendsten Applaus einernteten !"[302] Das Genie hingegen, auf dem Höhepunkt der klassisch-romantischen Epoche der Titel zur Apotheose des Künstlers, ist in der Gestalt des strohdummen

---

[297] Ebenda, III/1, Seite 261.
[298] Marianne Thalmann spricht von den „…Marionetten Grabbes, die von Hause aus bewußt ins Grimmassierende verzeichnet sind…" und nennt Grabbes Komödie „…ein Spektakelstück mit Dutzendcharakteren (…), deren Gesichter uns zwar reichlich bekannt sind, die aber von Anfang an in bewußter Verzeichnung entstellt sind." (Thalmann: Provokation, Seite 90 und 86)
[299] Ehrlich: Grabbe, Seite 76.
[300] Vgl. ebenda, Seite 80: „Dabei war dem jungen Grabbe bewußt, daß der Höhepunkt der klassischen deutschen Literatur überschritten war (…) Doch als genauso unbefriedigend empfand er, daß die politischen Verhältnisse der Restaurationsepoche die Entstehung einer kritischen Literatur behinderten und statt dessen eine die Gegensätze der Gesellschaft harmonisierende Trivialliteratur begünstigten."
[301] Vgl. CüS 232/BA 481: „‹Intellektueller› scheint in jedem Jahrhundert 90 Jahre lang einer mittelschweren Beschimpfung gleichzukommen; wenn man Schwein hat, drückt's während 10 Jahren auch ma ne gewisse Achtung aus. Was man dann ‹Weimarer Republik› nennt."
[302] Grabbe: Scherz, III/1, Seite 256f.

Bauernjungen Gottliebchen, den der Schulmeister der Gesellschaft im Schloß als Genie andienen will, nur noch Zielscheibe des Spottes.[303] In „Caliban über Setebos" wird dieser Abstieg des Genies zum Lohnschreiber des Massengeschmacks anhand der 'Werkbiographie' Düsterhenns demonstriert:

> „...(hatten doch auch meine Eltern, nachdem meine ersten experimentellen Dichtungen erschienen waren, mir in einer, von beiden Teilen unterfertigten Handveste, kund & zu wissen getan, wie sie sich nachträglich schämen müßten (...) ein solches Mondcalb in die Welt gesetzt zu haben.)" (CüS 240/BA 486)[304]

Nach solchen Erfahrungen hat Düsterhenn von anfänglichen künstlerischen Ambitionen Abstand genommen („Ich bin doch keen Intellektueller mehr..." CüS 241/BA 487) und mißt nun die Welt und sein Schreiben nach dem „litterarischen Kurswert" (CüS 281/BA 515). Diese zwischen Zynismus und augenzwinkernder Ironie oszillierende Reflexion der Lage des Dichters in der modernen Welt ist ein konstitutives Thema in den Texten der Sammlung „Kühe in Halbtrauer". Anschaulich und drastisch wird dies vor allem in der Erzählung „Schwänze" vorgeführt: hier endet der zunächst mit experimenteller, expressionistischer Lyrik auftretende Autor J. B. Lindemann als Lieferant anekdotischer Schmonzetten für die Feuilletons von Provinzblättern, eine Karriere vom hochfliegenden Genie zum tragikomischen Schmock.[305]

„Caliban über Setebos" als Literatursatire, als Satire auf die epigonale Literatur einer restaurativen Epoche: dieser Aspekt des Textes wird – auch wenn der Hauptakzent der 'Anverwandlung' auf einem anderen Punkt liegt – durch die Parallelen und Bezüge zu einem weiteren Text dieses Genres un-

---

[303] Ebenda, I/3, Seite 228f. Vgl. Thalmann: Provokation, Seite 88: „Genie – das Wort für die Elitestellung des Künstlers in der Zeit – ist in der Umbildung der Gesellschaft lächerlich geworden. (...) Man macht sie nur noch wie Gottliebchen als komische Reklamefiguren für das bereits unrentabel gewordene Buchgewerbe. Was ist schon ein Autor? Einer von den Erfolglosen, dessen Arbeitsplatz nicht mehr gesichert ist."

[304] Selbst die Invektive „Mondkalb" rührt nicht nur aus dem „Sturm" her, wo Stephano den Caliban so bezeichnet – womit Düsterhenn wiederum als Caliban ausgewiesen wird. In Grabbes Literaturkomödie hält der Baron eine derbe Klagerede über den Zustand der deutschen Kunst und Literatur, und sagt in diesem – mit der zitierten Stelle aus „Caliban über Setebos" übereinstimmenden – Kontext (Grabbe: Scherz, I/3, Seite 227): „Die Muse der Tragödie ist zur Gassenhure geworden, denn jeder deutsche Schlingel notzüchtigt sie nach Belieben und zeugt mit ihr fünfbeinige Mondkälber, welche so abscheulich sind, daß ich den Hund bedaure, der sie anpißt!"

[305] Vgl. Schmidt: Schwänze, BA I/3, Seite 313 – 333.

terstrichen, zu „Balduin Bählamm der verhinderte Dichter" von Wilhelm Busch.[306]

Der Freizeitpoet Bählamm, der nicht einmal dazu kommt, seine epigonale Naturlyrik zu verfertigen, fährt ebenso wie Düsterhenn auf's Land, um sich inspirieren zu lassen. Es ist gleichfalls eine Rieke, die Magd Rieke Mistelfink, die ihn poetisch und auch erotisch anregt („Ein Mädel sauber, stramm und flink."[307]), ihn damit aber in unerquickliche Abenteuer stürzt, denen er am Ende gerne wieder heimwärts entflieht. Auch Rieke Mistelfink ist mit einem 'Hüter des Misthaufens' (Rühmkorf) liiert („Auf seinem trauten Düngerhäufchen / Steht Krischan Bopp und füllt die Luft / Mit seines Krautes Schmeichelduft."[308]), und sie sorgen vereint dafür, Bählamms Bild dörflicher Idylle („Verlaß die Stadt und geh aufs Land! / Wo Biederkeit noch nicht veraltet, / Wo Ruhe herrscht und Friede waltet!–"[309]) gründlich zu zerstören.

Die Idylle, genauer: die um 1883, dem Erscheinungsjahr des „Balduin Bählamm", schon zu spätromantisch-epigonalem Kitsch verkommene idyllische Lyrik, steht denn auch im Mittelpunkt der Satire Busch's:

> „Balduin Bählamm, der in idyllischer Natur die Inspiration für seine Versidyllen sucht, ist auch eine Parodie eben auf den Kitschautor der Zeit, auf dessen verlogene Naturschwärmerei, die ein künstliches und falsches, in keinem seiner Züge mehr mit der Realität übereinstimmendes Naturbild wiedergibt: 'Wie wohl ist dem, der dann und wann / Sich etwas Schönes dichten kann!' (4,7) Busch hat die rein kompensatorische Wirksamkeit dieser Trivialpoesie erkannt, die den Versagungen der Realität eine fünfte Dimension, die 'Poetendimension' entgegensetzt."[310]

---

[306] Wie es Tony Phelan schon 1972 bemerkt, es aber leider nicht ausführt bzw. sein Augenmerk einzig auf die Figur der Rieke (Mistelfink/Methe) richtet (vgl. Phelan: Rationalist narrative, Seite 32).
[307] Busch: Bählamm, Seite 31.
[308] Ebenda.
[309] Ebenda, Seite 23.
[310] Ueding: Busch, Seite 300 (Ueding zitiert ebenfalls aus der Gesamtausgabe von Bohne, Band 4, Seite 7). Joseph Kraus präzisiert Uedings unbestimmten „Kitschautor der Zeit" mit dem Hinweis, daß Busch konkret den Münchener Dichterkreis der „Gesellschaft der Krokodile", mit dem er über Adolf Wilbrandt lose bekannt war, bei seiner Parodie im Sinn hatte. Diese „…Gruppe traditionsgebundener, idealisierender Epigonen, dies sind ihre Hauptvertreter Emanuel Geibel und Paul von Heyse scharte…" – letzterer als „Meisterepigone" (Herwarth Walden) passenderweise 1910 mit dem „Stigma der Mittelmäßigkeit" (Arno Schmidt), dem Nobelpreis für Literatur ausgezeichnet – lieferte „…dem geschäftstüchtigen Bürger der Gründerjahre eine sentimentale, über den Alltag stolz-erhabene Dichtung für Sonn- und Feiertage." (Kraus: Busch, Seite 101). Buschs vorletzte Bildergeschichte ist aber auch als Rückblick auf sein eigenes Scheitern mit seinem Lyrikband „Kritik des Herzens" angelegt; „Balduin Bählamm" ist nach Herbert Günther (Günther: Ver-

Die Geschichte des bukolisierenden Kleinbürgers Bählamm ist derjenigen des Kitschproduzenten Düsterhenn als Folie unterlegt, wobei letztere in zynischer und drastischer Weise die Satire Buschs noch übertrifft. Während Bählamm an seine „Poetendimension" naiv glaubt, verfaßt Düsterhenn seine „Schlager- & Marsch-Texte(n)" (CüS 229/BA 479) voller Berechnung, auf die Geldbörsen der nach solcher kompensatorischen Trivialpoesie verlangenden Konsumenten schielend – denn „...der Deutsche von 1964 will Sentimentalität & Präsentiermärsche; genau wie der von 18- und 1764." (ebenda) Wird der Hobbylyriker Bählamm von Busch noch mit mildem Humor vorgeführt, so zeigt der Berufskitscher Düsterhenn, daß alle idyllische Poesie nichts als zynisch berechnende Volksverdummung ist (vgl. vor allem seine Kommentare während der Fabrikation des ersten Gedichts in der Gaststube, CüS 238ff/BA 485ff). Schwingt bei Busch die sexuelle Unterfütterung von Bählamms dörflicher Leidensgeschichte eher zart-humorig mit,[311] so herrscht in Schmidts Schadewalde ungezügelt-derb „das elementarische Daseyn" (CüS 257/BA 498). Und wird das idyllische Tableau, das Busch entfaltet, erst im Laufe der Handlung systematisch destruiert, besteht demgegenüber in „Caliban über Setebos" von Beginn an kein Zweifel an der leviathanischen Qualität, der Hadeshaftigkeit Schadewaldes.

---

steckspieler, Seite 165) auch eines seiner 'Abschiedswerke', „...in der er selbstironisch-heiter seine von der hohen Kunstkritik geschmähten Bemühungen mit der Verseschmiederei verarbeitet." Zusammen mit der nachfolgenden letzten Bildergeschichte „Maler Klecksel", in der Busch auf ebensolche Weise Abschied von seiner gescheiterten Laufbahn als Maler nimmt, wird „Balduin Bählamm" zu einer Zäsur in Buschs Werk, der dann die von den Bildergeschichten gänzlich verschiedenen Prosawerke „Eduards Traum" und „Die Schmetterlinge" als letzte große Alterswerke nachfolgen. Hier wäre also auch die dem 'Literaturkritiker' Arno Schmidt stets wichtige, für die im „Caliban"-Text zitierten Werke beinahe konstitutive „autobiographische" Ebene zu finden.

[311] Die schon zu Beginn Bählamms Sinne verwirrende städtische Kellnerin (Busch: Bählamm, Seite 14) präludiert die erotischen Eskapaden, die im Dorf mit Rieke noch zu erwarten sind. Dem entfesselten Freizeitpoeten, der „...wie die Dichter sind, / (...) diesem anmutsvollen Kind / Als Huldigung mit Scherz und Necken / Ein Sträußlein an den Busen stecken..." (ebenda, Seite 50) will, wird aber von der ebenso nach dem Muster literarischer Konvention, als auch aus persönlicher Neigung angeschwärmten Rieke und ihrem offensichtlichen Liebhaber Krischan („Sie mit vergnügtem Mienenspiel, / Er mit dem langen Besenstiel."; ebenda, Seite 57) übel mitgespielt. Das seiner Familie versprochene Mitbringsel wird am Ende ein Säugling sein, dessen Anblick entsprechende Wirkungen bei Frau Bählamm zeitigt („,'Oh!' – ruft sie – 'Aber Balduin!' / Dann wird's ihr vor den Augen grün."; ebenda, Seite 74). Die Anspielungen sind so deutlich, daß es des Verweises Gert Uedings – „Betrachtete man schließlich nach Art von Arno Schmidts Sitara-Buch das Werk Wilhelm Buschs als ein sexualsymbolisches Verrätselspiel, so ergäbe sich auch unter diesem Aspekt eine höchst vergnügliche Lektüre." (Ueding: Busch, Seite 145) – eigentlich nicht bedarf.

Auf dem Hintergrund der Idyllendestruktion Buschs aufbauend zeigt Schmidt die vollständige Abwesenheit und Unmöglichkeit idyllischen Seins in dieser Welt und entlarvt damit zugleich idyllisches Dichten entweder als Selbstbetrug des Dichters (siehe Bählamm) oder als zynische Verfertigung eines glanzvollen Firnis über dem Elend der Welt – zum Zwecke des Gelderwerbs.[312] Angesichts der immer wieder zu lesenden These, Schmidt habe Idyllen verfaßt, sei dieser Punkt nochmals betont.[313] Zudem hat die Idylle in ihrer Gattungsgeschichte auf der künstlerischen Höhe ihrer Möglichkeiten – also nicht als degenerierte Form wie z.b. die Dorfgeschichte[314] – immer auch die Fragilität, die Ambivalenz und die Fragwürdigkeit „des *Vollglücks* in der *Beschränkung*"[315] thematisiert.[316] Erscheinen in Schmidts Werk idyllische Momente, so entbehren sie aber nie dieser schon literaturgeschichtlich fundierten Dialektik von Beschränkung und Beschränktheit, arkadischem Goldglanz und Entsagung, sind sich der Rückwärtsgewandheit ihres Ideals bewußt. Aus der leviathanischen Welt Schadewaldes in „Caliban über Setebos" ist schließlich jeder Rest idyllischen Seins eleminiert.

---

[312] Nicht umsonst bezeichnet Düsterhenn sich als Schlagertextverfasser: der Schlager ist heute das Refugium der lyrischen Idyllendichtung der spätbürgerlichen „Epigonenzeit" – „glanzvolles Elend" (Gert Ueding) wie die ebenfalls noch höchst lebendige Kolportageliteratur.

[313] Ein krasses Beispiel liefert Hiltrud Gnüg (Gnüg: Warnutopie und Idylle), die Schmidts bittere post-apokalyptische Anti–Utopie „Schwarze Spiegel" zur Idylle (v)erklärt: „Wie dubios diese Deutung ist, wird einem erst dann direkt bewußt, wenn man ihre Weiterungen zu Ende denkt. (...) [Es]...scheint der unbestreitbar emanzipatorische Wille der Interpretin einer einläßlicheren Reflexion vorausgeeilt zu sein.", urteilt Michael Schneider in einem Forschungsbericht über Gnügs Aufsatz (Schneider: Zum gegenwärtigen Stand, Seite 241). Selbst der zunächst den Gattungsbegriff differenziert aufarbeitende Günter Häntzschel kommt über den Sammelband „Kühe in Halbtrauer" zum vorschnellen Urteil: „Die einstige Idylle mit sozialkritischem Impetus verharmlost sich zur bloßen Idylle." (Häntzschel: Arno Schmidt, ein verkannter Idylliker, Seite 317), während Georg Guntermann in seinem Urteil über die „Kühe"-Texte als „eigenartig spannungslos-spannungsgeladenen ‹Idyllen›" wenigstens über die Klammerzeichen zu differenzieren sucht (Guntermann: Bestjen der Welten, Seite 229). Schmidts Verhältnis zur Idylle verdiente eine umfangreiche Untersuchung, die an dieser Stelle jedoch nicht geleistet werden kann.

[314] Die ja schon Busch mit dem „Balduin Bählamm" satirisch unterläuft: „Damit wird die Geschichte vom verhinderten Dichter zur Parodie der Dorfgeschichte, die sich seit den 30er Jahren des 19. Jahrhunderts zu einer selbständigen Gattung zu entwickeln begonnen hatte, und schließt sich an den wichtigsten Motivkomplex in Buschs Werk an." (Ueding: Busch, Seite 301)

[315] Jean Paul: Vorschule der Ästhetik; § 73, Seite 258.

[316] Schon Schiller urteilt über die Idyllendichtungen: „Sie stellen unglücklicherweise das Ziel *hinter* uns, dem sie uns doch *entgegen führen* sollten, und können uns daher bloß das traurige Gefühl eines Verlustes, nicht das fröhliche der Hoffnung einflößen." (Schiller: Über naive und sentimentalische Dichtung, Seite 771).

Das Thema „‹Erste & Letzte Lieben›" (CüS 229/BA 479), eigentlich die *vergebliche* erste Liebe, von der der Liebende nicht wieder loskommt, wird im „Caliban"-Text ebenfalls mit in der Literatur vorgefundenen Präzedenzfällen unterfüttert. Unverschlüsselt wird auf den literarischen Horizont dieses Thema in der Szene angespielt, in der Düsterhenn nach der bewußten Begegnung mit seiner Jugendliebe desillusioniert und resignierend mit sich hadert: „...kam ich, Ichindenbestenjahren, mir etwa schon vor, wie der Alte aus ‹Immensee›?" (CüS 297/BA 525). Tatsächlich wird hier auch eine Variation der Geschichte des Reinhardt Werner geboten, denn die Szene, in der Düsterhenn in seinem Zimmer sitzt und den Entschluß faßt, noch in der Nacht zum nächsten Dorf zu wandern, verweist auf die nämliche Szene in „Immensee": auch Reinhardt sitzt nach der endgültigen Erkenntnis, daß Elisabeth ihm verloren ist, lange im nächtlichen Zimmer, ehe er, gleich Düsterhenn eine letzte Mitteilung auf einem Blatt hinterlassend, Hut und Stock nimmt und den Hof verläßt.[317]

Die Rahmenerzählung zeigt einen unverheiratet gebliebenen, gealterten Reinhardt, welchem „...das Alter immer mehr zu einem Selbstgespräch...„ (CüS 297/BA 525) geworden ist, in dem er sich seine Unentschlossenheit vorwirft, derentwegen seine Jugendfreundin Elisabeth sich schließlich für Erich, den Gutsherrn von Immensee, entscheidet. Der Umschwung von Elisabeths Gunst wird in Storms Novelle durch den Wechsel der Vögel in ihrem Vogelbauer symbolisiert:

> „Im Bauer saß ein Kanarienvogel (...) Sonst hatte Reinhardts Vogel an dieser Stelle gehangen. 'Hat mein armer Hänfling sich nach seinem Tode in einen Goldfinken verwandelt?' fragte er heiter. 'Das pflegen die Hänflinge nicht', sagte die Mutter, welche spinnend im Lehnstuhle saß. 'Ihr Freund Erich hat ihn heut' Mittag für Elisabeth von seinem Hofe hereingeschickt.'"[318]

Ebenso, wie der Hänfling hier für den nun abgeschriebenen Reinhardt steht, darf man in Düsterhenns Bemerkung „Sicher, ich war halt bloß so'n Händvlling. Immerhin." (CüS 227/BA 477) nicht nur den Hinweis auf das Phallussymbol der Psychoanalyse in Verbindung mit Düsterhenns Unterlegenheitsgefühl sehen,[319] sondern auch eine Anspielung auf den bei Elisabeth nicht reüssierenden Reinhardt Werner. Beide Interpretationen stützen einander – sogar im Falle einer psychoanalytischen Deutung der „Immensee"-Novelle.

Es fehlt in dieser 'literarischen Vorlage' nicht die später erfolgende Begegnung mit der nun verlorenen, da verheirateten Frau, die Reinhardt zu der Erkenntnis seines Fehlers und zum resignativen Verzicht bringt. Ebenso fin-

---

[317] Vgl. Storm: Immensee, Seite 326f. Zu den Parallelen „Immensee" – „Caliban über Setebos" siehe auch Baumgart: Fall Asher, Seite 5.
[318] Storm: Immensee, Seite 310.
[319] Vgl. Hink: Losung, Seite 4; der Vogel als Phallussymbol siehe Freud: Eine Kindheitserinnerung des Leonardo da Vinci, StA X, Seite 148.

det sich am Ende der Novelle die Sublimation der unerfüllten, immer noch schmerzenden ersten Liebe in die kulturelle Tätigkeit, die sich schon damals zwischen die Liebenden stellte: „Dann rückte er auch den Stuhl zum Tische, nahm eins der aufgeschlagenen Bücher und vertiefte sich in Studien, an denen er einst die Kraft seiner Jugend geübt hatte."[320] Damals freilich drückte sich diese Sublimation, diese partielle Lebensuntüchtigkeit, in seinem Schweigen aus, welches ihn gegenüber Elisabeth nicht die nötigen Worte finden ließ, „...sein Schweigen wird zur Mystifikation seiner Dichterexistenz."[321]

Daß die aufgezeigten Parallelen zwischen „Immensee" und „Caliban über Setebos" der Novelle von Theodor Storm nicht gerecht werden und sie nur in Teilaspekten akzentuiert, liegt auf der Hand. Die biedermeierliche Trennung der Liebe in hehren Seelenbund und tabuisierter Sexualität, die Versuchung des Ehebruchs sowie die schmerzliche Erkenntnis Reinhardts, daß Elisabeth vor langer Zeit tatsächlich die seine war und nun für ihn verloren ist, sind die zentralen Themen der Novelle, die im Wendepunkt der Geschichte im Symbol der Wasserlilie ihren zusammenfassenden Ausdruck finden.[322] Es versteht sich, daß diese Themen in der Fabel und der Konzeption von „Caliban über Setebos" keinen Platz finden.

Ebensowenig findet die Schmidt stets interessierende biographische Verankerung der Texte im Falle von Storms „Immensee" – Storms frühe Liebe zu dem Kind Bertha von Buchan und sein Ehebruch mit Doris Jensen kurz nach der Hochzeit mit seiner ersten Frau Constanze Esmarch, mit der er zunächst ohne Leidenschaft verbunden war – einen Anknüpfungspunkt in der Thematik von „Caliban über Setebos". Doch Storms spät erwachende Leidenschaft für Constanze fand einen literarischen Niederschlag: seine Novelle „Späten Rosen". Deren Thema, die Apologie der – wenn auch spät erst ausbrechenden – sinnlichen Liebe („'So habe auch ich noch aus dem Minnebecher getrunken, einen tiefen, herzhaften Zug; zu spät – aber dennoch nicht zu spät!'„[323]) – fügt sich soweit in den thematischen Umkreis von „Caliban über Setebos", daß ihr Titel zitiert wird: „‹Graue Haare› würde *SIE* ja übrigens garantiert auch haben, (vorausgesetzt, daß sie nich ‹tuschte›, wie heut die meisten Späten Rosen)..." (CüS 228/BA 478). Die Großschreibung des Adjektives indiziert, daß hier nicht nur der geläufige Euphemismus gemeint

---

[320] Storm: Immensee, Seite 328. Reinhardts (literarischen) Studien und seine Unentschlossenheit waren – zusammen mit dem Drängen der Mutter Elisabeths auf die absichernde Heirat mit dem wohlhabenden Erich – schon in der Jugendzeit der Grund für Verlust Elisabeths: Reinhardt schrieb zwei Jahre lang nicht von seinem Studienort an sie; auch „...konnte er sich des erlösenden Wortes nicht bewußt werden." (ebenda, Seite 312)
[321] Baumgart: Fall Asher, Seite 5.
[322] Vgl. Storm: Immensee, Seite 322f.
[323] Storm: Späte Rosen, Seite 437.

ist, sondern auch eine Anspielung auf die gleichnamige Novelle vorliegt. Düsterhenns Hoffnung auf ein erneutes Aufflammen der Leidenschaft, die sicherlich schon verblühte Schönheit seiner einstigen Angebeteten sowie die sexuelle Unterfütterung seiner Gedanken an „Fiethe Methe" finden sich in der Novelle Storms widergespiegelt.[324]

Nicht explizit genannt wie Storms „Immensee", dennoch aber im Text unterschwellig präsent ist der heute völlig vergessene Literaturnobelpreisträger Carl Spitteler. Spitteler erhielt 1919 das „Stigma der Mittelmäßigkeit"[325] nach dem Wortlaut der Urkunde „...vor allem in Anerkennung seines machtvollen Epos *Olympischer Frühling*."[326] Ebenso wie in seinem Erstling „Prometheus und Epimetheus",[327] an den es anknüpft, versuchte Spitteler in seinem Hauptwerk Autobiographie, angeschaute Wirklichkeit und Kulturphilosophie auf einen tradierten Mythos zu projizieren. Allerdings wird der Mythos ohne ironische Brechung und ohne Beziehung zur Gegenwart wiederzubeleben versucht – ein entscheidender Unterschied zu anderen, gleichzeitig erscheinenden Mythenbearbeitungen wie z.B. Joyces „Ulysses", den „Josephs"-Romanen oder dem „Tod in Venedig" von Thomas Mann, die u. a. die Muster für Schmidts Arbeitsweise liefern. In Spittelers „Olympischen Frühling" wird Orpheus an einer Stelle genannt – allerdings nur als weiser Seher, der, entsprechend Spittelers von Johann Joachim Winckelmann geprägtem Antikebild, dem Apollinischen verbunden ist. Der zentrale Orpheus-Mythos seines Abstiegs in den Hades fehlt.

Es sind aber nicht Spittelers mythologischen Epen, die in „Caliban über Setebos" anklingen, es ist der psychologische, stark autobiographisch geprägte Roman „Imago" von 1906.[328] In halb pathetischem, halb ironischem

---

[324] Die Rose ist – spätestens seit dem spätmittelalterlichen „Rosenroman" – ein allbekanntes Symbol der sinnlichen Liebe.

[325] So die von Schmidt in diversen Polemiken gegen den Nobelpreis für Literatur geschärfte Malediktion; vgl. Schmidts Aufsatz selbigen Titels mit dem Anfangssatz: „Und gleich den Schock vorweg: ich meine den Nobelpreis für Literatur!!" (Schmidt: Stigma, BA III/3, Seite 295).

[326] Wilhelm (Hrsg.): Literatur-Nobelpreisträger, Seite 348; auf Seite 351 Abbildung der Urkunde mit dem schwedischen Originaltext.

[327] In diesem parabolischen Epos tritt unter den Mächten des Bösen auch der *Leviathan* auf – *eine* der Quellen für die die (frühen) Werke Schmidts durchziehende Privatmythologie der „leviathanischen Welt". In Schmidts Bibliothek findet sich unter vielen anderen Werken Spittelers (darunter die hier angesprochenen) sowohl die ursprüngliche, als auch die überarbeitete (unter dem Titel „Prometheus der Dulder" 1924 gekürzt und in der Versepos-Form des Hauptwerkes „Olympischer Frühling" erschienen) Ausgabe von „Prometheus und Epimetheus" (vgl. Gätjens: Bibliothek, Seite 175f).

[328] Über seinen Roman „Imago" schrieb Spitteler: „Seit vierzehn Monaten schaffe ich unselig etwas Unseliges: ein Prosabekenntnis: die Liebesgeschichte des Felix Tandem [= von Spitteler für seine frühen Werke benutztes Pseudonym] in dem Jahre, als er den ‹Prometheus› schrieb. (...) Denn das ist nicht nur so ein Kunstwerk, son-

Ton wird die Geschichte des Dichters Viktor erzählt, der in seine Heimatstadt zurückkehrt, um die ihm in seiner Imagination von seiner Muse einstmals zur Braut gegebene *Theuda* zu suchen. Er findet seinen Jugendschwarm jedoch als verheiratete Frau – ihren Mann nennt er konsequenterweise nur seinen „Statthalter" – vor, die er ob dieses „Verrats" nun *Pseuda* (= die Falsche) nennt. Erst nach mannigfaltigen Seelenverwicklungen schafft es Viktor, wieder abzureisen.[329]

Möglich wird die Lösung aus den Verstrickungen durch die nun endgültig erreichte Trennung der realen Pseuda von seinem Idealbild Theudas. Dieses Idealbild wurde in der von Viktor imaginierten „Entscheidungsstunde seines Lebens",[330] seiner Berufung zum Dichter und der Theudas zu seiner Braut, von seiner „Strengen Herrin", seiner Muse, umgetauft: „Da neigte meine Freundin ihr Haupt, und meine Herrin taufte sie mit dem Namen Imago."[331] Jene *Imago* ist das Ergebnis seiner Sublimationsleistung, die Aufhebung der ihn quälenden Liebesneigung; auf sie projiziert Viktor sein Wunschbild von Theuda als seiner keuschen Gefährtin. Theuda, seine Liebe für sie, ist das Opfer, welches er seiner „Hohen Herrin" bringen muß – was ihm leichter fällt seit sie ihm als gewöhnliche, anderweitig verheiratete Frau zur „Pseuda" geworden ist. Als Preis erhält er dafür von seiner Muse

> „...Imago; nicht die unechte menschliche Imago, namens Theuda, die Frau des Statthalters, sondern die Wahre, die Stolze, die Seine."[332]

Die Parallelen zu „Caliban über Setebos" sind augenfällig. In „Caliban über Setebos" wird das Spiel mit den unterschiedlichen Namen der weiblichen Hauptperson aufgenommen. Düsterhenn kannte seine Jugendliebe in Schlesien unter dem Namen *Fiete Methe*, wobei das schlesische 'Fiete' wohl für Friederike steht:

> „‹Und sie hieß Fiete› : ‹wie zur Zeit weiter?› wußt'ich nich;
> METHE ja wohl schwerlich mehr. Immer vorausgesetzt, daß jener Natter (...) sie je geheiratet.....?" (CüS 228f/BA 478)

---

      dern es ist Herzblut. Für meine Lebensgeschichte also, für meine Biographen wird es das allerwichtigste Dokument sein. Ich erscheine in allen meinen Werken verhüllt und maskiert, hier zeige ich meiner Seele kleinste Fasern." (Brief an Grete Klinkerfuß vom 21.10.1905; zitiert nach Stauffacher: Spitteler, Seite 598f).

[329] Den hier skizzierten tragischen Gang der Dinge erlebte und erlitt Carl Spitteler alias Viktor in der Realität mit Ellen Brodbeck, der Stieftochter seines Freundes, des Schriftstellers Joseph Viktor Widmann, die zur „Pseuda" wurde, als sie den Germanistikprofessor Ferdinand Vetter (gleich dem „Statthalter" ein Gelehrter) heiratete, nachdem zwei Jahre zuvor Spitteler nach langen Schwanken, auch um des entstehenden Werkes willen, auf eine Ehe mit ihr verzichtet hatte (vgl. ebenda, Seite 280 – 284, 300 – 303 und 606 – 608).

[330] Spitteler: Imago, Seite 285.
[331] Ebenda, Seite 292.
[332] Ebenda, Seite 436.

Seine Fiete wird sich in Schadewalde als die alt, häßlich und vulgär gewordene *Rieke*, wie sie vom Wirt und seiner Frau genannt wird, entpuppen. Düsterhenn selbst hingegen sucht im Grunde nur sein idealisiertes Bild, zu dem seine unerreichte Jugendliebe geworden ist: er sucht *SIE*. Gleich einem frommen Juden die Nennung des Namens vermeidend, bezeichnet das in kursive Majuskeln gesetzte Wort den Grad der Idolisierung Riekes durch Düsterhenn – und bricht diese Übersteigerung zugleich ironisch.

Die verwendeten Namen in den beiden Texten lassen sich also parallelisieren: die Theuda Neukomm[333] der Fiete Methe, die Pseuda der Rieke und Viktors Imago entspricht Düsterhenns „*SIE*". Letztere ist ein(e) „Imago" auch in umfassenderen Sinne. Denn Spittelers Roman „Imago" wurde vom Wiener Kreis um Freud begeistert aufgenommen und zum psychoanalytischen Begriff geformt.[334] Dieser erfaßt eben die imaginäre Vorstellung, welche den Modus der Wahrnehmung des anderen bestimmt, ohne der Verankerung in den realen Wesenszügen des Objekts zu bedürfen.[335] In diesem Sinne stellen sowohl die *Imago* von Spittelers Roman, als auch jene *SIE* in „Caliban über Setebos" eine erste, reine, poetische Liebe dar, welche völlig vom auslösenden Objekt getrennt ist.

Denn wie in „Caliban über Setebos" hat es auch in „Imago" nie eine reale Liebesbeziehung zwischen Viktor und Theuda gegeben, auch hier gibt es nur „„...die Erinnerung an gemeinsam verlebte Stunden, zwar von nichtigem Ereignisgehalt, doch von ewigem Poesiewerte (Parusie nenne ich jene Stun-

---

[333] Ebenda, Seite 275 (man spricht von einem verdienstvollen Staatsmann): „Beiläufig verlautete auch sein Name – Neukomm. halt, hast du gehört? Neukomm? So hatte ja auch sie geheißen." In „Caliban über Setebos" ist es ebenfalls eine 'höhere Tochter' an die sich der Erzähler wehmütig erinnert: „[(] Als *SIE* noch ‹Fiete› hieß.) – Ich seufzte." (CüS 232/BA 481)

[334] „Daß in Spittelers Werk nicht nur das sonderbare Schicksal des Künstlers, sondern seelische Vorgänge von allgemeiner Gültigkeit abgebildet waren, sollte kurz nach dem Erscheinen des Romans von der aufstrebenden psychoanalytischen Wissenschaft entdeckt werden. Die Spaltung der Geliebten in 'Wirklichkeit' und 'Imago', der Vergleich des triebhaften Innenlebens mit einer Menagerie selbständiger, zum Teil chaotischer Strebungen, bestätigte nicht nur deren aufsehenerregende Diagnosen und Experimente, sondern lieferte zu den noch umstrittenen Theorien eine Reihe so überzeugender Illustrationen, daß Sigmund Freud sich 1912 auf den Vorschlag Carl Gustav Jungs veranlaßt sah, seine 'Zeitschrift für Anwendung der Psychoanalyse auf die Geisteswissenschaften' kurzerhand 'Imago' zu nennen." (Stauffacher: Spitteler, Seite 610)

[335] Vgl. Laplanche/Pontalis: Vokabular, Seite 229: „Imago wird oft als 'unbewußte Vorstellung' definiert; aber viel mehr als ein Bild muß man ein erworbenes imaginäres Schema darin sehen, ein statisches Klischee, nach dem das Subjekt den anderen erfaßt. Die Imago läßt sich demnach ebensogut durch Gefühle und Verhaltensweisen objektivieren wie durch Bilder. Fügen wir noch hinzu, daß sie nicht als eine Widerspiegelung des Realen, auch nicht des mehr oder weniger entstellten Realen verstanden werden darf; so kann die Imago eines schrecklichen Vaters sehr wohl mit einem real farblosen Vater übereinstimmen."

den für mich)...".[336] Düsterhenns Einsicht in den Charakter seiner „‹Boyisch POE-it laww›" (CüS 294/BA 523), nämlich „...daß das-damals ja mit ‹Liebe› überhaupt nichts zu tun gehabt hatte (...) schönfarbige Gedankenspiele waren das, nichts weiter; durch Zuphall an zu-Felligem befesticht..." (CüS 298/BA 526), wird in „Imago" durch den Begriff der Parusie, den Viktor selbst in seinem Bekenntnis über die Entstehung des 'Theuda/Pseuda/Imago'-Komplex verwendet, von Beginn an verdeutlicht: es ist die Gegenwart der Idee einer idealen Imago in der realen Theuda, die hier 'Liebe' auslöst. Auch Viktors 'Poetenliebe' besteht darin,

> „...eine Frau durch einen Vorgang gebunden zu glauben, von dem sie nichts weiß und auch nicht wissen kann; einen Vorgang, der einzig in Ihrer [= Viktors] Phantasie geschah: durch ein erträumtes Verlöbnis...",

wie es Viktors mütterliche Freundin Martha Steinbach ungläubig zusammenfaßt.[337] Stärker noch als in „Caliban über Setebos" wird bei diesem „Verlöbnis" der reale sexuelle Verzicht herausgestellt: bei Viktors Vision seiner Dichterweihe erwidert ihm die imaginierte Theuda

> „[']...ich begriffe und fühlte nicht, daß es unendlich ehrenvoller und beglückender ist, deine gläubige Begleiterin auf der kühnen Bergstraße des Ruhmes zu sein, als deine geschäftige Gattin und Kinderfrau? Komm, laß uns gemeinsam unsere Herzenswünsche zu Füßen der Strengen Frau niederlegen, einen edleren Bund vor ihrem Antlitz schließend als den gemeinen Geschlechterbund vor dem Altar der Menschen, den Bund der Schönheit mit der Größe! Ich will dein Glaube, deine Liebe und dein Trost sein, und du weißt mein Stolz und mein Ruhm sein, bis mich erbärmliches vergängliches Geschöpf zum Symbol verklärt, in die Unsterblichkeit hinüberrettet.'"[338]

Der reale Verzicht wird so geradezu zur Bedingung dichterischer Größe Viktors und zur poetischen Überhöhung Theudas. Der Verzicht auf die geliebte Frau trotz Viktors Einbildung, daß einst „...sechs lange Monate das Glück geduldig vor seiner Tür auf- und abwandelte..."‚[339] die Verwandlung der angebeteten Frau in einen Generator zur Erzeugung von Kunst entspricht dem von Klaus Theweleit an mehreren Beispielen aus der europäischen Kunst- und Literaturgeschichte aufgezeigten Orpheus-Schema: eine tote – oder, in diesem Falle, eine durch Sublimierung aus dem lebendigem Objekt der vitalen Libido in ein statisches, 'totes' Symbol verwandelte – Frau wird eingemauert in das Fundament der vom Mann geschaffenen Kunst, Orpheus besingt trauernd seine Eurydike.[340] Diese Konstellation kommt in den in „Caliban über Setebos" zitierten Werken mehrfach vor – damit verweist Schmidts Text in vielfachen Spiegelungen auf diese „Orpheus"-Konstellation.

---

[336] Spitteler: Imago, Seite 286.
[337] Ebenda, Seite 298.
[338] Ebenda, Seite 291.
[339] Ebenda, Seite 404.
[340] Vgl. Theweleit: Könige I; ausführlich dazu siehe unten Kapitel V.2. .

Die Nähe zur Orpheusthematik muß auch der für mythologische Themen sensible Spitteler gespürt haben. Folgerichtig findet sich in „Imago", insbesondere in Viktors brieflichen Bekenntnis über die „Entscheidungsstunde seines Lebens" und Martha Steinbachs Erwiderung, zahlreiche Anspielungen auf den Orpheus-Mythos.[341] So erscheint Viktor ein Bild Theudas nach *Pseudas* „Verrat" „...wie das Bild einer Verstorbenen."[342] Und emphatisch schließt er seinen Bekenntnisbrief:

> „Mein ist die Strenge Frau, mein ist Imago; jene für mein Werk, meinen Beruf, meine Größe, diese für meine süße Liebe; der Rest ist Unrat. Der irdischen Weiber scherz ich..."[343]

– worauf ihn Martha Steinbach vor möglichen Mänaden warnt: *„Und geben Sie acht, daß die irdischen Weiber nicht Ihrer ›scherzen‹!"*[344] Die Pathetik Viktors schlägt in der den Orpheus-Anklang im kursiven Satz verdeutlichenden Replik wieder in eine ironisierende Sprechweise um. Dieser halb pathetische, halb ironische Duktus der Prosa hält also auch die Verbindlichkeit und die Dignität des im „Imago"-Roman unterlegten Orpheus-Mythos in Schwebe, ohne jedoch die Würde des Mythos durch eine rein komische Travestie des Mythos preiszugeben.

Wie komische Travestie des Mythos in modernen Kunstwerken gestaltet sein müßte, das zeigten für Schmidt die Operetten Jacques Offenbachs. Sehr aufschlußreich für sein Verständnis Offenbachs ist eine Stelle aus einem Brief Schmidts vom 1. 3. 1966 an Hans Wollschläger:

> „Sie dürfen O. [= Offenbach] nicht von Text & Inhalt seiner Stücke abtrennen. Falls Sie später einmal Zeit finden sollten, den ganzen Komplex im (zeitgeschichtlichen) Zusammenhang zu studieren; dann werden Sie erkennen, daß es sich dabei um eine der geschicktesten & perfidesten Arten ›Opposition zu machen‹ gehandelt hat. Denn selbst ›ORFEUS‹ oder die ›SCHÖNE HELENA‹ sind nicht nur Travestien; sondern gehen aufs direkteste die damals ›regierenden Kreise‹ (Kaiser Nap.iii + seine Eugenie) sowie die hochsubventionierte Staatsreligion an. Das ist mir ein besonders sympathisches Element und fehlt eigentlich bei keinem von O.'s Produkten; ob ›BANDITEN / REISE ZUM MOND / PERICOLE‹ usw. Die Verwandtschaft zu HEINE ist viel enger, als Sie wohl meinen. (…) Neenee; I'm an old impfiddle; ich bleib bei OFFENBACH."[345]

---

[341] Vgl. Spitteler: Imago, Seite 286 – 303.
[342] Ebenda, Seite 296.
[343] Ebenda, Seite 297.
[344] Ebenda, Seite 302.
[345] Schmidt: Offenbach, Seite 147f.

In Anbetracht dieses 'Bekenntnisses' zu Offenbach ist es nicht verwunderlich, in „Caliban über Setebos" mehrere Anspielungen auf ihn zu finden.[346] Neben einzelnen Verweisen auf Operetten wie „Die Reise zum Mond" (CüS 265/BA 503)[347] oder „Ba-ta-clan" („Bataclán–Bataclán" CüS 245/BA 245) sind dies natürlich Anspielungen auf „Offenbachiade" „Orphée aux enfers" (Orpheus in der Unterwelt).[348] Am deutlichsten ist der Bezug im nur leicht abgewandelten Zitat des Couplets des Hans Styx („Als ich einst Prinz war von Arkadien..." ;[349] vgl. CüS 229/BA 479: „Mit 18, als ich noch Prinz war von Arkadien..."), der Plutos Faktotum ist wie Rieke dasjenige O. Tulps.[350] Sehr viel verdeckter sind Bezüge wie die umgeknickte Karte für die jeweilige Eurydike[351] oder die Nennung der Textautoren Hector Cremieux („‹Hectors Cremation›" CüS 248/BA 492) und Ludovic Halévy („...übrijns H. Levy mein Name..." CüS 281/BA 514).[352]

Daß Schmidt die Textautoren heraushebt, ist nicht nur im Licht der zitierten Briefstelle konsequent:[353] die sogenannten „Musikstellen" (Bur-

---

[346] Roland Burmeister (: Musikstellen, Seite 131, 132, 134 und 136) verzeichnet fünf offene Zitate, aber – wie es sich auch unten im Kapitel zu Richard Wagners „Meistersingern" zeigen wird – es gibt natürlich noch weitere, subtile Anspielungen.

[347] Die Operette basiert auf Jules Vernes gleichnamigen Roman und bietet Schmidt so die Möglichkeit der gleichzeitigen Verbeugung vor seinem „Hausgott" Verne. Zugleich schließt das Mondthema an dieser Stelle im „Caliban"-Text an die kurz zuvor beschriebenen DDR–Briefmarken mit Astronautenmotiven an – in der Verschränkung von Realität und mythischer Folie des Textes die Revenanten der Argonauten.

[348] „Mit dem 'Orpheus' war das Genre der Offenbachiade geschaffen. (...) Sie hielten dem Zweiten Kaiserreich den Spiegel vor und halfen es zugleich sprengen."; Kracauer: Offenbach, Seite 184.

[349] Offenbach/Cremieux: Orpheus, II/3/2, Seite 49.

[350] Ebenda, II/3/3, Seite 52; vgl. CüS 242/BA 488: „„...erst die Frau; die ihrerseits wiederum ‹Rieke› Bescheid sagen sollte; anschein'nd irgend'n Fuck-Totum)." Die Verschreibung des Wortes „Faktotum" deutet wohl auf Riekes Rolle in Tulps Haus, wie sie sich in der Szene mit dem Knecht offenbart, voraus.

[351] Vgl. Offenbach/Cremieux: Orpheus, II/3/4, Seite 53 sowie CüS 297f/BA 525.

[352] Auch wenn als Autor des Librettos nur Hector Cremieux genannt wird, so hatte doch Ludovic Halévy einen bedeutenden Anteil als „stiller" Mitautor, der aus Rücksicht auf seine Stellung als Staatsbeamter nicht als einer der Autoren genannt werden wollte – dafür wurde ihm das Stück gewidmet (vgl. Faris: Offenbach, Seite 67). Michael Neuner, der Halévys Mitarbeit, trotz seines Verweises auf Kracauers Offenbach-Biographie, die diese Zusammenhänge auch zeigt (Siehe Kracauer: Offenbach, Seite 174f), bestreitet, interpretiert den „Kalauer", den Schmidt sich mit Halévys Wiederauferstehung im jüdischen Kondomhändler H. Levy leistet, mit dem Verweis auf die Operette „Pariser Leben", deren Libretto ersterer schrieb, während der Schmidtsche Revenant „...auf seine Präservativautomaten angewiesen, ebenfalls ein 'Pariser'-Leben..." führe (Neuner: Flucht, Seite 51f).

[353] Und richtig beobachtet, wie der Musikwissenschaftler Wolf Rosenberg bestätigt, wenn er schreibt, daß ohne Offenbachs „...literarische(n) Mitarbeiter Halévy und Meilhac bzw. Crémieux (deren Anteil übrigens genau so wichtig ist wie der Hofmannsthals an den besten Strauss-Opern)..." (Rosenberg: Offenbachs Aktualität,

meister) oder „musikalischen Zitate" sind selbstverständlich beinahe ausschließlich Zitate von Texten zur Musik, von Opern- und Operettenlibretti oder Liedtexten. Textfreie, absolute Musik läßt sich, sieht man von gewissen formalen Aspekten oder Beispielen „musikalisierter Sprache" (z.B. „Finnegans Wake" von James Joyce) ab, kaum in Literatur „überführen". Bezogen auf die in den Texten verkörperten Charakteristika von Opern, Liedern und dergleichen zitiert Schmidt aber auch aus dem Feld der Musik souverän und beziehungsreich, wie vor allem gegenüber Joachim Kaiser zu vermerken ist.[354]

So zielt auch Schmidts Hervorhebung des travestierenden Elements in Offenbachs Werken eher auf die textliche als die musikalische Seite, obgleich auch die musikalische Travestie paradigmatisch in den Offenbachiaden zu finden ist.[355] In der Literatur hat aber die travestierende Imitation der „Tonhöhe" eines anderen Autors eine eigene Tradition. Die Verbeugung vor Offenbachs „Orpheus in der Unterwelt" gilt also wohl dem *Beispiel* einer Mythostravestie, der Gesellschaftssatire und wohl auch der geschickten Einarbeitung der vielen Seitenhiebe auf andere Künstler.[356] Vorsichtig sollte man hingegen in der Einschätzung sein, Schmidt verarbeite die Mythen in den Erzählungen des Bandes „Kühe in Halbtrauer" im Sinne Offenbachscher

---

Seite 72) die Offenbachiaden nicht diese genau berechnete Mischung aus Travestie, Zeitkritik und Unterhaltung auszeichnen würde.

[354] Vgl. Kaiser: Sengers Phall, der, seinen Interessen gemäß, die „musikbezogenen Anspielungen" in „Caliban über Setebos" – wohl auch angeregt von einer feuilletonistisch-leichtfertigen Kennzeichnung des Schmidtschen Zitatverfahrens als „mahlerisch" (Wolfram Schütte, nach Kaiser: Sengers Phall, Seite 1) und leider die Kritikeräußerung vom Text Schmidts nicht genau trennend – untersucht und zum vernichtenden Urteil kommt, Schmidt „...betreibt Andeutungs-Hochstapelei, Tonfallschwindel." (Seite 6) Kaisers Urteil ist in der Folge häufig unreflektiert übernommen worden (z.B. Neuner: Flucht, Seite 55).

[355] So z.B. im Ausruf des von der „Öffentlichen Meinung", dem Chor, zur Rückgewinnung der Gattin gezwungenen Orpheus: „Ach, ich habe sie verloren." (Offenbach/Cremieux: Orpheus, I/2/7, Seite 45) in dem die Musik das Melos der Gluckschen Arie aufnimmt: „...Travestiesprache, Pathos betreffend, Pathos burlesk vom Fett befreinend.", wie schon Ernst Bloch befand, dem die Offenbachiaden als Muster musikalischer Travestien galten: „...beim Travestieren wird nicht nur die Sprachform, vorzüglich jene, in der es gar hoch und poetisch hergeht, witzig verkleinert; sie kann ebenso auch durch manch burleskes Unerwartetes, nämlich Verhülltes, bereichert werden. Besten Genuß dieser Art liefern Offenbachs zahlreiche musikalische Travestien..." (Bloch: Beckmessers Preislied-Text, Seite 213 und 209).

[356] So z.B. die Bezeichnung der „...ganz gewöhnliche[n] Geigernatur..." Orpheus (Offenbach/Cremieux: Orpheus, I/1/2, Seite 19) als „Zukunftsmusiker" (Ebenda, Seite 22 und II/3/1, Seite 47) – eine boshafte Anspielung auf Offenbachs Antipoden Richard Wagner, dessen „Tannhäuser"-Bacchanal ebenfalls travestiert wird.

Travestien.[357] „Caliban über Setebos" ist zwar eine weitere Art der Mythentravestie, aber die Travestie ist viel verdeckter als bei Offenbach/Cremieux/(Halévy), die ihrem Personal die antiken Namen geben und sich stärker an die Fabel des Orpheus-Mythos anlehnen. Wichtiger noch ist, daß Schmidt gänzlich andere Ziele verfolgt indem er den Mythos am F/S-Code mißt, ihn psychoanalytisch interpretieren will. Des weiteren ist die politische Kritik und Satire – zumindest gegenüber dem brieflich so gelobten Vorbild der Offenbachiaden – nicht so stark ausgeprägt, hat in der „Kühe"-Sammlung gegenüber den Texten der fünfziger Jahre schon deutlich an Schärfe verloren und ist vor allem nicht mit der mythischen Folie verbunden. Man sollte also die Bedeutung der Offenbachschen Orpheus-Operette als Vorbild für Übersetzung, Aktualisierung und Travestie des Mythos bei Arno Schmidt als nicht sehr hoch einschätzen. Einen größeren Einfluß hatte „Orpheus in der Unterwelt" eher auf die surrealistische Orpheus-Travestie von Jean Cocteau, die viele Elemente mit der Offenbachiade teilt, jedoch beinahe nichts mit „Caliban über Setebos".[358]

Ein Gemeinplatz schon ist der Hinweis auf das Vorbild James Joyce, der mit „Ulysses" und „Finnegans Wake" auch für die Verarbeitung von Mythen im modernen Kunstwerk für Schmidt maßgebend war.[359] Angesichts dieser zur Binsenweisheit gewordenen Einsicht wird es überraschend sein, daß Schmidt – zumindest in „Caliban über Setebos" – weit über eine bloße Travestie des Mythos hinausgeht, seine Affinität zur mythischen Erzählweise außerordentlich ist. Dazu sei aber auf das Mythos-Kapitel dieser Arbeit verwiesen.

IV. 3. Ein Monster und sein Demiurg

An die Verarbeitung klassischer Mythen in „Caliban über Setebos" grenzt die Anspielung auf literarische Figuren, deren Wirkungsmacht ihnen im Laufe einer außergewöhnlichen Rezeptionsgeschichte eine quasi-mythische Existenz im Rahmen unserer Kultur verschafft hat. Hierzu sind in Schmidts „Orpheus"-Geschichte z.B. die Teufels-, genauer die Mephistopheles-Figur und der im Titel schon genannte Caliban zu zählen.

Der Titel „Caliban über Setebos" verweist zunächst einmal auf William Shakespeares „The Tempest" („Der Sturm"). Caliban ist hier das mißgestal-

---

[357] So z.B. Ernst-Dieter Steinwender (: Odysseus, Seite 4), der in der Erzählung „Abenteuer in der Sylvesternacht" „...Züge einer Offenbachschen Mythen-Travestie..." sieht.

[358] Anzumerken wäre hier, daß sowohl Cocteau als auch Schmidt ein „sprechendes Pferd" im Personal ihres Werkes haben (bei Schmidt „‹Der Erste Schiffer›", der mit Pferdeattributen konnotiert ist (CüS 230f/BA 479f), wozu Schmidt in „Fiorituren & Pralltriller" anmerkt: „die Erinnyen unterbrechen das sprechende Pferd". Sehr fraglich ist allerdings, ob sich dies „sprechende Pferd" in den beiden Werken derselben mythologischen Herkunft verdankt.

[359] Vgl. dazu differenzierend Kapitel V.1..

tete Monster, welches im Bann der weißen Magie des Prospero, die stärker war als sein und seiner Mutter Sycorax Gott Setebos, diesem und seiner Tochter Miranda als Sklave Dienste leisten muß. Es war vor allem Alfred Andersch, der die Verbindlichkeit des Orpheus-Mythos als Folie von „Caliban über Setebos" bestritt und an dessen Stelle in Shakespeares „Sturm" den bestimmenden Anspielungshorizont von Schmidts Text sah:

> „Daß der Geist Shakespeares am Ende als stärker sich erweist denn die hellenische Struktur, ist offenbar: was da auf 90 Druckseiten an uns vorübergeistert, ist ein wild-zartes Rüpelspiel von unvergleichlicher Kraft, in seinem Spaß und Zorn kongenial dem Treiben auf den Brettern von Bankside und Clink."[360]

Die Charakterisierung als „wild-zartes Rüpelspiel" mag für Aspekte des Schmidtschen Textes vielleicht stimmen; Shakespeares letztes Theaterstück, in dem das Rüpelhafte auf die wenigen Szenen Stephanos und Trinculos geschrumpft ist, wird damit aber unter Wert gehandelt. Der „Sturm" ist ein ingeniös angelegtes Stück, welches auf kunstreichste Art nicht nur Themen wie Realpolitik und Utopie, Sexualität und Liebe, die Erschaffung der (Renaissance-)Welt aus Büchern, die Kolonialisierung während der elisabethanisch-jakobinischen Epoche, ja sogar weiße Magie und Dämonie verbindet,[361] es thematisiert sich zudem auch selbst als Theaterstück, als Inszenierung.[362] Es ist dieses Prinzip der „Vielfalt der Bedeutungsebenen"[363], welches das gemeinsame Prinzip des „Sturms" und „Caliban über Setebos" bil-

---

[360] Andersch: Düsterhenns Dunkelstunde, Seite 347.
[361] Vgl. zum letzten Punkt Arnold: Esoterik, Seite 219: „Die innerste Handlung des Sturms ist im Grunde diese: der Kampf zwischen der Hierarchie der Engel gegen die Nachkommen der Dämonen, jede der Legionen wird von einem Magier geführt, von einem Weißmagier auf der rechten, einem Schwarzmagier auf der linken Seite – Geister vom 'Baum des Lebens' (Einweihung) gegen die Geister vom 'Baum des Guten und Bösen' (wilde Leidenschaften). Im Verlauf von apokalyptischen Ereignissen siegt der Engel des Lebens über die Rasse des Schweins und des Raben, über Sycorax den Engel des Todes." Man sieht, in welchem Maße Shakespeares Dramen, insbesondere der „Sturm", Projektionsflächen des zeitgenössischen geistigen Kosmos sind. Prospero als Weißmagier, als Bücherkundiger und Gelehrter, als Dichter und Inszenator des eigenen Stücks ist, so bestimmt es Arnold, der neue, der Renaissance-*Orpheus* (ebenda, Seite 208).
[362] Vgl. Cornelia Czach, die zu Recht im „„...Tempest ein Stück über Kunst, Theater..." sieht und das „„...betont Artefakthafte und die extreme Fiktionalität des Stückes..." unterstreicht (Czach: Logik, Seite 164).
[363] So der Titel eines diesbezüglichen Aufsatzes von Boy Hinrichs zu Schmidts „Kaff auch Mare Crisium" und „Kühe in Halbtrauer", in dem er schreibt: „Die Mehrdeutigkeit, die dem ästhetischen Gebilde per se zu eigen ist, wird gezielt erweitert. Anders: Eine Bedeutungsebene, die, wie die Praxis jeder Interpretation lehrt, selbst schon mehrfache Deutungen zuläßt, wird mit zusätzlichen Bedeutungsebenen kombiniert, die ihrerseits wiederum mehrfache Deutungen zulassen. Auf diese Weise entsteht ein extrem weiter Interpretations-Spielraum." (Hinrichs: Vielfalt, Seite 121).

det, nicht das vermeintliche „wild-zarte(s) Rüpelspiel" wie Andersch es sieht. Jan Kott bringt dies in Bezug auf Shakespeares Dramen auf den Punkt, wenn er schreibt, diese seien

> „...nicht nach dem Gesetz der Einheit der Handlung gebaut, sondern nach dem Prinzip der Analogie, der doppelten, dreifachen und vierfachen Fabel, die dasselbe Grundthema wiederholt, sie sind ein System von konkaven und konvexen Spiegeln, die ein und dieselbe Situation spiegeln, vergrößern und parodieren."[364]

Es wird noch zu zeigen sein, wie sehr Schmidts „Caliban" diesem von Kott für Shakespeare aufgezeigten „Prinzip der Analogie" und der mehrfachen Fabel entspricht.

Shakespeares Caliban selbst wird von vielen Autoren vorrangig psychologisch gedeutet; sei es zurückhaltend–allgemein formuliert wie von Max Lüthi („Caliban verkörpert die dumpf begehrliche, geistlose Seite im Menschen..."[365]) oder Walter Naumann (Caliban als „...Allegorie des unbefreiten irdischen Anteil im Menschen...", des Teils, „...der immer in einem Zustand verharrt, wo er von den schlimmen Mächten seiner Natur beherrscht wird."[366]), sei es freudianisch gefaßt wie bei Günter Auerbach („Der fischgestaltige Caliban ist eindeutig eine Projektion des unterdrückten Es, und zwar in der kannibalistischen Phase..."[367]), Caliban ist das zur Sprache gekommene Unbewußte, wie es bei Shakespeare in dem bekannten Fluch Calibans angedeutet ist: „Ihr lehrtet Sprache mich, und mein Gewinn / Ist, daß ich weiß zu fluchen. Hol die Pest Euch / Fürs Lehren Eurer Sprache!"[368] Als solches wird der „Caliban"-Aspekt Düsterhenns ebenfalls interpretiert; Düsterhenns Erinnerung an die Reaktion seiner Eltern auf seine erste Dichtung stellt die Parallele zu der oben zitierten Stelle aus dem „Sturm" dar:

> „...(hatten doch auch meine Eltern, nachdem meine ersten experimentellen Dichtungen erschienen waren, mir in einer, von beiden Teilen unterfertigten Handveste, kund & zu wissen getan, wie sie sich nachträglich schämen müßten – ja, ‹genieren›, (was in ihrer Sprache einen stärkeren Grad derselben Empfindung ausdrückte) –

---

[364] Kott: Shakespeare heute, Seite 300; Kotts Analysen zu Shakespeare haben auch nach 30 Jahren nichts von ihrer faszinierenden Tiefe und Gültigkeit verloren.
[365] Lüthi: Shakespeares Dramen, Seite 308.
[366] Naumann: Dramen Shakespeares, Seite 533.
[367] Auerbach: Sachgehalt, Seite 103.
[368] Shakespeare, Sturm, I/2, Seite 44; siehe auch ebenda, I/2, Seite 43f: „Schnöder Sklav, / In welchem keine Spur des Guten haftet, / Zu allem Bösen fähig! Ich erbarmte / Mich deiner, gab mir Müh, zum Sprechen dich / Zu bringen, lehrte jede Stunde dich / Dies oder jenes. Da du, Wilder, selbst / Nicht wußtest, was du wolltest, sondern nur / Höchst viehisch kollertest, versah ich dich / Mit Worten, deine Meinung kundzutun. / Doch deiner niedern Art, obwohl du lerntest, / Hing etwas an, das edlere Naturen / Nicht um sich leiden konnten...".

ein solches Mondcalb in die Welt gesetzt zu haben.)" (CüS 240/BA 486).

Düsterhenn wird hier deutlich mit Caliban (der im „Sturm" zweimal als „Mondkalb" bezeichnet wird[369]) identifiziert. Analog wird man Calibans zuweilen *träumerische* Erlebnisweise seiner Welt(-bühne),[370] der Insel,

> („Die Insel ist voll Lärm, / Voll Tön und süßer Lieder, die ergötzen.../ (...) / Und manchmal Stimmen, die mich, wenn ich auch / Nach langem Schlaf erst eben aufgewacht, / Zum Schlafen wieder bringen: dann im Traume / War mir, als täten sich die Wolken auf / Und zeigten Schätze, die auf mich herab / Sich schütten wollten, daß ich beim Erwachen / Aufs neue zu träumen heulte."[371])

mit der Wahrnehmung Düsterhenns, die ebenfalls immer die 'Realität' zugleich mit ihren Ober- und Untertönen der Phantasie und des Unbewußten rezipiert, in Beziehung setzen können.

Die Umstandslosigkeit, mit der die Deutung Calibans als des „personifizierte[n] Unbewußte[n]" in Schmidts Text vorgenommen werden kann und zu weitreichenden, gleichwohl kaum im Text belegbaren Interpretationen der Rolle der Setebos führt,[372] ist sicherlich auch in der Gleichsetzung des „Unbewußten" Freuds und „Calibans", die Schmidt selbst in „Zettels Traum" vollzieht, begründet:

> „Sie [die „4.Instanz", d.Vf.] entzieht dem ubw große Energieträge; und bemächticht sich dessn StummlSprache – man kann sich also jetz mit diesm Caliban verständijn; ja, den unbeholfnen Wildn verspottn; und der wird sogar, widerstrebend überlistigt werdn: hört er doch seine plumpsche Redeweise reiznd=verfeinert & beiphallgewinnend schwatzn...".[373]

Die Funktion des Setebos als Verkörperung des Über-Ich in „Caliban über Setebos" ist damit aber in keiner Weise erwiesen. Selbst die Gleichung „Düsterhenn = Caliban" geht nicht so selbstverständlich auf: schon Alfred Andersch machte auf den Widerspruch aufmerksam, daß Arno Schmidt scheinbar Shakespeares Caliban, der bei seinem Mordplan gegen Prospero ausdrücklich zunächst die Vernichtung der Bücher fordert, aus denen dieser

---

[369] Vgl. ebenda, II/2, Seite 61 und III/2, Seite 67.
[370] Vgl. Kott: Shakespeare heute, Seite 306: „Prosperos Insel ist die Welt oder die Bühne"; die Insel ist mit ihrer Kombination von Hermetik und Überschaubarkeit die ideale Bühne für ein Welttheater (vgl. Czach: Logik, Seite 169), so wie es das inselartige Dorf Schadewalde für das Welttheater des Unbewußten und der Etyms ist.
[371] Shakespeare: Sturm, III/2, Seite 70.
[372] Vgl. Hink: Losung, Seite 17: „Daß es in der Erzählung in der Tat auch um das Verhältnis von Unbewußtem und Über-Ich geht, macht der Titel klar: 'Caliban' steht für das personifizierte Unbewußte, Setebos für die Autorität des Über-Ichs."
[373] Schmidt: Zettels Traum, Seite 916mm.

seine Macht bezieht,[374] zur Folie des Protagonisten Düsterhenn macht, der doch mit seinen Bücherwissen wenigstens in diesem Punkt deutlich dem Prospero näher steht.[375] Zudem bleibt auch ansonsten der Bezug zum Stück Shakespeares recht vage, die fehlenden Anspielungen laden zu Spekulationen ein.[376] Der „Sturm" scheint also wenig Aufklärung über die Bedeutung des Titels „Caliban über Setebos" für den so benannten Text zu bieten.

Eigentlich angespielt wird aber nicht auf Shakespeares „Tempest", sondern auf ein Gedicht von Robert Browning, dessen Titel die direkte Vorlage des Schmidtschen ist: „Caliban upon Setebos; or: natural theology in the island".[377] Browning bezieht sich darin zwar auf das Stück Shakespeares, man sollte aber die Verankerung im „Sturm" nicht überbewerten, da sonst der Blick für das Wesentliche des Textes, die „natural theology", verlorengeht bzw. zu einfach beantwortet wird.[378] In diesem „dramatic monologue" – eine von Browning entwickelte, nicht für Bühnenzwecke geschriebene Form eines lyrischen Soliloquiums – reflektiert der von Prospero und seiner weißen Magie besiegt und unterdrückte Caliban über das Wesen der Welt, d.h. seine Welterfahrung auf der Insel und über seinen und seiner Mutter Gott Setebos. Dieses Nachdenken wird Caliban – angesichts des Weltprinzips des blinden, grausamen Schicksals:

> „'Am strong myself compared to yonder crabs / That march now from the mountain to the sea; / 'Let twenty pass, and stone the twenty-first, / Loving not, hating not, just choosing so." („'Bin selber mächtig verglichen mit jenen Krabben / die nun vom Berg

---

[374] Shakespeare: Sturm, III/2, Seite 69: „Denk dran, dich erst der Bücher zu bemeistern, / Denn ohne sie ist er nur so ein Dummkopf, / Wie ich bin, und es steht kein einz'ger Geist / Ihm zu Gebot. (...) / Verbrenn ihm nur / Die Bücher!"

[375] Vgl. Andersch: Düsterhenns Dunkelstunde, Seite 348: „Welche innerste Spannung zum Wesen des *poeta doctus* gibt Arno Schmidt das Paradox ein, sich ausgerechnet Caliban zur Gestalt des Geistes–Aufruhrs zu wählen? Wir können nur raten."

[376] So stellt Andersch Charakter und Verhalten von Shakespeares Caliban geradezu auf den Kopf, wenn er schreibt: „Der einsame, hochgebildete Caliban im Aufruhr gegen Setebos." (ebenda, Seite 354).

[377] Wie gut Schmidt Brownings Text kannte, geht allein schon daraus hervor, daß er in einem nicht lange nach „Caliban über Setebos" entstandenen Essay fast fehlerfrei aus dem Gedächtnis zitiert: „›Let 20 pass, and stone the 21st; not loving, hating not, but choosing so‹ (BROWNING)." (Schmidt: Unsterblichkeit für Amateure, BA III/4, Seite 322); vgl. Browning: Caliban upon Setebos, Vers 102f, Seite 96.

[378] Vgl. dazu die Arbeit von George Roy Elliott, die die Abhängigkeit des Gedichts Brownings von Shakespeares Stück so akribisch nachzuweisen sucht, daß sich Elliott zu einem – wie nachfolgend wohl deutlich wird – zumindest simplifizierenden Fehlurteil bezüglich der Theologie Calibans verleiten läßt: „The 'natural theology' of the poem is simply distilled from the play." (Elliott: Shakespeare's significance, Seite 149).

zur See wandern; / 'Laß zwanzig passieren und steinige die einundzwanzigste; / nicht aus Liebe oder Haß, nur so gewählt.")[379]
zu einer negativen Theodizee, die sich als Anklage artikuliert:

„He doth His worst in this our life, / Giving just respite lest we die through pain, / Saving last pain for worst, – with which, an end." („Er handelt schlecht an uns in diesem unserem Leben, / gibt nur Atempausen bis wir an den Plagen sterben, / hebt gar das Schlimmste als letzte Plage auf, – mit dieser endet es.").[380]

Untermauert ist diese Weltklage mit mannigfaltigen „intime[n] Einzelbeobachtung[en], plastisch & elementar" (CüS 244/BA 489), die für Astrid Schleinitz sich zum „Topos der negativen Schöpfung" verdichten – der den verbindenden Aspekt zwischen Brownings und Schmidts Text darstellt.[381] Damit erfaßt zwar ihr Aufsatz zum Titel der Erzählung Schmidts die Bedeutung der unzähligen, detailliert geschilderten Realitätspartikel beider Texte als Akkumulation illustrativer Beispiele zur These von der schlechtesten aller Welten. Indem Schleinitz es aber verabsäumt, der Relevanz von Untertitel und dem als Motto benutzten Bibelzitat[382] in Brownings Gedicht für die in Beziehung gesetzten Texte nachzugehen, verfehlt sie die wesentliche Konvergenz, den eigentlichen Anknüpfungspunkt des Schmidtschen Textes.

Der interessanteste Aspekt der naturwüchsigen Theologie Calibans ist seine Überzeugung von der Unvollkommenheit der Welt und somit auch seines Gottes Setebos: „Who made them weak, meant weakness He might vex." („Wer sie [= die Dinge] unvollkommen machte, verweist auf die Unvollkommenheit, die Er hervorrief.")[383] Zwar heißt es von Setebos „He is strong and Lord" („Er ist mächtig und Gott")[384], aber „He could not, Himself, make a second self / To be His mate..." („Er konnte sich selbst nicht ein zweites Ich schaffen, / Welches sein Kamerad wäre...")[385]; und ebenso wie sich Calibans Gott kein Ebenbild erschaffen konnte, schuf er auch nicht das gesamte Universum:

„Setebos, Setebos and Setebos! / 'Thinketh, He dwelleth i' the cold o' the moon. / 'Thinketh He made it, with the sun to match, /

---

[379] Bowning: Caliban upon Setebos, Vers 100 – 103, Seite 96.
[380] Ebenda, Vers 253 – 255, Seite 101.
[381] Schleinitz: Anmerkungen, Seite 41: „Es soll gezeigt werden, wie der [= Schmidts] Text neben dem Orpheus-Thema eine 'Oberstimme' aufweist, die um den Topos der negativen Schöpfung kreist...", welcher sich durch den „erweiterten Kontext" des „Caliban upon Setebos" Brownings konstituiert.
[382] Vgl. Bibel: Psalmen, 50, 21: „Das hast du getan, und ich habe geschwiegen; da wähntest du, ich sei gleich wie du. Nun rüge ich dich und stelle es dir vor Augen."; der Vers wird Gott in den Mund gelegt, der die Gottlosen ob ihrer Übertretung der Gebote straft – die Parallele zu Brownings Caliban ist deutlich.
[383] Browning: Caliban upon Setebos, Vers 172, Seite 98.
[384] Ebenda, Vers 99, Seite 96.
[385] Ebenda, Vers 57f, Seite 95.

> But not the stars; the stars came otherwise; / Only made clouds, winds, meteors, such as that: / Also this isle, what lives and grows theron..." („Setebos, Setebos, oh Setebos! / Ich glaube, Er weilt auf dem kalten Mond. / Glaube, Er machte ihn, ebenbürtig der Sonne, / doch nicht die Sterne; die Sterne kamen anderswo her; / machte nur die Wolken, Winde, Meteore, so etwas: / auch diese Insel und was darauf lebt und wächst...").[386]

Geschaffen hat dieser rätselhafte Mondgott also nach Calibans Auffassung nur den ihn unmittelbar betreffenden Welt- und Erfahrungsausschnitt; innerhalb desselben offenbart sich Setebos als rachsüchtiger, mittels Naturgewalten strafender Gott. Jenseits dieses Erfahrungsbereiches der „negativen Schöpfung", über dem dunklen, naturdämonischen Setebos wird damit für Caliban ein Gegengott der lichten, guten Seite des Kosmos denkbar: „The Quiet" („Die Stille" im Sinne von „der/das Verborgene, Verhüllte"). Im Verhältnis von Setebos und „The Quiet" offenbart sich die theologisch-philosophische Weltdeutung von Brownings Gedicht: „the something over Setebos / That made Him..." („dies Etwas über Setebos / das Ihn erschaffen hat...").[387] Ist schon Setebos aus dem Numinosen des „Quiet" erschaffen, so leitet sich die Schöpfung konsequenterweise letztlich aus diesem göttlichen Nous ab:

> „His dam held that the Quiet made all things / Which Setebos vexed only..." („Mutter glaubte, daß die Stille alle Dinge geschaffen hat / die Setebos nur hervorgerufen hat...").[388]

Hier zeigt sich nun in aller Deutlichkeit das Gottes- und Weltbild Calibans: es ist das des *Gnostizismus*. Setebos ist der Demiurg; selbst eine Emanation des Nous, der „Quiet", erschafft er als ursupatorischer Schöpfergott nur die Caliban erfahrbare Welt der dem Bösen verfallenen Materie. Der verborgenen, unbekannten Gottheit „the Quiet" wird hingegen die Erschaffung des Lichtes, der Sterne, der immateriellen Welt zugeschrieben, im Grunde aber die eigentliche Schöpferpotenz. Denn Setebos kann nur *hervorrufen*, was die Stille *geschaffen* hat.[389] Diese Unterscheidung nähert Calibans Gnostizismus

---

[386] Ebenda, Vers 24 – 29, Seite 93f.
[387] Ebenda, Vers 129f, Seite 97.
[388] Ebenda, Vers 170f, Seite 98. Daß Caliban von sich selbst in der dritten Person spricht (zuweilen aber auch in der ersten), ist eine zusätzliche Verständnisschwierigkeit des sprachlich ohnehin anspruchsvollen Textes. Browning leitete dabei möglicherweise die Intention, Calibans kindhaftes Gemüt herauszustellen: „Caliban speaks in the third person (does Browning make a slip when he changes occasionally to the first?) in order to have indicated the low order of his intelligence; just as a little child says, 'Don't hurt her: she hasn't done anything wrong.'" (Phelps: Browning, Seite 327f).
[389] An dieser Stelle zeigt sich die einander bedingende Komplexität von Sprache und religionsphilosophischen Gehalt von Brownings „dramatic monologue". Durch eine zu wörtliche Übersetzung der oben interpretierten zentralen Stelle verfehlt Astrid

dem Manichäismus, einer der einflußreichsten Strömungen innerhalb des Gnostizismus, an.[390] Auch hier ist es ein Demiurg, der die Welt der Materie *hervorruft*, da die ursprüngliche, gute Gottheit des Lichtes, der Immaterialität, sich mit der Schöpfung der dem Bösen verfallenen Dingwelt nicht verunreinigen will.[391] Die dualistische Weltsicht der Gegenüberstellung von schlechter materieller Welt und göttlich-guter Lichtwelt teilt Caliban; ebenso findet er wohl in sich selbst einen kleinen Anteil göttlicher Macht, spürt aber zugleich seine Verwurzelung in der von Setebos geformten, unentrinnbar der schlechten Materie verhafteten Welt der Insel. Selbst Calibans Vermutung

> „…that some strange day, will either the Quiet catch / And conquer Setebos, or likelier He / Decrepit may doze, doze, as good as die." („…daß eines fernen Tages entweder die Stille / Setebos holt und besiegt, oder Er eher / altersschwach einnicken möchte, als ob er stürbe."[392],

also die Auffassung der Endlichkeit selbst der Götter gegenüber dem einzig Unendlichen, dem chaotischen Urgrund der Welt, gehört, vermittelt über die altägyptischen Gottesvorstellungen[393], in den weiteren Umkreis der Gnosis.

---

[390] Schleinitz den entscheidenden Punkt des Verweises auf manichäistische Vorstellungen; statt für 'vex' das poetische 'hervorrufen/in Bewegung versetzen' zu setzen, nimmt sie das wörtliche 'ärgern/quälen', welches allerdings die Stelle semantisch im Dunkeln läßt: „Setebos erscheint als der schlechte Schöpfer, als Usurpator der blinden schaffenden Kraft des 'Quiet', der das Universum quält…" (Schleinitz: Anmerkungen, Seite 43).
Während ein die Forschung zusammenfassendes Handbuch zu Calibans Weltauffassung schreibt: „The 'natural theology' is Caliban's primitive speculation about the charakter of his God, Setebos, and allows the poet to glance obliquely at several strands of religious thought: stern Calvinism, the then fashionable Higher Criticism of the Bible and the contemporary debate about evolution." (The Wordsworth Companion, Seite 145), hat bisher nur Ian Jack den Bezug zur manichäistischen Gnosis in „Caliban upon Setebos" erkannt, jedoch dessen Bedeutung eingeschränkt: „There is little point in talking of Manicheism or the Gnostic Demiurg (with whom Caliban's conception of Setebos has a good deal in common)…(…) The thought is confused and muddy, and it is meant to be so." (Jack: Brownings major poetry, Seite 266). Jedoch macht es gerade angesichts einer kaum zum Licht der Vernunft gelangten Kreatur Sinn, sich über dessen „theologische" Weltsicht Gedanken zu machen – sagt doch selbst Browning mit dem Untertitel seines Gedichts, daß es ihm auf die Spekulation über die religiösen Anschauungen eines primitiven Wesens ankomme.

[391] Vgl. di Nola: Teufel, Seite 79 – 91, hier auf Seite 81: „Aber der gute Gott (…) emaniert oder 'erweckt aus sich selbst heraus' ein vermittelndes Wesen namens 'Mutter des Lebens'. Von ihr wird der Mensch des ersten Zeitalters, der Urmensch (…) hervorgerufen (Mani gebraucht niemals das Wort 'erschaffen'.)."

[392] Browning: Caliban upon Setebos, Vers 281 – 283, Seite 102.

[393] Die ägyptischen Götter „…altern und sterben und sinken am Ende der Zeit in den chaotischen Urzustand der Welt zurück." (Hornung,: Der Eine, Seite 159). Ebenso ist Schmidts „Leviathan" zwar gottgleich mächtig, aber endlich: „'Der Leviathan

Diese Elemente stellen den Anknüpfungspunkt von Schmidts „Caliban über Setebos" mit Brownings Gedicht dar: die Fragmente der gnostischen Religionsphilosophie.[394]

Wie oben schon gezeigt wurde, sind es ja nur wenige Stellen in der „Orpheus"-Erzählung Schmidts, die auf den Caliban des „Sturm" anspielen; eine offene Anspielung auf Brownings „Caliban upon Setebos" hingegen scheint es überhaupt nicht zu geben. Jedoch im Licht der oben herausgearbeiteten Elemente gnostischer Lehre in Brownings Soliloquium liest sich die Passage der „theologischen Reflexion" Düsterhenns als Variation dazu:

> „(Nicht daß ich das Leben en bloc zu verleumden gedächte: *ich weiß sehr wohl noch zu unterscheiden, ob der ganze Kosmos abnimmt, oder man bloß ich-selber*; aber das Meiste war schon ziemlich doof. Natürlich gab's auch ab & an ne gelungene Stelle im Universum; aber die Mehrzahl der Produkte jenes sete Boss war Fusch-Werk, schnell & schludrich, wie vo'm alten-frechen Handwerksburschen: wenn's n Buch wär', würde der Autor schon das seinige zu hören bekomm'm. Aber so kuschschtn se Alle.) – Ich unternahm noch einmal etwas gegen die Kühlte..." (CüS 309/BA 533f)

In der hier über Calibans Demiurgen „sete Boss"[395] und dessen unvollkommener Welt aufgebauten Parallele zu Brownings „Caliban upon Setebos" – des weiteren könnten noch das Lob der wenigen gelungenen Stellen im Universum (vgl. Calibans Verhältnis zur Sonne, zu den Sternen und dem Licht allgemein als Schöpfungen des „Quiet"), das „Kuschen" vor „sete Boss" (vgl. Calibans letztliche Unterwerfung, Vers 284ff) und die „Kühlte" der Welt (vgl. Setebos' Unfähigkeit „that He cannot change His cold", Vers 32) deformierte Zitate sein – schimmert auch in Schmidts Text die gnostische Grundierung durch. Auf die Gnosis wird einmal, dafür aber in verstärkender Verdoppelung, über das Epitheton des alten Briefmarkensammlers hingewiesen: „Was heischte mein gnostischer Tischg'noß?" (CüS 261/BA 501).[396] Diese Grundierung findet sich mit verschiedenen Zügen im gesamten Text

---

(...) – nicht ewig –?' (...) 'Seine Macht ist riesig, aber begrenzt. Daher auch seine Lebensdauer.',, (Schmidt: Leviathan, BA I/1, Seite 53).

[394] Ohne die Einsicht, daß die gnostische Lehre in Brownings Gedicht das *tertium comparationis* zu Schmidts „Caliban über Setebos" ist, bleibt der Bezug zu Browning ein blindes Motiv. Ralf Georg Czaplas Schwierigkeiten, beide Texte sinnvoll aufeinander zu beziehen, legt davon ein beredtes Zeugnis ab (vgl. Czapla: Mythos, Seite 300ff) – wie in anderen Interpretationen wird der Bezug zur Gnosis nicht erkannt.

[395] Auch in anderen Texten verwendet Schmidt den Namen „Setebos" als Chiffre für den Demiurgen der schlechten Welt; z.B. in BA III/4, Seite 306: „Ach du lieber Setebos".

[396] Damit wird hier eine weit schärfer gefaßte Weltverneinung formuliert als in der Parallele zur bisher als Folie dieser Passage schon erkannten Rede des Teufels aus Grabbes „Scherz, Satire, Ironie..." (s.o.); auch diese Stelle des Orpheus-Textes ist also – schon in Hinsicht auf die Zitate – *überdeterminiert*.

wieder: die Verweigerung der Fortpflanzung („Auch meine Freundinnen (...) hatten dergleichen immer klug zu vermaiden gewußt..." CüS 240/BA 486) mit dem komplimentären Lob der Sterilität („Wie herrlich unfruchtbar die Antennen-Figuren." CüS 229/BA 479),[397] der damit zusammenhängende Ekel vor dem Körper und dessen Funktionen: „...ich verzook angewidert den Mund, op des wullstijen Bocks-dorrt:!" – bei Düsterhenns Blick in den Spiegel (CüS 295/BA 524), „...es schtöhnte von irgendwoher, (wenn's der Deuwel wollte, kam das aus meinem Mund!); aber da ich Tiefen nicht schätze...(...)...wird halt alles kleiner-gröber, wenn man altered." (CüS 296f/BA 525f) als er Blähungen hat, „...hf-hf-ä, hf-hf-ä: *stinken* tat der Dreck!" – während des Urinierens (CüS 299/BA 526). Einer der Hauptglaubenssätze der gnostischen Lehre ist die allgemeine Priorität des Geistes gegenüber dem Körper, den Düsterhenn uneingeschränkt teilt (z.B. der vieldeutige letzte Satz des Textes: „(nu wenn schonn: bei einem anständigen Menschen lebt am Ende nur noch der Kopf!).–" CüS 316/BA 538). Das Welt- und Lebensgefühl Düsterhenns ist das des „schwarzgnostischen Psychikers" wie Peter Sloterdijk ihn beschreibt, dem im Bewußtsein „der Vergewaltigung zum Seinmüssen" in einer unrettbar schlechten Welt als trotzige Selbstbehauptung nur das „...Beharren auf dem Recht, beleidigt zu bleiben..."[398] verbleibt. Im Unterschied zu den oft bitter gezeichneten Protagonisten des Frühwerks ist dieses Lebensgefühl Düsterhenns etwas gemildert und gebrochen durch den Humor, der sich nicht zuletzt im Zuge der immer stärker

---

[397] Hier nimmt Schmidt in Form von May- (s.o.) und Rilke-Anspielungen (Rilke: Sonette, 1. XII, Z. 2 und 7: „...denn wir leben wahrhaft in Figuren. / (...) / Die Antennen fühlen die Antennen, /...", in der letzten Zeile der Sonette beschwört Rilke die *Fruchtbarkeit* der Erde: „Die Erde *schenkt*.") das gnostische Thema der Kinderlosigkeit auf: „Die Menschheit soll nicht fortgepflanzt werden, da dadurch nur immer neues Elend entsteht. (...) Diese ingrimmige Leibfeindlichkeit ist wiederum in ihrer Ansicht über den bösen Charakter der Materie begründet. Faßten sie doch das Böse als eine physische Qualität auf, welche mit der Materie unlösbar verbunden ist." (Nigg: Ketzer, Seite 43).

[398] Sloterdijks Beschreibung der geistigen und psychischen Konstitution dieser „schwarzgnostischen Psychiker" liest sich wie eine Charakterisierung vieler schmidtscher Protagonisten: „Sie sind die Weltkranken im vollen Sinn des Wortes, die *misfits* des Kosmos, die die Nachteile des Geborenseins bis zur bitteren Neige kosten. Gerade unter ihnen tritt häufig ein Effekt auf, der umschrieben werden könnte als eine Schrumpfung von Gnosis zu dunklem Existentialismus. Zu der weltkranken Melancholie dieser Psychiker gehört ein mutwilliger Funke – man möchte sagen: ein Stolz der Unheilbarkeit, der sich in der refraktären Verhöhnung aller Aufhellungstendenzen manifestiert. (...) Sie können weder die Welt noch sich selbst vergessen, sie leben als Gedächtnisse der Wut. Sie sind Pathetiker des Steckenbleibens, trotzige Opfer der Vergewaltigung zum Seinmüssen – ihr Selbstbewußtseinsfunke glüht im Beharren auf dem Recht, beleidigt zu bleiben." (Sloterdijk: Irrlehre, Seite 47; Psychiker meint hier die in gnostischer Einteilung mittlere Menschenklasse, die wohl des Glaubens, der Erkenntnis der Welt und der sittlichen Einsicht fähig ist, der aber die Erkenntnis Gottes verschlossen ist).

werkbestimmend wirkenden „Etym"-Theorie im Text etabliert. Hat man erst einmal die Unterfütterung des Textes mit gnostischem Gedankengut erkannt, erhalten selbst Details zusätzliche Facetten: so ist das Epitheton „agathodärmiges Cunteßchen" (CüS 303/BA 529) nicht nur eine Anspielung auf Wielands „Agathodämon", sondern eben auch auf die nach gnostischer Lehre um Einfluß auf die menschliche Seele kämpfenden guten Geistwesen.[399]

Es finden sich also im Text von den kleinsten Partikeln der gnostischen Lehre und Mythologie bis hin zu den bestimmenden Zügen des Ekels vor dem Menschen als einem Unterworfenen der bösen Macht der Materie und der Schmähung des Schöpfers einer solchen Welt des leviathanischen Prinzips von Fressen und Gefressenwerden viele Elemente, die Dietmar Noering als gnostische Konstanten im Werk Arno Schmidts bestimmt.[400] Unabweisbar zeigen sich die im Frühwerk besonders stark ausgeprägt zu finden (so vor allem als Folie der im „Leviathan" entwickelten Mythologie und Weltanschauung und in der Emanationslehre des „Faun"[401]) gnostischen Vorstellungen auch in „Caliban über Setebos".[402] Sie sind dort zudem in vielfacher Weise mit dem Bildbereich der Teufels- und Hexenvorstellungen verbunden – wie es ja auch in der realen historischen Entwicklung des Teufelsglaubens genetische Linien von gnostischen Vorstellungen aus gibt.[403]

In seinem Aufsatz „'Njus fromm hell'„ hat Axel Dunker ausführlich die Unterlegung des „Orpheus"-Textes mit einem „Hexen-'Substrat'" aufgezeigt, welches seine literarischen Folien unter anderem in Goethes Walpurgisnacht, dem Kapitel „The Mime of Mick, Nick and the Maggies" in Joyces „Finnegans Wake" und dem dort benutzten Gedicht „Tam O'Shanter" von

---

[399] Vgl. Walker: Gnosis, Seite 77: „Neben den Elementargeistern, die über die Sterne, Planeten und Naturelemente herrschen, gibt es den Gnostikern zufolge noch Heerscharen anderer unsichtbarer Wesen, die den Menschen zu beeinflussen versuchen. Geistwesen sind die ständigen Begleiter (*paredroi*) des Menschen; sie wohnen in ihm und kämpfen um den Besitz seiner Seele. Manche sind gut (*agathodaimon*), manche böse (*kakodaimon*), während andere nur registrieren, was der Mensch denkt, sagt und tut."

[400] Vgl. Noering: „Schwanz-im-Maul", Seite 9.

[401] Siehe Schmidt: Faun, BA I/1, Seite 330 – 332, hier „…finden wir ein völlig aufgearbeitetes gnostisch valentinianisches System aus den Schriften des Irenäus 'Gegen die Häresien'." (Noering: „Schwanz-im-Maul", Seite 7).

[402] Insbesondere Axel Dunker arbeitet „dualistische Prinzipien" in seinem Aufsatz zu „Caliban über Setebos" heraus und kommt damit auch auf die Gnosis zu sprechen (vgl. Dunker: Njus, Seite 21f).

[403] Nicht umsonst widmen Alfonso di Nola (vgl. Nola: Teufel, Seite 51 – 91) und Gustav Roskoff (vgl. Roskoff: Geschichte des Teufels, Seite 24ff et passim) in ihren Darstellungen des Teufelsglaubens den dualistischen Vorstellungen und den daraus entwickelten gnostischen Dämonologien breiten Raum. Axel Dunker gelangt folgerichtig von einer ausführlichen Diskussion der Teufels- und Hexenfolie in „Caliban über Setebos" zu den gnostischen Elementen im Text.

Robert Burns findet.[404] Auch Dunker vermerkt, daß der Teufel „eine klassisch dualistische" Instanz ist und „...Düsterhenn gerade am Ende der Erzählung immer mehr in eine Teufels-Figuration (...) und damit in ein eindeutig dualistisches Schema..." hineinwächst.[405] Teufel und Hexen sind volkstümliche dämonische Mythologeme, die Konflikte, unbegreifliche Phänomene, hemmende Bedingtheiten und Widerstreit in Natur und Geschichte in entfremdeter Verdichtung figurieren. Daß zu diesen Figurationen des von der Welt, wie sie sein sollte, abgespaltenen „Bösen" auch das nicht faßliche der menschlichen Seele, „...die Verwurzelung des existentiellen oder individuellen Bösen in unserem Inneren (...) , das in Form von bedrängenden Ängsten unterschwellig auf die menschliche Psyche einwirkt..."[406] und das verwirrende Phänomen unseres Trieblebens hinzutritt, konkretisiert ihre Erscheinung und erweitert sie in den Bereich der Sexualität. Sigmund Freud verengte seine Erklärung auf diesen Aspekt: „...der Teufel ist doch gewiß nichts anderes als die Personifikation des verdrängten unbewußten Trieblebens."[407] Und auch hier läßt sich beobachten, daß Schmidt in „Caliban über Setebos" der Sichtweise Freuds folgt: die Unterfütterung des Textes mit Hexen- und Teufelsanspielungen läuft auf den hochsexualisierten Hexensabbat der Frauen in der Scheune zu. Düsterhenn als Teufelsfiguration ist aufs engste verknüpft mit Analerotik und Geld, dem „analen Charakter".[408] Damit verengt Schmidt die Thematik, denn die Hexen, die Teufelsfigur, die zwischen Faszination, Verführung zu (auch sexuellen) Ausschweifungen und Abscheu oszilliert, das Monster Caliban, das trotz all seiner Triebhaftigkeit und verschlagenen Unterwürfigkeit auch Verständnis und Mitleid erwecken kann, schließlich sogar die Demiurgenfiguration des Browningschen Setebos in Schmidts Text sind Bilder, die sich der Mensch von der unbegreiflichen und stets die Ordnung der gewohnten Lebensbezüge bedrohenden Schattenseite des Daseins macht – und diese ist unleugbar umfangreicher als das Unbewußte.

---

[404] Vgl. Dunker: Njus, Seite 4ff, 12ff et passim; die Aufbereitung des Materials bei Dunker ist so gründlich und umfassend, daß hier ein Verweis auf diese Arbeit genügen mag.
[405] Ebenda, Seite 21 und 22.
[406] Di Nola: Teufel, Seite 20.
[407] Freud: Charakter und Analerotik, StA VII, Seite 29 (ausführlich führte Freud diesen Zusammenhang in seinem Aufsatz „Eine Teufelsneurose im siebzehnten Jahrhundert" (StA VII, Seite 283 – 319) vor).
[408] Vgl. ebenda, Seite 28f; hier wird der Zusammenhang zwischen Gold = Teufelsdreck („Ja, schon in der altbabylonischen Lehre ist Gold der Kot der Hölle, *Mammon = ilu manman.*" ebenda und dem zu Sauberkeit, Ordentlichkeit und Verläßlichkeit als „...Reaktionsbildung gegen das Interesse am Unsauberen, Störenden, nicht zum Körper Gehörigen..." (ebenda) tendierenden „analen Charakter" dargestellt. Wie eng sich Schmidt in „Caliban über Setebos" hier anlehnt, wird deutlich aus den Aufsätzen von Drews: Caliban Casts Out Ariel und Dunker: „Njus fromm hell", auf die hier verwiesen sei.

Die weit über die Projektion des Verdrängten hinausreichende schlechte Einrichtung der Welt wird in „Caliban über Setebos" mit der Anspielung auf die (gleichsam die volkstümliche Dämonologie abstrahierende und auf eine religionsphilosophische Ebene hebende) gnostische Lehre dem ersteren als 'Überbau' hinzugefügt. Die Gnosis mit ihrer ausgebauten Mythen- und Glaubenslehre faßt die unbegreifliche, bedrohliche, vor allem aber die böse Seite der Welt und der menschlichen Natur in ein von mythischer Phantastik bis zu philosophischer Abstraktion reichendes System. Es drängt sich die Frage auf, wie die in Schmidts Gesamtwerk zu beobachtende Grundstimmung eines (atheistischen) Gnostizismus mit der ab der mittleren Periode werkbestimmenden eigenwilligen Rezeption der Psychoanalyse harmoniert. Unter der Prämisse, daß die geistige Entwicklung jedes Menschen immer den sonderbarsten, auch widersprüchlichsten Einflüssen unterliegt, die individuell zu einer mehr oder weniger geschlossenen Weltsicht verschmolzen werden, sei hier eine Spekulation über diese Frage erlaubt.[409] Der gnostischen Auffassung vom Menschen als eines der Materie verhafteten Wesens mit einem (geringem) Anteil am göttlichen Geist[410] mag Schmidt die Freudsche Erkenntnis über den geringen Grad des bewußten Lebens im Gegensatz zur beinahe allbeherrschenden Steuerung durch die kreatürlichen (= materiellen) Triebe (das „Es") und die überindividuellen Normen, vertreten in der Instanz des „Über-Ichs", parallelisiert haben. Das gnostische Unbehagen an der Körperlichkeit, an der Gefangenschaft des Geistes im Kerker der Materie, fokussiert die Psychoanalyse in ihrer Lehre vom Primat somatischer Energien des „Es" über das „Ich", das bewußte, geistige Leben. Doch so, wie dem Gnostiker mit der Einsicht in sein Wesen der erste Schritt zur Überwindung desselben zukommt,[411] setzt die Psychoanalyse als Weg zur psychischen Gesundung, zum Heil, ihren kategorischen Imperativ: „Wo Es war, soll Ich werden."[412] Schmidts Theorie der „Vierten Instanz" erweitert die Selbstbefreiung des Geistes aus der Knechtschaft des Körperlichen, der somatischen Energien durch den souveränen Umgang dieser „Vierten Instanz"

---

[409] Ein Beispiel solchen Nachspürens der geistigen Entwicklung Schmidts, das zugleich Licht auf die Wurzeln seiner individuellen Freud-Rezeption wirft, ist Wolfgang Proß' Studie „Von Dacqué zu Freud", die sowohl den Bruch, als auch die Kontinuität zwischen Schmidts ursprünglicher Affinität zur Kulturtheorie Dacqués und seiner später einsetzenden Freud-Rezeption mit seiner Kritik am Mystizismus Dacqués nachzeichnet. Dacqué hat zugleich eine gewisse Nähe zur Gnosis (vgl. Proß: Von Dacqué zu Freud).

[410] Vgl. Nigg: Ketzer, Seite 41: „Der Mensch ist nach gnostischer Auffassung ein Mittelwesen, das zum Teil in die Materie versklavt ist und zum Teil aus Lichtsubstanzen besteht, die aus der oberen Welt stammen. (...) Das innerste Bedürfnis des Gnostikers geht dahin, aus dieser Situation befreit zu werden."

[411] Vgl. ebd.: „Sein [des Gnostikers; d.Vf.] symbolisches Denken war von der Überzeugung begründet, daß ihm durch die Erkenntnis reale Kräfte verliehen werden, welche den gespaltenen Seelenzustand zu überwinden vermögen."

[412] Freud: Neue Folge der Vorlesungen, StA I, Seite 516.

mit den Etyms, den sprachlichen Manifestationen des Unbewußten, um diesem gleichsam Bereiche seiner Herrschaft über das Individuum für das Ich abzugewinnen. Das sardonische Lachen der vierten Instanz über die Mechanik des triebhaften Unbewußten gleicht der Erkenntnis des Gnostikers über Aufbau und Funktion der demiurgischen Welt, die ihn zugleich ein wenig über diese erhebt; das befreiende Lachen ist der einzig erreichbare Triumph des Geistes über die versklavende Körperlichkeit, den Zwang der Drüsen.

Das schließt bei Schmidt die Anerkennung der Tatsache ein, daß die Welt eben von diesem Zwang, von den libidonösen Kräften des Unbewußten beherrscht wird. Daraus ergibt sich aber für den Gnostiker Schmidt eine sehr ambivalente Haltung gegenüber der Sexualität: einerseits sind die Texte (vor allem die späten) mit dem Thema Sexualität schon überfrachtet, geradezu „*oversexed*", und handeln es in einer Weise ab, die zuweilen das Maß des Erträglichen überschreitet; andererseits ist eine „...Grundeinstellung einer von Ekel und Angst besetzten Sexualität..."[413] zu konstatieren. Der Blick in die Texte Schmidts klärt über den Zusammenhang dieser diametral zueinander stehenden Tatsachen auf. Denn noch in „Julia, oder die Gemälde", dem letzten, unvollendet gebliebenen Typoskript Schmidts, erklärt eine der Alter ego Figuren des Autors mit gnostischem Stolz:

> „'Soll, Wer vom Affenabstammt, sich um Unendlichkeit kümmern? Ich jednfalls gedenke mich hier=untn nicht fortzuplanz'n. – ', (?'Libertinismus'?): 'Ich befinde mich – wie die Meisten – auf der Brücke vom Schlechten zum Schlimmeren. (Ich könnte auch sagen: ich sei von den Auserwählten: was kümmert's mich, was mein Körper tut? Wir, Gleichgiltigen, lassen den sinnlichen Begierden freien Lauf, da sie unsern Geist doch nicht zu beflecken vermögen; und bezeigen der Materie dadurch unsere Verachtung, daß Wir sie ihre Possen treibm lass'n. – ?–)'."[414]

---

[413] Albrecht: „Wo bleibt vor solchem Traum die Wirklichkeit", Seite 254; in Albrechts Aufsatz „zum Thema ‹Sexualität› bei Arno Schmidt" (Untertitel) wird zwar das Ambivalente im Verhältnis Schmidts zur „Sexualität" herausgearbeitet, der Grund dafür aber nicht erfaßt, da die Einsicht in die gnostischen Wurzeln dieses Unverhältnisses fehlt.

[414] Schmidt: Julia, Seite 64.

IV. 4. „Der Bäcker, der seine eigenen Brötchen anbetet": Rilke

Zu den am häufigsten zitierten Werken in „Caliban über Setebos" sind unbedingt Rilkes „Sonette an Orpheus" zu zählen.[415] Als eine der unstreitig bedeutendsten Neuinterpretationen der Orpheusfigur im 20. Jahrhundert durften sie in Schmidts Galerie der Rezeption dieses Dichtermythos' nicht fehlen. Schmidt reibt sich an Rilke, zugleich aber muß die intensive Präsenz der „Sonette" wohl konstitutiv zum Themeninventarium von Schmidts „Orpheus"-Text beitragen.[416] Denn die Vielzahl der Zitate ist auffällig: schon in einem ersten Zugriff konnte Robert Wohlleben einundvierzig Anspielungen auf Rilkes Werk ausfindig machen.[417] Mögen auch nicht alle von Wohllebens Zitatbefunden zwingend sein, so stehen dem andererseits noch eine Anzahl kryptischer Anspielungen und verkappter Bezüge zur Seite.

Ein Beispiel dieser etwas verdeckteren Zitation sei hier angeführt, da es zugleich ein weiteres Paradigma für Schmidts Art des mehrschichtigen, multifunktionalen Zitierens liefert.

In einem angehängten Kommentar erläutert Rilke das Sonett XVI des ersten Teils: „Dieses Sonett ist an einen Hund gerichtet. (...)...der, fast wie Esau ‹lies: *Jakob*. 1. Mose 27›, sein Fell auch nur umgetan hat, um in seinem Herzen einer, ihm nicht zukommenden Erbschaft: des ganzen Menschlichen mit Not und Glück, teilhaft zu werden."[418] Darauf anspielend sinniert Düsterhenn bei der ersten Begegnung mit Tulps Hund, den er mit „Worten und Fingerzeigen"[419] beruhigt, über Kirby: „...hatte wohl auch nur ein Fell umgetan, um nicht Mensch werden zu müssen..." (CüS 233/BA 482). Das Changement der Schadewalder Lebewesen zwischen Mensch und Tier wird mittels eines weiteren Zitats aus dem genannten Sonett fortgespinnt: der Galan, der sich in Tulps Kneipe um die Magd Rieke bemüht, wird als „...ä Sau in seinem Fell..." (CüS 267/BA 505) tituliert – eben der ungenau von Rilke

---

[415] Zwar stehen Rilkes „Sonette an Orpheus" im Vordergrund, doch finden sich auch Zitate aus anderen Werke Rilkes; so stammt die Wendung „‹DÜSTERHENN's Dunkelstunde›" (CüS 239/BA 486), die Schmidts Protagonisten während seines ersten lyrischen Ergusses einfällt, aus Rilkes „Buch vom mönchischen Leben" (vgl. Rilke: Stundenbuch I, Seite 254f: „ICH liebe meines Wesens Dunkelstunden, / in welchem meine Sinne Sich vertiefen; (...) Aus ihnen kommt mir Wissen, daß ich Raum / zu einem zweiten zeitlos breiten Leben habe."), dort die Zeit poetischer Inspiration und metaphysischer Bestimmung und Selbstversicherung des Dichters bezeichnende – rilkische Themen, denen nicht zuletzt die Kritik und der Spott von „Caliban über Setebos" gehört.

[416] So spricht Friedrich Ott davon, daß die Vielzahl der Rilke-Zitate in „Caliban über Setebos" „wesensbestimmend", „thematisch konstituierend" für den Text sind (Ott: Aufnahme, Seite 262).

[417] Vgl. Wohlleben: Übersicht. Einige weitere finden sich bei Schweikert: Rilke-Spiegelungen.

[418] Rilke: Sonette, Seite 772.

[419] Vgl. ebenda, 1. XVI, Seite 741.

zitierte „...Esau in seinem Fell." der letzten Zeile des Sonetts. Die mittels der Rilke-Zitate angedeutete fließende Grenze zwischen Mensch und Tier in Schadewalde verweist auf einen wichtigen Vorstellungsbereich des „Caliban"-Textes, der in der psychologischen und mythischen Tiefendimension des Textes wurzelt. Ebenfalls in mythische, über die Folienfigur des Orpheus und die Orphik gar in die mystische Dimension des Textes reicht hinter den oberflächlichen Witz die Anspielung auf den die Tiere ansprechenden Orpheus. Auf eben jene Verbindung zum Kreatürlichen spielt ja auch Rilke an.[420]

Bei diesen Beispielen liegt der Witz an der Oberfläche des Textes: mal derber, fast schon skatologisch im Falle der „Sau in seinem Fell", mal mit geradezu gefühlvollem Humor in Bezug auf den Hund. Die mythologischen Anspielungen unterhalb der burlesken Oberfläche des Textes sind hingegen weitgehend „witzlos", ohne komisches Element.

Andererseits aber gibt es auch Anspielungen, die ihren Witz erst preisgeben, wenn der Rezipient zumindest die mythologische Folie „Orpheus" schon erkannt hat. Die Frage der „Jägermädchen" bezüglich Düsterhenn: „...‹Ist er ein Hiesiger?›. 'Nain' erklärte der Wirt. Gab Ziarettn. Ging. & kam." (CüS 242/BA 488) erweist sich als eine Zitatcollage, die ihren hintergründigen Witz erst in den tieferen Schichten des Textes entfaltet. Gleich zweimal wird hier auf Rilkes Orpheusbild angespielt: auf den Beginn des sechsten Sonetts im ersten Teil („Ist er ein Hiesiger? Nein, aus beiden / Reichen erwuchs seine weite Natur."[421]) und die mehrmals gebrauchte Wendung des Kommens und Gehens.[422] Düsterhenns Reich der Dichtung ist nicht von dieser Welt: als halbgöttlicher Orpheus gehört er einer anderen Sphäre an als die Schadewalder Gesellschaft. Aus der Sicht Tulps als Totengott Hades und der ihn umgebenden Schatten der Gestorbenen ist Düsterhenn als Lebender ebenfalls kein „Hiesiger". Mit einfallsreichem Witz wird so Rilkes fast weihevolle Wendung, daß der Dichter aus beiden Reichen, dem der Lebenden und der Toten (hinzu kommt, eingedenk der halbgöttlichen Abkunft des Orpheus, die Welt der ewigen Götter) sein Wesen schöpft, auf den eigenen Text appliziert. Die mythologische Folie Rilkes bleibt dennoch – und verstärkt – erhalten.

Viele der Anspielungen auf die „Sonette an Orpheus" gewinnen aber erst dadurch an Witz, wenn der Leser sie als solche erkennt, ihren ursprünglichen Kontext inne hat und die Diskrepanz zwischen beiden die nötige Spannung

---

[420] Im Gedicht heißt es: „Doch *meines* Herrn Hand will ich führen und sagen: / Hier. Das ist Esau in seinem Fell." (Ebenda, 1. XVI, Seite 741).
[421] Ebenda, 1. VI, Seite 734.
[422] Vgl. z.B. ebenda, 1. V, Seite 733: „Ein für alle Male / ists Orpheus, wenn es singt. Er kommt und geht." oder 2. XXVII, Seite 769: „O KOMM und geh."; die Dienstleistungen des Wirtes lassen aber auch an diejenigen Ariels denken, die er Prospero innerhalb der Zeitspanne „Eh du kannst sagen: komm und geh..." leisten will (Shakespeare: Sturm, IV.1).

für die Komik ergibt. So charakterisiert Düsterhenn in Tulps Kneipe einen der anwesenden Trinker als „1 Mund der Natur (nur schade, daß er suff)" (CüS 264/BA 503) und beschwert sich über die Musikberieselung aus dem Fernsehgerät („Aber diese Musik machte sich doch störend ein Bett in meinem Ohr..." CüS 265/BA 504) gleichfalls mit entliehenen Worten.[423] Was bei Rilke noch Chiffren für das poetische Sagen und Hören sind, dient Schmidt zur Illustration von Säufern und Radioberieselung.

So tritt deutlich bei allen Zitaten die augenfälligste Funktionsebene der Rilke-Zitate hervor: die des spaßigen, oft kalauernden, komischen Witzes. Diese Lust an Scherz, Satire und Ironie kommt oft genug ohne tiefere Bedeutung aus – so wird aus dem Rilkeschen „rühmen" bei Schmidt „...ein zum Rühren Bestellter..." (CüS 270/BA 506)[424] – und wird daher zuweilen heftig kritisiert.[425] Es versteht sich, daß die Rilke-Anspielungen auch in die häufigen zotigen Witze eingebaut werden, seien sie skatologisch („...obschon es sich um ein'n Geruch handelte, auf den man mühelos hätte mit Fingern zeigen können." CüS 257/BA 498)[426] oder sexuell gefärbt. Die sexuelle Verwendung findet breiten Raum in den ausführlichen Schilderungen der beiden Voyeursszenen des Textes. So wird die Kopulation des Knechts mit Rieke mit einem wahren Feuerwerk zotig-verfremdeter Rilke-Zitate geschildert:

„[Rieke] Begann jedoch, da das Einhorn sie gar so unermüdlich dattelte, recht rasch nachzugeben, und auch sein Geschröte zu herzen, (‹in Polen fühlende Finger›, ‹ohne hinein zu tun›). Hob schließlich, auf der Deixel Platz nehmend, den Peplos über'n Nabel, (‹Seht die Maschine›); und er tat einen Knie-Trembler, der war nich von Pappi! (‹Wie sie sich wälzt' & rächte. Und ihn entstellt' & schwächte!›)." (CüS 256/BA 497)[427]

Und auch die rhythmische Liebesmüh der vier Tribaden („...auch dieser neue Mengling, mort auf mort, micksDe nicht minder bausprit änd radder,

---

[423] Vgl. Rilke: Sonette, 1. XXVI, Seite 748: „...sind wir die Hörenden jetzt und ein Mund der Natur." und 1. II, Seite 731, Zeile 4.
[424] Ebenda, 1. VII, Seite 735: „Rühmen, das ists! Ein zum Rühmen Bestellter, / ging er hervor wie das Erz aus des Steins / Schweigen."
[425] Vgl. z.B. Kaiser: Sengers Phall.
[426] Vgl. Rilke: Sonette, 1. XVI, Seite 741: „Wer zeigt mit Fingern auf einen Geruch? – "; aus dem schon erwähnten 'Hundesonett'.
[427] Vgl. dazu ebenda 2. IV, Seite 753: Sonett über das Einhorn („O DIESES ist das Tier, das es nicht giebt.", ebenfalls von Schmidt auf erwähnter Seite zitiert); 2. VII, Seite 755: „[Blumen]...wieder erhoben zwischen die strömenden Pole / fühlender Finger..." und 1. XVII, Seite 742: „Sieh, die Maschine / wie sie sich wälzt und rächt / und uns entstellt und schwächt.".

ein menschlichster Takt." CüS 304/BA 530)[428] wird von Düsterhenn in wachsender Erregung mit Rilkischen Versen kommentiert:

> „Die körperlich FittesDe schien immer noch jene ALEX, (ein Typ, hinter der wohl schon Jeder einmal hergeschaut hat; auch diesmal reekte sie ihren Stern mir zu; und jenes so oft mir schon Gekommene schien mir wieder zu kommen wie Neues." (CüS 308/BA 533).[429]

Die kleine Auswahl zeigt es wohl schon zur Genüge: die Rilke-Zitate werden in witzig-verfremdender, zotiger, kalauerhafter Weise in den Text eingebaut. Rilkes hohe Stilebene, der elegisch-klagende oder rühmend-preissingende lyrische Ton, kontrastiert dabei mit dem burlesken Stil und Kontext von „Caliban über Setebos": dadurch wird Rilke der Lächerlichkeit preisgegeben. Die Diskrepanz der Stile erzeugt hier – die Kenntnis des anzitierten Werkes vorausgesetzt – vernichtenden Witz. Diese geradezu auf hohen Kothurnen einherkommende Dichtung, die sich mittels der mythologischen Folie der Dignität seiner Aussage versichert, wird in Schmidts – um mit Bachtin zu sprechen – *karnevalesker* Prosa seines Anspruchs beraubt und in die vulgäre Gewöhnlichkeit herabgezogen: „Naja; der Alltag ist eben das elementarische Daseyn." (CüS 257/BA 498).

Warum aber nun diese Verwendung rilkischer Verse in „Caliban über Setebos", welche Funktion erfüllen sie in diesem Werk? Denn – erschöpfte sie sich im oberflächlichen, kalauernd-zotigen Witz, so bliebe dennoch die enorme Dichte der Anspielungen erklärungsbedürftig.[430] Den Mythos von Orpheus haben auch andere Schriftsteller bearbeitet, es hätte nicht unbedingt Rilke sein müssen, der auf diese Weise in Schmidts „Orpheus" vorgeführt wird. Also – warum diese Preisgabe der „Sonette an Orpheus" an eine vernichtende Lächerlichkeit, warum Rilke?

Eine mögliche Antwort ergibt sich aus dem Umstand, daß Schmidts „Caliban"-Text von der grundsätzlichen Antithetik zwischen Prosa und Lyrik bestimmt wird.[431] Rilke kommt dabei (neben dem noch unglücklicheren

---

[428] Ebenda, 2. XXV, Seite 767: „SCHON, horch, hörst du der ersten Harken / Arbeit; wieder den menschlichsten Takt..." (Frühlingslied des zweiten Teils).

[429] Vgl. ebenda, Seite 768: es ist der wiederkehrende Frühling, jener „so oft / dir schon Gekommene scheint dir zu kommen / wieder wie Neues."

[430] Schweikert (: Rilke–Spiegelungen, Seite 193) spricht, positiv abgesetzt von der „polemischen Ablehnung" die es Rilke gegenüber bei Schmidt auch gibt, von „parodistische[r] Anlehnung" an Rilke im Falle von „Caliban über Setebos". Eine Parodie lehnt sich immer an das Original an, als *Gegengesang* (wie das griechische Wort übersetzt werden kann) ist es aber eine in satirischer oder kritischer Weise das Original *abwertende* Rede. Zutreffender wäre im Falle des Verhältnisses von Schmidts Orpheus-Text zu den „Sonetten an Orpheus" der Terminus der *Travestie*.

[431] Dieser Gegensatz ist nicht nur „bloß gespielt", wie Alfred Andersch meint (Andersch: Düsterhenns Dunkelstunde, Seite 345).

Karl May, der erbarmungslos als stümpernder Verseschmied vorgeführt wird) die – undankbare – Rolle als einer der bekanntesten Lyriker, der zudem auch noch das bestimmende Orpheus-Thema behandelt, zu.

Dem burlesken Text entsprechend, wird die Vers-Prosa-Antithetik in „Caliban über Setebos" recht grobschrötig durchgeführt. Differenzierende Diskussionen oder ausgewogene Urteile dürfen schon von der Anlage und der Tonmodulation des Textes her nicht erwartet werden: für eine zündende Pointe opfert Schmidt hier gerne eine fachlich ausgewogene, ernsthafte Erörterung des Themas.

Die Lyrik Düsterhenns wird immer vorgeführt als kitschige, opportunistische Bemäntelung der Welt: sei es im Düsterhenns Bundeswehrgedicht

(„...'n paar Mal waren mir daja herrliche Schlager geraten. Das mit dem Strauss-Preis ausgezeichnete damals, gegen die Wehrdienstverweigerer, ‹bei der Musterung zu singen›: 'und der 'webel lachet rauh: / : ‹Bist wohl auch kein Heldensohn ? / Bist kein echter Bundesjunge ? – / Feiges Herz, so fahre hin!› – ')" CüS 236f/BA 484f),

die den Ausweis der staatstragenden Funktion qua Staatspreis trägt, sei es in dem schmalzigem Kindergedicht oder der rührselig-falschen Naturverklärung des May-Gedichtes „Des Waldes Seele" (CüS 280/BA 514). Düsterhenns Lyrik, vor allem in ihrer singbaren Form als Schlager- und Marschmusiktexte („‹Trinklieder› selbstredend; die mußten mit rein, flottwellig-geldrausschmeißend..." CüS 258/BA 499), ist, gerade weil sie affirmativ das glanzvolle Elend einer kolportagehaften Welt besingt, erfolgreich und gewinnbringend.

Nicht nur über Düsterhenns im Text entstehende oder erinnerte lyrischen Ergüsse, auch in allgemeinen 'Reflexionen' wird die Lyrik-Prosa-Antithetik in „Caliban über Setebos" abgehandelt. So wird Prosa als „gefährlich" bezeichnet: „...wenn Prosaschreibm bloß nich so gefährlich wäre; manchma hatt'ich direkt Lust dazu!" (CüS 246/BA 491); eine Bemerkung, die an dieser Stelle des Textes zunächst keine einsichtige kontextuelle Einbettung hat. Einen witzigen (Neben)Sinn ergibt sich erst aus der genaueren Beobachtung der direkt vorhergehenden Textsequenz, eine 'Naturschilderung'. Die Umgebung des beschriebenen Gärtchens am Dorfrand steckt voller Hinweise auf Düsterhenns Impotenz – eine solche Prosa ist gefährlich (für den Protagonisten), da sie die immer unterdrückte Impotenzangst durch ihren Symbolgehalt enthüllt. Auch aus diesem Grund bedient sich Düsterhenn der falschen Gefühle und der abgenutzten, stereotypen Sprachbilder beim Verfassen seiner Kitschlyrik: sie verdecken seine eigentlichen Probleme und Ängste, sein wahres Ich, welches zur Sprache drängt.

Lyrik dagegen ist harmlos, ja, „gefährliche Gedankengänge" sind ihrem Wesen abhold: „Besser abbrechen; gefährliche Gedankengänge, die vor allem meinem augenblicklichen lyrischen Vorhaben nicht nur nichtsnutzten, sondern mir sogar die Leier verstimmen konnten..." (CüS 308/BA 533). Lyrik ist optimistische, leichtkonsumierbare, „...durch den Reim gesichert[e]..." (CüS 245/BA 490) Weltbestätigung („...und mittn–drinne ich, mit der schönen aber nich ganz leichten Aufgabe, optimistische Detail für meine Unterabteilung ‹Landlust› einzuernten)." CüS 243/BA 489). Fortwährend reproduziert diese Lyrik „das Schöne" in Form kitschiger Abziehbilder. Prosa hingegen ist experimentelle Erforschung der Welt, die noch unbeschriebene, tabuisiert Seinsbereiche zur Sprache bringt:

> „...aber es gibt noch nicht 1 ausführliche, werk-gerechte Beschreibung des, nennen wir's ‹Bleistiftanspitzens›; vom Röntgen-Busen ganz zu schweigen. Man *könnte* das *schon*; und gar nicht etwa bloß schokkierend unter Tittln wie ‹Hosn runter!›, sondern hoch-künstlerisch & dem gewaltigen Triebe angemessen; aber das würde mit unziemlicher Sicherheit bei uns nicht nur diffamiert (nach der Losung ‹heimlich Wein, öffentlich Wasser›), sondern schlankweg bestraft werden: wenn die Regierungen 1 Sorte Künstler ganz besonders hassen, dann sind das die ‹Naturalisten›. (...)...denn ‹Kunst› setzt ‹Beobachtung› der Umwelt voraus, diese wiederum ‹Tatsachensinn› : und *der* ist ja so ziemlich das Überflüssigste in den Augen der Regierenden; (zumindest bei den Regierten : je weitreichender die Artillerie, desto kurzsichtiger dürfen Kanoniere sein.)" (CüS 307f/BA 532)[432]

Abgesehen von dem Witz, der mit der in diesem Kontext deutlich zutage tretenden Doppeldeutigkeit des Wortes „Naturalisten" getrieben wird – Literatur wird hier auf die Aufgabe verpflichtet, „werkgerechte Beschreibung[en]" aller Daseinsäußerungen, vor allem der noch nicht beschriebenen, tabuisierten, zu geben. Dies kann – den kitschigen Klischees der vorgeführten Lyrik entgegengesetzt – nur Prosa, d.h. Prosa, die souverän nicht nur über die bewußte (Hoch-)Sprache verfügt, die auch das Unbewußte abbildet und über deren Sprache verfügt: die „Etym"-Prosa, deren Geburt eben dieser Text „Caliban über Setebos" wiedergibt.

Prosa wird demgemäß in anstrengender Beobachtung der Welt erarbeitet, Lyrik bedarf nur der „inspirierenden Stimmung" („...aufgeregt war ich eigentlich weit weniger, als im Interesse lürischer Produktion zu wünschen." CüS 237/BA 485).

---

[432] Nie sollte man aus den Augen verlieren, daß selbst poetologische Exkurse wie dieser in „Caliban über Setebos" mittels des Kontextes zugleich auch immer mit bukolischen Witz einhergehen, eine ironische Brechung bekommen: dieser Abschnitt steht zwischen zwei „Blickungs-Serien[n]" (CüS 309/BA 534) Düsterhenns – hat also nicht zuletzt die Funktion, seinen Voyeurismus vor sich selbst zu rechtfertigen, ist letztlich eine Rationalisierung.

Alles in allem muß man aber konstatieren, daß in einem „Rüpelspiel"[433] wie „Caliban über Setebos" eine ernsthafte Auseinandersetzung über die Gattungen Prosa und Lyrik gar nicht stattfinden kann. Auch ist Rilke im Grunde deplaziert als Repräsentant der Lyriker in der wahrlich rüpelhaften Auseinandersetzung zwischen Lyrik und Prosa im „Caliban"-Text – der „Lyriker" Karl May ist hier vom Niveau her durchaus angebrachter. Es bleibt also immer noch die Frage nach Rilkes Funktion im Schmidtschen Text offen.

Die weittragendste und interpretationsmächtigste Antwort ist, daß Rilke – gewissermaßen „hinter" dem zu lesenden Text, unterhalb des Oberflächentextes – in „Caliban über Setebos" eine wichtige Funktion der literaturpsychologischen Poetologie des mittleren und späten Schmidt einnimmt: die des „DP's", des „*Dichterpriesters*". Daniel Pagenstecher, alter ego und Sprachrohr Schmidts in „Zettels Traum", definiert im Gespräch mit seinen Gästen, der Familie Jacobi, ausführlich den Typus des Dichterpriesters:

> „' (…) Ich nenn bei mir die 'Seher' so, die Orffeuse; die Bäcker, die ihre eignen Brötchen anbeten: die Dichter, die sich einbilden, vom Priester herzukommen : D(ichter)=P(riester). Darfst auch an 'DePe' denken; oder 'Displaced Persons' : Deplacierte Persönlichkeiten'. Eine gut umschriebene literarische Einheit; die De daran erkennst, daß se erstaunlich viel vom 'Mythos' halten & mit dem 'Zweiten Gesicht' kokettieren. (…) /: 'Was haßDu gegen den Mythos?'/ : 'Daß er ein mieser Behelf ist, Wilma. 'Ergriffen stammeln'? ist leicht / Ich, als tapferer Barbar, ehre Glühbirne & Fahrräder. Und überlasse den DP's ihre 'Flucht aus der Zivilisation' – : im Auto ! (…) Sicher; DP's werfen Maschinen & Waffen unbesehen in 1 Topf : während meine alternden Augen sich OSRAM's freuen, wird von dén Herren Helligkeit jedweder Art buchstäblich als 'Behelligung' empfunden. Ist doch das schlechte Geheimnis all=dieser Leute : daß sie nicht der Technik abhold sind; sondern den Wissenschaften. Sie schimpfen auf den Leuchter ? : sie meinen das Licht ! (…) Sehr wohl, Fränzel : Wer Dichtung will, muß auch die Schreibmaschine wollen.' (?) : 'Nein=Wilma : 'Intuition' ist etwas, das überwunden werden sollte: Nämlich 1 der niederen Stufen dumpf=unbewußter Fuscherei : diese Herren DP's – imgrunde von Haus=aus schwach=fantastische & geile Creatürchen – würden doch am allerliebsten 'Den Geist' ganz aufgeben; und nur=noch 'automatisch schreiben'! (…) Aber wenn die DP's recht hätten : daß der echte Genius ja nicht wissen dürfe, wie die

---

[433] Alfred Andersch bezeichnet – nicht unzutreffend – Schmidts „Caliban über Setebos" als „…wild-zartes Rüpelspiel von unvergleichlicher Kraft…" (Andersch: Düsterhenns Dunkelstunde, Seite 347; s. o.). Der Titel seines Aufsatzes nimmt nebenbei ein Rilke-Zitat aus dem „Caliban–Text" (s. o.) auf – womit der Kreis zum Thema des Kapitels wieder geschlossen wäre.

Einfälle in seinem bißchen Schädel entstehen & sich kombinieren & zu berichtigen sind – (und das gerühmte 'Selbstständigwerden der Gestalten ab Seite zwohundert' iss man ooch bloß gemythlicher Tinneff : <u>Den'n</u> würd ich was uffm Kopp geben !)– ja, wenn dem shamanig=<u>soware</u> : in welchen Häusern wären dann wohl die Größten Genies zusammengefaßt ?! (...) <u>Das</u> sowieso : das Publikum empfindet den Klaren Kopf immer als unheimlich;und will, daß sein Dichter 'dämonisch' vorgehe, dh nicht wisse, was er vorsichhin faselt.' (<u>Da</u> sind se noch leidlich tollerant, ob den Ein' der Teufel plagt;oder dem Andern die Himmlischen Heerscharen keene Ruhe lassen) : ' 'Verdächtig' iss immer bloß <u>Einer</u> ;<u>DER MOSAIKARBEITER!</u>' „[434]

Abgegrenzt vom „Mosaikarbeiter", d.h. von Pagenstecher/Schmidt selbst, finden sich hier nahezu alle Merkmale des Typus „Dichterpriester" versammelt – und sie alle konvergieren mit einem zwar falsch-vereinfachenden, gleichwohl aber sehr geläufigen Bild Rilkes.

In einem ersten, vereinfachenden interpretatorischen Zugriff sind die „Sonette an Orpheus" in der Tat eine Rühmung des gesamten, den Tod einbeziehenden Lebens gegenüber der kritisierten technischen Zivilisation (die von Pagenstecher beim DP inkriminierte „Flucht aus der Zivilisation" und das Verwerfen der Technik), und dies im Namen des mythischen Sängers Orpheus.[435] In einem solchen Zugriff steht der mythische Sänger für eine höhere Wirklichkeit gegenüber der entzauberten Welt ein, ist der „...Orphismus Rilkes als eine Ontologie zu lesen, die den würdigeren Grund oder die schönere Herkunft neuzeitlicher Wirklichkeit erinnert."[436] – in dieser Funktion mag man ihn pejorativ „Seher" nennen. Die Trias mit „Seher" und „Bäcker, die ihre eignen Brötchen anbeten"[437] gipfelt – bezogen auf Rilke – in dem hier abwertend gebrauchten Wort „Orffeuse".

---

[434] Schmidt: Zettels Traum, Seite 16f, Mittelspalte.

[435] Vgl. Stahl: Rilke-Kommentar, Seite 302: „Die Thematik der SO steht in der Tradition des Rilkeschen Oeuvres ebenso wie die Stoffe: Preis des Ursprünglichen und Naturhaften, Kritik an der technischen und zivilisatorischen Moderne, Vergänglichkeit und Tod, Liebesleid und Künstlertum, alles dies sind ewig Rilkesche Themen."

[436] Pfaff: Orpheus, Seite 293. Diese Arbeit Pfaffs „Zur 'ästhetischen Metaphysik' Nietzsches und Rilkes" (Untertitel) mag gegenüber den vereinfachenden, paraphrasierenden Interpretationen und den „...vielen Hagiographien und pseudoreligiösen Schwarmgeistereien einer schier unübersehbaren Rilke-Literatur..." (Holthusen: Rilke, Seite 148; leider fällt Holthusens Urteil zu einem guten Teil auf seine eigene Arbeit zurück) als ein Musterbeispiel einer kritischen, erkenntnisreichen Untersuchung stehen.

[437] Wollte man die Wendung in Beziehung zu Rilke setzen, so könnte man sie als eine travestierende Paraphrase zum Goldschmied des Gedichts „Der Reliquienschrein" (Rilke: Neue Gedichte anderer Teil, Seite 577f) lesen. Und der Goldschmied wiederum ist durchaus als Chiffre für den Rilke im Turm zu Muzot, in dem er die „Duineser Elegien" vollendet und die „Sonette an Orpheus" schreibt, zu lesen: „Wie der Goldschmied, so wird es der Dichter selbst einmal erleben: angeschaut

Orpheus ist nicht nur die mythologische Folie, die Schmidts „Caliban über Setebos" mit Rilkes „Sonette an Orpheus" verknüpft. Weit über die „Sonette" hinaus ist Orpheus für Rilke die Gestalt, in der sich, langsam und stetig über Jahre formend, sein Bild des Dichters, seine Auffassung vom Künstlertum spiegelt. Anfang Februar 1912, kurz nach Beginn der Arbeit an den Elegien, schrieb Rilke auf Schloß Duino einen kurzen, gleichwohl bedeutsamen Text mit dem Titel „Über den Dichter". Darin erinnert er sich einer Fahrt auf einer Nilbarke in Ägypten: sechzehn Ruderer trieben das Schiff stromaufwärts und hatten einen in ihrer Mitte, der zuweilen, nicht nur um sie anzutreiben, sang. Dieses Erlebnis, schreibt Rilke, wird ihm zum „Gleichnis", das ihm „...das Verhältnis des Dichters im Bestehenden, sein 'Sinn'..." vorhält.[438] Denn vom Sänger inmitten der Ruderer heißt es:

> „Er sang auf einmal auf, in durchaus unregelmäßigen Abständen und keineswegs immer, wenn die Erschöpfung um sich griff, im Gegenteil, es geschah mehr als ein Mal, daß sein Lied alle tüchtig fand oder geradezu übermütig, aber es war auch dann im Recht; es paßte auch dann. (...) Was auf ihn Einfluß zu haben schien, war die reine Bewegung, die in seinem Gefühl mit der offenen Ferne zusammentraf, an die er, halb entschlossen, halb melancholisch, hingegeben war. (...) Das Schiff bewältigte den Widerstand; er aber, der Zauberer, verwandelte Das, was nicht zu bewältigen war, in eine Folge langer schwebender Töne, die weder hierhin noch dorthin gehörten, und die jeder für sich in Anspruch nahm. Während seine Umgebung sich immer wieder mit dem greifbaren Nächsten einließ und es überwand, unterhielt seine Stimme die Beziehung zum Weitesten, knüpfte uns daran an, bis es uns zog."[439]

Sicherlich ist der Sänger dieses Gleichnisses auch unmittelbar der Gemeinschaft nützlich, richtet auf und gibt den (Arbeits-)Takt vor, doch erschöpft sich seine Bestimmung nicht darin. Nicht einmal in der Bewältigung und Aufhebung des Widerständigen, des Überschusses *in* der Welt.[440] Denn im Gegensatz zu seiner Umgebung, die sich immer nur „mit dem greifbaren

---

und überwältigt von dem Wunder des Geleisteten, nicht nur bindend, sondern selbst von ihm gebunden, nicht nur rufend, sondern selbst gerufen..." (Rehm: Orpheus, Seite 470) – zunächst inspiriert und dann vom Selbstgeschaffenen überwältigt: ein Bäcker, der seine Brötchen anbetet.

[438] Rilke: Dichter, Seite 1032.
[439] Ebenda, Seite 1034f.
[440] Vgl. Nalewski (Hrsg.): Rilke, Seite 8: „Die Wirklichkeit, in immerwährender Bewegung, stellt dem Menschen fortlaufend Widerstand entgegen und ihn damit in ein Spannungsfeld. Zwar wird solcher Widerstand im Fortschreiten der Menschheit ständig überwunden, allein es bleiben Reste, Verdrängtes, Nicht-Bewältigtes, ein *Überschuß*, dessen Werte durchaus auch im Zustimmenden, nicht ausschließlich im Problematisch-Offenen zu suchen wären. Es wurde vielleicht übersehen. Hier nun wäre der Platz des Dichters...".

Nächsten einließ", verknüpft die Stimme dieses Archetyps des Dichters die Gemeinschaft der Hiesigen mit der „offenen Ferne", mit *D*em, „was nicht zu bewältigen war", mit dem „Weitesten" – man darf einsetzen: mit dem Metaphysischen, dem Mystischen, dem Numinosen. Dichtung zielt auf die höhere Wirklichkeit, auf das nicht Greifbare, nicht Naheliegende. Die Bestimmung des Dichters ist die des Zauberers, des Mittlers, weder hierhin noch dorthin gehörend, zwischen der Welt des nicht Greifbaren und der hiesigen Gemeinschaft. Dies ist orphisches Singen, und das Gleichnis des Sängers im Nilboot verweist nicht nur auf Orpheus,[441] es ist geradezu eine Reinkarnation des Orpheus der Argonautenfahrt, wie ihn Apollonios schildert.[442] Und selbst in diesem hellenistischen Epos wird die Figur des Sängers, wird Orpheus deutlich mit „seherischen", „(dichter-)priesterlichen" Qualitäten gekennzeichnet, er knüpft „die Beziehung zum Weitesten", singt vor Beginn der Fahrt seine Kosmogonie.[443]

Ob im Turm von Muzot oder auf einer Nilbarke: „...Orpheus ists. Seine Metamorphose / in dem und dem. Wir sollen uns nicht mühn // um andre Namen. Ein für alle Male / ists Orpheus, wenn es singt."[444] Lange und stetig hat sich in Rilke das Bild Orpheus' als das des Dichters aufgebaut, nicht nur das bedeutende Gedicht „Orpheus. Eurydike. Hermes" des mittleren und die „Sonette an Orpheus" des späten Rilke zeugen davon.[445] Er ist also in einem sehr viel elementareren Sinn einer der „Orffeuse", als es Schmidt andeuten könnte.

Gleichwohl entspricht der (absichtsvoll falsch wahrgenommene) muzoter Rilke dem Bild eines Dichterpriesters: Feind der Technik, realitätsfern, von der mythologischen Unterfütterung der Welt überzeugt, sein Dichtertum und dessen Auftrag in der Welt in der Gestalt eines Orpheus, der die Bezie-

---

[441] Wie Walter Rehm meint: „Die Gestalt des orphischen Dichters wird langsam sichtbar...(...) Auch jener Vorsänger auf der Nilbarke weist auf ihn, den ganz Großen, den Ewigen im Raum hin und zurück; er ist wie eine Stimme des Orpheus, wie einer seiner Söhne oder seiner Nachfolger, dem nun 'sein Singen eingeflößt' wird..." (Rehm: Orpheus, Seite 481).
[442] Vgl. Apollonios Rhodios: Argonautika; Orpheus ist hier der Archetyp des Sängers in der Nilbarke: er richtet die rudernden Argonauten auf, wenn ihnen die Kräfte versagen, er läßt gar den Wind wieder erwachen, hilft bei gefährlichen Passagen usw. .
[443] Wobei bezeichnend ist, daß bei Apollonios diese Szene als Beruhigung der streitenden Gefährten motiviert ist – dem hellenistischen Dichter ist die lebendige Verbindung zum Mythos, ist der Sinn der einstmals heiligen Handlung verloren gegangen, aber der Abglanz der priesterlich-mystischen Aufgabe und Bestimmung des Dichters schimmert noch durch die rationale Umdeutung durch. Auf die travestierte Spiegelung der orphischen Kosmogonie in Schmidts „Caliban über Setebos" – denn Düsterhenn war schließlich auch „...7 Jahre Schreiber uff'm Hülfskreuzer ARGO..." (CüS 234/BA 482f). – trifft dies ebenfalls zu.
[444] Rilke: Sonette, 1. V, Seite 733.
[445] „Orpheus. Eurydike. Hermes" in Rilke: Neue Gedichte, Seite 542 – 545; die Beziehung Rilkes zu Orpheus, seine Beschäftigung und Selbstspiegelung im Bild des mythischen Sängers beschreibt ausführlich Walter Rehm (: Orpheus, Seite 379 – 669).

hung zum Weitesten unterhält, präfiguriert sehend. Rilkes Dichtertum mit seinem frühen Entschluß zur Berufs- und Heimatlosigkeit und dessen lebenslanger Ermöglichung mittels reicher, vornehmlich weiblicher, oft auch adeliger Mäzenaten, sein Insistieren auf die Inspiration als Quelle seiner Werke, seine oftmals quasi-religiöse Attitüde, dies alles sind Bausteine der „Lebensmythe, die unter dem Namen Rilke verbreitet ist" geworden.[446] Es sind aber auch Bausteine, die Schmidts Vorstellung vom Dichterpriester formen. Schmidts Gegensatz zwischen mosaikarbeitendem Schriftsteller (= er selbst) und inspiriertem Dichter findet bei Rilke noch seine letzte Zuspitzung im Sinne des obigen Zitats aus „Zettels Traum": nicht nur, „…daß der echte Genius ja nicht wissen dürfe, wie die Einfälle in seinem bißchen Schädel entstehen & sich kombinieren…",[447] Rilke *wollte* es erklärtermaßen nicht wissen. Dies könnte für Schmidt nach der Rezeption der Psychoanalyse entscheidend geworden sein: Rilkes Schaffenskrise nach Vollendung des „Malte", seine

> „…anhaltende Lebens- und Künstler-Problematik brachte ihn zeitweilig auf den Gedanken, die Erkenntnisse der zu diesem Zeitpunkt in das Bewußtsein der Öffentlichkeit eindringenden Psychoanalyse für sich zu nutzen, sich selbst einer psychoanalytischen Behandlung zu unterziehen. Doch zuletzt scheute er davor zurück und wußte es auch zu begründen."[448]

In der Tat war Rilke über Lou Andreas-Salomé, die ab 1911 im Wiener Kreis in ein „Schülerverhältnis" zu Freud und Alfred Adler trat, mit der Psychoanalyse bekannt geworden. Rilke überlegte zeitweilig, sich beim Psychoanalytiker Gebsattel, der auch schon seine Frau Clara in Behandlung hatte, einer Therapie zu unterziehen. In einem Brief an Lou Andreas-Salomé verwarf er dann aber den Gedanken mit der Begründung:

---

[446] Holthusen: Rilke, Seite 149; gerade Holthusens Versuch, sich von diesem mythischen Rilke-Bild abzugrenzen, verrät nur zu deutlich die Affinität zu ebenjenem – der Passus um das Zitat herum spricht für sich: „Der Dichter kann gar nicht anders, als gerade diesen Vorgang einer dichterischen Ergriffenheit ohnegleichen, diese moderne Musterbeispiel einer großen Inspiration, mit dichterisch verklärenden Worten zu verkünden, es als ein Ereignis von übernatürlicher Größe zu beschreiben…(…)…nimmt der Dichter nicht allen Ernstes die Rechte eines Religionsstifters für sich in Anspruch? (…) [der Turm von Muzot]…als das Sinnbild einer esoterischen Klausur, die den leerlaufenden Kommunikationsformen der Massengesellschaft ein Bollwerk des Schweigens, der Geduld und einer wahrhaft unabhängigen Sprach- und Wahrheitsfindung entgegenstellt." (ebenda, Seite 148f) – trifft dies ebenfalls zu.
[447] Schmidt: Zettels Traum, Seite 16mu.
[448] Nalewski: Rilke, Seite 156; Nalewski schließt hier sehr erhellend die Bemerkung an, daß „…Sigmund Freud sich immer geweigert hatte, die Neurosen produktiver Künstler zu behandeln."

> „Ich weiß jetzt, daß die Analyse für mich nur Sinn hätte, wenn der merkwürdige Hintergedanke, *nicht mehr zu schreiben*, den ich mir während der Beendigung des *Malte* öfters als eine Art Erleichterung vor die Nase hängte, mir wirklich ernst wäre. Dann dürfte man sich die Teufel austreiben lassen, da sie ja im Bürgerlichen wirklich nur störend und peinlich sind, und gehen die Engel möglicherweise mit aus, so müßte man auch das als Vereinfachung auffassen und sich sagen, daß sie ja in jenem neuen nächsten Beruf (welchem ?) sicher nicht in Verwendung kämen."[449]

Rilke war sich also bewußt, daß seine psychischen Deformationen nicht nur seine „Teufel" des bürgerlichen Daseins, sondern auch die „Engel" seiner künstlerischen Produktivität waren. „Austreibung der Teufel", also die (psychoanalytische) Aufklärung über die eigenen psychischen Strukturen, hätte – durchaus im Sinne Freuds[450] – die wichtigste Triebfeder der Produktivität gelähmt:

> „Letzten Endes will der Künstler nicht, wie der Analysand, ›geheilt‹ werden, er will mit seinem Konfliktmaterial ›spielen‹ (im weitesten Sinne des Wortes), er will es eher gestalten als begreifen, er will tendenziell seinen gekränkten Narzißmus wiederherstellen, seine Grandiosität realisieren statt mühsam Verzicht zu leisten."[451]

Rilke hat diesen Zusammenhang erfaßt, Schmidt hingegen hat ihn vor sich selbst mit seinem Konstrukt der „4. Instanz", die angeblich das Unbewußte beherrscht, zu verschleiern versucht.

Rilke ist ein weit intellektuellerer, sich bewußt wahrnehmender Autor, als es Schmidts Grundmodell vom „Dichterpriester" eigentlich vorsieht. Auch hier gilt für Schmidts Klassifikation der Freudsche Grundsatz, daß an den anspruchsloseren Schriftstellern die wesentlichen Züge der psychischen Mechanismen von Kreativität und Rezeption deutlicher abzulesen sind[452] – für Schmidt war dies, wie dargestellt, der „Fall May". Dennoch spiegelt Rilkes Verhältnis zur Psychoanalyse, wenigstens sein „privates", für Schmidt das Muster des „DP" wider, der eben nicht wisse, wie die Einfälle in seinem Kopf zustandekommen. Schmidt hingegen diente die Psychoanalyse (wie

---

[449] Rilke/Andreas-Salomé: Briefwechsel, Seite 262f (Brief Rilkes vom 24.1.1912).
[450] Vgl. Freud: Dichter, StA X, Seite 171f; Freud kommt vom kindlichen Phantasieren, welches der Erwachsene aus dem Gefühl der Peinlichkeit unterdrückt, und den noch offenliegenden Phantasien der „Nervösen" (= Neurotiker), „...denen zwar nicht ein Gott, aber eine strenge Göttin – die Notwendigkeit – den Auftrag erteilt hat zu sagen, was sie leiden und woran sie sich erfreuen..." (ebenda, Seite 173) auf die parallelgesetzten Dichter zu sprechen, die eben jene Phantasien mittels der ästhetischen Bearbeitung aussprechen (und sie so auch für den Leser abagierbar machen).
[451] Schönau: Psychoanalytische Literaturwissenschaft, Seite 4.
[452] Vgl. Freud: Der Dichter, StA X, Seite 176.

dargestellt) nicht nur „...der ästhetischen Bereicherung seiner Literatur..."[453] sondern auch der Selbstanalyse, sie veränderte sein Selbst- und Weltverständnis.[454] Man darf hinzufügen, sie verfestigte auch seine Überzeugung vom absoluten Primat der handwerklichen Seite des Schreibens gegenüber der Inspiration, und des bewußt-durchgestalteten Textes gegenüber dem naiven Ton des „priesterlichen Dichters."

Diesen Ton geißelte schon der frühe Schmidt an Rilke. In der Erzählung „Schwarze Spiegel" von 1951 sucht der einzige Überlebende des apokalyptischen 3. Weltkrieges in einem Haus nach Papier für den Toilettengang:

„...endlich ein Buch: Rilke, Geschichten vom lieben Gott, du kommst mir gerade recht; und ich riß der Goldschmiedsprosa sogleich die benötigte Anzahl Blätter heraus: schon der Titel empörte mich; feinsinniges Geschwafel; auch so ein Pneumatomache: geh zu den Guacharos!"[455]

Weniger rüde, aber in gleicher Weise „feinsinniges Geschwafel" abstrafend erscheinen die Rilkeschen „Sonette an Orpheus" im „Caliban" – eine sich durchziehende Linie in Schmidts OEuvre.

Natürlich verkennt eine solch einseitige Grobzeichnung den Dichter Rilke. Von der unabweisbar epigonalen Mediokrität seiner Anfänge hat er sich fortentwickelt; Texte wie die pseudonaiven „Geschichten vom lieben Gott" waren ihm in späteren Jahren selbst peinlich. Diesem durchaus kritikwürdigen „Dichterpriester" steht der Rilke der „Elegien" und der „Sonette" gegenüber. Dort findet z.B. in der dritten der zehn „Duineser Elegien", die Rilke endgültig als Lyriker von Weltrang etablieren, seine *dichterische* (abzugrenzen von der oben beschriebenen „*privaten*") Auseinandersetzung mit der Psychoanalyse statt: verwandelt in sehr eigene, poetische, ja fast mytische Bilder. Ebenso sind die „Sonette an Orpheus" keineswegs eine naive Fortstrickung der Orpheus-Geschichte, „ergriffen stammelnd und erstaunlich viel vom Mythos" haltend im Sinne der obigen Kritik aus „Zettels Traum" und der Sonette-Zitate in „Caliban über Setebos". Sie sind im Gegenteil höchst bewußter Umgang mit dem gegebenen Stoff, keine

„...bloße Wiederaufnahme eines antiken Mythologems, sondern eine Paramythie in dem genauen Sinn, daß der antike Halbgott und Sänger als mythologische Figur zwar vorausgesetzt, aber in seiner

---

[453] Martynkewicz: Schmidt, Seite 107.
[454] Wenn auch sicher nicht so „choc-artig" wie es Jörg Drews annimmt, sondern sukzessiv ansteigend, um ab 1965 gemeinsam mit der übermäßigen Arbeit an „Zettels Traum" die rigorose Selbstisolation Schmidts mitzubewirken (vgl. Drews: Caliban, Seite 57).
[455] Schmidt: Schwarze Spiegel, BA I/1, Seite 210. Das Wort „Goldschmiedsprosa" könnte wiederum auf das Gedicht „Der Reliquienschrein" (Rilke: Neue Gedichte anderer Teil, Seite 577ff; s. o.) anspielen.

mythologischen Funktion nicht nur variiert und umspielt, sondern mit gleitenden assoziativen Übergängen zu ganz anderen Themen und Bereichen in Verbindung gesetzt wird."[456]

Überzeugend legt Beda Allemann dar, daß der Verwendung des Orpheus-Mythos in den „Sonetten" das Bewußtsein der Unmöglichkeit einer naiven Wiederaufnahme der antiken Mythen in moderner Dichtung eingeschrieben ist – und das Rilkes Dichtung gerade aus dieser Paradoxie heraus lebt.[457] An diese paradoxe Mythosverwendung knüpft in den „Sonetten" eine tiefe Auseinandersetzung über Stellung des Menschen in der Welt, die gegensätzlichen Seinsbereiche, deren Rühmung schließlich als Bejahung der fragilen, zerrissenen und kontingenten Existenz des Menschen – die in den „Duineser Elegien" noch beklagt und erst an deren Schluß bejaht wird – in dieser Welt an. Position und Aufgabe des Dichters in der Welt im Spiegel des mythischen Vorbilds Orpheus ist nicht unbedingt vorrangige, vor allem nicht alleinige Thematik der Sonette. Die über die witzig-satirische Verwendung der Zitate aus Rilkes „Sonette" in „Caliban über Setebos" erfolgende Kritik im Rahmen der späteren Schmidtschen Poetik kann Rilke nur als groteskes Abziehbild eines „Dichter-Priesters" vorführen – und zeigt letztendlich nur die Limitation der Weltsicht im Rahmen des „F/S-Codes".

Schmidts Verhältnis zu Rilke ist aber vielschichtiger. Neben der Schelte steht, beinahe unvermittelt und ohne nähere Begründung, die regelmäßige Nennung Rilkes als einer der bedeutenden Dichter, die bei der Verleihung des Literaturnobelpreises übergangen wurden – was in Schmidts polemischen Auslassungen höchstem Lob gleichkommt.[458] Eher zweifelhafte positive Bezugspunkte Schmidts zu Rilke zählt Rudi Schweikert auf: Schmidt habe sich in seiner Lyrik Rilke zum Vorbild genommen.[459] Um der Wahrheit

---

[456] Allemann: Rilke, Seite 24. Allemann knüpft mit dem Terminus „Paramythie" an Herders Definition der *paramythia* an, verstanden als eine lehrhafte, allegorische Anwendung der Mythologie (vgl. ebenda, Seite 11).

[457] Vgl. ebenda, Seite 22 et passim.

[458] Vgl. Schmidt: Stigma der Mittelmässigkeit, BA III/3, Seite 296: „Aber das ist nichts, gar nichts, wenn man dagegen hält, wem die 130.000 gesegneten Schwedenkronen *nicht* verliehen wurden ! Uns Deutschen nenne ich aus dem Stegreif nur diese Namen : Rilke; Theodor Däubler; Kafka; Alfred Döblin; Hans Henny Jahnn (von Stramm oder Trakl ganz zu schweigen !).''; bezeichnenderweise führt Rilke den illusteren Reigen an. Oder als allgemeines „Lob": Schmidt: Das Buch Jedermann, BA II/3, Seite 234 in Bezug auf die Gedichte von Joyce: „[A.:]...seidenbunte Sächelchen – apart changierend; zugegeben: die aber zur selben Zeit 100 Andere auch geliefert haben. Einige Dutzend Leute sogar besser. *B.* (*begierig*): Zum Beispiel?! *A.* (*überdrüssig*): 'chgott. – Also in England mein'thalben HOPKINS, bei uns RILKE, DÄUBLER. Die ich aber Alle=Drei nicht übermäßig schätze."

[459] Schweikert: Rilke-Spiegelungen, Seite 199f; Schweikert „belegt" seine These u.a. mit einem Zitat aus Schmidt: Am Fernrohr, BA I/4, Seite 107F: „[in Bezug auf Jugendjahre] Was hilfts, daß man Gedichte schreibt, wie Rilke und Hofmannsthal zu-

Ehre zu tun, muß man feststellen, daß Schmidts Lyrik – im Gegensatz zu Rilkes – immer mit dem „Stigma der Mittelmäßigkeit" behaftet blieb.[460] Allerdings – hier hat Schweikert recht – zeigt Schmidts Prosasprache durchaus den Einfluß lyrischer Vorbilder, mithin auch Rilkes.[461] Zustimmen ist Schweikerts Feststellung, daß in Rilkes „Aufzeichnungen des Malte Laurids Brigge" „…so vieles präformiert war von dem, was in seinem [= Schmidts] ästhetischen Programm an *parva aesthetica* ebenso wie an 'brennenden' Großproblemen stand."[462] – hier wird Schmidt eine offen kaum zugegebene Affinität verspürt haben.

Eine ebensolche Wesensverwandtschaft besteht im Hinblick auf gewisse sozialpsychologische Charakteristika und der schriftstellerischen Reflexion des Künstlertums der beiden. Rilkes Künstlertum, seine ständige Reflexion über den Künstler „an sich" und dessen Rolle in der Gesellschaft bzw. in der Welt ist nicht so weit entfernt von Schmidts unentwegten Umkreisen der Schriftstellerproblematik, sei es in kleinen Essays als unterster Stufe, den „Nachtprogrammen" als (auch) Selbstspiegelungen in den behandelten Dichterpersönlichkeit oder in den fiktiven Texten, die stark von der Reflexion über Kunst und das Selbstverständnis als Schriftsteller geprägt sind. Von dieser überaus deutlich hervortretenden Tendenz legt – in seinem satirischen, bukolischen Gewand – ja nicht zuletzt „Caliban über Setebos" ein deutliches Zeichen ab.

Man darf aber noch einen tiefergehenden Bezugspunkt des „Caliban"–Textes zu der darin zitierten Lyrik Rilkes vermuten. In diesem Text verwendet Schmidt nochmals jene metaphorisch hochverdichteten, „naturmagisch–animistischen" Bilder, die für sein Frühwerk signifikant sind.[463] Doch deren

---

sammengenommen – und das ist wörtlich zu nehmen; denn es handelt sich lediglich um eine Art Abschrift…" und macht daran wenigstens eine bewundernde Beeinflußung fest.

[460] Auch Volker Wehdeking betont den Rilke-Einfluß auf Schmidts frühe Lyrik: „Schmidt, Andersch und Richter hatten im Dritten Reich bereits für die Schublade geschrieben (…), und einiges davon war Naturlyrik, oft versetzt mit Rilkebildern." (Wehdeking: Arno Schmidt, Seite 288). Da Schmidt diese lyrischen Versuche später schamvoll verschwiegen hat, kann gerade Rilkes Vorführung als „Dichterpriester" in „Caliban über Setebos" durchaus auch als ein weiterer Aspekt der Abrechnung mit sich selbst gesehen werden.

[461] Vgl. Schweikert: Rilke-Spiegelungen, Seite 200: „Wer die metaphorisch hochverdichteten, geradezu lyrisch verknappten, vor höchsten Anforderungen an Rhythmus und Vokalharmonie bestehenden frühen Erzählungen Arno Schmidts mit der lyrischen Meisterschaft vergleicht, die freigesetzt wird in der vor allzu großer Irritation schützenden 'gebundenen Form' der Übertragungen etwa von Gedichten Edgar Allan Poe's, der sieht, daß der Ursprung von Schmidts Prosa in der Lyrik liegt, geschult nicht zuletzt an 'lyrischen Sprachmeistern' wie Rainer Maria Rilke."

[462] Ebenda, Seite 199.

[463] Vgl. Rofkar: Gesicht, Seite 12: „Dem Werk Arno Schmidts ist zweifellos eine naturmagisch–animistische Grundkomponente als 'Generalbaß' habituell unterlegt.

Funktion ist, so wie in den späteren Typoskripten, durch die transponierende Wirkung des F/S-Codes eine andere geworden.
Ein Vergleich zweier Beispiele möge dies illustrieren. Im ersten Kapitel, noch auf dem Weg zum Gasthaus, fügt sich eine Naturbetrachtung unvermittelt in Düsterhenns *stream of consciousness* ein: „Die Dämmerung warf eine Handvoll bleicher taumelnder Tauben hoch über's Teerband." (CüS 229/BA 479) Als er zum ersten Dorfspaziergang aus dem Wirtshaus ins Freie tritt, eröffnet eine weitere, diesmal ausführlichere Naturbetrachtung das „Kalliope"-Kapitel:

> „Die abgestürzte Sonne hinter einer Eichensäule festgerannt; Beide bluteten. Die firmamentlose graue Overall-Plane, liederlich mit Hadern geflickt, hatte gleichfalls viel Unangenehmes. Soweit das Auge reichte. Die ganze Gegend jedenfalls wüst, und, obschon klar, noch irgendwie neblicht; (und mittn-drinne ich; mit der schönen aber nich ganz leichten Aufgabe, optimistische Detail für meine Unterabteilung ‹Landlust› einzuernten). Denn gleich die erste Klitsche wirkte wie ausgestorben! Wäre nich'die flirrende Luft überm Schornstein gewesen..." (CüS 243/BA 489)

Diese zweite Textpassage läßt gleich nach dem zunächst durch seine gewagten Bilder verstörend wirkenden ersten Satz keine Zweifel an dem eigentlichen, untergründig transportierten Sinn der Passage. Die im gesamten „Caliban"-Text anzutreffenden Indikatoren der unterschwelligen Ängste Düsterhenns sind auch hier präsent: die Gegend hat „viel Unangenehmes", ist „wüst" „soweit das Auge reichte".[464] Des Helden Auge, also sein Ersatzgeschlechtsorgan, erblickt wieder einmal ein Tableau von Landschaftsmetaphern seiner Impotenz: alles „wirkte wie ausgestorben" obgleich noch flirrende Luft über einem Schornstein zu bemerken ist – schon der nächste Schornstein, derjenige der verlassenen Ziegelei, ist dann aber endgültig tot. Kein Wunder, daß es eine „nich leichte Aufgabe" wird, einer solchen 'sprechenden Landschaft' „optimistisches Detail" abzugewinnen. In dem Einschub „liederlich mit Hadern geflickt" verbirgt sich eine Funktionsbeschreibung der Düsterhennschen Naturpoesie für sein Innenleben: mittels seiner Lieder voll falschem Optimismus („*lieder*lich"), all diesen auf Papier (Hadern ist ein Grundstoff zur Papierherstellung) gebannten Verdrängungsprodukten, flickt er sich eine „Overall-Plane" zur Verdeckung seiner an die Oberfläche drängenden Ängste („viel Unangenehmes"). Die blutende Eichen*säule* samt festgerannter, abgestürzter Sonne, das ganze Landschaftstableau

---

Mit ihrer Metaphorisierung und gegenstandsauflösenden Wirkung wird eine selbstgeschaffene Eigenwelt von hohem Poetizitätsgrad imaginabel."

[464] Eventuell ein Spiel mit dem Titel des damals populären Berichts über die Flucht aus einem sibirischen Kriegsgefangenenlager, Josef M. Bauers „Soweit die Füße tragen". Die Schadewalder Gegend trägt deutlich „sibirische" Züge, wichtigstes Körperteil Düsterhenns sind aber nur im letzten Kapitel die Füße, ansonsten die Augen.

erweist sich wieder einmal als ein „etymistisch" zu lesender Ausdruck der Impotenzangst des Helden.

Das erste Beispiel hingegen ist nicht als symbolische Darstellung des Seelenlebens Düsterhenns zu lesen – sieht man von der recht allgemeinen „Dämmerung" ab. Für den Fortgang des inneren Monologs dieser Stelle sind die Tauben in ihrer mythischen Funktion als heilige Tiere der Liebesgöttin Aphrodite entscheidend: es folgt eine wehmütige, allerdings gleich mittels eines derb-erotischen, sarkastischen Witzes abgemilderte Reminiszenz an die Jugendliebe Rieke („‹Erste & Letzte Lieben› – ‹rieben-schieben› hat HEINE aber schon – mein hatt'ich Die damals angehimmelt!" CüS 229/BA 479). Dennoch geht der Satz nicht gänzlich in seinen Funktionen auf; es bleibt eine mythisierende, da anthropomorphisierende Naturbeschreibung. Die <u>Dämmerung</u> warf die Tauben; diese lassen sich auf der mythologischen Ebene des Textes als Signa der anthropomorphisierten (erotischen) Liebe lesen. Sie erinnert an die unzähligen Naturschilderungen des Frühwerks. An einem Beispiel aus dem Kurzroman „Aus dem Leben eines Fauns", erschienen 1953, erläutert Robert Bramkamp die Funktion dieser hochverdichteten Naturbeschreibungen:

> „Die Steigerung der sinnlichen Präsenz, der bloßen Phänomenalität des Beschriebenen intendiert keine möglichst genaue oder ›realistische‹ Abbildung der subjektiv erfahrenen Wirklichkeit, sondern verwandelt die Dinge in Zeichen, die etwas bedeuten sollen."[465]

Die „›mystifizierende‹ Struktur", die den wahrgenommenen Einzeldingen unterlegt wird, dient dem „›Abklopfen‹ einer mystifizierten Wirklichkeit, das als einzige ›utopische› Verhaltensweise übrigbleibt."[466] Man kann argumentieren, daß auf der „Caliban"-Stufe der schriftstellerischen Entwicklung Schmidts der Zweifel an der Fähigkeit von Sprache, jenseits der ernüchternden Oberflächlickkeit der Welt eine tiefere, möglicherweise 'utopische' Dimension der Wirklichkeit zu erschließen, formuliert wird. Denn das herangezogene Beispiel, welches an die frühen Naturschilderungen gemahnt, tritt auf als korrumpiertes Rilke-Zitat aus den „Sonetten an Orpheus" („…die Nacht warf eine Handvoll von bleichen / taumelnden Tauben ins Licht…").[467] Wie oben aber gezeigt, wird Rilkes Dichtung – und damit allen mystifizierenden „Dichterpriestern" – mittels der burlesken Verwendung in „Caliban über Setebos" jeglicher Dignität, sowohl sprachliche als auch thematische, enthoben. Zugleich werden Landschafts- und Naturschilderungen – wie am obigen zweiten Beispiel gezeigt – gemäß des F/S-Codes als Freudsche 'Königswege' ins Unbewußte konstruiert. Formuliert sich also in „Caliban über Setebos" Schmidts Zweifel am ästhetischen (und möglichem uto-

---

[465] Bramkamp: Topographie, Seite 105.
[466] Ebenda: Seite 106f.
[467] Rilke: Sonette, 2. XI, Seite 758.

pischen) Plus poetischen „Abklopfens" der Wirklichkeit in der Gestalt eines „entlarvten" „Dichterpriester" Rilke? Und sah der durch die Freudsche Lehre 'aufgeklärte' Schmidt nun seine eigene frühe naturmystifizierende Sprache als dichterpriesterlichen Selbstbetrug?

IV. 5. Der Meistersänger von Schadewalde

An einem Beispiel soll an dieser Stelle die Schmidtsche Zitationstechnik einmal breiter vorgeführt werden. Es wird dabei deutlich werden, daß die Zitate für den „mitspielenden" Leser einen weiten Spielraum literarischer, literar- und kunsthistorischer, kulturgeschichtlicher, philosophischer etc. Assoziationen eröffnen, die den Text hinterblenden, ihm immer neue Spiegel, Folien, Tiefenschichten hinzufügen. Zugleich wird der Versuch des Autors, lenkend in dieses Assoziationsfeld auf dem Wege der Neukodierung des zitierten Materials im Sinne des F/S-Codes einzugreifen, ebenso sichtbar werden, wie die Unvereinnahmbarkeit des seinerseits unabschließbar bedeutungsreichen Materials.

In der wichtigen Sequenz der Annäherung Düsterhenns an die Scheune, in der er die vier Tribaden beobachten wird, heißt es:

> „...man hatte anschein'nd eine größere Anzahl Fichtenstämme hier gelagert; um sie dann, am stillen Herd zur Winterszeit, brutal durch den Ersteren zu jagen..." (CüS 302/BA 528).

Eingebettet in eine – weiter unten noch zu behandelnde – Anspielung auf eine der wichtigen mythologischen Handlungsfolien von „Caliban über Setebos" findet sich hier ein Zitat aus Richard Wagners Oper „Die Meistersinger von Nürnberg". Der junge Ritter Walther von Stolzing beantwortet dort die Frage, „...welch Meisters seid ihr Gesell?", mit der Auskunft, „Am stillen Herd in Winterszeit, / wann Burg und Hof mir eingeschneit..." durch Lesen eines Buches mit Liedern von Walther von der Vogelweide das Dichten gelernt zu haben.[468] Diese bekannte Stelle der Oper zitiert Schmidt schon im zweiten Unterkapitel des „Caliban", in dem Düsterhenn über ein mögliches Pseudonym für seinen projektierten Gedichtband sinniert:

> „‹Hagenau›, ‹Die Nachtigall von Hagenau› : da war ich auch mal monatelang ‹in Garnison› gewesen; und hatte, möglicherweise post-hum durch besagten REINMAR inspiriert, eine neue Prosaform erfunden, ‹PHAROS oder von der Macht der Dichter›. 1 bösartiger Zufall hatte das Manuskript bis heute erhalten; ich beschloß endgültig, das Dinx in der nächsten Winterszeit dem stillen Heerd zu übergeben." (CüS 235/BA 483)

---

[468] Wagner: Meistersinger, 1. Aufzug, 3. Szene, Seite 105.

Als verkapptes Zitat erscheint die „Winterszeit" nochmals anläßlich Düsterhenns Überlegungen, den „Wonn Gällon" -Krug zu kaufen:

„...ich projizierte ihn mir unwillkürlich auf meinen Schreibtisch –
: ? – doch – ja; voll Whizzky recht schusterkuglig-einleuchtend.
So für Monate, in denen 10 Zentner Wasser vom Himmel fallen."
(CüS 266f/BA 504f)

Die Annahme, daß hier abermals eine Anspielung auf die „Meistersinger" vorliegt, wird durch das Wort „schusterkuglig" erhärtet: eine solche mit Wasser gefüllte Kugel, die wie eine Linse das Lampenlicht verstärkt, dient dem Schuster Hans Sachs, dem (eigentlichen) Held der Oper, als Arbeitsleuchte, mit der er in die Handlung eingreift.[469] An Sachs ist hier zu denken, da er von Schmidt schon einige Seiten vorher eingeführt wird: mit dem kalauerhaften „Bohnerblüh' & -wax" (CüS 250) wird eine der bekanntesten Wendungen des historischen Autors Sachs zitiert.[470] Wagner benutzt sie in seinem Libretto viermal in Beziehung auf seine Figur Sachs und verleiht dem „blüh' und wachs'!" damit gleichsam Signalcharakter.[471]

Das mehrfache Zitieren von zentralen Stellen mit Signalcharakter für das Werk evoziert im Rezipienten das komplette Stück als Folie des zitierenden Textes. Weshalb nun wird in „Caliban über Setebos" wiederholt und

---

[469] Vgl. ebenda, 2. Aufzug, 5. Szene, Seite 128; mit seiner Schusterkugel verhindert Sachs hier – sehr bühnenwirksam und daher dem Kenner der Oper erinnerlich – den unbedachten Fluchtversuch der beiden Liebenden. Das Handwerksgerät spielt damit „schusterkuglig-einleuchtend" schon ins Metaphorische hinüber, indem sie Licht auf den „Wahn" der Menschen fallen läßt. Horst Denkler hingegen reklamiert als Folie für die Wendung „schusterkuglig-einleuchtend" den Roman „Der Hungerpastor" von Wilhelm Raabe (vgl. Denkler: Spürsinn, Seite 131). Dem Titelheld, der Schustersohn Hans Jakob Nikolaus Unwirrsch (die beiden ersten Vornamen gab ihm der Vater in Angedenken an die Schuster Hans Sachs (!!) und Jakob Böhme), erwächst sein Wissenshunger unter dem Schein der heimischen Schusterkugel: „Das Licht, das durch die schwebende Glaskugel auf den Arbeitstisch fällt, ist das Reich phantastischer Geister; es füllt die Einbildungskraft während der nachdenklichen Arbeit mit wunderlichen Gestalten und Bildern und gibt den Gedanken eine Färbung, wie sie ihnen keine andere Lampe (...) verleihen kann. (...) Immer tiefer sehen wir in die leuchtende Kugel, und in dem Glase sehen wir das Universum in all seinen Gestalten und Naturen..." (Raabe: Hungerpastor, Seite 13). Die Analogie zum Zweck des „ONE GALLON"-Glaskrug in „Caliban über Setebos" ist offensichtlich, und so ist in Anbetracht von Schmidts synthetischer Schreibmethode der „Hungerpastor" hier wohl *auch* als Folie für den schusterkugeligen Krug Düsterhenns anzusehen.

[470] Angespielt wird auf den Schluß von Sachs' „Ein lobspruch der statt Nürnberg": „Auff das sein lob grün, blü und wachs. / Das wünschet von Nürnberg Hans Sachs." (Sachs' Lobspruch zitiert nach: Die Deutsche Literatur II/2, Seite 789 – 799, hier Seite 799).

[471] Vergleiche Wagner: Meistersinger, 1. Aufzug, 3. Szene, Seite 100 und 104; 2. Aufzug, 6. Szene, Seite 134 und 2. Aufzug, 4. Szene, Seite 162.

sehr subtil auf die „Meistersinger" Wagners angespielt?[472] Was reizte Schmidt an Wagner, speziell an dieser Oper, die er auch in anderen Werken häufig zitierte?[473]

Die Gründe sind einerseits in den überraschenden thematischen Affinitäten der „Meistersinger" mit „Caliban über Setebos" und den ästhetischen Prinzipien des mittleren und späten Schmidt, andererseits in der Problemlosigkeit, mit der sich Wagners Oper dem interpretatorischen Zugriff der E-tymtheorie Schmidts assimiliert, beziehungsweise diesem unterworfen werden kann, zu finden.

Wagners Festoper ist ein vielschichtiges Kunstwerk über die Kunst (und deren wechselseitig-bedingendem Verhältnis zur Liebe, zum Eros). Dabei ist sie, hierin weitgehend dem Schmidtschen Ideal eines metaliterarischen Kunstwerkes entsprechend, aus den verschiedensten Werken, Anregungen und Folien gewebt, um wiederum über Kunst zu sprechen. Wagner kombiniert souverän die Anregungen aus Georg Gottfried Gervinus' Literaturgeschichte und Johann Christoph Wagenseils Buch über die Meistersinger mit E. T. A. Hoffmanns serapiontischer Erzählung von Meister Martin dem Küfner. Er übernimmt Szenen aus Johann Ludwig Deinhardsteins dramatischen Gedichten „Salvator Rosa" und vor allem „Hans Sachs", das schon Albert Lortzing für die Opernbühne komponiert hatte. Goethes Gedicht „Hans Sachsens poetische Sendung" wird ebenso verwendet wie Sachsens Reformationslied „Die Wittenbergisch Nachtigall".[474] Auch das Selbstzitat findet sich in Wagners Oper: Sachs entsagt Eva mit dem Hinweis

> „Mein Kind: / von Tristan und Isolde / kenn ich ein traurig Stück; / Hans Sachs war klug und wollte / nichts von Herrn Markes Glück.";[475]

das Melos des Orchesters zitiert dabei aus „Tristan und Isolde". Auf der musikalischen Ebene finden sich weitere Zitate von Ton und Aufbau des Meistergesangs bis hin zum Bachschen Choral: „…eine prachtvolle, überladene, schwere und späte Kunst, welche den Stolz hat, zu ihrem Verständnisse zwei

---

[472] Die Zitation erfolgt jedenfalls weitaus subtiler und zahlreicher, als es Roland Burmeister in seinem Kommentar zum „Caliban", der nur die beiden offensichtlichen Zitate des „stillen Herd" erfaßt, verzeichnet (Burmeister: Musikstellen, Seite 130 – 143).

[473] Gätjens: Bibliothek, Seite 118 belegt, daß Schmidt eine Gesamtausgabe aller Libretti Wagners besaß. Ein Beispiel für die einfallsreiche Zitation der „Meistersänger" findet sich z.B. am Ende der „Schule der Atheisten": Cosmo Schweighäuser tritt dort seinen Dienst als Nachtwächter von Tellingstedt mit den Worten des Nachtwächters in Wagners Nürnberg an (vgl. Schmidt: Schule der Atheisten, Seite 271).

[474] Vergleiche Kloiber/Kunold: Handbuch der Oper, Seite 957 und Mayer: Wagner, Seite 123 – 128.

[475] Wagner: Meistersinger; 3. Aufzug 4.Szene, Seite 167.

Jahrhunderte Musik als noch lebendig vorauszusetzen...".[476] Bei der Fülle
der benutzten Werke muten die Zeilen aus dem Libretto:

„...wer ein neues Lied gericht', / das über vier der Silben nicht /
eingreift in andrer Meister Weis', / dess' Lied erwerb' sich Meis-
terpreis."[477]

beinahe schon wie milde Selbstironie an.

Vordergründig wird eine opernübliche Handlung um Liebe, Eifersucht
und die sich daraus ergebenden Antagonismen, also ein genremäßiger Stoff
über den schwierigen Weg zweier Liebender zueinander, entfaltet, der, den
Konventionen einer Komödie gemäß, in der Schlußapotheose seine versöhn-
liche Lösung findet.[478] Die gängigen Interpretationen des Werkes beschäftigen sich mit drei Komplexen: die Konfrontation von Mittelalter und Neuzeit,
der Konflikt von Künstler und Gesellschaft und die Liebesentsagung Sachsens.[479]

Unterhalb der Handlungsoberfläche, die – in deutlicher Parallelität zu derjenigen des „Caliban" – mit Nietzsches mehr auf die Musik bezogenen Worten
„...nicht selten schelmisch, noch öfter derb und grob..."[480] genannt werden
kann, eröffnen sich Tiefenschichten, die durchaus mit den „Leseebenen" der
„Caliban"-Interpretation zu erfassen sind. Die Oper, nach Adornos Worten
„...das größte Zeugnis des Wagnerschen Bewußtseins von sich selber...",[481]
beinhaltet eine vielfach differenzierte autobiographische Schicht. Leicht erkennbar ist zunächst Wagners zweifache (Wunsch-)Projektion seiner selbst
in den Figuren Stolzing und Sachs: ein Doppelporträt des Künstlers als jun-
ger und gereifter Mann.[482] Denen gegenübergestellt ist die Gruppe der Meis-

---

[476] Nietzsche: Jenseits, Seite 153.
[477] Wagner: Meistersinger; 1. Aufzug, 3. Szene, Seite 108.
[478] Vergleiche auch das Wagner-Handbuch dazu (Wapnewski: Oper, Seite 322f): „Die
deutsche Festoper. Ihr Personal und dessen Positionen sind herkömmlicher Art. Da
ist das Helden-Liebespaar Stolzing-Eva. Es wird kontrapunktiert von dem Buffo-
Paar David-Magdalena. Da ist der eifersüchtige Nebenbuhler. Da ist der weise Mitt-
ler und Schlichter. Schließlich – die Oper verlangt nach dem Chor – ist da das ge-
wohnheitsmäßig so genannte Volk. Nicht minder einfach scheint sich die Handlung
darzustellen."
[479] Vergleiche ebenda, Seite 327.
[480] Nietzsche: Jenseits, Seite 153.
[481] Adorno: Versuch, Seite 38.
[482] Auf ein drittes, „geheimes Selbstporträt" (Jens: Ehrenrettung, Seite 98), der „bösen
Selbstkarikatur" (Leistner: Beckmesser, Seite 153) in der Figur des Merkers Sixtus
Beckmesser ist, darin Adorno folgend, gelegentlich hingewiesen worden. Leistner
arbeitet in seinem Aufsatz das antisemitische Profil der Figur Beckmessers auf dem
Hintergrund von Wagners Pamphlet „Das Judentum in der Musik" von 1850 heraus, um darin „...die Konturen eines Haß- und Angstportraits..." (Leistner: Beckmesser, Seite 149) des über seine eigene Abstammung unsicheren Autors zu vermuten.

tersinger, an deren Spitze der Stadtschreiber und Merker Sixtus Beckmesser, die der geniehaften Junkerkunst und der aus dem produktiven Volksgeist schöpfenden Kunst des Hans Sachs verständnislos und ablehnend gegenüberstehen. Über diese Figurenkonstellation wollte Wagner mit seinen Kritikern, insbesondere mit dem „...geradezu zur Inkarnation der 'üblen' Kunstkritik zurechtdämonisierte[n]..."[483] Wiener Kritikerpapst Eduard Hanslick, abrechnen.[484] Auf der anderen Seite verdeutlichen Sachs und Stolzing Wagners eigene Kunstauffassung, sie dienen ihm zur Selbstverständigung und Bekräftigung – so wie es der „Caliban"-Text für Schmidt leistet. Mit Nietzsches Blick auf die „Meistersinger" als Komplementärwerk des „Tristan" ergibt sich eine weitere bedeutsame autobiographische Schicht.[485] Beide Werke entstanden im Zeichen von Wagners Liebe zu Mathilde Wesendonck:

> „Gestaltete er [= Richard Wagner; d.V.] im *Tristan* den totalen Liebesanspruch, das absolute Liebesschicksal, wie sie diese Welt notwendig transzendieren, so demonstriert sein Sachs, wie der persönliche Liebesverzicht, die persönliche Entsagung zur Wendung in die Welt führen können."[486]

So wie das Verlangen nach Erfüllung seiner Liebe gegen alle Widerstände der Welt im tragischen „Tristan", ist in den „Meistersingern" der Verzicht auf Mathilde Wesendonck eingegangen – sie ist die verlorene Eurydike im Fundament des Werkes, um mit Theweleit zu sprechen.[487] Dies ist der autobiographische Kern, der auch die „Meistersinger" zu einem (Theweleitschen) Orpheus-Stück macht. Orpheus ist in dem Stück als mythischer Bezugspunkt und Identifikationsobjekt der kunstübenden Meistersingergesellschaft präsent – er schmückt Fahne, Kette und Schild der Meistersinger in seiner mittelalterlichen Metamorphose als König David.[488]

Noch deutlicher aber besetzt die Figur des Walther von Stolzing die Funktion des Orpheus in den „Meistersingern". Er sammelt zwar nicht wilde

---

[483] Leistner: Beckmesser, Seite 134.
[484] Die Parallele zu Karl Mays Abrechnung mit seinen Kritikern in den letzten beiden Bänden des „Silberlöwen", die Schmidt aufgezeigt hat, wird letzteren gefreut haben.
[485] Vergleiche Wapnewski: Oper, Seite 327f.
[486] Ebenda, Seite 328.
[487] Vgl. Theweleit: Buch der Könige 1, Seite 107: „Meine Vermutung, mein Verdacht ist, könnte es sein, daß ein Teil diese Überschusses [= an ästhetischer Schönheit des Kunstwerkes, d.V.] aus der Verwandlung der Schönheit und anderer Attraktionen 'Eurydikes' stammt, aus dem umgebauten Körper Eurydikes, aus der Absenz des Körpers der gestorbenen/geopferten Geliebten, die Orpheus transformiert in die Schönheit und andere Attraktionen des Gedichts...".
[488] Vergleiche Wagner: Meistersinger, 1. Aufzug, 1.Szene, Seite 90: „Ach! Meinst du den König mit den Harfen / und langem Bart in der Meister Schild?" oder 3. Aufzug, 5. Szene, Seite 172: „Die geschwungene Fahne, auf welcher König David mit der Harfe abgebildet ist, wird von allem Volk mit Hutschwenken begrüßt.".

Tiere um sich, aber er, „ein wahrer Dichter-Reck'",[489] verwandelt kraft seiner naturwüchsigen Kunst im Preislied die biedere Festgesellschaft in eine ergriffene, erotisierte Gemeinde. Dieses erotisierende Moment des Preisgesangs erfaßt Bloch, wenn er schreibt:

> „Gesungene Trompeten sind nun, anders als die geblasenen, wirklich die Könige, ja die hochliegende Walther Stolzings, dies bloße Preislied seiner selbst, verwandelt am Schluß fast auch ohne das Melos die aufgewachten Meistersinger **zu Genien eines Liebeslagers**. Statt der archaischen Dingmagie wirkt hier eine Art eigene Materialmagie mindestens mit, wirkt **das singende Erotikon**...".[490]

In den erotisierenden Mechanismen liegt nun die Konvergenz zu Arno Schmidt und dessen interpretatorischen Interesse an Literatur. Der Eros ist nicht nur Mittelpunkt der Kunst Stolzings, er steht auch im Zentrum der Kunst Wagners, der, wie Thomas Mann betont, aus seiner Rezeption Schopenhauers („...*das* große Ereignis im Leben Wagners..."[491]) vor allem die Erkenntnis von der Allmacht des (erotischen) Willens zieht, Schopenhauers „...*welterotische(n)* Konzeption, die ausdrücklich das Geschlecht als den Brennpunkt des Willens anspricht..."[492] übernimmt. In der Übernahme dieser Konzeption, für die „...die Genitalien der eigentliche BRENNPUNKT des Willens und folglich der entgegengesetzte Pol des Gehirns..."[493] ist, berühren sich die beiden Schopenhaueriner Richard Wagner und Arno Schmidt.[494] Schmidts „Etym"–Theorie gründet sich letztlich ja in der schopenhauerianischen Hoffnung, die, so Thomas Mann, „...den ästhetischen Zustand als denjenigen reiner und interesseloser Anschauung verstanden wissen will, als die einzige und vorläufige Möglichkeit, von der Tortur des Triebes loszukommen."[495] In den „Meistersingern" verwandelt Wagner den im „Tristan" verhängnisvollen Zwang des Willens- und Triebdiktats in ein heiteres, bisweilen bukolisches Spiel mit dem „Brennpunkt des Willens", das in seinem ästhetischen Spiel mit ihm gleichwohl sich der Macht des Eros bewußt ist. Stolzings „Dicht'- und Liebesfeuer" ist künstlerische Verwand-

---

[489] Ebenda, 1. Aufzug, 3. Szene, Seite 115.
[490] Bloch: Zauberrassel, Seite 338; Hervorhebung vom Verfasser.
[491] Mann: Leiden und Größe Richard Wagners, Seite 396.
[492] Ebenda, Seite 398.
[493] Schopenhauer: Welt als Wille, Band I, § 60, Seite 429 (Hervorhebung von Schopenhauer).
[494] Der enge Bezug auf Schopenhauer zieht sich vom Erstling „Leviathan" an wie ein roter Faden durch Schmidts Werk: „Bei Arno Schmidt gibt es direkte Hinweise auf Schopenhauer en masse, der 'Leviathan' ist geradezu eine Exegese Schopenhauers, es ließe sich seitenlang aus Schopenhauer und Schmidt zitieren, wobei schwer auszumachen wäre, was von A.Sch. und was von A.Sch. stammte." (Haffmans: Von A.Sch. zu A.Sch., Seite 124).
[495] Mann: Leiden und Größe, Seite 398.

lung des einen in das andere. Insbesondere das Preislied Walther von Stolzings arbeitet mit (Traum-)Sexualsymbolen, erotisch konnotierten Wörtern, Anspielungen und Wortweichen, in der Terminologie Schmidts: mit „Etyms". Schon die einfache Hervorhebung solcher „Etyms" in der ersten Strophe des Preisliedes zeigt die unverhüllte Dichte dieser Sexualsymbolik:

> „Morgenlich **leuchtend** im **rosigen Schein**,
> von **Blüt'** und **Duft**
> **geschwellt** die Luft,
> voll aller **Wonnen**
> nie ersonnen,
> ein **Garten** lud mich ein,
> dort unter einem **Wunderbaum**,
> von **Früchten** reich **behangen**,
> zu schaun in sel'gem **Liebestraum**,
> was höchstem **Lustverlangen**
> **Erfüllung kühn verhieß** –
> das schönste Weib,
> Eva im Paradies."[496]

Der erste Stollen des Preisliedes ist also eine eindeutig erotische Sequenz, die mit bekannter, tradierter Symbolik (Garten, Baum, etc.) arbeitet – wobei nochmals daran zu erinnern ist, daß die hier zwecks parallelisierender Interpretation als „freudsche Traumsymbole" oder „schmidtsche Etyms" angesprochene Symbolik eben genuin *literarische* Symbole sind.[497] Die parallele Bauform des zweiten Stollens unterstreicht die Transponierung des Erotischen ins Kreative, Künstlerische. Der „sel'ge Liebestraum" verwandelt sich in den „wachen Dichtertraum": die zuvor erotisch konnotierte Frau wandelt sich in die Inspiration gebende Muse, ohne die untergründige erotische Symbolhaltigkeit zu verlieren.[498] Im Abgesang wird dann die Synthese

---

[496] Wagner: Meistersinger, 3. Aufzug, 5. Szene, Seite 178 (Hervorhebungen d.V.).

[497] Dies war, es muß wiederholt werden, auch Schmidt bewußt. So heißt es über den Mechanismus Metaphorisierung und Anthropomorphisierung in „Sitara": „Imgrunde ist diese spezifische MAY'sche Art der Anthro=Po=Morfisierung (‹Der Mensch ist das Maß aller Dinge›) etwas längst bekanntes. Im ‹Hohen Lied› besingt die liebende Schäkerin genau so die Reliefkarte ihrer Vorderfront..." (Schmidt: Sitara, BA III/2, Seite 96). Eben dieses „Hohelied" ist denn mit seiner Symbolik auch die Vorlage von Walthers Preis- und Werbelied, man vergleiche nur – unter unzähligen gleich „ergiebigen" Stellen – folgende Verse: „Ein verriegelter Garten ist meine Schwester und Braut, ein verriegelter Garten mit versiegeltem Quell. Dein Schoss ist ein Park von Granatbäumen mit allerlei köstlichen Früchten, Cyperntrauben samt Narden...(...) Mein Geliebter komme in seinen Garten und esse von seinen köstlichen Früchten!" (Hohelied, 4, 12 – 16; Bibel, Seite 693)

[498] Hier erweist sich wieder der Einfluß von Goethes Jugendgedicht „Erklärung eines alten Holzschnittes, vorstellend Hans Sachsens poetische Sendung" (Goethe: Gedichte (1756 – 1799), Seite 357 – 362). Dort fand Wagner nicht nur „‚...das Bild des meditierenden Schuhmachers und Poeten, das sich in die Vision des dritten Aktbeginns verwandelte. Auch die beiden Frauengestalten der himmlischen und der irdi-

himmlischer und irdischer Liebe in der realen Gestalt Evchens vollzogen: „So wird die Liebe nimmer alt, / Und wird der Dichter nimmer kalt!"[499] Diese Konvergenz bestätigt sich in dem „Kranz aus Lorbeer und Myrthen", den Eva Walther auf die Stirn setzt[500]: die Symbolhaltigkeit der ineinander verflochtenen Pflanzen affirmiert den in Stolzings Abgesang beschworenen „…Traum der Einheit von Kunst und Liebesglück…".[501]

Bedeutung als Folie für die Poetologie Schmidts und für den „Caliban" gewinnen die „Meistersinger" wohl vor allem durch ihren bewußten Gebrauch dieser (Sexual-)Symbolsprache und ihre unausgesetzte Thematisierung der Beziehung und Verwandtschaft von Traum und Dichtung. „Die selige Morgentraumdeut-Weise"[502] besingt allegorisch diese Synthese. Vor ihrer poetischen Verdichtung im Preislied stehen die Belehrungen und Erläuterungen Sachsens während dessen Verfertigung, die die letztliche Identität von Traum und Poesie postulieren: „…all Dichtkunst und Poeterei / ist nichts als Wahrtraumdeuterei."[503] Schon Adorno erkannte hier die Vorwegnahme psychoanalytischer Literaturinterpretation: „…Sachsens Sentenz von der 'Wahrtraumdeuterei' scheint das Kunstwerk insgesamt dem analytischen Ideal, der Bewußtmachung des Unbewußten anzunähern."[504] Sachs entwickelt eine nahezu „psychoanalytische Theorie" der künstlerischen Kreativität. Er bestimmt den Eros als Triebkraft poetischer Produktivität

> („…wenn uns von mächt'gen Trieben / zum sel'gen ersten Lieben / die Brust sich schwellet hoch und weit, / ein schönes Lied zu singen / mocht' vielen da gelingen…"[505]),

welcher, zur Rettung vor dem Orkus aus Alltag und Zeit, seine Sublimierung in der Kunst des Meistersanges erfährt

> („Die Meisterregeln (…) helfen wohl bewahren, / was in der Jugend Jahren / mit holdem Triebe / Lenz und Liebe / Euch unbewußt ins Herz gelegt, / daß Ihr das unverloren hegt."[506]).

Kunst, so erklärt Sachs schließlich das Bedürfnis zur Literaturproduktion der biederen Meistersänger, ist am Ende eine Verschiebung der Libido auf ein Ersatzobjekt:

> „…in ihrer Nöten Wildnis / sie schufen sich ein Bildnis, / daß ihnen bliebe / der Jugendliebe / ein Angedenken, klar und fest…"[507].

---

schen Liebe hielt Goethe bereit: als Muse des Parnaß und als 'holdes Mägdlein'." (Mayer: Wagner, Seite 128).
[499] Goethe: Gedichte (1756 – 1799), Seite 362.
[500] Wagner: Meistersinger, 3. Aufzug, 5. Szene, Seite 180.
[501] Leistner: Beckmesser, Seite 133.
[502] Wagner: Meistersinger, 3. Aufzug, 4. Szene, Seite 168.
[503] Ebenda, 3. Aufzug, 2. Szene, Seite 152.
[504] Adorno: Wagner, Seite 116.
[505] Wagner: Meistersinger, 3. Aufzug, 2. Szene, Seite 153.
[506] Ebenda.

Sachsens Einsicht in die der Poesie zugrundeliegenden „psychoanalytischen" Mechanismen erlaubt es ihm auch, Stolzings Dichtkunst von Anfang an als das zu erkennen, was es ist: ein **Erotikon**.[508] Denn schon das Lied, mit dem Stolzing sich im ersten Akt die Meisterwürde ersingen will, ist voller Sexualsymbolik, die Naturbilder benutzt. Walthers „süßes Lenzeslied" arbeitet mit den Oppositionen Lenz versus Winter.[509] Der Lenz steht dabei für die Lebenskraft der Natur, für Potenz, für den Eros; allein fünfmal wird er in Zusammenhang mit „Schwellen" gebracht,

„...das Blut, es wallt / mit Allgewalt, / geschwellt von neuem Gefühle; / aus warmer Nacht / mit Übermacht / schwillt mir zum Meer / der Seufzer Heer / im wilden Wonnegefühle."

Walther bräuchte es gar nicht auszusprechen: sein „süßes Lenzeslied" ist im Grunde „das hehre Liebeslied". Der Winter dagegen, mit dem er auch seinen Konkurrenten im Singen und Werben Beckmesser meint, ist konnotiert mit Neid, Verfall und Impotenz: „Von dürren Laub umrauscht" steckt er „von Neid und Gram verzehrt" „in einer Dornenhecke".

Damit ist ein weiterer Bezug der Oper Wagners zu „Caliban über Setebos" bezeichnet: steht jene im Zeichen des Eros und der Potenz (Walthers – im Gegensatz zur Impotenz Beckmessers), so der Text Schmidts im Zeichen der Impotenz. Zu den von Walther von Stolzing benutzten Metaphern seines Innenlebens finden sich in „Caliban über Setebos" die negativen Entsprechungen. Spielen die „Meistersinger" im blütenreichen Frühsommer des Johannistages, so findet die Handlung des „Caliban" im Herbst, wohl im November um den Martinstag herum, statt. Dem allegorischen Tagesanbruch – „Morgenlich leuchtend im rosigen Schein..."[510] – des Preisliedes steht die Abenddämmerung und die „...firmamentlose graue Overall–Plane, liederlich mit Hadern geflickt..." (CüS 243/BA 489) des „Caliban"-Himmels gegenüber. Spricht das Traumgesicht des Preisliedes von einem einladenden Garten, in dem ein fruchttragender Wunderbaum Erfüllung verspricht, so entdeckt Düsterhenn auf seinem ersten Erkundungsgang durch das Dorf, umgeben von anderen Verfalls- und Impotenzsymbolen („...1 der Dreidrähte schlotterte bank'rott – richtig; ‹S-trom iss weck›." CüS 246/BA 490), nur noch „...ein nicht minder insolventes ‹letztes Gärtchen›, dessen 1 Zaun-fahl

---

[507] Ebenda.
[508] Vergleiche Borchmeyer: Götter, Seite 159: „Nicht nur die Liebe, auch Stolzings Art des Dichtens und Singens ist von anarchischer Kraft, die 'den Meistern bang' macht. Sein von keinen Regeln, sondern, um Wagners Lieblingsbegriff zu verwenden: von der 'Unwillkür' der improvisatorischen Eingebung bestimmtes, allein von Liebe inspiriertes 'süßes Lenzeslied' ist als Form, was die Geschlechtsliebe als Inhalt ist.".
[509] Wagner: Meistersinger, 1. Aufzug, 3. Szene, Seite 109; alle nachfolgenden Zitate ebenda 108ff.
[510] Ebenda, 3. Aufzug, 5. Szene, Seite 178; die nachfolgenden Wagner-Zitate sind alle dem Preislied Seite 178f entnommen.

weißgrau-grünschwarz phaulte..." (ebenda). In diesem wachsen bezeichnenderweise nur Heilkräuter, „...dem Klang nach vermutlich ‹1 Thee›, abscheulich gesund oder für's sistema urinario..." (ebenda). Aber nicht nur Inkontinenz, auf die auch andere Kräuter wie die „Bärenblättertraube" (CüS 276/BA 511) hinweisen, ist Düsterhenns Problem mit dem „sistema urinario".[511] Die Bäume jedoch, die Düsterhenn bei dem Garten sieht, sind Kopfweiden: beschnittene, metaphorisch kastrierte Bäume. Während also das Traumbild des Gartens Stolzing „Erfüllung kühn verhieß", deutet der Garten im „Caliban" mit allen ihn begleitenden Impotenzsymbolen nur voraus auf Düsterhenns letztliches Versagen vor Rieke, seine schmerzliche Einsicht in den Verlust seiner Manneskraft. Gegenüber dem inflationären, verhüllendenthüllenden Gebrauch des Lexems 'schwellen' in Walthers Preislied steht Düsterhenns unmißverständliche, krasse Bemerkung: „NICHTS! Er dachte nich daran, sich zu entrunzln." (CüS 296/BA 524)

Dient Walther von Stolzing, diese fast mythische Verkörperung des Dichters, Sängers und Liebhabers, als Kontrapunkt zum völlig entidealisierten Bild des Dichters in Düsterhenn, so finden sich doch, vor allem in der Figur des Hans Sachs, in den „Meistersingern" auch Elemente, die als positive Folie für „Caliban" fungieren oder auf die nur milde parodistisch angespielt wird. Wie Düsterhenn Schlagertexter ist, so heißt es auch von Sachs: „Drin bracht' er's weit, der hier so dreist: / Gassenhauer dichtet er meist."[512] Sachs beherrscht die normative Poetologie der Meistersinger („Gesteht, ich kenn' die Regeln gut..."[513]), besitzt aber auch die Souveränität, über sie hinauszugehen, die Fähigkeit, Stolzings so andere, von der „Unwillkür" (Wagner) des Eros bestimmte Poesie zu verstehen und als Kunst anzuerkennen. Düsterhenns „Leges Tabulaturae" ist sein „...PEREGRINUS SYNTAX : die älteste Leyer war, liederlich benützt, gerade gut genug..." (CüS 230/BA 480). Über seine beim Verseschmieden allerdings recht liederlich befolgte normative Poetologie vermag er allerdings erst nach der Annahme seiner Impotenz frei und souverän hinauszugehen. Sachsens Verzicht auf das eheliche Glück mit Eva mit seinem Verständnis des junkerlichen Erotikons, der – im Lichte einer Interpretation nach Schmidt – Stolzingschen „Etym"-Kunst in einen bedingenden Zusammenhang zu bringen, hieße hingegen den Bogen der Interpretation überspannen.

---

[511] Dem Hinweis auf die Inkontinenz und damit auf das Altern und die nachlassende Fertilität dient auch die Harnsymbolik des „halben Geniesel(s)" (CüS 247/BA 491) während Düsterhenns erstem Spaziergangs: „Wenn es wenigstens offen gegossen hätte; aber so-dies leise Naßmachen ehrlicher Leute!" (CüS 248/BA 492). Man kann hierin auch eine Parodie auf die zweite Strophe von Stolzings Preislied erkennen, in der die Muse den Dichter „mit dem edlen Naß" einer parnassischen Quelle netzt.

[512] Wagner: Meistersinger, 1. Aufzug, 3. Szene, Seite 104.

[513] Ebenda, Seite 103.

Die „Meistersinger" als eine Folie in „Caliban über Setebos" geben auch ein Paradigma für die Schmidtsche Kunst des Spiels mit Literaturgeschichte ab. Stolzing gibt auf die Frage nach seinem Lehrer in der Poesie an: „Herr Walter von der Vogelweid', / der ist mein Meister gewesen."[514] Walther von der Vogelweide galt den Meistersängern, die an die Tradition des Minnesanges anknüpften, als einer ihrer legendären zwölf Meister („Ein guter Meister" kommentiert Sachs Stolzings Berufung auf ihn). Doch mit seiner „niederen Minne" überschreitet Walther die zeitgenössische Minnepoetik in durchaus erotischer Hinsicht. Ein Echo dieser Neuerung ist auch in der bekannten „Fehde" Walthers mit dem Exponenten der hohen Minne, Reinmar von Hagenau, auszumachen. Inwieweit dies unter dem Signum der Distanzierung auch für Beckmessers Einwand gegen Walther von der Vogelweide („Doch lang schon tot; / wie lehrt' ihn der wohl der Regeln Gebot?") gilt, bietet – bedenkt man die Reserviertheit der Meistersinger gegen allzu „weltliche" Dichtung – Raum zu berechtigter Spekulation. In „Caliban über Setebos" wird der Name des Reinmar von Hagenau gerade an der Stelle ausgiebig genannt, an der auch via des „Meistersinger"-Zitats „...in der nächsten Winterszeit dem stillen Heerd..." (CüS 235/BA 483) Walther von der Vogelweide verdeckt präsent ist. Eine weitaus deutlichere Anspielung auf Walther findet sich dann in jener späteren Szene des in der freien Natur verseschmiedenden Düsterhenns. Er hat sich im nächtlichen Schadewalde verlaufen, ist am Ortsrand an einem „Kilometerschtein" angekommen und beschließt: „Ich setz mich lieber auf den Schtein-hier, und dichte....." (CüS 280/BA 513). An dieser Stelle überlagern sich mehrere literarische Folien: Düsterhenn dichtet hier „...nach'm Satz vom Widerspruch..." wie Grabbes Rattengift.[515] Der Anblick des nächtlichen Beisammenseins mit Levy wird zwar verglichen „...mit der Federzeichnung von Phiz zu Boz, ‹Pickwick› caput 29..." (CüS 282/BA 515).[516] Dieses schauerromantische Bild eines Totengräbers, der bei seiner Arbeit von einem Gespenst besucht wird, schiebt sich allerdings verdeckend über das ursprügliche, welches wenige Zeilen zuvor in nachgeformten Mittelhochdeutsch bekräftigt wird: „...ich uf meime s–teine..." (ebenda). Zitiert wird also zweimal der bekannte Beginn des ersten Reichstons von Walther von der Vogelweide: „Ich saz uf eime steine...", der nicht zuletzt durch die von ihm angeregte Miniatur in der

---

[514] Ebenda, Seite 105; die Stelle beginnt mit eben jenem von Schmidt mehrfach zitierten „Am stillen Herd in Winterszeit...". Die folgenden Zitate aus den „Meistersingern" finden sich alle ebenda.
[515] Vergleiche Grabbe: Scherz..., 2. Akt, 2. Szene, Seite 29ff; zur Grabbe-Folie vergleiche oben, Kapitel IV.2. .
[516] Die Zeichnung findet sich z.B. in der Insel-Ausgabe: Dickens: Pickwickier, Seite 505. „Boz" war Dickens Pseudonym während der Veröffentlichung seiner Geschichten zu den Illustrationen von Robert Seymour, Robert William Buss und Phiz (Pseudonym für Hablot Knight Browne), aus denen sich sein Roman entwickelte.

Großen Heidelberger Liederhandschrift geradezu Signalcharakter bekommen hat.[517]

Das Muster des Schmidtschen Spiels mit der Literaturgeschichte läßt sich an diesem Beispiel beschreiben: die in „Caliban über Setebos" verdeckt oder offen vorgebrachten Anspielungen kann der Rezipient, welcher das Spiel mit literarischen Folien und Zitaten mitspielt, zu sinnvollen Aussagen innerhalb des von Text gesetzten Rahmens der Themen und angesprochenen Problemkreise verknüpfen. Sehr oft überlagern sich dabei mehrere Werke, auf die angespielt wird und die unterschiedliche Themen von „Caliban über Setebos" akzentuieren – allerdings sind nicht alle der dabei eröffneten Bedeutungslinien wichtig: die Freude am „interesselosen Spiel" mit der Tradition fehlt nicht. Dabei belehrt das bei Schmidt immer geforderte Kontextwissen sowohl über den zitierenden, als auch über die zitierten Texte. Die Anverwandlung des fremden Materials zielt jedoch subtil auf die Einverleibung in das System der „Etym"- und „4. Instanz"-Theorie, die das zitierte Traditionsgut neu konnotiert. Dabei soll es wechselseitig einerseits als psychosexuell im Sinne der „Etym"-Theorie determinierte interpretiert, andererseits als Legitimation eben jener Theoreme herangezogen werden: nebenbei, ein circulus vitiosus.

Die „Meistersinger" eignen sich in der oben vorgeführten, vereinfachenden Interpretation als Erotikon durchaus zu einer solchen Verwendung per Zitation. Dem steht aber entgegen, daß die junkerliche Traumdichtung nicht das Kunstideal ist, welches die „Meistersinger" letztendlich propagieren: es ist die Verbindung von Beherrschung der Regeln und deren produktiv–individuelle Überschreitung, es ist Sachs als Synthese von junkerlicher Emphase und meistersingerlichem Diktat.[518] Sodann kreist die „Meistersinger"-Oper um viele weitere Themen, die mit der Bedeutungsebene des Erotikons nichts gemein haben. Auch eignet sich Wagner nicht als „DP"-Vorführobjekt wie Karl May: die sexuelle Bedeutungsebene ist mit ingeniösem künstlerischem Bewußtsein in das Werk eingearbeitet. Und dabei hat Wagner weder auf die Psychoanalyse, noch auf die „Etym"-Theorie gewartet: Kunst ist allen sie erklären wollenden Theorien vorgängig.

---

[517] Vergleiche Codex Manesse, Seite 90 – 93; dort die Miniatur und die entsprechende Seite aus der Manessischen Liederhandschrift im Faksimile.

[518] Vergleiche dazu Jens: Ehrenrettung, Seite 99f und 96: „...auf die Dialektik von vorgegebenem Rahmen und individueller Variation, von Norm und eigenständiger Leistung innerhalb der gesetzten Grenzen kommt es an."

V. Mythologie

V. 1. Mythentheorien

In den Texten der Sammlung „Kühe in Halbtrauer" ist die Hinterblendung der Momentaufnahmen aus der Alltäglichkeit mit antiken mythologischen Stoffen sehr auffällig. Nachdem die Funktion der Antike bei Schmidt zuvor eher als die eines Evasions- und Projektionsraums gesehen wurde,[519] verwunderte nun bei dem scheinbar so vehement die „realistische" Darstellung der Wirklichkeit fordernden Schmidt („*Jeder Schriftsteller* sollte die Nessel Wirklichkeit fest anfassen; und uns Alles zeigen..."[520]) die konsequente Unterfütterung der Texte mit mythologischen Folien. Zudem hatte sich Schmidt des öfteren abwertend über Mythen und deren Verwendung – durch die „DP's", wie es sich versteht – in der Literatur geäußert. So heißt es in einem Essay, der nur ein Jahr nach „Caliban über Setebos" entstand: „‹Mythos›? : das ist in meinen Augen so wenig ein ‹allgemein Bedeutendes›, daß es sich dabei vielmehr um die schematisierte, verarmte, gerupfte Reiche=Alltäglichkeit handelt."[521] Und noch in „Zettels Traum" heißt es: „'Was haßDu gegen den Mythos?' / : 'Daß er ein mieser Behelf ist, Wilma. 'Ergriffen stammeln'? ist leicht...".[522] Entgegen solchen Äußerungen läßt sich aber in Schmidts gesamtem Werk die Anwesenheit von Mythen nachweisen. So beruht die gnostisch beeinflußte Weltanschauung im „Leviathan", mit dem Schmidt nach dem Krieg an die Öffentlichkeit trat, auf der biblisch-babylonischen Leviathan-Sage, einem Drachenmythos.[523] Und selbst die Handlung des „Leviathan" ist, so Hans Geulen, deutlich an den mythischen Mustern der Unterweltsfahrt – im „Leviathan" wird die germanischen Wasserhölle Hel[524] als mythischer Bezug genannt – orientiert.[525]

---

[519] So bei Herzog: Glaukus adest, o.P. (Textseiten 3 – 16).
[520] Schmidt: Aus dem Leben eines Fauns, BA I/1, Seite 317.
[521] Schmidt: ‹Meine Bibliothek›, BA III/4, Seite 361.
[522] Schmidt: Zettels Traum, Seite 16 mm.
[523] Vgl. Eisenhauer: Rache Yorix, Seite 29; Eisenhauer resümiert: „Wer glaubt, bei dem späten Arno Schmidt einen unreflektierten Rückfall in die mythologische Denkungsart diagnostizieren zu können, hat den Titel seines Erstlings überlesen: Am Anfang war der *Leviathan*." (ebenda, Seite 31). Zur mythologischen Figur des Leviathan vgl. Ranke–Graves/Patai: Hebräische Mythologie, Seite 56 – 65.
[524] Schmidt: Leviathan, BA I/1, Seite 53: „Eisiger Nebel wallt auf, schluchthoch. (Hel, die Wasserhölle.)".
[525] Vgl. Geulen: Nossacks „Untergang", Seite 221; Geulen schreibt hier, die Fabel des „Leviathan" zeige die „...genremäßigen Anschlüsse an Logbuch und Expeditionsbericht, hier im Rahmen einer kimmerischen oder Unterwelts- und Todesfahrt, endend in der Nebelwelt der germanischen Wasserhölle Hel."

Die neue Qualität der Verwendung mythischer Bezüge in den Erzählungen der Sammlung „Kühe in Halbtrauer" liegt in der intensiven Nutzung mythischer Muster zur Strukturierung der Handlung und des konsequenten Bezugs der Mythen auf einen psychoanalytisch erschlossenen, sexuellen Sinn. Bei der Untersuchung der mythologischen Bezüge begnügen sich viele Arbeiten mit dem Auffinden und der Erläuterung der entsprechenden antiken Mythen – als erster Schritt der Analyse ohne Zweifel geboten.[526] Sie fassen dabei die Verwendung der Mythen in Schmidts Texten aber bestenfalls im Sinne einer Ikonologie auf: der Künstler verwendet die mythischen Fabeln bzw. Fabelelemente als einen Code, den es zu entziffern, zu übersetzen gilt. Einen solchen Gebrauch der Mythen beschreibt Starobinski als charakteristisch für das 17. Jahrhundert, genauer, für die klassische französische Kultur: es geht weniger um die Substanz der Mythen als um einen Code der mythischen Fabeln, der einen „...Übergang von einer Sprache in die andere...", „...eine Disjunktion von Erscheinung und Bedeutung, die sogleich durch ein System fester Entsprechungen aufgehoben wird..." ermöglicht.[527] Die meisten der Arbeiten folgen dabei kritiklos Schmidts eigener (F/S–) Übersetzungsmethode: das 'Wörterbuch' ist nun nicht mehr eines allgemeiner Symbole und Allegorien, sondern eines der freudianischen Sprache des Unbewußten. In Schmidts Praxis wird dies zu einer oftmals rüden, immer jedoch verkürzenden Herausstellung der sexuellen Bedeutung der Mythen: „...(X=ion auf der woll=Que' : ne antike Onanie=Fantasie also!)".[528] Das Ergebnis eines solchen Vorgehens entlang der von Schmidt intendierten Deutung der Mythen erweist letztlich nur wieder die Selbstreferenzialität der Schmidtschen „Etym"-Theorie. Eine kritische Auseinandersetzung mit dem Wesen der Mythen und dem wissenschaftlichen Status der Freudschen Theorie des Mythos, ja, der Mythentheorien überhaupt käme zu differenzierteren Einsichten bezüglich der Mythenverwendungen in den Schmidtschen Texten.

Schon der Versuch einer Definition dessen was Mythen sind, vergegenwärtigt die Problematik der Mythen-Forschung. Eine allgemein akzeptable Definition kann nicht mehr leisten, als die recht unbestimmte Aussage zu treffen: „Unter ›Mythen‹ verstehen wir im allgemeinen – wie die alten Griechen auch – *traditionelle* Geschichten."[529] Alle Versuche einer näheren Definition des Wesens der Mythen oder gar einer Unterscheidung „echter Mythen" von anderen tradierten Erzählungen sind letztlich Konstruktionen, die spezifische Theorien des Mythos implizieren. Die Entscheidung für eine dieser Theorien über den Mythos bringt aber immer die Schwierigkeit mit sich, daß die je-

---

[526] Ralf Georg Czapla versammelt in seiner Arbeit die bisherige Forschung zur mythologischen Unterfütterung sämtlicher Texte des Zyklus „Kühe in Halbtrauer" (vgl. Czapla: Mythos).
[527] Starobinski: Rettende, Seite 322.
[528] Schmidt: Zettels Traum, Seite 643 rm.
[529] Kirk: Griechische Mythen, Seite 20 (Hervorhebung von Kirk).

weilige Theorie wohl von vielen Mythen bestätigt wird, sie aber nie auf alle applikabel ist.[530] Der Altphilologe Geoffrey Stephen Kirk zeigt an den von ihm so genannten „monolithischen Universaltheorien" [alle Mythen sind *Naturmythen*; alle Mythen sind *ätiologische*, sie sind „eine Art von Protowissenschaft"; Mythen sind *Charters* (= „nicht–theoretische Begründungen") für Bräuche, Institutionen und Glaubensvorstellungen; Mythen rufen die *Schöpfungszeit* („in illo tempore") wach; Mythen stehen mit den *Riten* in Beziehung, bzw. sind aus ihnen hervorgegangen], daß es eine einheitliche Erklärung von Herkunft und Funktion der Mythen nicht geben kann.[531] Jede der „Universaltheorien" findet ihre Begrenzung und Widerlegung in dem bestimmten geistigen Klima, in denen sie entstanden sind, in ihren Denkfehlern, in der Vereinseitigung der Mythenauslegung und in Beispielen von Mythen, die sich nicht mit ihnen erklären lassen, sich nicht in das angebotene Schema einfügen: „Mythen bilden also eine unerhört komplexe und zugleich vage Kategorie, und man muß alle Deutungs- und Klassifikationsmöglichkeiten auf sie anwenden...".[532]

Auch die psychoanalytische Mythentheorie ist eine solche „monolithische Universaltheorie". Sie sieht im psychischen Geschehen die eigentliche Wirklichkeit der Mythen. Für Freud sind Mythen die „...entstellten Überreste(n) von Wunschphantasien ganzer Nationen, (...) [die] *Säkularträume(n)* der jungen Menschheit...";[533] sie bieten sich an als Projektionsflächen für „...lang verdrängte Erinnerungen und deren unbewußt gebliebene Abkömmlinge, die auf dem ihnen eröffneten Umwege sich als *scheinbar sinnlose* Bilder ins Bewußtsein schleichen."[534] Mythen sind für Freud also ein verzerrter Ausdruck unbewußter Konflikte, verdrängter Wünsche und Aggressionen. Sie gleichen damit den Träumen, mit denen sie auch die Symbolik teilen.[535] Freuds selbstkonstruierter Urmythos der Vatertötung in „Totem und Tabu",[536] also der die Genese des Ödipus-Komplex begründende Mythos, gibt

---

[530] Ein anschauliches Beispiel bietet Ranke-Graves: Griechische Mythologie, der in Nachfolge der Riten-Theorie der Cambridge–Schule (J.G. Frazer, Jane Harrison, Gilbert Murray, A.B. Cook und F.M. Cornford) zunächst „...den echten Mythos als erzählerische Kurzschrift kultischer Spiele..." (S. 10) definiert. Dadurch gerät er in den Zwang, mehrere Erzählformen ausscheiden zu müssen, obgleich er zugeben muß, daß „...sich echte mythische Elemente in den unwahrscheinlichsten Geschichten versteckt finden." (S. 12).

[531] Vgl. Kirk: Griechische Mythen, Seite 42 – 66.

[532] Ebenda, Seite 37.

[533] Freud: Der Dichter und das Phantasieren, StA X, Seite 178 (Hervorhebung von Freud).

[534] Freud: Traumdeutung, StA II, Seite 586 (Hervorhebung von Freud); Freud setzt an dieser Stelle den Mythos von der Entmannung des Kronos durch seinen Sohn Zeus in Beziehung mit einem Vaterkonflikt eines jungen Patienten.

[535] Vgl. ebenda, Seit 346.

[536] Freud: Totem und Tabu, StA IX, Seite 426ff.

auch das Modell der Entstehung der Mythen ab: die ursprüngliche Tat, die Freud annimmt, setzte ein so starkes Schuldbewußtsein frei, daß es in der Folge zu einer ganzen Reihe von Ersatzbildungen kommt, die das ungelöste Problem der Schuld bearbeiten (und immer stärker verdrängen). Zu diesen Ersatzbildungen zählen auch die Mythen, Religion und nicht zuletzt die Kunst.[537] Die Mythen sind dabei eine der am wenigsten „bearbeiteten", rationalisierten Ersatzbildungen und gleichen daher mit ihrer irrationalen Sprache, der extensiven Symbolverwendung, ähnlichen Zensurmaßnahmen etc. stark der *Via regia*[538] ins Unbewußte, den Träumen.

Wenn es auch, wie Kirk schreibt, „...mit Sicherheit wichtige Zusammenhänge zwischen den beiden Phänomenen gibt"[539], so kann dennoch keine Rede von dem „...durch die Psychoanalyse erbrachten *Beweis* der Parallelität von Traum und Mythos..."[540] sein. Möglicherweise haben einige Mythen in ihrer Genese ähnliche Prozesse der Verdichtung, Verschiebung und Darstellung in Symbolen und Bildern wie in der Traumarbeit erfahren, jedoch versteht es sich „...von selbst, daß es falsch wäre, einen Mythos lediglich als Produkt eines Unbewußten zu betrachten und seine Eigenschaften als traditionelle Erzählung zeigt, daß das eine zu große Vereinfachung ist."[541] Insbesondere ist es irreführend, von den „Wunschphantasien ganzer Nationen" und „Säkularträumen der jungen Menschheit" als dem Wesen der Mythen zu sprechen. Diese These harmoniert zwar mit Freuds anthropomorphisierendem Denken und seiner Neigung, die Individual- und die Kollektivgeschichte des Menschen in Übereinstimmung zu bringen, ist aber „...schon deshalb absurd, weil sich ein Volk oder eine Gesellschaft im allgemeinen erheblich von einem Individuum, das vom Kind zum Erwachsenen wird, unterscheidet."[542] Zudem sind die meisten Mythen keine Wunschphantasien und sie behandeln auch keineswegs, wie es die Metapher von der „Kindheit" des Volkes oder der Menschheit es unterstellt, die von ihnen bearbeiteten Themen auf infantilem Niveau. Die Bilder, die der Mythos für die Phänomene dieser Welt anbietet, sind vielfältigster Art: es gibt kosmologische Theorien, ätiologische Geschichten aber auch Erzählungen zur puren Unterhaltung. Freuds Deutung jedoch rückt „...den Mythos in den Zusammenhang gegenwärtiger psychischer und pathopsychischer Erscheinungen."[543] Dabei

---

[537] Vgl. ebenda, Seite 439: „So möchte ich denn zum Schlusse dieser (...) Untersuchung das Ergebnis aussprechen, daß im Ödipuskomplex die Anfänge von Religion, Sittlichkeit, Gesellschaft und Kunst zusammentreffen, in voller Übereinstimmung mit der Feststellung der Psychoanalyse, daß dieser Komplex den Kern aller Neurosen bildet...".
[538] Freud: Traumdeutung, StA II, Seite 577.
[539] Kirk: Griechische Mythen, Seite 70.
[540] Campbell: Flug, Seite 61 (Hervorhebung d.Vf.).
[541] Kirk: Griechische Mythen, Seite 70.
[542] Ebenda, Seite 71.
[543] Weimann: Literaturgeschichte, Seite 337.

wird der Mythos tendenziell zu einem symbolischen Ausdruck dieser seelischen Erscheinungen verkürzt.

Einer solchen Verkürzung steht aber schon das Spezifikum der Mythen, ihr erzählender Charakter entgegen:

> „Wir sind der Meinung, daß der Mythos, auch wenn er nicht die anspruchsvolle Komposition einer Epopöe aufweist, dennoch die ursprüngliche Form des Epos ist. (...) Der Mythos gibt eine *Handlung* wieder, und das genügt, um vom ästhetischen Gesichtspunkt aus die rein symbolistische Deutung der Mythologie zu entkräften."[544]

Der wichtigste Einwand gegen eine ausschließliche Deutung von Mythen als Symbole psychologischer Affektivität und seelischer Vorkommnisse ist eben die Ausschließlichkeit, die die Haupteigenschaft der Mythen verfehlt: ihre Vieldeutigkeit. Claude Lévi-Strauss hebt dies gerade in Bezug auf die Mythentheorie Freuds hervor:

> „Der erste Irrtum ist der, daß sie [= die Forscher] glauben, die Mythen mittels eines einzigen und ausschließlichen Codes entziffert zu haben, während es doch zum Wesen des Mythos gehört, immer mehrere Codes zu benutzen, aus deren Überlagerung die Regeln der jeweiligen Übersetzbarkeit des einen in den anderen erwachsen. Immer global, läßt die Bedeutung eines Mythos sich nie auf das reduzieren, was man einem einzelnen Code entnehmen kann. Keine Sprache, sei sie astronomisch, sexuell oder sonstwie geprägt, überträgt einen 'besseren' Sinn."[545]

Selbst die Annahme, einer der Codes werde obligatorisch und vorrangig bei allen Mythen verwendet, sei unzulässig, der zweite Irrtum.[546] „Ihrem Wesen nach sind Mythen Anspielungen..." schreibt Kirk[547] – aber eben Anspielung auf vielfältigste Bezugssysteme: auf Ordnung und Entstehung des Kosmos, auf astronomische Erscheinungen, auf lebensgeschichtliche Phasen des Menschen, auf Riten, auf den Unterschied zwischen Mensch und Tierwelt, zwischen Kultur und Natur und schließlich auch auf psychische Vorgänge. Die Einengung auf eine absolut gesetzte, psychologische, sexuelle Bedeutung des Mythos ist nichts anderes, als eine Monosemierung eines prinzipiell polysemantischen Aussagesystems, ein Versuch der Instrumentalisierung. Zudem verkehrt die Unterstellung, die Psychoanalyse erst brächte das seiner selbst nicht bewußte Wissen der „scheinbar sinnlosen Bilder" des Mythos zum Vorschein, die Verhältnisse: „Keineswegs bringt die psychoanalytische Theorie an den Tag, was eine modische Sprache das 'Nicht–Gesagte' der

---

[544] Gulian: Mythos und Kultur, Seite 106f; Gulian geht hier von Hegels Definition des Epos aus.
[545] Lévi-Strauss: Töpferin, Seite 297.
[546] Ebenda, Seite 298.
[547] Kirk: Griechische Mythen, Seite 12.

Mythen nennen würde, vielmehr wahren diese Mythen ihre Vorrangstellung."⁵⁴⁸

Was hier über die psychoanalytische Mytheninterpretation gesagt wurde, gilt für die Verwendung von Mythen in Schmidts „Caliban über Setebos" in zugespitzter Weise. Das Verhältnis von Mythos und Psychoanalyse wird sogar beinahe umgekehrt: die Theorien der Psychoanalyse erweisen sich nicht länger im Nachhinein als das *„fabula docet"* der Mythen, sie emanieren diese mythischen Geschichten geradezu. Jörg Drews weist auf diese bedeutsame Akzentverschiebung hin, wenn er bezüglich der „Psychologisierung alles Geschriebenen" bei Schmidt ab der Textsammlung „Kühe in Halbtrauer" bemerkt, daß „...der Mythos nur nach außen ins Narrative gewendete Psychoanalyse bzw. in Erzählung dargestellte Psychodynamik ist...".⁵⁴⁹ Der Mythos wird zu einem „Traumtext", der auf die psychologisch-sexuellen Momente der „latenten Textbedeutung" verweist.⁵⁵⁰

Und dennoch: Schmidt erzählt keine psychoanalytische „Fallgeschichte", sondern einen Mythos. Mythologische Geschichten, die immer den engen, monosemierenden Rahmen des psychoanalytischen Interesses des Autors überschreiten. Denn der Mythos ist (auch) die Darstellung des Immergleichen im menschlichen Verhalten, er lebt fort durch „‹Die Macht der Muster›" (CüS 284/BA 516). Menschen beschäftigen sich immer wieder neu mit dem Mythos, solange er etwas in ihnen anspricht, was noch unabgegolten, nicht überwunden ist:

> „Allen Affinitäten zum Mythos ist gemeinsam, daß sie nicht glauben machen oder auch nur glauben lassen, es könne etwas in der Geschichte der Menschheit je endgültig ausgestanden sein, wie oft auch man es hinter sich gebracht zu haben glaubte."⁵⁵¹

Die Psychologisierung des Mythos (oder mit Drews schärfer formuliert: die mythisierte Darstellung psychoanalytischer Theorien), die besonders deutlich in „Caliban über Setebos" zu beobachten ist, unterscheidet Schmidts von der immer wieder genannten „Vorlage" für seine Verwendung der Mythen ab der mittleren Werkphase. Der Hinweis auf Joyces „Ulysses"⁵⁵² und der

---

⁵⁴⁸ Lévi-Strauss: Töpferin, Seite 296f; Lévi-Strauss fährt illustrierend fort: „Die von den Jíbaro-Indianern verfochtene These über den Ursprung der Gesellschaft mag der von Freud ähneln; sie haben dennoch nicht auf ihn gewartet, um sie zu äußern."
⁵⁴⁹ Drews: Schmidt und Joyce, Seite 9.
⁵⁵⁰ Die Bemerkung von Ernst-Dieter Steinwender: „Obwohl auch 'Caliban über Setebos' wahrscheinlich als 'Traumtext' zu lesen ist, wird hier der 'plot' nicht primär durch die Traumlogik, sondern durch den Mythos selbst strukturiert." (Steinwender: 'Pornografie', Seite 8) löst sich aus diesem Blickwinkel als Tautologie auf.
⁵⁵¹ Blumenberg: Arbeit am Mythos, Seite 60.
⁵⁵² „Caliban über Setebos" ist, wie in der Sekundärliteratur zur Genüge nachgewiesen worden ist (vgl. z.B. Weninger: Arno Schmidts Joyce-Rezeption, Seite 153 – 172), in besonderem Maße den zwei letzten Werken Joyces verpflichtet (und beinhaltet

dortigen Unterlegung der Handlung mit der Fabel der „Odyssee" des Homer[553] ist ein typischer Gemeinplatz: ebenso richtig, wie Differenzen verdeckend.

Zunächst einmal sind die „homerischen Parallelen" – nach Fritz Senn ein „störender Begriff", ein „verhängnisvolle[s] Wort"[554] – im „Ulysses" längst nicht so eindeutig, wie es das Schlagwort suggeriert.

> „Der Mythos wird nicht nur parodiert und relativiert, er hat auch seine Eindeutigkeit verloren. (...) Zwar ist, grob gesprochen, Bloom die Analogie zu Odysseus, Stephen zu Telemach, Molly zu Penelope, Martha Clifford zu Kalypso, Boylan zu Antinoos, aber im Einzelfalle wechseln diese Zuordnungen oder geraten ins Gleiten."[555]

So ist es z.B. Stephen, also Telemach und nicht Bloom-Odysseus, der über das gesamte „Skylla und Charybdis"-Kapitel seine Hamlet-Interpretation und Dichtungstheorie zwischen den widerstreitenden mystisch–esoterischen George Russell und dem derb-materialistischen Buck Mulligan „hindurchsegeln" muß; zugleich bildet er aber mit letzterem am Ende des Kapitels die Felsen, zwischen denen Bloom die Bibliothek verläßt – eine winzige, unbedeutende Szene im Vergleich zum gesamten Kapitel.[556] Im „Eumäus"-Kapitel wiederum ist Bloom als kritischer, ungläubiger Zuhörer des Seemannsgarn strickenden Matrosen Murphy die Verkörperung des Hirten Eumäus, während Murphy den Odysseus gibt.[557] Unverstellt bleiben aber die behandelten Themen – im „Eumäus"-Kapitel z.B. das Verhältnis von Wahrheit und Lüge, die Gerüchte, die listigen Verstellungen. So ist Joyces „Ulysses" im Verhältnis zur „Odyssee"

> „...etwas zugleich Ähnliches und krude Verfälschtes. (...) Der Text des *Ulysses* ist ein Gewebe, ähnlich und ungleich dem, das Penelope täglich wirkt und nächtlich auflöst, um es anderntags neu zu weben. Ebendies geschieht in der abwechselnden Textur des Werks, das auch ein altes Epos täuschend neu verwebt und verstrickt."[558]

Die Figuren in „Caliban über Setebos" bleiben dagegen in ihrem Bezug zu den Figuren des Orpheus-Mythos konstant. Zwar wechselt ihre mythische

---

daher viele Anspielungen auf sie, die Rathjen: „...schlechte Augen", Seite 126 – 130 auflistet).

[553] Vgl. z.B. Drews: Arno Schmidt vor 'Zettels Traum', Seite 179: „'Caliban über Setebos' (...) muß wohl als doppelte Hommage à Joyce gelesen werden: Wie im 'Ulysses' spielt sich die 'realistische' Handlung vor einer mythischen Folie ab; wie Leopold Bloom Odysseus, so ist Georg Düsterhenn auch Orpheus...".

[554] Senn: Nichts gegen Joyce, Seite 157.

[555] Esch: James Joyce und Homer, Seite 219.

[556] Vgl. Joyce: Ulysses, Seite 259 – 299 und Seite 304

[557] Vgl. ebenda, Seite 759 – 839.

[558] Senn: Nichts gegen Joyce, Seite 164f.

(literarische etc.) Identifikation; dies aber, weil „Caliban über Setebos", wie noch zu zeigen sein wird, nicht nur auf einer mythischen Erzählung, der von Orpheus und Eurydike, basiert, sondern mehrere Mythen widerspiegelt und viele literarische Kunstwerke, die teilweise wiederum Spiegelungen der Mythen sind, variiert. Durch dieses kombinatorische Spiel mit mehreren Mythen und Sagen ähnelt der „Caliban"-Text eher „Finnegans Wake".

Schmidts Orpheus-Erzählung geht mit dem ursprünglichen Mythos weit burlesker und trivialisierender um, als Joyce mit dem Odyssee–Stoff. Trotz aller komischen Travestie, aller „kruden Verfälschung", allem Spiels mit dem Material des Mythos bleibt diesem bei Joyce seine Würde und Bedeutung erhalten.[559] Zumindest intentional ist Schmidt eher an der entlarvenden Travestierung des Mythos, der ja nur „…die schematisierte, verarmte, gerupfte Reiche=Alltäglichkeit…"[560] darstelle, interessiert. Schmidt sieht den Mythos, wenigstens nach seiner intensiven Freud-Rezeption, stark unter der Perspektive psychoanalytischer Interpretation – und dies unterscheidet ihn wiederum von Joyce, der, wie er mehrfach äußerte, nicht viel für Freuds Psychoanalyse übrig hatte.[561] Dennoch ist Einfluß von Joyce, vor allem, wenn man nicht nur den „Ulysses", sondern auch „Finnegans Wake" als Schmidts Vorbild beachtet, auch auf Schmidts Technik der Unterlegung eines „realistischen Geschehens" mit mythischen Stoffen nicht zu unterschätzen.

Zumindest ebenso nahe, wenn nicht näher steht Schmidts Technik der Mythenverwendung derjenigen Thomas Manns. Obwohl Mann bei Schmidt selten genannt und dann zumeist geschmäht wird, so lassen sich doch in vielerlei Hinsicht Beziehungen, Verwandtschaften und Übereinstimmungen beider Autoren feststellen, wie Rudi Schweikert in seinem instruktiven Aufsatz darstellt.[562] In Bezug auf die hier interessierende Gemeinsamkeit in der Auf-

---

[559] Vgl. Esch: James Joyce und Homer, Seite 225: „Der Mythos hatte für Joyce bleibende Bedeutung, weil er Ausdruck einer tiefen Menschlichkeit war. Daher konnte Joyce die mythischen Figuren *sub specie temporis nostrae* und umgekehrt die Menschen und Ereignisse des Bloomsday *sub specie aeternitatis* betrachten. Der Mythos konnte relativiert und parodiert werden, ohne an menschlicher Substanz einzubüßen. Anderseits wird auch die moderne Welt durch die Kontrastierung mit dem Mythos nicht einfach abgewertet und als lächerlich und trivial entlarvt, sie wird zugleich durch die Parallelisierung erhöht."

[560] Schmidt: ‹Meine Bibliothek›, BA III/4, Seite 361 (s.o.).

[561] Vgl. z.B. Ellmann: Joyce, Seite 796: „‚(…) Im *Ulysses* habe ich gleichzeitig wiedergegeben, was ein Mensch sagt, sieht, denkt, und was dieses Sehen, Sagen und Denken bewirkt, wofür ihr Freudianer das Unterbewußte herbeizitiert. Aber was die Psychoanalyse angeht', brach er, getreu seinem Vorurteil, ab, ‚die ist nichts mehr und nicht weniger als Erpressung.'"; oder ebenda, Seite 946: „‚(…) Man will mich aus der Kirche hinauswerfen, zu der ich gar nicht gehöre. Ich habe nichts zu tun mit Psychoanalyse.'"

[562] Vgl. Schweikert: Nah-entfernte Nachbarschaft; Gregor Eisenhauer faßt das Wesentliche dieses Aufsatzes mit Betonung der – von Schweikert nur angedeuteten – Gemeinsamkeiten in den Poetiken beider Autoren zusammen: „Was diese ‘nah-

nahme und (psychoanalytischen) Verarbeitung mythologischer Muster ist insbesondere Thomas Manns Festrede zu Freuds achtzigstem Geburtstag aufschlußreich, in der Mann implizit auf diesen Aspekt seiner Josephs-Tetralogie eingeht.[563] Von dem Gedanken ausgehend, daß das Leben „...tatsächlich eine Mischung von formelhaften und individuellen Elementen..." ist, bezeichnet er den formelhaften, typischen Anteil in jedem Leben, das Nachvollziehen und -leben eines „biographischen Typus", einer „Gelebten Vita", als „...den Punkt, wo das psychologische Interesse ins *mythische* Interesse übergeht. Er macht deutlich, daß das Typische auch schon das Mythische ist und daß man für ›gelebte Vita‹ auch ›gelebter Mythus‹ sagen kann."[564] Das Bewußtsein antiker Menschen, in den Fußstapfen mythischer Vorbilder zu wandeln, ist „mythische Identifikation", „zitathaftes Leben". Während der Feste kam es, so Mann, zur Neubelebung des mythischen Musters durch die szenischen Darstellungen, das Maskenspiel, den theatralischen Nachvollzug. An dieser Stelle des Textes ist unschwer Manns Anknüpfungspunkt für die Wiederaufführung des Mythos, für das zitathafte Leben der Figuren der Joseph–Tetralogie auszumachen:

> „Es gibt eine mythische Kunstoptik auf das Leben, unter der dieses als farcenhaftes Spiel, als theatralischer Vollzug von etwas festlich Vorgeschriebenem, als Kasperliade erscheint, worin mythische Charaktermarionetten eine oft dagewesene, feststehende und spaßhaft wieder Gegenwart werdende ›Handlung‹ abhaspeln und vollziehen."[565]

Eine solche „mythische Charaktermarionette" ist auch der von seinem Autor an Fäden geführte und in verschiedenste Rollen, literarische wie mythische, gezwängte Düsterhenn. Und welche Formulierungen passen besser zum Mo-

---

entfernte Nachbarschaft' literaturwissenschaftlich so interessant macht, ist dabei weniger die frappante Ähnlichkeit der Lektürebiographien (Nietzsche, Schopenhauer, Freud, Daqué, Bachofen, Mereschkowskij u.a.) oder die Tatsache, daß Arno Schmidt seinen ruhmreichen Konkurrenten öffentlich schalt und heimlich bei ihm borgte, sondern die Gemeinsamkeit des poetischen Verfahrens, sowohl was die polyhistorische Technik, die psychoanalytische Aufbereitung mythologischer Erzählmuster als auch die humoristische Formkunst anbelangt." (Eisenhauer: Rache Yorix, Seite 3, Anmerkung 7).

[563] Vgl. Mann: Freud und die Zukunft; die enge Verflechtung von Mythologie und Psychoanalyse (sowie Belletristik) erhellt sich nicht nur aus dem Umstand, daß Mann in einer Rede über Freud und dessen Psychoanalyse auf seine 'mythologisch-psychologische' Methode in den Josephs-Romanen zu sprechen kommt. Mann zitiert zudem eine psychoanalytische Arbeit über den Zusammenhang von Biographik und dem mythischen Muster der „Gelebten Vita" aus Freuds Zeitschrift „Imago", dessen Verfasser „...zu meiner Freude nur, kaum auch zu meiner Überraschung, (...) auf den Josephsroman zu exemplizieren..." beginnt, wie Mann schreibt (ebenda, Seite 492).

[564] Ebenda, Seite 492f.

[565] Ebenda, Seite 497f.

dus der Wiederbelebung des Orpheus-Mythos in „Caliban über Setebos" als Manns „farcenhaftes Spiel" und das Abhaspeln einer „feststehenden und spaßhaft wieder Gegenwart werdende[n] ›Handlung‹". Ein wichtiger Unterschied zu den Josephs-Romanen besteht allerdings in dem Punkt, daß Schmidt quasi hinter dem Rücken Düsterhenns diesen in verschiedene mythische Rollen schlüpfen läßt, während sich Josef zum Teil bewußt „mythisch inszeniert". Beiden Figuren gemeinsam – wie nachfolgend für Düsterhenn noch gezeigt wird – ist, daß sie die Vita unterschiedlichster Gestalten nachleben, daß verschiedene Mythologien im Text vermischt werden.[566] Das Nachvollziehen des mythischen Musters ist in der „Kunstoptik" sowohl Manns als auch Schmidts ironisch und humoresk gebrochen, hat einen farcenhaften, bisweilen burlesken Charakter. Dies bedeutet aber nicht, daß damit jegliche Dignität des Mythos aufgegeben ist. Die Parodie des ursprünglichen mythischen Geschehens in der „Kasperliade" eines durch Ironie oder Burleske gebrochenen theatralischen Spiels war der Antike, in der doch, wie Thomas Mann schreibt, der Rückbezug qua „mythischer Identifikation" verbreiteter und von tieferer Bedeutung für die Ausgestaltung des eigenen Lebens und Verhaltens war, als dies bei einzelnen Figuren der Neuzeit noch zu konstatieren ist,[567] nichts weniger als unbekannt:

> „In der Antike hing die Parodie untrennbar mit dem Weltempfinden des Karnevals zusammen. Parodieren ist die Herstellung eines profanierenden und dekouvrierenden Doppelgängers, Parodie ist umgestülpte Welt. Deswegen ist sie ambivalent. In der Antike wurde so gut wie alles parodiert. Das Satyrspiel beispielsweise lieferte ursprünglich den parodistischen Lachaspekt der ihm vorausgegangenen tragischen Trilogie. Hier war Parodie nicht bloße Verneinung des Parodierten. Alles besitzt seine Parodie, das heißt: seinen Lachaspekt, denn alles wird durch den Tod wiedergeboren und erneuert."[568]

---

[566] Für die Josephs-Romane vergleiche hier den Vortrag Manns über „Joseph und seine Brüder": „Das ist ein Beispiel für den Gesamtcharakter eines Werkes, das vieles zu vereinigen sucht und, weil es das Menschliche als eine Einheit empfindet und imaginiert, seine Motive, Erinnerungen, Anspielungen, wie seine Sprachlaute, aus vielen Sphären borgt. Wie das Jüdisch-Legendäre darin beständig mit anderen, zeitlos behandelten Mythologien unterbaut und dafür durchsichtig gemacht ist, so ist auch sein Titelheld, Joseph, eine durchsichtige und vexatorisch mit der Beleuchtung wechselnde Gestalt: er ist, mit viel Bewußtsein, eine Adonis- und Tammuz-Figur, aber dann gleitet er deutlich in eine Hermes-Rolle, die Rolle des weltlichgewandten Geschäftsmannes und klugen Vorteil-Bringers unter den Göttern hinüber, und in seinem großen Gespräch mit Pharao gehen die Mythologien aller Welt, die ebräische, babylonische, ägyptische, griechische so bunt durcheinander, daß man sich kaum noch darauf besinnen wird, ein biblisch-jüdisches Geschichtenbuch vor sich zu haben." (Mann: Joseph und seine Brüder, Seite 664)

[567] Vgl. Mann: Freud und die Zukunft, Seite 496f; als Beispiele solcher „mythischer Identifikation" nennt er Napoleon, Jesus und Kleopatra.

[568] Bachtin: Literatur und Karneval, Seite 54f.

Die Einsicht, daß die Parodie nicht bloße Verneinung des Parodierten war, ist hier festzuhalten: zur „umgestülpten Welt" der Parodie gehört das Bewußtsein von der alltäglichen, gewohnten Einrichtung der Welt, anders wäre Lachen nicht möglich. Ebenso hebt die Travestie einer mythologischen Geschichte nicht die Dignität des travestierten Mythos auf; sie zeigt ihren „Lachaspekt", bewahrt aber das Wissen um die sinnstiftende Wahrheit des Mythos. Claude Lévi-Strauss hat die Reformulierung des Ödipus-Mythos bei Freud als eine der Sophokleischen gleichwertige Fassung des Mythos angesehen. Er formulierte bei dieser Gelegenheit den Grundsatz, „...jeden Mythos durch die Gesamtheit seiner Fassungen zu definieren. Mit anderen Worten: der Mythos bleibt so lange Mythos, wie er als solcher gesehen wird."[569] In dieser Sicht ist nicht zu bezweifeln, daß selbst die Travestie Schmidts immer noch eine Version des Orpheus-Mythos bleibt. Unter diesem Blickwinkel sollen nachfolgend die travestierten und zitierten Mythen in „Caliban über Setebos" interpretiert werden: sowohl die Herausstellung des „Lachaspekts", als auch die Anerkennung der ernsten, wirkungsmächtigen Seite der Mythen gehören gleichermaßen zum Gehalt des Textes. Daher wird auch der Bedeutungsgehalt des von Schmidt jeweils zitierten Mythos aufgerufen. Denn selbst wenn das Hauptinteresse des Autors sich auf die komische Travestie und auf die psychoanalytische Deutung der Mythen bezieht, so ist doch das reiche Sinnspektrum der Mythen im Text durchaus abgebildet, da sich die Travestie und Psychologisierung überschreitenden Bedeutungen mit anderen Textelementen in Verbindung bringen lassen. Auch hier stellt sich dem Interpreten wieder die Aufgabe, den Text quasi gegen den Autor zu lesen, gegen die monosemierende Intentionalität die Vieldeutigkeit eines literarischen Textes sprechen zu lassen; zugleich aber soll durch die Gegenüberstellung des Sinnpotentials des zitierten Mythos und der Travestie die Bedeutungsverengung bei Schmidt demonstriert werden.

V. 2. Vom Werden des Dichters: die Katabasis des Orpheus

Daß „Caliban über Setebos" eine Orpheus–Erzählung ist, darüber besteht in der Forschung keinen Zweifel. Selbst Alfred Andersch, der dissidierend den Bezug zu Shakespeares „Sturm", gestützt durch den Titel den Schmidt gewählt hat, betont, lenkt noch innerhalb seiner kleinen Abhandlung ein.[570] Den Nachweis der Anwesenheit des Orpheus-Mythos in „Caliban über Setebos" hat Robert Wohllebens Aufsatz, der umfassend die Entsprechungen und Bezüge des Personals von Schmidts Text zu den Figuren des klassischen Mythos aufzeigte, ausführlich erbracht.[571] An Wohllebens Arbeit anschlie-

---

[569] Lévi-Strauss: Strukturale Anthropologie I, Seite 238f.
[570] Vgl. Andersch: Dunkelstunde, Seite 344: „Und es gibt also Orpheus, den ich aber vordringlich als Caliban sehe." (s.o.).
[571] Vgl. Wohlleben: Götter.

ßend, haben sich viele Texte der Sekundärliteratur zu „Caliban über Setebos" mit Aspekten der Bedeutung des Orpheus-Mythos für den Text beschäftigt, so daß hier auf diese verwiesen werden kann.[572] Dies gilt auch für die Identifizierung Düsterhenns mit Hermes – vor allem in dessen Funktion als Gott der Diebe (Düsterhenn stiehlt ja seine Verse bei May), der Straßen und des Handels. Da Hermes in den hier behandelten Zusammenhängen von geringerem Interesse ist, sei ebenfalls auf die genannte Sekundärliteratur verwiesen.

Die wichtigste und bekannteste Geschichte der Mythen um Orpheus, sein Abstieg in den Hades und die vergebliche Rückführung der Gattin, verbindet die Themen Kunst, Liebe und Tod. In seiner Orpheus-Version, die ihren mythologischen Hintergrund aus verschiedenen antiken Quellen kompilatorisch montiert,[573] geht Schmidt aber nicht nur auf die Kernsage der *Katabasis*[574] des Orpheus ein. So ist Düsterhenns Hinweis auf seine „...7 Jahre Schreiber uff'm Hülfskreuzer ARGO..." (CüS 234/ BA 482f) natürlich ein Verweis auf die Teilnahme des Orpheus an der Argonautenfahrt,[575] die imgrunde eine ebensolche Jenseitsreise (mit Orpheus als Kitharoden, genauer: als Goéten des Schiffes) ist.[576] Und so, wie Orpheus auf der Argo seine Kosmogonie

---

[572] Es bieten sich hier wieder die die Forschung zusammenfassenden Kapitel in den Arbeiten von Neuner und Czapla an (vgl. Neuner: Flucht, Seite 16 – 36 und Czapla: Mythos, Seite 273 – 305).

[573] Hauptquelle für die Kenntnis des Orpheus-Mythos ist natürlich das zehnte und elfte Buch der „Metamorphosen" des Ovid. Die dort nicht geschilderte versuchte Vergewaltigung und Verfolgung der Eurydike durch den Boötier Aristeus – von Schmidt als „...jener Natter, der Giftmischer aus Bautzen, der sich gebrüstet hatte, sie im Parke ‹angeknallt› zu haben..." (CüS 228f/BA 478) travestiert – ist in Vergils „Georgica" geschildert (vgl. Vergil: Vom Landbau, Viertes Buch, Vers 455ff, Seite 148).

[574] „Katabasis" (= Abstieg, i.b. Abstieg/Überschreiten der Grenze in die/der Unterwelt) hieß auch eine Dichtung über die Hadesfahrt des Orpheus, die wohl der orphischen Bewegung zuzurechnen ist (vgl. Lesky: Geschichte der griechischen Literatur, Seite 192).

[575] Die Teilnahme des Orpheus an der Argonautenfahrt ist der späten „Argonautika" des Apollonios Rhodios zu entnehmen; es existiert allerdings auch eine Orpheus zugeschriebene, aus der orphischen Bewegung entstammende „Orphische Argonautika", „...ein recht dürftiger Aufguß der alten Sage mit dem Bemühen, Orpheus stark in den Vordergrund zu rücken und Apollonios gegenüber Varianten anzubringen..." (Lesky: Geschichte der griechischen Literatur, Seite 909).

[576] Vgl. Böhme: Orpheus, Seite 252: „Diese Fahrt [= die Argonautenfahrt] ist ja in ihrem Ursprung eine *Jenseitsreise* im Sinne einer Schamanen-‹fahrt›, war also vor ihrer Ausgestaltung zu einem griechischen Heldenunternehmen eine Begehung goétischer Praxis. (...) Darum war der Sänger d.h. der Goét – und das war Orpheus – der erste und unerläßlichste Argonaut. (...)...und daß der *Gesang das Gefährt* ist hat auch seine Spur gelassen, nämlich darin, daß das Wunderschiff Argo tönend oder ihm ein singendes Holz eingebaut ist." Unverkennbar ist hier das mythischschamanistische Urbild für Rilkes Sänger auf der Nilbarke gegeben – Rilke hatte

singt, stellt Düsterhenn seine astronomischen, gnostischen, politischen, psychologischen und kulturpolitischen Betrachtungen über die Verfassung der Welt an. Zum Teil wird die Kosmogonie des Orpheus aber auch in derbobszöner Weise travestiert: das in der orphischen Weltentstehungslehre zentrale silberne *Ei*, aus dem ein zweigeschlechtliches Urwesen, Phanes (oder Eros), hervorgeht, welches in einer Reihe von Zeugungen schließlich die Genesis der Götter und der Welt in Gang setzt[577] – eine Lehre, die auch auf die Gnosis Auswirkungen zeitigte – wird bei Schmidt das Ei, welches der priaptische Knecht nach Vollbringung seines Eros-Dienstes („Waren aber Gehülfen zumindest *noch* einer GOttheit..." CüS 256/BA 497) auf dem Misthaufen „gebiert": „Ging am erhöhten Urstromufer des Misthaufens in die Hocke, (...) legte dort stöhnend 1 sehr großes Ei..." (CüS 257/BA 498). Die Weltdeutung als eine der Aufgaben des Dichters kommt ja auch in dem Phänomen der sich auf Orpheus berufenden Mysteriengemeinschaft und den von diesen „Orphikern" dem Orpheus zugeschriebenen Dichtungen, den „Hymnen", der „Rhapsodische Theogonie", der „Lithika"[578] etc. zum Ausdruck. Die Übereinstimmung Düsterhenns mit Orpheus geht bis hin zum Namen: sein Vorname Georg, der „...an der Mauer ‹Orje›..." (CüS 235/BA 483) ausgesprochen würde, erinnert ebenso an Orpheus wie sein Nachname und sein Beruf: der Name Orpheus ist u.a. als „der Dunkle" und als „der die Gesänge webt" gedeutet worden.[579]

---

einen untrüglichen Sinn für mystisch-mythischen Wurzeln des Sängers, des Dichters (vgl. oben, Kapitel IV.4.).

[577] Vgl. (Orpheus): Altgriechische Mysterien, Seite 29, die Hymne „Dem Protogonos": „Den Protogonos ruf ich an / Den zweigeborenen Ätherwanderer, / Der, aus dem Ei entsprossen, / Mit den goldenen Flügeln prunkt, / Der mit der Stimme des Stieres brüllt / Ursprung der Götter und sterblichen Menschen. / (...) / Phanes den Leuchtenden, nenne ich ihn, / Nenn ihn Priapus, den herrschenden / Und Antauges, rollenden Blicks." Protogonos (= der Ersterzeugte) wurde mit vielen Namen belegt, darunter Phanes (= der Leuchtende), der vielen Griechen als Eros gilt, eigentlich aber das „Urlicht" bezeichnet; ebenso ist Antauges (der Widerschein) ein Name für die Sonne, Priapos der Gott der Urzeugungskraft, oftmals in Form eines überdimensionalen Phallus dargestellt.

[578] Auf die „Lithika", ein Lehrgedicht über die magische Kraft von Steinen, spielt Schmidt parodierend mit Wendungen wie „...der Nordost schnitt steifer den Stein..." (CüS 279/BA 513) an.

[579] Vgl. Hämmerling: Orpheus' Wiederkehr, Seite 379: „Die bekanntesten Deutungen des Namens Orpheus sind 1. der Dunkle (abgeleitet von orphné, die Dunkelheit), 2. der Einsame (abgeleitet von orphanos, der Waisete, Elternlose), 3. 'der die Gesänge webt', Berufsbezeichnung als Name. Die Deutung entwickelte Robert Böhme aus den mykenisch-frühgriechischen Wortschatz (orph- ist Ablautstufe des Wortstammes, zu dem rhaph- gehört: der Rhaps-ode 'fügt' oder 'webt Gesänge zusammen'."; der dunkle *Düster*henn ist „...der große Weber, und ein Buch ist ja schließlich auch eine Art – Teppich oder Gobelin..." (Schmidt: Vorläufiges, Seite 3). Selbst wenn Düsterhenn sich als „Schwan von Schadewalde" (CüS 305/BA 531) bezeichnet, verweist dies nicht nur auf den „Swan of Avon", Shakespeare, sondern ebenso wieder auf den (die) mythischen Begründer der Dichtkunst: „Mit dem

Dieser Mythos, der Grundthemen des menschlichen Daseins behandelt und zugleich eine anrührende romantische Liebesgeschichte erzählt, der zudem verbunden ist mit den Aufgaben und Möglichkeiten der Kunst, mit dem Aspekt des Wissens um Tod und Leben, mit Philosophie, ist in der europäischen Kultur- und Kunstgeschichte immer vital gewesen. Auf viele dieser Werke der Literatur, der Malerei, des Musiktheaters spielt Arno Schmidt zitierend und variierend an.[580]

So verweist der Name „Heu-Rodis", den Düsterhenn der kopulierenden Magd (= Rieke) im Wirtschaftshof Tulps verleiht, auf die mittelalterliche englische Versromanze „Sir Orfeo", die in origineller Weise die Unterwelt in das Feenreich verwandelt.[581] Zahllos sind in verballhornter Form die Namen der Maler aus Renaissance und Barock verstreut im Text, in deren Werk sich ein Orpheus-Bild findet. So werden mit „…Potz Tittsian & Pimporetto, Giorgionenhäuptich & Bellynistielig." (CüS 303/BA 530) gleich drei Maler, Tintorretto, Giorgione und Bellini, die ein Orpheus-Bild malten in „etymistischer", sexuell konnotierter Verschreibung in die Beschreibung des lesbischen Bacchanals eingewoben – zusammen mit Tizian, der unter anderem ein Bacchanal malte. Herbert Hunger versammelt fast vierzig Gemälde mit dem Thema Orpheus – und zählt dabei nur die wichtigsten und bedeutendsten Maler auf.[582] Viele der dort aufgeführten Künstler finden sich im „Cali-

---

Schwan sind beide, der musische Gott und der Sänger, ebenfalls eng verbunden: Singschwäne flogen über Delos bei Apollons Geburt (…). Zu Orpheus gehört der Schwan wie ein Geisttier: in Schwanengestalt erschien Orpheus in der Jenseitswelt, und als Schwan wollte er wiedergeboren werden." (Hämmerling: Orpheus' Wiederkehr, Seite 21).

[580] Schmidt zitiert weit mehr Werke, als hier aufgezählt werden kann. Dennoch übertreibt Schütte, wenn er schreibt, daß Schmidt „…in den Text (,) was immer er an mythologischen Namen, Ereignissen, Nachklängen der Kulturgeschichte im Zusammenhang der Orpheus–Mythe gegenwärtig (im Zettelkasten) hatte, als Assoziationsmaterial eingewoben [hat] (…) – als solle alles, was je darüber gedacht, gesagt und geschrieben ward, ein für allemal an dieser Stelle gesammelt sein." (Schütte: Bargfelder Ich, Seite 75). Rainer Kabel hat in seiner (wie der Band „Kühe in Halbtrauer") 1964 erschienenen Dissertation über Orpheus-Dichtung vornehmlich in der deutschen Literatur des 20. Jahrhunderts selbst bei sehr selektivem Vorgehen wichtige Werke und Autoren besprochen, die bei Schmidt nicht vorkommen, wie z.B. Hermann Brochs „Der Tod des Vergil", Elisabeth Langgässer oder Dichter der klassisch-romantischen Epoche wie Hölderlin (vgl. Kabel: Orpheus in der deutschen Dichtung der Gegenwart).

[581] Nachzulesen ist das in einer von J.R.R. Tolkien in das heutige Englisch übersetzten und herausgegebenen Ausgabe des Werkes von 1325 (vgl. Anonymus: Sir Orfeo): ganz in die mittelalterliche Welt, vermischt mit den keltischen Mythen vom Feenreich, versetzt, begegnet hier Orpheus als „King Orfeo of Winchester", der seine Gattin Heurodis an den Feenkönig verliert. Nachdem Sir Orfeo lange mit seiner Harfe durch die Wälder irrt, findet er den Eingang in das Feenreich und dort seine Gattin, die er durch seinen Gesang vor dem Feenkönigspaar wiedergewinnt – Orpheus als königlicher Minnesänger mit „Happy-End".

[582] Vgl. Hunger: Lexikon, Seite 296f.

ban" -Text: Roelant Savery („Aber, savvey, das wäre was für Meister Roland gewesen..." CüS 305/BA 531), Paulus Potter („...hat ja auch etwa 1 Paulpotter, unter dem Vorwand Mythologischer Themen, sich recht munter mit der Realität beschäftigen können..."[583] CüS 254/BA 496), Angelica Kauffmann („‹Kauffmann contra Kauffmann›" CüS 289/BA 519) oder Camille Corot und Lodovico Carracci („(:‹Korrókorrókorró!›) – : ‹Karátsche Karátsche Ka.....›" CüS 287/BA 518). Bemerkenswert ist auch, daß Schmidt seinen Freund Eberhardt Schlotter („„...eberhardt oder auch schlotternd..." CüS 304/BA 530) nennt, dessen Orpheus–Bilderzyklus ihn nicht unwesentlich auch zu dem Orpheus-Text „Caliban über Setebos" angeregt hat[584] – so wie der in der Erzählung ständig präsente Rilke unter anderem auch von der Federzeichnung „Orpheus" des Giovanni Battista Cima da Conegliano zu seinen „Sonette an Orpheus" inspiriert wurde.[585]

Aus der überaus reichen Operntradition des Orpheus-Stoffes[586] erwähnt Schmidt nur (dafür aber mehrmals) Gluck (z.B. „X-oph Willi bald ritt'avon" CüS 262/BA 501) und den Gluck travestierenden Offenbach.[587] Bedauerlich könnte man dies nennen, da vor allem die Geschichte der Oper eng mit dem Sujet Orpheus, mit der wie für das Medium Oper geradezu erfundenen Figur des berauschenden Sängers verbunden ist: der früheste erhaltene Opernversuch, Jacopo Peris „Euridice" von 1600,[588] ist ebenso eine Orpheus-Bearbeitung wie die erste vollgültige Oper, die sieben Jahre später in Mantua aufgeführt wurde, Claudio Monteverdis Meisterwerk „L' Orfeo". Viele Opernlibretti haben dabei die Fabel abgeändert: so schließt auch Glucks Oper mit der Wiedererweckung der Eurydike durch Amor,[589] „„...ein Zugeständnis an die euphemistischen Tendenzen des Aufklärungszeitalters."[590] Einmalige

---

[583] Diese Bemerkung Düsterhenns darf wieder im Sinne des Diktums seines Autors, der Mythos wäre nichts als die gerupfte Alltäglichkeit (s.o.), verstanden werden.
[584] Vgl. Schlotter/Schmidt: „Viele GemEinsame Wege", Seite 236.
[585] Vgl. Leppmann: Rilke, Seite 416; hier findet sich eine Abbildung des Blattes, welches Rilke im Turm von Muzot an der Wand seines Arbeitszimmers befestigt hatte.
[586] Vgl. Goerges: Wandlungen des Orpheus-Mythos, Seite 24: „Immer wieder hat der Orpheus–Mythos die Musiker fasziniert. Es gibt allein an die vierzig Opern, die die Gestalt des thrakischen Sängers in den Mittelpunkt stellen."
[587] Vgl. oben, Kapitel IV.2. .
[588] Düsterhenns Kommentar über die trinkenden Bauern: „„...so kiptn die Kerls den Peri-Sprit..." (CüS 271/BA 508) wird man durch seinen Kontext wohl mehr auf die altpersischen Peri, feenhafte Wesen, beziehen müssen [im Sinne von: der Alkohol als Sprit (= Treibstoff), um die Bauern in Geistern (= Peris, Spirits) zu verwandeln], als auf Jacobo Peri.
[589] Vgl. Gluck/Calzabigi: Orfeo ed Euridice, III. Akt, 2. Szene, Seite 220ff.
[590] Goerges: Wandlungen des Orpheus-Mythos, Seite 25. Diese „euphemistische Tendenz" war aber auch im Zeitalter Monteverdis, der musikgeschichtlich zwischen Renaissance und Barock steht, verbreitet: auch Monteverdi mußte, wohl auf Druck seiner Fürsten Vincenzo und Francesco Gonzaga (vgl. Theweleit: Buch der Könige I, Seite 541 bzw. 701ff), den Schluß seiner Orpheus-Geschichte ändern. Im fünften Akt von „L' Orfeo" steigt Apollo zu seinem trauernden Sohn Orfeo hinab und er-

Erwähnungen und Anspielungen auf diese Werke in Schmidts Orpheus-Text leisten es natürlich nicht, diese Metamorphosen des Stoffes selbst transparent werden zu lassen. Aber sie sind, insbesondere bei häufigem Vorkommen und deutlicheren Verweisen wie im Falle Rilkes u.a., eine Einladung an den Leser, sich selbst auf das Spiel der Beziehungen der Werke untereinander einzulassen. Wie reizvoll und aufschlußreich dieses Spiel werden kann, zeigen die obige Interpretation von Werken wie Wilhelm Buschs „Balduin Bählamm", Carl Spittlers „Imago", Theodor Storms „Immensee" oder Richard Wagners „Meistersinger von Nürnberg". Im „Beziehungszauber" (Th. Mann), der in Schmidts „Caliban über Setebos" über die äußert kunstvolle und dichte Zitiertechnik hergestellt wird, zeigt sich, daß z.B. auch Wagners Festoper ein weiteres (Seiten-)Stück aus der reichen Tradition der Orpheus-Opern ist. Es wird also mehrfach dieselbe Geschichte erzählt, wenn auch in Kontrafakturen, ironisch-burlesk gebrochen oder mit scheinbar gänzlich anderen Sujets Teilaspekten des ursprünglichen Mythos. Dies belegt wiederum, daß der „Caliban"-Text den Mythos schon durch seine Wirkungsmächtigkeit, die er entfaltet, als solchen anerkennt.

Es ist vor allem diese vielfach zitierende, kompilierende, montierende, viele Kunstwerke widerspiegelnde Art des Erzählens, die „Caliban über Setebos" zu einer „...hochmanieristisch durchgeführten Travestie des Orpheus-Mythos..." macht, „...zu einem verwirrend-vielfältig schimmernden byzantinischen Mosaik...".[591] Der Begriff Manierismus wird hier nicht in der heute leider weitverbreiteten pejorativen Bedeutung gebraucht, sondern mit vollem Recht als ein hervorstechender, auszeichnender Wesenszug des „Caliban"-Textes genannt.

Dieses synkretistische Erzählen des Orpheus-Stoffes, die vielfache Spiegelung in unterschiedlichsten Kunstwerken kann auch als eine „metaliterarische" Untersuchung Schmidts über eine bestimmte, immer wiederkehrende Konstellation in der europäischen Kunstgeschichte gesehen werden: „Caliban über Setebos" ist so etwas wie eine Vorwegnahme der Orpheus-Deutung Klaus Theweleits in Form einer burlesken Erzählung. Theweleit arbeitet im ersten Band seines „Buch[s] der Könige" (= der Künstler, der Dichter) mit dem bezeichnenden Untertitel „Orpheus und Eurydike" anhand von Interpretation zu Gottfried Benn, Claudio Monteverdi, Dante, Knut Hamsun und anderen eine immer wiederkehrende Produktionskonstellation der Kunst heraus, in der der Künstler über die 'Liebe' zu einer (toten) Frau zu seiner Sprache findet, sein Werk auf diesem Fundament aufbaut.

> „Orpheus als Figur der Geschichte, die ich zu erzählen versuch(t)e, ist ein Hadeserfahrener, der, im Gewand eines Liebha-

---

[591] hebt ihn in den Himmel (vgl. Monteverdi/Striggio: L' Orfeo, 5. Akt, Seite 78ff); die Apotheose als Lohn für den Gesang, für die Liebe, für das Leiden.
Beide Zitate Schütte: Bargfelder Ich, Seite 75.

bers, zuläßt, daß seine Frau, 'Eurydike', geopfert werde der Aussicht oder der Notwendigkeit, ihm selber eine günstige Produktionsposition zu verschaffen (und sei es eine 'ausgesetzte', 'leidgeprüfte') im harten Kampf, den eigenen Gesang so eng wie möglich am Fluß der wechselnden Realitäten zu halten, an neuen Aufzeichnungsverfahren zu bleiben und dabei selber eine Figur im Fluß, Figur zwischen Unsichtbarkeit und Hervortreten. 'Eurydike' scheint in der Konstruktion von besonderem Wert zu sein als eine Art Ferment der eigenen Verwandlung und als eine mediale Brücke zu jenseitigen Orten, Körperbrücke zum Hades, Körperbrücke zu Aufzeichnungsverfahren."[592]

Um die zur Kunstproduktion notwendigen Saiten in sich zum Schwingen zu bringen, streift sich der Künstler das „Gewand eines Liebhabers" über. Denn sei es nun der „Summer of Love 1283 in Florenz"[593], der Karfreitag des Jahres 1327 in Avignon oder irgendwo in Niederschlesien während der Weimarer Republik: entscheidend ist nur, daß durch die Begegnung mit 'Beatrice' Dantes „Vita Nova", sein neues Leben als Dichter beginnt, daß der erste Anblick 'Lauras' in der Folge Petrarcas „Canconiere" emaniert oder eben Georg Düsterhenn (Arno Schmidt) sich noch Jahrzehnte nach der ersten, stummen Begegnung mit 'Rieke' (Hanne Wolff) „…durch den Anblick einer Jugendliebe entscheidend & unwiderstehlich schmalzig…" (CüS 229/BA 479) stimmen kann.

„'Liebe' ist an allererster Stelle eine Sache der Literatur gewesen…(…) 'Liebe' als Thema; Liebe als Generator von Schreibweisen, von Textsorten, Liebe als tragisches Thema und als Textsorte 'codiert mit Tod'…".[594]

'Rieke', vulgo Fiete Methe geheißen, ist Schmidts derb-verzerrte Karikatur aller poetisch überhöhten Frauen, die als „Musen" die Imagination großer Dichter inspiriert haben, sie zur Sprache haben kommen lassen. Durch das Zitations- und Beziehungsgeflecht in „Caliban über Setebos" verweist Schmidt auf diese fortwährend in Variationen wiederkehrende Situation, auf die unendliche Reihe all jener 'Imagos' (in allen oben ausgeführten Bedeutungen), heißen sie nun Wera Ouckama Knoop, Eva Pogner oder auch Rieke Mistelfink. Im „Caliban"-Text geht es deutlich um die Travestie, die ironische Kritik dieser nahezu „archetypischen" Situation. Das wird durch den Umstand, daß Rieke im ganzen Text eher schemenhaft im Hintergrund bleibt, Objekt von Gedankenspielen ist und real nur in derben bis obszönen Szenen, die jedes ätherisches, ästhetisierendes Liebesgedicht oder auch nur einen schmalzigen Schlager (wie Düsterhenn sie schreiben will) ausschließt, in Erscheinung tritt, verdeutlicht. Rieke wird von Anfang an mit der in kur-

---

[592] Theweleit: Buch der Könige I, Seite 102/104.
[593] Ebenda, Seite 856.
[594] Theweleit: Objektwahl, Seite 9f.

siven Majuskeln geschriebenen Chiffre „SIE" (ab CüS 228/BA 478) belegt, die dann leitmotivisch im Text für die *Objektwahl* nicht nur Düsterhenns steht. Denn auch der alte Philatelist in Tulps Kneipe hat die seinige getroffen: er träumt „...von daumennagelgroßen, komplett-gezackten Geliebten: ‹und SIE hieß Mau Rietzius›!" (CüS 265/BA 503) – „...sehr richtig;" kommentiert Düsterhenn, „'s iss eh wurscht! (Wobei das ɪ ‹s› für Allerhand steht)..." (ebenda). 'Rieke' ist ein Objekt, auf das sich Düsterhenns Libidoenergien geworfen haben: „...schönfarbige Gedankenspiele (...) durch Zuphall an zu-Felligem befesticht..." (CüS 298/BA 526), wie Düsterhenn richtig erkennt. Und ebenso resümiert er voller Einsicht: „‹Das LG ist wichtiger als sein Anlaß›" (ebenda), also das Kunstwerk (LG = „Längeres Gedankenspiel"), welches durch die initiierenden Gefühle hervorgebracht wird, ist das Bleibende, welches die Dichter stiften. Und dieses Bleibende wird, so Klaus Theweleit, oftmals in einer Produktionsverbindung mit einem zweiten Mann, einem Anreger, Auftraggeber, Anschreibepol, „Ohr"[595] „geboren":

> „'Orpheus' – seine Tätigkeit ('Singen') steht in Verbindung mit dem Komplex 'künstliche Geburten'; Geburt ohne Frauen. Geboren werden seltsame Gegenstände, Daseinszustände: Künstlichkeiten, angesiedelt irgendwo zwischen Lebendigem und Totem; von beidem haben sie etwas (keineswegs sind sie 'irreal'). (...) Das zentrale Produktionspaar scheint eins zu sein aus zwei Männern."[596]

Selbst dieses männliche Produktionspaar gibt es in „Caliban über Setebos": Anreger, Wissensvermittler, Psychiater, Freund, „Ohr" ist für Düsterhenn „Meister Roland" (CüS 305/BA 531). Schmidts Orpheus-Travestie, so zeigt es sich, kann in vielen Beziehungen als vorausgehende, burleske Prosa-Studie zu Klaus Theweleits Buch über die Künstler-Könige und ihre orpheischen Produktionskonstellationen und -bedingungen gelesen werden.

Ein letzter Aspekt sei hier noch angesprochen, der über das Sujet „Orpheus" eine Klammer schafft, die die unterschiedlichen Subtexte in „Caliban über Setebos" verbindet.

Der Orpheus-Mythos entspricht als ein klassisches Beispiel dem von Joseph Campbell als „Monomythos" bezeichneten Strukturschema der Heroen-Mythen.[597] Nach diesem Schema gestaltet sich der Heroenmythos oft

---

[595] So bezeichnet Theweleit Benns Briefpartner F.W. Oelze: „Je mehr Benn in den letzten Jahren vom Publikationsverbot [= im „III. Reich"] getroffen ist, desto bedeutender ist das Briefschreiben als Schreiben für ihn geworden; und in Oelze verfügt er seit einem knappen Jahrzehnt über das richtige Ohr und den richtigen Reflektor für seine Worte." (Theweleit: Buch der Könige I, Seite 32).
[596] Ebenda, Seite 96.
[597] Campbell: Heros, Seite 40f: hier findet sich eine Zusammenfassung des Strukturschemas, welches Campbell in seinem Buch mit Beispielen und Erläuterungen versieht.

in der Form einer *gefahrvollen Reise* mit mehreren feststehenden Stationen und wiederkehrenden Motiven. Die Berufung zur abenteuerlichen Fahrt geht oft einher mit einer gewissen Isolation des Helden. Der mythische Held hat auf seiner Reise schwere Prüfungen zu bestehen; zuweilen treten Frauen als Versucherinnen, die ihn in die Irre führen wollen auf, der Held kann zeitweise vom Weg abkommen, es kann ihm aber auch ein geheimer oder unvermuteter Helfer zur Seite stehen. Die gefährlichste Etappe ist oftmals ein Weg in die Tiefe, eine Katabasis in die Unterwelt – also ein Weg nach Innen, eine Selbstanalyse. Besteht der Held die Prüfungen dieser Katabasis, steht ihm eine triumphale Heimkehr bevor als neuer, nun eingeweihter Mensch. Doch was er als Erfahrung und Lehre von seiner Reise mitbringt, kann auch auf Widerstand der nicht begreifenden Umwelt stoßen – mögliche neue Konflikte drohen.[598]

Campbell betont mit seinem Strukturschema das Gewinnen von Erfahrung, die Einweihung in die Mysterien des Lebens, die Initiation, die der Held erfährt. Betont wird damit der *psychologische Code* des Mythos, seine Fähigkeit, seelische Erlebnisse und Erfahrungen im Medium seiner tradierten Geschichte wiederzugeben.[599] Orpheus entspricht diesem „Monomythos" schon mit seiner Teilnahme und Rolle bei der Argonautenfahrt, umso mehr noch mit seiner eigenen Unterweltsfahrt. Die Fahrt ins Totenreich ist die paradigmatische Reise ins eigene Innere. Die dortigen Erfahrungen, lassen ihn verändert und als Wissender wiederkehren.[600] Ob seines Andersseins muß er dann folgerichtig am Ende den *sparagmos* erleiden – dies macht nach dem psychologischen Code des Monomythos den Kern der Orpheus-Geschichte

---

[598] Es ist unschwer erkennbar, daß sich Campbells Strukturschema von Vladimir Propps „Morphologie der Erzählung" herleitet. Da Campbell aber bei der Erstellung seines Schemas sich allein auf seine umfangreichen mythologischen Studien stützt, fügt es sich besser in den hier behandelten Zusammenhang ein.

[599] Es verwundert nicht, daß der Mythenforscher Campbell sich sowohl als Anhänger der Psychoanalyse nach Freud und Jung (vgl. Campbell: Flug, Seite 60: „Freud, der hauptsächlich die Parallele zur Neurose betonte, und Jung, der die erzieherische Kraft der lebensbindenden Bilder erkannte, haben die Fundamente einer möglichen Wissenschaft von den Univiversalien des Mythos gelegt."), als auch der „Ritualtheorie" (die „Cambridge-Schule" der Mythenforschung in Anschluß an Robertson Smith und Frazer; vgl. Kirk: Griechische Mythen, Seite 63ff), die die enge Beziehung zwischen Mythen und Riten betont (vgl. Campbell: Flug, Seite 67: „Riten stellen also zusammen mit den sie tragenden Mythologien die zweite Gebärmutter, den Schoß der postnatalen Embryonalzeit des Plazentaliers Homo sapiens dar.") erweist. Aus der Verbindung beider Ansätze versucht Campbell eine eigene „Bios"-Theorie der Mythen zu entwickeln, grenzt damit aber wieder weitere Codes des Mythos aus.

[600] Vgl. Burkert: Mythos, Seite 14: „Ein Abenteuer besonderer Art ist die Jenseitsreise, wie sie etwa von Orpheus erzählt wird: Jenseits von Kampf und Raub geht es hier vor allem um den Gewinn an Wissen."

aus.[601] Es wird hier deutlich, daß der Mythos einer ausdrücklichen *Übersetzung* in Begriffe der Psychoanalyse nicht bedarf, er ist im Kern <u>auch</u> schon Psychologie.

Daß Schmidts burleske Travestie des Orpheus-Mythos immer noch dem Strukturschema des „Monomythos" und seiner Fokussierung auf den psychologischen Code, auf die Gewinnung neuer Einsichten entspricht, liegt nicht nur an der nun einmal unterlegten Orpheus-Folie. Selbst die Oberfläche des Textes mit seiner an den Abenteuerroman angelehnten Handlung fügt sich in die Kategorien des „Monomythos"- Strukturschemas ein: aus der Sicht dieses Schemas ist der Abenteuerroman ein säkularisierter, abgesunkener Heldenmythos. So reproduziert denn auch die „Caliban über Setebos" von Schmidt unterlegte Karl-May-Folie[602] den Monomythos: gerade Mays einzige wirkliche Abenteuerfahrt, seine Orientreise, auf die die May-Zitate Bezug nehmen (s.o.), entspricht der gefährlichen Reise ins eigene Innere, die den Helden verwandelt wiederkommen lassen, am deutlichsten. Die Struktur des Monomythos findet sich also ebenfalls mehrfach wiederholt in „Caliban über Setebos" wieder, auch hier herrscht das „…Prinzip der Analogie, der doppelten, dreifachen und vierfachen Fabel, die dasselbe Grundthema wiederholt…".[603]

V. 3. Ein germanischer Gott und ein griechischer Jäger

Da der Text auf Unterwelts-, Totenreich- und Höllenvorstellungen der unterschiedlichsten Kulturkreise anspielt, findet sich neben dem griechischen Hades oder der alttestamentlichen Scheol auch die germanische Wasserhölle Hel:

> „: sofort kam ein Hund um die Ecke getobt, von mürrischster Färbung & einer Größe, daß einem weniger geübten Reisenden höllenangst geworden wäre; (mir wurde nur Hel-bange)." (CüS 232/BA 481)

An dieser Stelle, die „Hel" in Verbindung mit einem Hund setzt, zeigt sich, daß nicht nur der griechische Höllenhund Kerberos, sondern auch die germanische Parallelbildung „Gamr" die mythischen Vorbilder von Schmidts

---

[601] Dazu paßt die unterschiedliche Gewichtung der Eurydike-Handlung bei Griechen und Römern: „Eurydike, die der romantischen Gedankenwelt zusagt, fand bei den Griechen des Klassischen Zeitalters nur beiläufiges Interesse." (Kirk: Griechische Mythen, Seite 164). Vergil und Ovid, die den Akzent auf die unglückliche Liebesgeschichte des Orpheus legen, sind schon späte römische Literaten.

[602] Siehe oben, Kapitel III.1.; Bernd Steinbrink arbeitet in seinem Aufsatz über die Initiationsriten im Abenteuerroman bei May, Möllhausen, Kraft etc. eben mit dem Schema Campbells, „…nach dem sich die Konstitution eines Helden vollzieht. (…) Ebenso läuft das Erfahrungsschema des Abenteuerhelden…" (Steinbrink: Initiation, Seite 263).

[603] Kott: Shakespeare heute, Seite 300.

„Kirby" sind.[604] Düsterhenn überwindet die Angst vor dem Höllenhund, da er als geübter Reisende hier mit dem „Wanderer" und „Vater der Lieder" Wotan/Odin identifiziert wird, der im Eddalied „Baldrs draumar (Vegtamskvidha)" dem Höllenhund leicht entkommt.[605] Anspielungen auf Düsterhenn als Wotan können auch in der von den Umständen bedingten Einäugigkeit Düsterhenns bei dem Beobachten der tribadischen Orgie in der Scheune (vgl. CüS 302/BA 528f: „Und bettet das große Auge..." oder CüS 308/BA 533: „...ich legte lieber nochma das Auge an..."),[606] in dem Hinweis auf Wotans Pferd Sleipnir[607] mittels der „8 Hufe" (CüS 231/BA 480; in der Szene mit dem „Erste[n] Schiffer" sind viele Wörter aus dem Wortfeld „Pferd" eingestreut), die Düsterhenn auf der Brücke vor dem Dorf hinter sich hört oder der Anspielung auf die „Wilde Jagd"[608] (CüS 314/BA 537; vgl. auch CüS 255/BA 496: „die Sturmtrupps wilder Wolken"[609]) der Frauen, die ihm folgt bzw. ihn verfolgt, gesehen werden. Die germanische Welt, speziell deren Mythologie ist als schwache Unterströmung auch an anderen Stellen im Text präsent. So ist der Bauer „...Voll-Meyer, sowohl geputzt als backenrot, (der haus-herrlich weit ausholte, ehe er in seine Thoreinfahrt einlief..." (CüS 243/BA 489) an seiner Kraftmeierei, dem roten Bart und der

---

[604] Vgl. Krömmelbein: Rezeption, Seite 153f.
[605] Vgl. Edda: Vegtamskvidha, Seite 38: „Auf stand Odhin, der Allerschaffer, / Und schwang den Sattel auf Sleipnirs Rücken. / Nach Nifelheim hernieder ritt er; / Da kam aus Hels Haus ein Hund ihm entgegen, // Blutbefleckt vorn an der Brust, / (Kiefer und Rachen klaffend zum Biß, / So ging er entgegen mit gähnendem Schlund) / Dem Vater der Lieder und bellte laut. / Fort ritt Odhin, die Erde dröhnte, / Zu dem hohen Hause kam er der Hel."
[606] Zumindest in Richard Wagners Version bedingt sich Wotans Einäugigkeit auch durch das Streben nach dem weiblichen Geschlecht: „Um dich zum Weib zu gewinnen, / Mein eines Auge / Setzt' ich werbend daran..." (Wagner: Rheingold, Seite 28). In den altnordischen Quellen ist es hingegen der Wissenserwerb durch das Trinken aus der Quelle Mímirs, für das Wotan ein Auge verpfändet (vgl. Simek: Lexikon, Seite 294) – allerdings rationalisiert Düsterhenn seine Schaulust ja auch mit dem Hinweis auf seinen Wissensdurst.
[607] Die „...Sleipnir-Mythe verweist auch auf eine Jenseitsreise..." betont Thomas Krömmelbein (vgl. Krömmelbein: Rezeption, Seite 154) zutreffend: sowohl Wotan als auch Hermod reiten auf Sleipnir nach bzw. zu Hel (Hel heißt auch die Göttin der Unterwelt, ebenso wie Hades zugleich den Ort als auch den Gott der Unterwelt bezeichnet).
[608] Die „Wilde Jagd" oder das „Wilde Heer" Wotans steht u.a. auch in Bezug zum Totenkult: „Schon früh wurde das nächtliche kultische Treiben des W.H.s auch von Außenstehenden als Totenheer interpretiert..." (Simek: Lexikon, Seite 464). Auch die Teilnahme Kirbys und die Attribuierung der verfolgenden Frauen mit Hunde- („...4 solcher Focksmäidns plus Kirby..." CüS 313/BA 536) und (erneut!) Pferdemerkmalen („harten Hufe" ebenda) paßt zur Bezeichnung der Verfolgergruppe als „Wilde Jagd": „...Hunde und Pferde gehören als totendämonische Tiere zu den häufigsten Begleitern des W.H.s..." (ebenda).
[609] In naturmythologischer Betrachtung wird die wilde Jagd als Furcht vor den heulenden Stürmen der Winterszeit gedeutet.

Verschreibung der T(*h*)oreinfahrt unschwer als Thor/Donar zu identifizieren. Es wird auf die Götterdämmerung („GoddamsDe Dämmerung" CüS 255/BA 496) angespielt, „Wergeld" (CüS 313/BA 536) angeboten, die vier Frauen werden mit den Nornen in Verbindung gebracht („...aber was Die–hier am Faden spielten, schlug alles pornisch-narzisch Dagewesene!" CüS 311/BA 535), die Urquelle Hverglemir unter der Weltesche Yggdrasil wird genannt („Hwérgelmich-hwérgelmich!" CüS 246/BA 490), etc. Insgesamt verstärken die anzitierten germanischen Elemente in „Caliban über Setebos" die düstere Färbung, den naturdämonischen Aspekt der Geschichte von Düsterhenns Unterweltsreise. Zugleich werden die Themen der Jenseitsreise, des Totenkultes und der dämonisch-mystischen Naturauffassung gemäß des Prinzips der Analogie und mehrfachen Gestaltung wiederholt.

Problematisch bleibt die Beurteilung des Anteils ägyptischer Mythen in „Caliban über Setebos". Werner Schwarze hat zahlreiche Bezüge zur ägyptischen Mythologie herzustellen versucht.[610] Die Unverhältnismäßigkeit zwischen dem extensiv ausgebreiteten Kontextwissen und der überaus dünnen Basis der Textstellen – zum überwiegenden Teil sind es nur Wortsilben und Anklänge, an die das umfangreiche ägyptologische Material festgemacht wird – läßt die meisten Deutungen gezwungen und fragwürdig erscheinen.[611] Die Thematik der ägyptologischen Momente (Mutter- und Todesgottheiten, Mythen des Jahreszeitenlaufs, astrologische Bezüge) passen sich selbstverständlich in den Rahmen der Orpheus-Erzählung Schmidts ein. Eine nennenswerte Unterfütterung mit ägyptischen Mythen wird man aber verneinen müssen. Denn es gibt nur eine einzige Stelle, die einen Bezug zur Ägyptologie zuläßt: „...SULLA war eben doch noch toter als NAPOLEON; (obwohl Der ooch so ziemlich am nil war." (CüS 276/BA 511) Aus der Verbindung von Napoleon und 'nil' *kann* man auf die französische Expedition in Ägypten kommen und daran assoziativ und ohne Rücksicht auf mögliche Anknüpfungspunkte im Text Jean-Francois Champollion mit seinem Stein von Rosette und schließlich die gesamte ägyptische Kultur anschließen. Jedoch ist es *ebenso* schlüssig, das kleingeschriebene Wort 'nil' mit 'nihil' in Verbindung zu bringen: sowohl Sulla als auch Napoleon sind ja tot, sie sind 'ein Nichts'. In dem von der konkreten Textstelle evozierten Sinn und in die allgemeine Todesthematik paßt sich diese Deutung weitaus besser ein – die

---

[610] Vgl. Schwarze: Ägyptologie.
[611] Was dem Autor selbst bewußt ist, wenn er schreibt: „VIELE, womöglich **zu viele** dieser Erörterungen mögen fragwürdig bleiben, doch eventuell ließe sich hie und da etwas von jenen 3000 Fioritüren & Pralltriller vernehmen..." (ebenda, Seite 49; Hervorhebungen von Schwarze). Mit seinen weitreichenden Spekulationen auf sehr dünner Basis scheint Schwarzes Untersuchung das komplementäre Extrem zu Kaisers (vgl. Kaiser: Sengers Phall) Aufsatz darzustellen, der sich – wie anhand der „Meistersinger"-Anpielungen gezeigt – kaum auf das Angebot des Textes zu assoziativen Spiel mit dem ausgebreiteten (Zitat-)Material einlassen will.

weitreichenden Spekulationen Schwarzes aber finden abgesehen von dieser möglichen Anspielung auf Ägypten keine weitere Verankerung im Text.[612]

Sehr viel auffälliger und deutlicher in die Oberfläche des Textes hineinreichend ist die Dominanz des Wortfeldes und Bildbereichs der Jagd in „Caliban über Setebos." Bereits mit der ersten Erwähnung tituliert Düsterhenn die „4 Weibsbilder" als „Jägerinnen" aufgrund ihres Aussehens:

> „Alle in kokett-hochhackigen Schaftstiefelchen aus Lackleder; dazu Breeches; Joppen aus gelbem, gelbem, braunem, kackaubraunem Imi-Tand (Velveton; wirkt auf 10 m garantiert wie Wildleder; ‹ein Jeder›); oben drauf kleine hellwache Hüte, billardgrün..." (CüS 226/BA 477).

Schon mit dieser Vorstellung werden die Frauen mit den unterschiedlichen Bildbereichen des Textes konnotiert: die „Höllenfarbe" gelb wird eingeführt, in dem Wort „Jägerinnen" klingen schon die „Erinnyen" mit an, es wird angedeutet, daß die Frauen auch andere mythische Rollen als Wiedergängerinnen „imitieren". Nicht zuletzt ist die Ausstaffierung der Jägerinnen subtil unterlegt mit gängigen Vorstellung der Kleidung einer Domina. Düsterhenn bestätigt diese ihm bedrohliche Assoziation im Anschluß an die morbidsadistische Krankenhausgeschichte mit der Bemerkung: „Nur solche Naturen können ja auch die ‹Jagd lieben›. Jedenfalls stand ausgerechnet Die jetzt hoch über mir, in der Hand 'ne lange Schwippe..." (CüS 227/BA 478). Düsterhenns eigene Erscheinung mit „Grüner Lederjacke & kurzbeinigen, rauhgegraupelten Hosen..." (CüS 228/BA 478), besonders aber seine Vorstellung von einer „...Tarnkleidung (...) so'n LÖNS-Hut zum grünen Lodenmantel." (CüS 232/BA 481) läßt aber gleichfalls wenigstens an einen Sonntagsjäger denken. Zu den zahlreich im Text verstreuten Termini der Jägersprache wird sogar der 'Schlüssel' mitgeliefert: „...Hitzblattern am Geräusche, (vgl. KEHREIN, ‹Waidmannssprache›. Der sich also auch die 4 Jägerinnen leidenschaftlich bedienen würden..." (CüS 257/BA 498). In diesem älteren Wörterbuch findet sich z.B. 'Rieke' für Rehgeiß und 'leene' für ein weibliches Wildschwein aufgelistet.[613]

Besonders ausgefallen zeigt sich die Liebe zur Jagd in der Gaststube:

> „...allein die Tapete wieder! Buschwerk, fichtenüberragt, mit bräunlichen Rehen, (auf jeden Bock 2 Schmaltiere, wie sich's ge-

---

[612] Für Martin Henkels polemische Abrechnung mit „Wesen, Werk und Wirkung Arno Schmidts" ist Schwarzes Abhandlung ein Illustration des „Sektencharakter[s] der Schmidt-Gemeinde", da, wie er an einigen Beispielen nachweist, „...die konsequent ägyptologische Deutung völlig fantastisch ist." (Henkel: Bluff, Seite 61 und 63). Leider fordert Schwarzes „Deutungsversuch" (so im Untertitel) ein derart harsches Urteil heraus.

[613] Vgl. Kehrein: Wörterbuch der Weidmannssprache.

hört); Reiter in blauen Frekkn blusn par Fortz, (Jägerinnen, lebend von dem, was ihre Büxn erwarben); Vorstehendes meutete, (‹Hund von einer Prostata!›); ein Wälltchen, gar nicht unlustig für Kinderaugen – allerdings 300 Mal gesehen, wie eben-hier, Sturzhelm & Jägerhorn..." (CüS 235/BA 483)

Die „Jägertapete"[614] ist nicht bloß ein skurriles Requisit zur Demonstration der Kulturhöhe des Wirts, sondern eine höchst originelle und artifizielle *Kulisse*[615] für eine „300 Mal gesehen[e]" Handlung. Es kann allerdings kaum die reale Parforcejagd gemeint sein, die Düsterhenn so oft schon gesehen haben will – sie ist auf bundesrepublikanischen Boden verboten. Hingedeutet wird auf die archetypische Hetzjagd, ihr Bild und deren Konnotationen in der Psyche des Mannes. Düsterhenns Flucht vor den beobachteten Frauen und dem Hund Kirby am Ende des Textes wird hier präludiert – und zwar genau mittels der (kaum unterschwelligen) sexuellen Überblendung der Szene. Die Reiter der Tapete werden sofort zu Jägerinnen, deren aggressive Sexualität („Büxn" als umgangssprachliche Bezeichnung der Vagina) den Mann zum Jagdopfer macht: das Verhältnis der Böcke zu den Schmaltieren wird damit umgekehrt. Bezeichnenderweise folgt sofort eine Assoziation zu Düsterhenns Angstthema der Leiden eines alternden Mannes.[616] Das Wäldchen schließlich, ein scheinbar unverfängliches Requisit, vervollständigt die Kulisse für den Mythos, der dem Jagdthema in „Caliban über Setebos" als ein weiteres mythisches Tableau unterlegt ist: die Geschichte des Jägers Aktaion.[617]

Ovid erzählt im dritten Buch der Metamorphosen, welches der Sippe des Kadmos gewidmet ist, den Mythos des Aktaion. Nach erfolgreicher Jagd in den Wälder des Kithairon bei Theben läßt Aktaion die Waidgefährten ruhen und begibt sich, um sich vor der Mittagsglut zu schützen, zufällig in ein Wäldchen „...Dicht mit Föhren und spitzen Zypressen bestanden, ein Talgrund / Namens Gargaphie war der geschürzten Diana geheiligt."[618] Dort erblickt er Diana, die jungfräuliche Göttin der Jagd (griech. Artemis), mit ihren Nymphen beim Bade. Als die Göttin sich entdeckt sieht, benetzt sie Ak-

---

[614] Es sei angemerkt, daß sich eine Abbildung „dieser" Jägertapete bei Baumgart: Sengers Phall auf Seite 9 findet – man sollte dieses Fundstück allerdings nicht für mehr als ein witziges Paralipomenon erachten. Wichtig sind nur die archetypischen Vorstellungen und Ängste, die mit einer solchen Szene verbunden sind.

[615] Vgl. die Ausführungen zur „Kulisse" als eine der wesentlichen, vom Unbewußten gebauten Bestandteile aller Dichtung in „Zettels Traum".

[616] Das Düsterhenn es auch noch an der Prostata hat, darf man durch die Schwierigkeiten beim Wasserlassen als erwiesen ansehen: „Und stehen; und warten; (‹Der Kopf groß & stumpf, mit weitem Maul›); einen beschund'nen Ämalie–Hohlraum in der Rechten; am Bauch 1 schlafes Hörnchen, es roch (...) und das nahm wiederma kein Ende..." (CüS 299/BA 526).

[617] Vgl. zur nachfolgenden Herausarbeitung der Aktaion/Artemis-Folie in „Caliban über Setebos" auch die Belege bei Schweikert: Siehe da: Vians 'Voyeur'.

[618] Ovid: Metamorphosen, III, V. 155f, Seite 82.

taion mit Wasser und verwandelt ihn damit in einen Hirsch, den seine eigenen Jagdhunde verfolgen und zerreissen.

Der Mythos könnte der großen Voyeursszene unterlegt sein, die von der Orpheus-Folie nicht abgedeckt wird. Tatsächlich finden sich in der Tribadenszene viele Verweise auf den Aktaion-Mythos. Schon in der ersten Überraschung bei der Entdeckung der unbekleideten Frauen entfährt ihm mit dem Ausruf: „Jägerinnen, wie ich sie so noch ny sah..." (CüS 302/BA 528) wieder der Vergleich der Frauen mit den Gefährtinnen der Jagdgöttin. Diese haben auch Beute bei sich, ein „...vor Kürzestem noch lustig-lebendes Kleinst-Kaninchen..." (CüS 302/BA 529); sie benutzen Wendungen der Jägersprache (z.B. „Halla-Li Halla-loh..." CüS 304/BA 530) ebenso, wie Düsterhenn sie zur Beschreibung des Gesehenen verwendet (z.B. „...die abgeschweißtesten Stellen." (CüS 311/BA 534) oder „Riekengevipe" (CüS 304/BA 530)[619]). Ein Verweis auf die Aktaion-Szene, welcher die Unterlegung mit dieser mythologischen Folie bestätigt, findet sich im Anschluß an eine nochmalige Erwähnung der Panorama-Kulisse, vor deren Hintergrund sich die mythische Situation wiederholt:

> „...mir fiel gleich wieder die Jägertapete ein: wenn ich bloß diese Herstellerfirma gewußt hätte; *ein*'Raum würd'ich mir bestimmt damit austappezieren, feinsinnijen Besuchern zum Tort!). / Ihr Bauch fing an zu pfauchen, so tat sie den Diana–Dip!" (CüS 304/BA 530).

Hier wird explizit das Bad der Diana (*eng.* 'dip' = (kurzes) Bad) genannt, wenn auch auf der Handlungsebene mit derb-erotischen Witz die Vereinigung der Frauen gemeint ist. Die Jagdgöttin wird noch an anderer Stelle ausdrücklich im Text benannt und mit den Jägerinnen verbunden: beim Anblick der Frauen im Gasthaus assoziiert Düsterhenn: „‹Betty Martin was ä Hantreß-Jung›: das sollte, nach Doctor JOHNSON, von ‹Britomartis› herkommen..." (CüS 242/BA 487). Britomartis wird als kretisch-minoische Vorläuferin der Artemis angesehen.[620]

Allerdings läßt sich keine der Frauen eindeutig als Wiederverkörperung der Artemis/Diana ansprechen. Jede von ihnen gleicht ihr in Teilaspekten. So vermutet Düsterhenn wenigstens von einer der Frauen: „...vielleicht war se aber *grade* noch Jungfrau..." (wenn auch nur „'Zwisch'n'n Zeh'n'..." wie „...Roland('n Bekannter von mir) zu diesem Wort jedesmal & bitter an-

---

[619] Dies letzte Beispiel zeigt wieder einmal die 'Überdetermination' der Wörter. Eine Ricke (oder Geiß) ist allgemein ein weibliches Rehwild; unter dem Wort 'Fiepen' findet man bei Antonoff: Sprache des Waidmanns, Seite 49: „Laut der Geiß in der Begattungszeit (Laut des Verlangens, pi)". Die Verschreibung „Riekengevipe" löst bei Düsterhenn die Assoziation aus „...(oh, bloß nich *da*ran denkn!)" (CüS 304/BA 530) – einerseits hat er Riekes 'Gefiepe' während ihrer Vereinigung mit dem Knecht im Hof vernommen, andererseits hat sie sich ihm gegenüber nur zu zwei Lautäußerungen hinreissen lassen („Och –" und „Hier.–" CüS 293 & 294/BA 523).

[620] Vgl. Hunger: Lexikon, Seite 86.

zumerken." pflegt; CüS 231/BA 480). Lene, die den „Diana-Dip" vollzieht, ist es andererseits auch, die Düsterhenn als die bedrohlichste der Frauen empfindet: „Die allerunangenehmste die lange Megäre hier-rechts, (beinahe 'n komplettn Kopf größer als ich!" (CüS 277/BA 477). In der Darstellung Ovids sieht Aktaion die Göttin, obgleich sich ihre Nymphen schützend vor sie stellen, da sie deutlich, eben um einen ganzen Kopf, größer ist als sie.[621] Alex schließlich entdeckt den Voyeur: „…sie lachte Wut-Thränen bei meinem Anblick…" (CüS 312/BA 535). Die Tränen vertreten hier die Stelle des Wassers, mit dem die vor Wut purpurrote Göttin Aktaion besprengt und ihm zugleich rächend seine Metamorphose orakelhaft androht:

> „Purpurglut (…) / Färbte Dianas Gesicht, da sie ohne Gewand sich erschaut sah. / (…) / Schöpfte sie, was ihr zur Hand, das Naß, besprengte des Mannes / Antlitz mit ihm, und sein Haar mit den rächenden Fluten benetzend, / Spricht sie die Worte dazu, die das kommende Unheil ihm künden: / 'Jetzt erzähle, du habest mich ohne Gewande gesehen, / *Wenn* du noch zu erzählen vermagst!' Sie drohte nicht weiter, / Gab dem besprengten Haupt des langelebenden Hirsches / Hörner, die Länge dem Hals, macht spitz das Ende der Ohren, / Wandelt zu Läufen um seine Hände, die Arme zu schlanken / Schenkeln, umhüllt seinen Leib mit dem fleckentragenden Vliese, / Gab auch die Furcht ihm dazu."[622]

Die Metamorphose, die Aktaion durch Dianas Fluch erleidet, widerfährt auch Düsterhenn. Während der Flucht spürt er „…wie sich mir der Bast von den Hakken schälte…"[623], er wundert sich – wie Aktaion – über die unvermutete Schnelligkeit, die er entwickelt („…ich Floh & flitzte, daß es mich selbst erstaunte!" (beide Zitate: CüS 313/BA 536[624]) und hat ebenso, die „flehende Hechelzunge" aus dem Mund hängend, die Fähigkeit zum Sprechen verloren: „Aber ich vermochte's selbst jetz noch nich, so versagte mir die Stimme am Staube." (CüS 313 & 315/BA 536/37)[625]. Kirby, der ebenfalls Düsterhenn verfolgt, spielt also nicht nur die Rolle des Höllenhunds Kerberos, sondern auch die eines der Hunde Aktaions, die den eigenen Herrn – auch Düsterhenn hat sich durch sein Streicheln und den Wurstkauf Kirby

---

[621] Ovid: Metamorphosen, III, V. 180 – 182, Seite 83: „Mit den eigenen Leibern sie deckend / Drängen sie rings sich eng um Dianen. Doch höheren Wuchses / Ragt über alle hinaus um Hauptteslänge die Göttin."
[622] Ebenda, III, V. 183 – 198, Seite 83f.
[623] Der 'Bast' ist laut Antonoff: Sprache des Waidmanns, Seite 18 die „Durchblutete Haut auf dem wachsenden Geweih…" und 'Haken' nennt der Jäger den „…Sproß am hinteren unteren Schaufelrand…" des Damwildgeweihs (ebenda, Seite 25). Ovid spricht vom „fleckentragenden Vliese", also vom Fell eines Damwildes – Schmidts Bild stimmt genau mit Ovids Darstellung überein.
[624] Ovid: Metamorphosen, III, V. 198f, Seite 84: „Es flieht Autonoes tapfrer / Sohn und wundert sich selbst im Laufe der eigenen Schnelle."
[625] Vgl. ebenda, III, V. 230f, Seite 85: „Doch versagt das / Wort sich dem Sinn.", zugleich arbeitet Schmidt hier wieder ein Rilke–Zitat ein.

gleichsam zu eigen gemacht – hetzen und zerreissen; selbst die verfolgenden Frauen werden mit Hunden assoziiert: „...4 solcher Focksmäidns *plus* Kirby (...) 'HETZ! HETZ!!!' – Keile aus Kreischen, und: 'Faß, Kirby, faß!!!'" (CüS 313/BA 536).

Schon die hier ausgebreiteten Hauptzüge belegen, daß dem Schluß des „Caliban"-Textes auch die Geschichte des Aktaion als mythologisches Muster unterlegt ist. Allerdings wird der Geschichte jede tiefere mystisch-religiöse Dimension, von der selbst in der durchliterarisierten Form des Mythos bei Ovid noch einiges vorhanden ist, entzogen. So zielt der Hinweis Ovids, daß Aktaion die Göttin gerade zur Mittagszeit, in der der Schatten des Waldes sich zusammengezogen hat, in ihrer Nacktheit erschauen kann, geradewegs auf das Wesen der Göttin und ihrer Rache:

> „Ihr eigentliches Habitat ist die dunkle Seite der sichtbaren Welt. Ihr Kleid ist nichts anderes als die *umbrae* des Waldes, seine schützenden Schatten. (...) Der menschliche Blick ist seiner Natur nach verneinend; er sieht nicht direkt in die Natur der Dinge, sondern er sieht nur die äußere Oberfläche der phänomenalen Erscheinungen. Aktäon überschreitet diese Grenzen. Er schaut die Göttin im Augenblick einer noumenalen im Gegensatz zu bloß phänomenaler Vision. Zur Vergeltung dafür, daß er das ideale Reich verletzt hat, das hinter der Welt der Erscheinungen liegt, führt Artemis Aktäons Erscheinungswandel herbei, während sie sein menschliches Wesen intakt läßt. (...) Im Prozeß der äußeren Metamorphose kommt er zu der Erkenntnis, daß seine eigene innere Identität in einem Reich, das von Erscheinungen beherrscht wird, überflüssig ist."[626]

Die Geschichte des Aktaion erzählt also primär nicht eine schnurrige Voyeursgeschichte mit tragischem Ausgang, sondern ist eine theologisch-philosophische Erörterung über das noumenale Wesen des Göttlichen in Abgrenzung zur Welt der Erscheinungen *in Form eines Mythos*.

Erst diese Interpretation des Aktaion-Mythos verdeutlicht, was in Schmidts Text aus ihr geworden ist. Zwar verlegt Schmidt in exakter Korrespondenz den Augenblick der Vision des Verbotenen auf Mitternacht („In den Tiefen des Hauses hatte es begonnen, auf eine widerliche Art Null Uhr zu schlagen." CüS 299/BA 527). Doch schon die Bedeutung der numinosen Vision des Aktaion miniaturisiert sich im Falle Düsterhenns auf einen ironischen Kommentar zu dem Erschauten – durch die Unterlegung mit einem derberotischen Witz: „...ein im höchsten Stehen Hinschmälzender, Allegorie intensiver Gegenwart..." (CüS 305/BA 531). Damit erschöpfen sich allerdings die Parallelen der Darstellung – und die Vermutung, daß Düsterhenns Entde-

---

[626] Harrison: Wälder, Seite 42f.

ckung der lesbischen Frauen genau um Mitternacht stattfindet um so möglichst der Hexen-Folie – der Walpurgisnacht des „Faust 1" und der Ballade von Tam O'Shanter – nahezukommen, liegt ebenso nahe. Zudem sieht eine der Hypothesen zur Entstehung des Teufelsglaubens und Hexenwesens einen Bezug zum Diana-Kult.[627]

Der Akzent dieser Wiederaufnahme des Aktaion-Mythos liegt – im Sinne der Deutungsmechanik des F/S-Code versteht es sich von selbst – auf der sexuellen Komponente der Geschichte. Sie wird in einem Grade betont, daß damit sogar die Logik der Aktaion-Geschichte verzerrt wird. So ist es für die mythische Vorlage konstitutiv, daß Aktaion zufällig, ohne es zu wollen, Zeuge der Nacktheit der Göttin wird. Düsterhenn dagegen ist so sehr Voyeur, daß er den charakteristischen Mechanismus der Rationalisierung seiner Schaulust schon verinnerlicht hat: „...zweifelsohne wollte hier wieder etwas notiert sein; (und wozu ist schließlich der Sänger da, wenn nicht um das Uni- sive Perversum mitzustenografieren?" (CüS 301/BA 528) oder, zur Rechtfertigung der Beobachtung der Kopulation im Wirtschaftshof: „Dann obsiegte aber doch der Notizenteufel; und ich trat, möglichst ver-stohlen..." (CüS 254/BA 496). Ebenso überbetont wird die bedrohliche, gewalttätige Seite der Jagdgöttin und ihrer Gefährtinnen. Die Jägerinnen in „Caliban über Setebos" werden stets mit den Attributen von Dominas versehen, bezeichnenderweise fehlen sie auch bei ihrer Orgie nicht („Ihre Ruten Schwippen Gerten Geißeln lehnten gesellig um einen Pfosten." CüS 310/BA 534). Diese Darstellung der Jägerinnen fügt sich ein in eines der Hauptthemen von „Caliban über Setebos": die gewalttätige, bedrohliche Sexualität der Frauen. Das Wesen der *dea silvarum* verkürzt sich also zur männerverschlingenden Domina, sie und ihre Nymphen werden zu aggressiven Tribaden. Die bedrohliche, unberechenbare Seite der Jagdgöttin Diana/Artemis ist selbstverständlich ein Aspekt ihres Wesens; nur ist dies in dem umfassenderen Sinne der Nachtseite, der Ängste und Abgründigkeiten des Lebens zu verstehen, wie es Erich Neumann begreift: „...die Kriegs- und Jagdgöttinnen aller Völker sind der Ausdruck dafür, wie die Menschheit das Leben als ein blutforderndes Weibliches erlebt."[628] Bei der in „Caliban über Setebos" vorgenommenen Verkürzung der Aspekte der Jagdgöttin und ihres Gefolges auf den sexuellen Code dieses Mythos ist es nur folgerichtig, daß aus der „genialen Vergeltung"[629] der Göttin eine ungestüme, derbe Verfolgungsjagd mit symbolischer Entmannung wird – und letztere sogar mehrfach gestaltet ist. Als Düsterhenn

---

[627] Vgl. di Nola: Teufel, Seite 314 – 328; ab dem 10. Jahrhundert, schreibt di Nola, „...kommt nun auch die 'Gesellschaft der Diana' ins Gespräch, der die Hexen angehören und der gegenüber sie sich in einem gotteslästerlichen Vertrag verpflichten, an den nächtlichen Treffen teilzunehmen. (...) Die Texte sind sich im übrigen darin einig, daß dieser Glaube auf Reste eines heidnischen Mythos' (Diana–Kult)..." (ebenda, Seite 314f) zurückzuführen sei.

[628] Neumann: Die Grosse Mutter, Seite 148.

[629] Harrison: Wälder, Seite 43.

bei seiner Entdeckung auf den Fichtenstämmen ausgleitet, kommt es ihm so vor „...als ob etwas den Fuß mir versehrte!" (CüS 312/BA 535). Nach Freud liegt hier eine Verschiebung vom Genital auf den Fuß vor – somit also ein Traumbild für eine Kastration.[630] Den Hund Kirby schüttelt Düsterhenn bei seiner Flucht mittels 'Bestechung' ab: „...meine Linke schlenkerte kümmerlich das Ende Wurst nach hintn weg – : ? – er schien es im Lauf gefangen zu haben..." (CüS 313/BA 536) – ein so eindeutiges Bild, daß es des letzten Angstgedankens nicht bedurft hätte: „‹MIT DEN ZÄHNEN ENTMANNT!›" (CüS 314/BA 537). Hier schließt sich die Aktaion-Folie endgültig an Düsterhenns *Vagina dentata*-Komplex an: die masochistischen und gynäkophobischen Züge seines Sexuallebens werden damit auch mythologisch „belegt" und charakterisiert.

Selbst abgesehen von der wieder einmal – aus der Perspektive des F/S - Codes zwangsläufigen – monosematischen 'Interpretation' befriedigt die Aktaion-Geschichte als der Voyeursszene unterlegtes mythisches Tableau nicht ganz. Die Diskrepanzen zwischen dem Mythos so wie ihn Ovid erzählt und der Travestie Schmidts sind nicht zu übersehen. Insbesondere Aktaions zufällige und unabsichtliche Beobachtung der Jagdgöttin und Düsterhenns an den Ausflüglerinnen sich weidende Schaulust sind weder erzähllogisch, noch in der Logik von Traumbildern in Konvergenz zu bringen. Der Verlust an Sinnpotential bei der Übernahme der mythischen Konstellation kann dagegen schon als geläufig und unabwendbar durch den interpretatorischen Druck des F/S-Codes angesehen werden. Nicht zuletzt trägt auch die mangelnde 'Reichweite' dazu bei, den Aktaion-Mythos als ungenügend zur mythologischen Unterfütterung der Oberflächenhandlung von „Caliban über Setebos" einzustufen: die Geschichte deckt nur die beiden letzten Kapitel des Textes ab (also die Orgie der Frauen und die Flucht Düsterhenns), fügt sich aber ansonsten nur über den Bildbereich der Jagd und der Jägerinnen in den Gesamttext ein.

V. 4. Der „Phall" des Voyeurs: Pentheus

Das Problem, den Schluß der „Caliban" -Erzählung mit der mythologischen Unterfütterung in Übereinstimmung zu bringen, hat also noch keine ganz befriedigende Lösung erfahren. Dieses *missing link* vermißt man umso mehr, als ja gerade diese letzen beiden Kapitel das Erzählziel, der Kulminationspunkt des gesamten Textes sind. Die bislang angebotenen Interpretationen – z.B. die tribadische Orgie als faustische Walpurgisnacht, als Hexensabbat im Kontext der „Tam O'Shanter"-Bezüge, als Anspielung auf die Voyeursszene

---

[630] Freud: Traumdeutung, StA II, Seite 353 (s.o.) oder Vorlesungen, StA I, Seite 165, wo Freud wiederum vom „„...Ersatz des männlichen Gliedes durch ein anderes Glied, den Fuß oder die Hand..." spricht.

im „Sodom und Gomorrah"-Band aus der „Recherche" von Proust[631] – beleuchten zwar interessante intertextuelle Teilaspekte, werden aber nicht der sonst von allen Autoren bekräftigten mythologischen Folie „Orpheus" des „Caliban"-Textes gerecht.

Die Voyeurssequenz beginnt mit Düsterhenns Annäherung an die Scheune:
„Dieses war gar nich so einfach, und mein Nahen mehr ein Klimmen: man hatte anschein'nd eine größere Anzahl Fichtenstämme hier gelagert; (...) ich erklomm das Geröll, kummervoll & möglichst-leise, vermittelst jener Mühe, die so langes-rundes uns Nichtmehr-Greiff-Füßern zu bereiten pflegt." (CüS 301f/BA 528)

Wieso liegen dort ausgerechnet *Fichten*stämme, die es zwecks Beobachtung der Frauen zu erklimmen gilt? Die gesamte Szene sowie viele weitere bislang unverständliche (Handlungs-)Elemente des Textes werden verständlich aus der hier vertretenen These, daß dem Text neben der bislang nur beachteten Orpheussage (und dem Aktaion-Mythos) ein weiterer Mythos als strukturbestimmende Folie unterlegt ist. Dies ist die Pentheus-Erzählung, wie sie uns vor allem in Form der Tragödie „Die Bakchen" von Euripides überliefert ist.[632]

Euripides stellt die katastrophische Epiphanie des Dionysos in Theben, die Stadt seiner Verwandten, dar. Pentheus, als Enkel des Kadmos König, verweigert Dionysos, seinem Vetter, die Verehrung als Gott. Dieser versetzt zunächst die Frauen Thebens in Ekstase: von den Töchtern des Kadmos angeführt, schwärmen sie in bacchantischer Begeisterung hinaus auf den Kithairon. Als Pentheus schließlich Dionysos ins Gefängnis werfen läßt, schreitet dieser zur Rache: „Der Gott aber erregte ein Erdbeben und warf die Königsburg nieder. Er führte den Pentheus zum Kithairon, nachdem er ihn überredet hatte, Weiberkleidung anzulegen und die Frauen zu beobachten. Die aber zerrissen ihn, wobei seine Mutter Agaue den Anfang machte."[633] Das Stück endet mit dem Strafgericht Dionysos' über die Sippe des Kadmos.

In „Caliban über Setebos" läßt sich nun ein reiches und eng geknüpftes Feld von Anspielungen und Spiegelungen der Pentheus-Geschichte ausmachen. Die zentrale Szene der Beobachtung der Tribaden durch Düsterhenn erweist sich als detailgetreue Kontrafaktur der Belauschung der Bakchen durch Pentheus.

---

[631] Ausführlich auf diese Aspekte des „Terpsichore"-Kapitels bezieht sich Dunker: Njus.

[632] Zitiert werden „Die Bakchen" hier nach der Übersetzung von Oskar Werner, die gegenüber der Übersetzung von Buschor in den „Gesammelten Werken" mehrere Vorzüge besitzt, beginnend beim Titel („Die Mänaden" bei Buschor) bis hin zur Verszählung. Diese macht die Werner'sche Übertragung vergleichbar mit anderen Übersetzungen.

[633] Zitiert aus der antiken Hypothesis (I) („das, was zugrunde lag", die 'Inhaltsangabe'), abgedruckt in Euripides: Bakchen, S. 57.

Dies beginnt schon mit der vorbereitenden Szene beider Texte. Der von der Begegnung mit Rieke desillusionierte Düsterhenn tritt in seinem Zimmer vor einen Spiegel:

> „Die verwünschte Scherbe war zusätzlich noch so voller Wellen & Schlieren, daß man für den Blick-hinein getrost hätte Geld fordern dürfen – ich verzook angewidert den Mund, op des wullstijen Bocks-dorrt : ! (dessen ‹Gesicht› darob jedoch einen derart quasi-modrijen Ausdruck annahm, daß ich ihm freiwillig das Feld räumte : tat twam asi, oh weh!)." (CüS 295f/BA 524)

Düsterhenns „Das bist Du" bezieht sich nicht nur auf den Teufel Mephisto, wie Axel Dunker meint,[634] sondern auch auf die Vorbereitung Pentheus vor dem Belauschen der Frauen. In der vierten Szene der „Bakchen" verkleidet sich Pentheus unter Anleitung des Dionysos als Mänade. Zugleich erscheint ihm nun Dionysos mit Attributen des Stieres, eines seiner theriomorphen Epiphanien.[635] Dionysos richtet Pentheus den Faltenwurf des Kleides über dem rechten Knöchel, belehrt ihn, den Thyrsos mit der rechten Hand zu fassen und „...zusammen mit dem rechten Fuß Ihn heben. Gut ist's, daß du aufgabst deinen Sinn."[636] Nachdem Düsterhenn den ursprünglichen Grund seiner Reise – sowohl dessen wahren, unterschwelligen, als auch den vorgeschobenen seiner Rationalisierung – aufgegeben hat, wird es nach der Entdeckung seiner voyeuristischen Tätigkeit der rechte Knöchel sein, den er sich bei der Flucht vor den Frauen verletzt.

Düsterhenn erblickt sich im schlierigen Spiegel in Bocksgestalt – und damit in der zweiten theriomorphen Erscheinungsweise des Dionysos. Die Bocksgestalt gehört aber auch in den Umkreis der christlichen Teufelsvorstellung. So wünscht sich Mephisto beim Aufstieg zum Brocken einen „allerderbsten Bock".[637] Die dem Teufel zugeschriebenen Bocks- und Pferdeattribute („Ich biete meinen besten Gruß / Dem Ritter mit dem Pferdefuß...", begrüßt die alte Hexe während der Walpurgisnacht Mephisto)[638] begegnen im Gefolge des Dionysos bei den Silenen und Satyrn.[639] Die ikonographi-

---

[634] Dunker: Njus, Seite 14; vgl. dazu auch das Kapitel zur Intertextualität, in der auf die „Faust"-Folie eingegangen wird. Es sei hier nur noch einmal wiederholt, daß sie, als recht inkonsistente (mal ist Düsterhenn Faust, mal Mephisto), eher den übergeordneten Charakter als herausragender literarischer Mythos des Intellektuellen hat.
[635] Vgl. Euripides: Bakchen, vierte Szene, V. 912 – 976, Seite 36 – 39.
[636] Ebenda, V. 943f, Seite 37.
[637] Goethe: Faust I; V. 3836, Seite 167. Vgl. auch in der „Hexenküche"-Szene V. 2495, Seite 107, in der die Bocksattribute genannt werden, deren sich Mephistopheles freilich entledigt hat: „Auch die Kultur, die alle Welt beleckt, / Hat auf den Teufel sich erstreckt; / Das nordische Phantom ist nun nicht mehr zu schauen; / Wo siehst du Hörner, Schweif und Klauen?".
[638] Ebenda, V. 4140f, Seite 177.
[639] Während die Silene ikonographisch durchgängig als Pferd-Mensch-Mischwesen und schon früh an Dionysos gebunden dargestellt wurden, schwankt das Erscheinungsbild der Satyrn. Ursprünglich gleichfalls zweibeinige Pferde in Menschenge-

schen Parallelen zwischen der Teufelsvorstellung und der des Dionysos und seiner Begleiter beruhen nicht auf zufälliger Koinzidenz. Gustav Roskoff macht in seiner Kulturgeschichte des Teufels die „Herabdrückungsmethode" der Kirchenlehrer dafür verantwortlich: die sinnliche Prägnanz des heidnischen Götterhimmels wurde benutzt zur

> „...Versinnlichung und Individualisirung des Teufel, dessen schemenhafte Gestalt dadurch Fleisch und Blut erhielt; die lichtvollen Farben des heidnischen Götterhimmels wurden ins Dunkle übersetzt, um das höllische Reich des Teufels damit auszumalen. Durch die Herabdrückungsmethode entlud sich die heidnische Mythologie ihres Inhalts und bereicherte die christliche Vorstellung vom Teufel."[640]

Orgiastische Züge des Dionysos, die Satyrn und Pan haben zum Bild des Teufels auf diese Weise beitragen müssen. Damit ist die Verknüpfung der Bildbereiche Teufel, Hexen etc. (bzw. ihre literarische Formung durch Burns' Gedicht und Goethes „Faust") mit Dionysos und bakchantischem Treiben, das Schmidt in „Caliban über Setebos" vornimmt, sogar kulturgeschichtlich abgesichert – wobei sich von selbst versteht, daß ein Kunstwerk diese „Absicherung" nicht braucht.

Die oben angeführten Fichtenstämme vor der Scheune, die Düsterhenn erklimmt, werden zum Zitat des Fichtenbaumes, auf den Pentheus steigt: „Bestieg ich auf der Höhe hoher Fichte Hals, / Dann sähe recht ich der Mainaden schändlich Tun."[641] Wie beide Fichten als erhöhten Beobachtungsposten benutzen, werden auch beide von den Frauen durch Gewalt von den Fichten heruntergeholt; der Caliban-Satz „Die Fichtenstämme auf denen ich fußte, gerieten ins Rollen..." (CüS 312/BA 535) entspricht der dramatischen Szene der Entdeckung des Pentheus in den „Bakchen":

> „'Auf, stellt euch im Kreis herum und faßt / den Baum, Mainaden, daß das Wild, das droben sitzt, / wir fangen und daß er nicht melden kann des Gotts / geheime Tänze!' Die nun legten tausendfach / Hand an die Fichte, rissen aus dem Grund sie los. / So hoch er saß, fiel aus der Höh zur Erd im Sturz / hin auf den Boden mit zahllosen Jammerschrei'n / Pentheus; daß Unheil nah ihm war, ward ihm bewußt."[642]

---

stalt, werden sie in hellenistischer und römischer Zeit bocksgestaltig und eher mit Pan und Faunus verbunden (vgl. Hunger: Mythologie, Seite 370; Yonah/Shatzman: Enzyklopädie, Seite 399) – die aber auch zuweilen im Umkreis des Dionysos zu finden sind.

[640] Roskoff: Teufel, II. Band, Seite 8.
[641] Euripides: Bakchen, V. 1061; S. 41.
[642] Ebenda, V. 1106 – 1113; S 43.

Pentheus wird daraufhin von den rasenden Bakchen zerrissen, wobei seine Mutter Agaue den Kopf nimmt und ihn auf ihren Thyrsos steckt.[643] Im Licht dieser mythologischen Folie ist Alex in „Caliban über Setebos" *auch* Agaue, denn ihre „*RECHTSVERKEHRTE*", die er einstecken muß, kommentiert Düsterhenn angstvoll: „...ich verlor gleich den Kopf!" (CüS 312/BA 535) Auch ihr Schlangenhaar („...ich starrte in ALEX' Rasseprofil; deren Blondhaar sich zu schlängeln an hoop..."; ebenda) kennzeichnet sie als Mänade wie als Allekto und auch Agaue, die als Bacchantin ihr Haar mit Schlangen schmückt. Euripides läßt den Chor im Einzugslied als bacchisches Gefolge des Dionysos auftreten: „Der Chor zieht unter Flöten- und Paukengetön ein, über dem Gewand Hirschkalbfelle, im Haar Efeukränze und Schlangen, dazu Thyrsosstäbe in den Händen."[644] Alle diese Merkmale, von Chor im Eingangslied besungen, erscheinen in „Caliban über Setebos", vor allem im Terpsichore-Kapitel der Voyeursszene, im Zusammenhang mit den vier Frauen: von Hirschkalbfell („Ihre dreiviertellangen Hirschkalbfelle, die Bekleidung der Eingeweihden..." CüS 302/BA 529) bis zum Thyrsos (als Godemiché: „...den False-Staff (...) thyrsinnig lang & dikk..." CüS 310/BA 534).[645] Die vier Frauen werden damit deutlich als Bakchantinnen gekennzeichnet.

Auf dem Hintergrund der „Bakchen" wird nun auch die Rolle Tulps als Dionysos funktional.[646] Er verkörpert, neben seiner „Rolle" als Hades, den Dionysos; ihm sind die vier Bakchantinnen und die Dorfbevölkerung, seine Wirtshausgäste, als bakchantisches Gefolge, als Chor des Bocksgesanges beigeordnet. Die Jägerinnen huldigen Tulp mit dem Jubelruf der Bakchantinnen „Evoe" (CüS 241/BA 487) und der Anrede „Liber Pater"[647] (CüS 261/BA 500) als Dionysos. Die Dorfbevölkerung läßt sich nicht allein wegen ihrer in Tulps Kneipe ausgelebten Trinkfreudigkeit, ihrer rustikalen Silenenhaftigkeit als Dionysosgefolge ansprechen. Gleich der erste Schadewalder,

---

[643] Ebenda, V. 1139 – 1142; S 43f.
[644] Ebenda, Regieanweisung zum Einzugslied S. 7.
[645] Vergleiche Wohlleben: Götter, (2. und 3. Textseite), der diese Identifizierung schon detailliert herausarbeitet ohne allerdings auf die „Bakchen" des Euripides zu rekurieren.
[646] Auch in diesem Falle hat Wohlleben (ebenda, Textseite 4f) zwar die einzelnen Merkmale, die den Wirt als Dionysos kennzeichnen, zusammentragen können, ohne sie in Rahmen der für ihn einzig vorhandenen mythologischen Folie der Orpheus-Geschichte fruchtbar machen zu können.
[647] Liber, der oft den Beinamen *pater* trug, war ein alter italischer Wein- und Fruchtbarkeitsgott, der früh schon mit Dionysos gleichgesetzt wurde. Vgl. Ovid: Metamorphosen, IV, V. 11 – 17, Seite 101: „...rufen ihn Bacchus und Lärmer und Löser und Sproß des / Feuers und Wiedergezeugt und Einzig-geboren-von-zweien- / Müttern, des Nysa Kind, Thyones niemals geschorner / Sohn und Kelterer und der Traube heiterer Pflanzer, / Nächtlicher und Eleleus und Vater Iacchus und Euhan / Und, was für Namen du noch, unzählige, trägst bei der Griechen / Stämmen, o Liber."

dem Düsterhenn begegnet, wird im Text reichlich mit Pferdeattributen umgeben: „das Riesenroß" hat „erdfahles Fährde-Profil" und „stampfte den Grund". Düsterhenn entlockt dem „maulfaulen Gaul" bezüglich des Wirtshauses die Worte: „Freiwillig kricktn mich keine 10 Feerde darein." (alles CüS 231/BA 480). Dieser „erste Schiffer" (CüS 230/BA 480) ist also nicht nur Charon, sondern auch ein Silen oder Satyr.[648] In eben jener Szene werden Pferdeattribute auch auf die vier Jägerinnen übertragen: „...aber waren nicht schon wieder die 8 Hufe hinter mir zu hören?" (CüS 231/BA 480). Eine von ihnen wird einmal auch direkt als Silen angesprochen: „...die Lange schien nunmehr endgültig ‹Lene› heißen zu wollen. 'Sie, Lene', müßte man sie demnach vorher anreden. Und dann ganz schnell bimsen." (CüS 261/BA 501), wobei die Geschlechtsumkehrung (Silene sind eindeutig männlich) bei gleichzeitigem Penetrationswunsch bemerkenswert ist: hier wird wieder das Thema der Bisexualität aufgenommen.

Schadewalde und seine Bewohner erweist sich also für Düsterhenn als dionysische Gegend. Dessen Zentrum ist Tulps Wirtshaus: nicht nur der Scheune wegen, natürlich auch aufgrund der Kneipe. Dort eröffnet Tulp ein ionisch-attisches Dionysosfest: „Da verkündete der Wirt das Fest Pithoigia: soeben würde im Keller ein neues Faß angestochen..." (CüS 261/BA 501).[649] Pithoigia, das Fest der „Faßöffnung", ist der erste Tag des dreitägigen Anthesterienfestes in Athen zu Ehren des Dionysos. Am 11. Tag des Monats Anthesterion (Februar/März) eröffnete es mit allgemeinem Trinken die kultischen Handlungen. Der zweite Tag, Chóes ('Kannen'), steigert das Trinken zu einem Wettkampf. Es gab eine rituelle heilige Hochzeit zwischen dem als Dionysos verkleideten Archon Basileus und einer für diesen Tag ausgewählten Braut des Gottes; auch die derben Fruchtbarkeitssymbole und die ithyphallischen Satyrn wurden in das Bürgerfest einbezogen. „Am dritten Tag, dem Chytrenfest, werden auch die Toten in die Festfreude des Dionysos mit einbezogen; man kocht in tönernen Töpfen, Chytren, das den Verstorbenen zukommende Gemüse."[650] Mit diesem abschließenden Opfergaben an die „Schatten", dem Totengedenken, umschließt das Fest sowohl die bakchischen, dem Trinken, der Freude und den auch den derberen erotischen Momenten zugewandten, als auch die chtonischen, ihn als Totengott ausweisenden Züge des Dionysos.

---

[648] So auch schon bei Dunker: Njus, Seite 11, der allerdings diese Anspielung auf einen „...Silen in seiner Eigenschaft als Begleiter des Dionysos und in seiner Verbindung mit den Mänaden..." (als die ja die vier Frauen fungieren) nicht fruchtbar machen kann: es fehlt der „Schlüssel" der „Bakchen" des Euripides.

[649] Die dionysischen Kulthandlungen, auf die in „Caliban über Setebos" angespielt werden, führt in knapper Form Wohlleben: Götter, (Textseite 4) auf. Eine ausführliche Darstellung der Anthesterien findet sich in Burkert: Griechische Religion, Seite 358 – 364, auf die hier verwiesen sei.

[650] Hamdorf: Dionysos, Seite 31.

Damit umkreist dieses Dionysosfest die Fixpunkte von „Caliban über Setebos": Leben und Tod, Rausch und Sexualität. Die Gaststube Tulps, insbesondere im Polyhymnia-Kapitel, spielt dabei gleich einer Engführung diese Fixpunkte des Textes durch. Denn nicht nur das Fest Pithoigia feiert man dort: Düsterhenns Lokalrunde, mit der er – hier darf man Wohllebens Argumentation folgen – auf der mythologischen Ebene des Textes die Lenäen, einen auf Staatskosten veranstalteten Festschmaus zur Nachfeier der ländlichen Dionysien, anordnet,[651] führt zum Kannenfest (Chóes) in der Wirtsstube. Der Alkohol wird als „liebe Gottesgabe" (CüS 272/BA 508) bezeichnet, mit dem „…die Abteilung selig Verdammter sich unermüdlich wett-tränkte." (CüS 273/BA 509). Das Chytrenfest deutet sich in Düsterhenns Essen an: „…geradezu ein symbolisches Fressen!" (CüS 260/BA 500). Verdeutlichend wird die Parallele des christlichen Totengedenktages Allerseelen erwähnt, um auf die Chytroi hinzuweisen: „Einer brällte, allerseelich, ein 'Pott herbei!'„ (CüS 265/BA 504). Das Wort 'Pott' steht dabei nicht nur auf der Textebene der Oberflächenhandlung für einen Rummarkennamen, sondern verweist über seine plattdeutsche Bedeutung wiederum auf 'Topf', die 'Töpfe' des Festes Chytroi.

In der Wirtsstube finden aber auch andere Dionysosfeste statt. So vollführt ein Trinker mit „…einer Art Schlauchtanz…" (CüS 267/BA 505) das Schlauchspringen (Askolia) der ländlichen Dionysien. Er hofft damit, sich der Magd des Hauses annähern zu können – die derb-erotische Seite dionysischer Kulte. Auf deren handgreifliche Abwehr hin erhebt sich „…ein Gemecker wie von lauter Affen & Böken in der Casa del Fauno…" (ebenda). Die meckernden Böcke als theriomorphe Erscheinung des Gottes und der Faun, der zuweilen auch in seinem Gefolge auftaucht, verweisen wiederum auf Dionysos. Dessen chtonische Seite als Totengott bleibt gleichermaßen präsent: um den Wirtsraum zu betreten, muß die sagenhafte 'eherne Schwelle' zum Totenreich überschritten werden („Während ich noch, sorgenvoll, das Besteck hob, öffnete sich die Tür, und 1 neuer Kolone überstolperte die eherne Schwelle…" CüS 260/BA 500).[652] Die Gaststube wird somit zum Totenreich. Als solches kennzeichnet sie auch die Anwesenheit der vier Totenrichter, die „…drei Archetypen, Dall Damb & Aggli (…) Backenroth von

---

[651] Vgl. Wohlleben: Götter, (Textseite 4 und Textseite 11, Anmerkung 8).
[652] Ein 'Kolon' war in der römischen Kaiserzeit ein an seine Scholle erblich gebundener Landpächter; ein weiteres Synonym für 'Bauer' in dem darin (sowohl an Synonymen als auch an Bauern) reichen Text. Zugleich ist ein 'Kolon', von Klopstock 'Wortfuß' genannt, in der antiken Metrik eine „…durch leichte Atempausen oder merkliche Einschnitte beim Sprechen begrenzte rhythmische Elementareinheit von einem oder mehreren Worten…" (Wilpert: Sachwörterbuch, Seite 415). Mit dieser Anspielung verweist der Text auf seine eigene rhythmisierte Sprechweise. Die medizinische Bedeutung von 'Kolon', der Grimmdarm, könnte auch noch via dem im Text folgenden „Bruder-Hemisfären Wettgestank" angedeutet sein.

vorhin war auch dabey." (CüS 258/BA 498).[653] Tulps Fernseher, der „Sprechende(n) Spiegel", auf dem „...sich die schwebend ungreifbaren Bilder von Verstorbenen..", also „praktisch Tote" (CüS 269/BA 506) als „blaugrau gekörnte(n) Schatten" (CüS 259/BA 499) sehen lassen, ist auf mythologischer Ebene der Zauberspiegel des chtonischen Totengottes Dionysos.

Tulp ist aber vorrangig der Dionysos der „Bakchen", dessen Göttlichkeit von Pentheus (hier also von Düsterhenn) nicht anerkannt wird: „Er geriet auch beträchtlich aus seiner (ihm ja nicht zustehenden) pöbelhaften Selbstherrlichkeit..." (CüS 236/BA 483f). Daß Pentheus als mythologisches Substrat der Figur Düsterhenns unterlegt ist, wird hier deutlich. Der erste Wortwechsel zwischen Düsterhenn und Tulp, der auch die obige Ableugnung der „Selbstherrlichkeit" Tulps beinhaltet, ist der ersten Konfrontation von Pentheus und Dionysos nachgebildet.[654] Die Selbstbefreiung des daraufhin gefangengesetzten Dionysos mittels eines Erdbebens findet in Tulps Bemerkung an ebenjener Stelle seine Entsprechung: „...und auskunftete : ›› – Der Wag'n von'ner SEISMOS. – Die mitunter irdischn S-prengungen aabeitn.‹‹" (CüS 236/BA 484). Nebenbei ist dies ein weiteres Beispiel, daß der Text auf den unterschiedlichsten Ebenen funktioniert: Seismos als griechisches Wort für 'Erderschütterung' deckt die antike, mythologische Ebene des Erdbebens in den „Bakchen" ebenso ab, wie die reale Oberflächenhandlung: ein seismologisch tätiges Unternehmen in Hannover führt den Namen „SEISMOS GmbH". Zudem spielen die unterirdischen Sprengungen natürlich auch auf Düsterhenns Seelen- und Sexualleben an, wie nicht zuletzt die „S"-Chiffre indiziert – welche auf der „realen" Textoberfläche der Handlung im norddeutschen Sprachgebrauch seine Legitimation findet.

Düsterhenn wiederum ist bis in kleinste Details dem Pentheus des Euripides nachgebildet. Noch recht äußerlich und zur Ausstaffierung seiner mythischen Identifikation mit Pentheus sind Hinweise wie der auf seinen Vater Echion zu lesen („Ich echste noch einmal..." CüS 301/BA 528; die Verschreibung (statt 'ächzen') leitet Düsterhenns Erklimmen der Fichtenstämme, also sein Einswerden mit dem mythischen Vorbild Pentheus, ein). Der Angelpunkt aber des Ineinanderfließens der Figuren Düsterhenn und Pentheus liegt im Charakter der „Bakchen" als „stark psychologisierenden Stück[s]":

> „Es ist gewiß typisch für Euripides, daß die psychologische Interpretation des Mythos in den Vordergrund rückt; die individuelle

---

[653] Als Totenrichter Trip*tol*emos, Rha*dam*anthys und Ä*ak*os wurden Dall, Damb & Aggli schon von Wohlleben: Götter, (Textseite 9) erkannt. Minos als vierter Totenrichter ist der mehrfach als ebenjener und als nordischer Thor auftretender Bauer Backenroth.
[654] Vgl. dazu Euripides: Bakchen, Zweite Szene, V. 433 – 518, Seite 18 – 22.

Persönlichkeit des Pentheus mit seiner Pathologie und den klar gezeichneten Neurosen hat, wie Kritiker zeigten, mehr Einfluß auf die Handlung als der Aischyleische Agamemnon oder selbst der Sophokleische Oidipus."[655]

Pentheus' Neurosen gründen in einer Sexualphobie, die in der krisenhaften Begegnung mit dem hochsexualisierten Gott Dionysos an die Oberfläche drängt und ihn in den Untergang führt. Eingebettet ist die persönliche, nicht zuletzt durch seine Sexualphobie ausgelöste Tragödie des Pentheus in eine kollektive Tragödie, die sich, wie Jan Kott zeigt, durch den pervertierten, unfruchtbaren Eros, den die Epiphanie des Gottes in Theben hervorruft, entwickelt.[656]

Dionysos, die „bisexuelle Gottheit"[657] tritt ihm in Gestalt eines mädchenhaften Jünglings gegenüber, der die Weihen eines ihm unbekannten Gottes in Theben einführt. Der dionysische Kult stellt sich Pentheus als sexueller Taumel dar, der die städtische Ordnung in Frage stellt:

> „Fern weilt ich diesem Volk und Land, da höre ich / Von Neuerung, schlimmer Unruh hier in dieser Stadt, / Die Weiber seien fort aus ihren Häusern in / Bakchischem Taumel...(...) /...dienten Männern sie zum Beischlaf mit / Dem Vorwand, als Mainaden Opferdienst zu tun; / Doch Aphrodite zögen sie dem Bakchos vor. / (...) / Wenn ich in Eisenketten sie gelegt, mach schnell / Ich Schluß mit der verruchten Bakchosschwärmerei."[658]

Der elementare Ausbruch des Sexus bedroht Gesetz und Ordnung, damit auch den König Pentheus als dessen Personifikation innerhalb der antiken Polis; letztlich – in der psychologisierenden Tragödie des Euripides – aber auch das Individuum Pentheus, dessen Verhältnis schon zur heterosexuellen Geschlechtlichkeit angstbesetzt ist. Das Geschlechtsleben des jungen, noch unverheirateten Pentheus tritt im Stück ja nur in Form der Bekämpfung des eruptiven Ausbruches des Eros zutage. Gegen die neuen, orgiastischen Weihen, denen auch sein Großvater Kadmos, der Gründer Thebens, und der alte

---

[655] Beide Zitate aus Segal: Griechische Tragödie, Seite 209.
[656] Vg. Kott: Gott-Essen, Seite 236f: „Die *Bakchen* sehe ich als das Stück, das von allen griechischen Stücken am stärksten von Erotik durchsetzt ist. Doch Frauen und Männer werden noch vor Tragödienbeginn voneinander getrennt. Der Sexus ist hier unfruchtbar, wie im Theben des Oidipus nach der inzestuösen Verbindung von Sohn und Mutter. Die Ankunft des Dionysos, des Fruchtbarkeitsgottes, ist eine Zerstörung der Zeugung. Im Theben der Ordnung und des Gesetzes und im Kithairon-Gebirge, wo Dionysos herrscht, ist der Eros pervertiert. Der unterdrückte Eros ist genauso unfruchtbar wie der befreite. In der Tyrannei gehört der Eros stets in den Kreis der Verdächtigten. Der puritanische Tyrann ist ein Voyeur, seine libidinosa spectandorum secretorum cupido war dem lateinischen Kommentator schon lange aufgefallen."
[657] Ebenda, Seite 203.
[658] Euripides: Bakchen, V. 215 – 232, Seite 12.

Seher Teiresias folgen, setzt er seine schon an Fanatismus grenzende Betonung der Rationalität:

> „Mich widert's, Vater, an, / Seh ich, wie euer Greistum unvernünftig ist. / (...) Denn wo den Fraun / Der Traube Labsal bei dem Mahl zuteil wird, find / Ich nichts Gesundes mehr an diesen Orgien!"[659]

Die direkte Konfrontation mit dem hermaphroditisch aussehenden Dionysos weckt neue Ängste in Pentheus. Er besteht auf eindeutigem, der Ordnung entsprechendem Geschlechterdimorphismus und zwingt den „nach Weibsgeschmack" auftretenden Fremdling in die Geschlechterrolle des Mannes: „Zuerst die üpp'ge Locke schneide ich dir ab."[660] – bevor er ihn in den Kerker werfen läßt. Eine symbolhafte Handlung, mit der Pentheus zugleich seine sexuelle Identität und seine ordnungsstiftende Machtbefugnis bewahren und demonstrieren will. Doch sein Bestreben zerbricht am Taumel, den der Gott in Theben ausgelöst hat:

> „Dionysos ist der Gott, der keine hohe Meinung hat vom Individuationsprinzip, der alles in den Taumel zieht, 'Weiber zu Hyänen' macht, die Grenzen der Geschlechter niederreißt und überhaupt die getrennten Seinsbereiche nach Belieben manipuliert, indem er sie bald in den Strudel der undifferenzierten Identität hinabzieht, bald (...) aufs neue trennt...".[661]

In diesem Strudel geht Pentheus schließlich unter – nicht erst im Erleiden des *sparagmos*, des Zerrissenwerdens durch Mutter und Tanten wie ein wildes Tier. Sein Schicksal entscheidet sich in dem Moment, in dem Dionysos ihn dazu verführen kann, sich als Bakche zu verkleiden um seinem „...mit Lüsternheit gepaarte[n] Drang, das Verhüllte zu schauen..."[662] nachzugeben. Die Aufgabe seines Kampfes gegen den dionysischen Taumel, im Namen von Vernunft, männlichem Prinzip und städtischer Ordnung mit innerster Notwendigkeit zur Aufrechterhaltung seines Welt- und Selbstverständnisses geführt, bedeutet den Verlust seiner Identität[663] – und damit seinen Unter-

---

[659] Ebenda, V. 251 – 262, Seite 13. Albin Lesky betont den Vernunftsfanatismus des Pentheus, der dem orgiastischen Fanatismus der von Dionysos berauschten kaum nachsteht: „Pentheus ist der Mann der Ratio (...). In ihm verdichtet sich der Glaube, das Leben durch die vernünftige Handhabung seiner Gegebenheiten meistern und so die eigene Existenz gegen alle dunklen Mächte behaupten zu können. Solcher Glaube wird leicht zum Religionsersatz und erzeugt in seinem Träger eine Unduldsamkeit, die es mit jedem Fanatismus anderer Art aufnimmt." (Lesky: Dichtung, Seite 499).
[660] Ebenda, V. 493, Seite 21.
[661] Frank: Gott, Seite 20.
[662] Lesky: Geschichte der griechischen Literatur, Seite 451.
[663] Vgl. Segal: Tragödie, Seite 210: „Am Ende (...) wechselt der Vorkämpfer von Männlichkeit schlechthin zum anderen Extrem über und wird einer der leidenschaftlich unbeherrschten bakchischen Schwärmer, die er so heftig bekämpft hatte. Als

gang. Dionysos spricht diese Verknüpfungen selbst an am Ende der Dritten Szene, in der er Pentheus überredet:

„Nimm zuerst ihm den Verstand, / Flöß ihm leichtfert'gen Wahn ein! Denn hat er Vernunft, / Entschließt er sich nicht, Weiberkleider anzuziehen. / Nur wenn ihn die Vernunft verläßt, zieht er sie an. / Ich will, daß zum Gespött er der Thebaier wird, / Wenn ihn in Weibsgestalt ich führe durch die Stadt, / Ihn, der vorher durch Drohungen so furchtbar war. / Doch geh ich, zieh die Tracht, in der zum Hades er, / Von seiner Mutter Hand geschlachtet, geht, nun an / Dem Pentheus...".[664]

Durch die Aufgabe seiner sexuellen, gesellschaftlichen und persönlichen Identität bricht zugleich die Triebschranke seiner phobisch besetzten Sexualität zusammen, er setzt „...sein eigenes unterdrücktes sexuelles Verlangen in Form eines regressiven Voyeurismus frei."[665] Bezeichnenderweise spiegelt sich noch in diesem regressivem Verlangen seine neurotisch verformte Sexualität:

„(Dionysos:) Ah! – Willst im Gebirge du vereint sie lagern sehn? (Pentheus:) Gewiß; unendlich viel an Gold gäbe ich dafür. (Dionysos:) Wie kommt's, daß dich danach so große Lust befiel? (Pentheus:) Empörend fänd ich's, säh ich sie vom Wein berauscht. (Dionysos:) Gleichwohl sähst gern du, was dir doch zuwider ist? (Pentheus:) Ja; hätte still ich unter Fichten meinen Sitz."[666]

Pentheus' Charakterneurose[667] ist damit, kurz vor seiner 'Verwandlung' in eine Mänade, also bevor er zum Opfer wird, vollständig entwickelt. Er ist Verteidiger der Ordnung, bis hin zum Ordnungszwang gegen das sexuell Uneindeutige wie die bisexuelle Erscheinung des Dionysos. In der Verurteilung der Kultannahme durch die beiden Alten wie in dem Taumel der Frauen äußert sich auch die eigene Triebunterdrückung, rationalisiert wiederum mit den Argumenten von Ordnung und Vernunft. In seiner Neigung zur gewaltsamen Unterdrückung des Kultes mit seinen orgiastischen Zügen tritt ein Moment der „analsadistischen Stufe" Freuds hinzu: zu der Zurückhaltung und Unterdrückung der eigenen Triebe gesellt sich die Neigung zur gewaltsamen Beherrschung der Objektwelt, insbesondere der Triebe abhängiger und beherrschbarer Objekte – dies ist eingedenk seiner Funktion als König

---

Frau verkleidet, verliert er seine sexuelle wie seine persönliche Identität. Als Pseudo-Mänade wird er Träger gerade der emotionalen Erregung und Ekstase, der er Widerstand geleistet hatte...".

[664] Euripides: Bakchen, V. 850 – 858, Seite 34.
[665] Segal: Tragödie, Seite 210.
[666] Euripides: Bakchen, V. 810 – 816, Seite 32.
[667] Vgl. die Definition von Laplanche/Pontalis: Vokabular, Seite 109: „Neurosentypus, bei dem der Abwehrkonflikt sich nicht durch die Bildung eindeutig isolierbarer Symptome äußert, sondern durch Charakterzüge, Verhaltensformen, sogar durch eine pathologische Organisation der ganzen Persönlichkeit."

die gesamte thebaische Gesellschaft. Schließlich erscheint auch noch das Gold als Zugangsmittel zu voyeuristischer Befriedigung, die aber, wiederum in bezeichnender Rationalisierung, moralisch verbrämt wird.

Unschwer sind in dem Ensemble der Charakterneurose des Pentheus Züge derjenigen Düsterhenns wiederzuerkennen. Seine sexuelle Biographie (als alternder Mann) weist zwar zwei Freundinnen neben der nur angeschwärmten Rieke auf, jedoch ist er aber in seinem Klimakterium von Impotenz befallen. Das Wissen um diese Impotenz wird ebenso unterdrückt wie die Altershomosexualität, die bei ihm – nach Freudschen Muster[668] – aufbricht. Damit erleiden (freudianisch gesprochen) seine Triebbedürfnisse das Schicksal, ebenfalls zu einem regressiven Voyeurismus verschoben zu werden: dieser wird immer mit seiner Verpflichtung zur Realitätsbeobachtung und -beschreibung, seinem Berufsethos als Autor entschuldigt, eine typische Rationalisierung. Zudem ist Düsterhenns Persönlichkeit – wie schon gezeigt – deutlich von den Symptomen des von Freud beschriebenen analen Charakters gekennzeichnet.[669] Seine Fixierung auf Geld – deutlicherweise zahlt er in *Gold*franken – ist auch bei ihm soweit ausgeprägt, daß er sie mit Sexualität in Verbindung bringt. So in der Landsergeschichte:

„Warum grinste ich jetz? – Achso. Mir war eingefallen, wie kluge Soldaten in Norwegen, gleich zu Anfang der Besatzung, mit Inflationsgeld von 1922 gearbeitet hatten: ‹1000 Mark für 1 Nacht!› ?; da hatte kaum Eine widerstan…" (CüS 296/BA 524f);

oder in der dem Wirt unterstellte Vermutung, nach der Bezahlung in Goldstücken dürfe der hohe Herr sich durchaus an der Magd schadlos halten:

„…der Wirt betrachtete mich aufmerksam. Schrieb die Starrheit meines Blix dann aber wohl einer (ihm vielleicht gar aus der lit'ratour bekanntn) pumpernucklijen Gier Großer Herren nach auchma anderer Kost zu. Schmundselte befriedicht; (überschlug wohl die Anzahl der Tage, um die sich mein Besuch nun voraussichtlich verlängern möchte). Flüsterte Jener gleich etwas in einem, mir bei meiner augenblicklichen Seelenlage unbegreiflichen (vielleicht ‹toten›?) Dialekt zu. Und reichte mir dann, mit dem bedeutsamen Anwunsch des Schlafs, eine Rechte, aus der ein normaler Schöpfer zweie gemacht hätte : –. –" (CüS 292/BA 522).[670]

---

[668] Vgl. oben das Kapitel III.
[669] Bündig dargestellt z.B. in Freud: Charakter und Analerotik, StA VII, Seite 23 – 30; siehe auch das Kapitel zur Psychoanalyse (III).
[670] Angesichts der kulturellen Bildung des Wirts dürfte mit der „lit'ratour" wohl (der im „Caliban"-Text ja auch präsente) Wilhelm Busch mit der „Frommen Helene" gemeint sein: „Die Stiegen steigt er sanft hinunter. – / Schau, schau! Die Kathi ist noch munter. / Das freut den Franz. – Er hat nun mal / 'n Hang fürs Küchenpersonal." (Busch: Die fromme Helene, Seite 277) Eine Anspielung auf die „Bakchen" liegt allerdings auch nicht fern: man erinnere sich der Szene, in der Dionysos die

Andere Kennzeichen seiner Charakterneurose, die Eigensinnigkeiten, seine Zwangsvorstellungen etc. sind schon beschrieben worden: sie fügen sich in das Merkmalsprofil des „analen Charakters" ein und spiegeln vielfach den Charakter des Pentheus. Ebenso wie bei seinem thebaischen Vorgänger ergibt sich aus der deformierten Psyche Düsterhenns auch die Abscheu gegenüber dem 'dionysischen' Treiben im Dorf. Sei es die triebhafte, elementare Sexualität, die sich im Wirtschaftshof zeigt, sei es der entfesselte Eros der vier Tribaden, oder auch das Trinkgelage und die rohen Sitten der Bauern, denen Düsterhenn daher theriomorphe Epitheta zueignet: er reagiert distanziert, aus der Haltung des enttäuschten Aufklärers, zuweilen aber auch mit abstrafenden Sarkasmus auf die triebhaften, unkultivierten Einwohner Schadewaldes und die vier mänadenhaften Frauen.

Eine rein psychologische Deutung der „Bakchen", die sich reibungslos in das Bedeutungsgefüge von „Caliban über Setebos" einfügt, wird der Tragödie des Euripides jedoch nicht gerecht. Schon bei den oben interpretierten Textausschnitten fällt auf, daß die Zeichen in der Tragödie des Euripides immerzu polysemantisch sind. Jan Kott sieht in den „Bakchen" einen doppelten Code vorhanden: den sexuellen und den rituellen, mystischen, religiösen.[671] Betont er einerseits – wie oben zitiert – die Dominanz des (wenn auch pervertierten) Eros im Stück, so hebt er andererseits die mythische und religiöse Bedeutungsebene der „Bakchen" hervor:

> „Keine einzige der erhaltenen griechischen Tragödien ist so stark wie die *Bakchen* mit religiösen Vorstellungen durchsetzt. (...) In den *Bakchen* wird nicht nur der mythologische Apparat in Bewegung gesetzt. In keiner anderen Tragödie, den aischyleischen *Prometheus* vielleicht ausgenommen, stehen die evozierten Bilder den

---

voyeuristische Gier des großen Herrn Pentheus hervorzulocken weiß. Zudem steckt im „Anwunsch des Schlafs", den der Wirt ausspricht, neben der sexuellen Anspielung („...der Wirt war sowieso davon überzeugt, daß ich sie bis aufs Cambium bimsen würde." CüS 294/BA 523) auch die auf den „bedeutsamen" Wunsch des Dionysos, Pentheus den Frauen und damit dem Tode auszuliefern („'Nanu – – Menschnskint; schlafm Se mir bloß nich ein hier in mei'm Wagn.'; meinte aber eindeutig den *Bruder* des Schlafes." CüS 315/BA 537).

[671] Vgl. Kott: Gott-Essen, Seite 218: „Die Theaterzeichen der *Bakchen* sind doppeldeutig, sie erwecken den Anschein, als gehörten sie zwei verschiedenen Systemen, zwei verschiedenen Sprachen, zwei getrennten Codes an und als bedeuteten sie jeweils etwas andres. Den rituellen ikonischen Zeichen, den Signifikanten, entsprechen auf der Ebene des Sinns zwei verschiedene Systeme von Bedeutungen, zwei unterschiedliche Signifikationen, eine sakrale und eine profane. Ein derartiges, auf zwei verschiedenen Ebenen fungierendes Zeichen ist die 'göttliche', goldene Lockenperücke oder der sich aufrichtende Baum mit Pentheus im Wipfel, der eine doppelte Symbolik besitzt: eine mystische und eine sexuelle."

grundlegenden religiösen Archetypen so nahe wie in den *Bakchen* des Euripides."[672]

Die Affinität von Kotts „Bakchen"-Interpretation des doppelten Codes zu dem Modell der Leseebenen in Schmidts „Caliban über Setebos", insbesondere der der „Oberflächenhandlung" unterlegten mythischen und psychoanalytischen (= sexuellen) Ebene ist nicht von der Hand zu weisen.

Eine strukturalistisch ausgerichtete Interpretation der „Bakchen" wie die Charles Segals differenziert weit stärker und feiner die unterschiedlichen Codes, welche in der Tragödie verwoben sind. Pentheus wird hier zum Bezugspunkt der mannigfachen Oppositionen des Stücks: Individuum und Kollektiv, Jugend und Alter (Kadmos, Teiresias), Männer- und Frauenwelt (die Bakchen), Rationalität und Rausch. Pentheus ist in unterschiedlichste Codes eingebunden: er ist Enkel des Stadtgründers Kadmos, Sohn der Agaue, Gegner des Dionysos, König Thebens – also Repräsentant der städtischen Gemeinschaft, Personifikation des *nomos*, Vermittler zwischen der Menschen- und der Götterwelt. Die Epiphanie des Dionysos in Theben setzt die Balance der Oppositionen, also die Leistung menschlicher Kultur, außer Kraft – dies ist das Movens der Tragödie. Die individuelle Tragik, die Pentheus aus seiner sexualphobischen Charakterneurose erwächst, ist eingebettet in diejenige, die aus dem Zusammenbruch der kulturellen Balance entsteht:

> „Doch ist auch das Königtum des Pentheus Brennpunkt der unvermittelten Polaritäten, die eine Kultur versöhnen muß, des Männlichen und Weiblichen, Menschlichen und Tierischen der Stadt und der Wildnis, des potentiellen Chaos der Welt (verkörpert in chtonischen Ungeheuern) und der Ordnung des olympischen Zeus. Charakter und Leiden des Pentheus fügen den sexuellen, biologischen, räumlichen und den Generationen-Code zusammen. Seine Auseinandersetzung mit Dionysos, seinem Gegenspieler und Doppelgänger, setzt seine gänzliche Unfähigkeit frei, zwischen diesen Extremen auszugleichen. Die Unausgeglichenheit zwischen männlicher Herrschaft und weiblicher Emotionalität setzt sich im Zusammenbruch der Polaritäten von Mann und Tier, Jäger und Wild, Kind und Erwachsenem und so weiter fort."[673]

Dieser Zusammenbruch der Polaritäten vollzieht sich im Brennpunkt Pentheus: die Aufgabe seines Widerstandes gegen Dionysos löst die Regression des zuvor triebbeherrschten Erwachsenen zu einem alle Rationalität verlierenden Voyeur aus. Das ist auch der Augenblick, in dem Pentheus Dionysos in seiner Stiergestalt wahrnimmt

---

[672] Ebenda, Seite 215f.
[673] Segal: Tragödie, Seite 209f.

("Als Stier, so will mir scheinen, schreitest du vor mir her, / Und Hörner scheinen angewachsen deinem Haupt. / Warst vordem du ein Tier? Ein Stier bist du ja jetzt."[674]).

Diese Aufhebung der Polarität zwischen Mensch und Tier, die Dionysos in seinen wechselnden, alle festumrissenen Grenzen von Individualität ständig überschreitenden Wesen verkörpert, wird sich auch an Pentheus vollziehen: seiner Mutter Agaue und den Bakchen wird Pentheus nun als Berglöwe erscheinen. Aus dem Jäger wird nun Wild. Dies ist nicht die letzte Polarität, die aufgehoben wird: indem die rasenden Frauen ihn zerreissen ist Pentheus nicht nur Opfer des Dionysos, sondern auch sein Wiedergänger.

Die Zerstückelung, der *sparagmos* durch die eigene Mutter ist ein furchtbares individuelles Schicksal, es steht aber gleichsam als Chiffre für eine viel weitreichendere dionysische Auflösung:

> „Pentheus wird auf diese Wiese zwar zum Opfer des Gottes, aber das wahre Opfer der dionysischen Katastrophe ist die soziale Ordnung, für die er steht. Pentheus' Zerstücklung ist eine poetische Figur für die Zerstörung des Gesetzes, das die Zivilisation hervorbringt – das Gesetz der Bindung. Dadurch, daß Agaue ihren Sohn tötet, zerstört sie ein grundlegendes institutionelles Band...".[675]

Wie Robert Harrison weiter ausführt, schildern die griechischen Tragödien mit geradezu zwanghafter Beharrlichkeit immer wieder die Katastrophen, die die Familie treffen können: also die grundlegende kulturelle Institution. Im Falle der „Bakchen" wird die Sippe des Kadmos heimgesucht, der als Gründer Thebens den Drachen, Sinnbild der chtonischen Mächte, tötete und somit zum Kulturheros wurde.

Die enge Verzahnung von individueller, sexueller und familiärer Tragödie des Pentheus mit dem Untergang von Ordnung und Zivilisation in Theben zeigt, daß auch diese letzte Tragödie des Euripides sich an dem großen Thema des griechischen Denkens abarbeitet: die „Bakchen" lassen sich, wie gezeigt, also auch – entschuldigte man den pietätlosen Sarkasmus angesichts der Todesart des Pentheus und der Aufforderung seiner Mutter Agaue an Kadmos, am Ritus der Omophagie teilzunehmen („Erfüllt von Stolz auf meine Beute bei der Jagd, / Ruf deine Freunde her zum Schmaus!"[676]) – als eine Untersuchung über das Rohe und das Gekochte, die Grenzen und die Dialektik von Natur und Kultur lesen. Im griechischen Denken bildete sich dies in der Idee von der hierarchischen Ordnung des *kosmos* (der Welt als geordnetes Ganzes) ab, der den Göttern, den Menschen mit ihren Gesetzen, Riten, ihrer politischen Gemeinschaft, kurz: ihrer Kultur und schließlich den Tieren ihren Platz zuwies. Die Tragödie problematisiert die fragile Ordnung des *kosmos* durch die Figur des Königs. Dieser steht als „...symbolische Ele-

---

[674] Euripides: Bakchen, V. 920 – 922, Seite 36f.
[675] Harrison: Wälder, Seite 53.
[676] Euripides: Bakchen, V. 1241f, Seite 48.

ment in einer komplexen sozio-religiösen Struktur..." auf „...der symbolischen Trennlinie zwischen menschlicher und göttlicher, natürlicher und übernatürlicher Welt. Sein Leiden repräsentiert die Mühen der Gesellschaft, diese Beziehungen zur kosmischen Ordnung beizubehalten...".[677] Das tragische Schicksal des Helden wird durch die Überschreitung der ihm eigenen Stelle in der Weltordnung ausgelöst: entweder maßt er sich in seiner Hybris Göttergleichheit an, oder er verstößt mit seinen Handlungen gegen die sittliche und gesellschaftliche Ordnung der Menschen und sinkt dadurch zurück auf die Stufe der Tiere.[678] Daher sind die Tiermetamorphosen (s.o. Aktaion), auch die nur wahnhaften (Pentheus für die Mänaden), oft Bilder der Bestrafung durch die Götter und des Kulturverlustes – dem Bestraften gehen die Wesensmerkmale des Menschen verloren und damit seine Existenz.

An dieser Interpretation der Pentheus-Geschichte zeigt sich exemplarisch, was ein Mythos leistet. Zugleich wird deutlich, was in der Geschichte Düsterhenns aus diesem Reichtum an Bedeutung wird. Schmidt bedient sich nur des sexuellen (und des damit verbundenen psycho(patho)-logischen) Codes.

---

[677] Segal: Tragödie, Seite 203 und 202.
[678] Vergleiche ebenda, Seite 207: „Das pervertierte Ritual ist ein wiederkehrender Zug der griechischen Tragödie; es zeigt die Zerstörung jener Vermittlung zwischen Gott und Tier, die sich in den Formen zivilisierten Lebens bestätigt. Während die Kultur den Menschen vom ›tiergleichen Leben‹ (›theriodes bios‹) einerseits trennt und ihn andererseits in eine untergeordnete, für ihn aber vorteilhafte Beziehung zu den Göttern setzt, ist der tragische Held in die gegensätzlichen Extreme auseinandergerissen: Er ist entweder in tierische Handlungen (Inzest, Muttermord und Vatermord fallen ebenfalls in diese Kategorien) verwickelt, oder er strebt nach einer Form gottgleicher Macht oder Selbstherrlichkeit."

VI. Symbolwelten

Die mythologische Erzählebene in „Caliban über Setebos" ist, wie hier mit den in allen Einzelheiten nachgewiesenen Folien des Aktaion– und des Pentheus-Mythos aufgezeigt, weitaus extensiver, feinmaschiger und detaillierter ausgearbeitet, als es die bislang vertretene These der bloßen Orpheus-Travestie vermuten ließ. Mehrere Mythen sind annähernd gleichgewichtig in den Text eingearbeitet. Hervorzuheben ist vor allem, daß die drei mythischen Geschichten nicht unterschiedslos zitiert werden, nicht beziehungslos zueinander stehen. Im Gegenteil: alle drei Mythen behandeln u.a. die problematische Beziehung zwischen Eros und Tod, alle drei thematisieren die unbegreifliche, vernichtende Seite weiblicher Sexualität, tragen mithin gynäkophobische Züge, da alle drei Heroen den *sparagmos* durch Frauen erleiden. Bei den beiden für „Caliban über Setebos" wichtigsten Heroen, Orpheus und Pentheus, resultiert die katastrophische Entwicklung nicht zuletzt aus der Kollision mit dem Bereich des Dionysos – womit wiederum auf Themen wie Ordnung versus orgiastischer Anarchie oder die Geburt der Kunst aus dem Geist des Dionysischen wie des Apollinischen angespielt wird. Die Verknüpfung der Mythen untereinander und mit der Oberflächenhandlung des „Caliban"-Textes erfolgt als fortwährendes Spiegeln von Analogien und Vergleichen: es ist der genuine *Erzählmodus des Mythos*.

„Jeder Mythos", schreibt Claude Lévi-Strauss, „stellt ein Problem und behandelt es, indem er zeigt, daß es anderen Problemen analog ist…".[679] Dieses 'Spiegelspiel' des Mythos kann beschrieben werden als ein „…System von logischen Operationen (…), die durch die Methode des 'wenn, dann' oder 'so, wie' definiert werden."[680] Insbesondere der Operator „so, wie" bewirkt eine Verzahnung der mythischen Erzählungen, eine ständige Weitergabe des gestellten Problems. So kommt es zu immer neuem Erzählen, zu einer Abfolge von Mythen: „Die Geschichten führen kein Einzelleben: Sie sind Zweige einer Familie, denen man rückwärts und vorwärts nachgehen muß."[681] Dieser kennzeichnende Zug des Mythos, seine potentielle Endlosigkeit, rührt von seiner wesentlichsten Funktion her: der Bebilderung einer stummen, grund-, zweck-, wert- und vernunftlosen Welt. Für Hans Blumenberg ist es dieser „Absolutismus der Wirklichkeit",[682] der die

---

[679] Lévi-Strauss: Töpferin, Seite 275.
[680] Ebenda.
[681] Calasso: Kadmos und Harmonia, Seite 15. Roberto Calassos Buch bildet in seiner Erzählweise eben dieses Charakteristikum der Mythen nach: die Leitfrage „Aber wie hatte alles angefangen?" (ebenda, Seite 7 et passim) emaniert immer wieder neue Geschichten.
[682] Blumenberg: Arbeit am Mythos, Seite 9; der Absolutismus der Wirklichkeit „…bedeutet, daß der Mensch die Bedingungen seiner Existenz annähernd nicht in der Hand hatte und, was wichtiger ist, schlechthin nicht in seiner Hand glaubte. Er

Arbeit des Mythos herausfordert. Um die Übermacht der Wirklichkeit zu bannen und das Schweigen des Weltalls zu brechen, ist, so Blumenberg, in der Frühzeit der Menschheit der Mythos entworfen worden. Die Benennung des Unnennbaren, die Aufhebung der Übermächtigkeit des Unverfügbaren, selbst noch die Übersetzung des dem Menschen Antagonistischen und des Dämonischen der Welt durch den Mythos erfüllt die Aufgabe des Zurückdrängens des Absolutismus der Wirklichkeit, ist Sinnproduktion. Der Mythos ist somit eine der *„Symbolwelten"*, die der Mensch, das *„animal symbolicum"*[683] sich schafft und in denen er primär lebt.[684] „Symbolwelten" im Sinne Ernst Cassirers sind neben dem Mythos auch Sprache, Religion, Kunst, Geschichte und die Wissenschaft. Für Cassirer und Blumenberg gibt es nicht die von Horkheimer/Adorno skizzierte vom Mythos zum Logos voranschreitende Geistesgeschichte als Geschichte der *Weltbemächtigung*.[685] Mögen sich die „Symbolwelten" auch in der Modalität ihrer Welterfassung unterscheiden,[686] so stimmen sie in ihrem lebenspraktischen Zweck überein: sie machen uns die sonst unbegreifliche, stumme Wirklichkeit vertraut, nehmen die Weltangst, lassen uns heimisch sein in der Welt. Der Mythos arbeitet zu diesem Zweck mit einer unabschließbaren Reihe von Geschichten, mit denen er die Welt bebildert:

> „Wenn alles aus allem hergeleitet werden kann, dann eben wird nicht erklärt und nicht nach Erklärungen verlangt. Es wird eben nur erzählt. Ein spätes Vorurteil will, dies leiste nicht Befriedigendes. Geschichten brauchen nicht bis ans Letzte vorzustoßen. Sie stehen nur unter der einen Anforderung: sie dürfen nicht ausgehen."[687]

Nicht ausgehendes Erzählen – dies leistet das Mythische auch in „Caliban über Setebos". Das Enigmatische der Welt Schadewaldes bildet sich in den mythologischen Folien ab, und diese spiegeln untereinander die Facetten ihrer Themen: die Beziehung von Dichtung, Sexualität und Tod; das Wesen des Voyeurismus; die Angst des Mannes vor der unbegreiflichen, irrationa-

---

mag sich früher oder später diesen Sachverhalt der Übermächtigkeit des jeweils Anderen durch die Annahme von Übermächten gedeutet haben." (ebenda).
[683] Cassirer: Mensch, Seite 41.
[684] Es ist Cassirers „Philosophie der symbolischen Formen", der Blumenberg in seiner Konzeption des Mythos als eine Form der Weltbewältigung qua Distanzierung vom „Absolutismus der Wirklichkeit" folgt.
[685] Siehe Horkheimer/Adorno: Dialektik der Aufklärung.
[686] Cassirer: Philosophie der symbolischen Formen, II, Seite 78: „Wenn man das empirisch-wissenschaftliche und das mythische Weltbild miteinander vergleicht, so wird alsbald deutlich, daß der Gegensatz zwischen beiden nicht darauf beruht, daß sie in der Betrachtung und Deutung des Wirklichen ganz verschiedene Kategorien verwenden. Nicht die Beschaffenheit, die Qualität dieser Kategorien sondern ihre MODALITÄT ist es, worin der Mythos und die empirisch-wissenschaftliche Erkenntnis sich unterscheiden."
[687] Blumenberg: Arbeit am Mythos, Seite 143.

len Seite der Frau etc. Es ist aber nicht nur die Textebene der mythischen Folien, die derartig ein unabgeschlossenes Erzählen, ein Umkreisen der Themen in Geschichten aufweist. Die im Text abgerufenen literarischen Folien nehmen Themen auf, die in den Mythen behandelt werden – und beziehen sich oft auf ebendiese Mythen. Es ist der Lévi-Strauss'sche Operator „so, wie", der auch die zitierten Erzählungen aus dem Fundus der Literaturgeschichte in das Gewebe des „Caliban"-Textes einknüpft.[688] Lévi-Strauss nennt diese Art der Auseinandersetzung mit der Welt durch erzählerisches Spiegeln, durch ein umkreisendes Beleuchten in den Analogien neuer Geschichten das „wilde Denken"; ein „...Denken im wilden Zustand, das sich von dem zwecks Erreichung eines Ertrages kultivierten oder domestizierten Denken unterscheidet."[689] Diese dem Modus des begrifflichen, diskursiven, zielgerichteten Reflektierens sich widersetzende Art des „wilden Denkens" hat, so Lévi-Strauss, in der Kunst überlebt: „...es gibt noch immer Zonen, in denen das wilde Denken (...) relativ geschützt ist: das ist der Fall in der Kunst, der unsere Zivilisation den Status eines Naturschutzparks zubilligt...".[690] Der Erzählmodus des Mythos ist also letztlich derjenige der Literatur schlechthin.

Die Feststellung, „Caliban über Setebos" bewege sich mit dem Changieren von Themen und Bedeutungen zwischen der Oberflächenhandlung und den (mythologischen) Subtexten, diesem Erzählen in Analogien, ganz und gar im Bereich des Literarischen, hätte also des 'Umwegs' über das „wilde Denken" nicht bedurft. Die „hin und herzielende Art" dieses Erzählens, bei dem nichts nur an dem Ort vorkommt, an dem es steht (um eine Formulierung Ernst Blochs zu verwenden),[691] wäre als allegorisches Spiegeln der einen Geschichte in der anderen ebensogut zu umschreiben. Allegorisch und nicht symbolhaft ist dieses Erzählverfahren, weil – wie an den Interpretationen der zitierten literarischen und mythologischen Folien zu sehen war – durch jede neue Anspielung, durch jeden weiteren Text und jede Mythe, auf die in „Caliban über Setebos" angespielt wird, das Bedeutungsspektrum erweitert und Differenzierungen eingebracht werden. Denn im Gegensatz zum – insbesondere im mechanistisch arbeitenden F/S-Code – feststehenden Symbol ist diese allegorische Spiegelung nicht von vorn herein in seiner Bedeutung festgelegt: „,...gerade indem ein Gleichnis das Eine durch ein Anderes ausdrückt, dieses Andere aber weit *gestreut* ist, ja beliebig viel 'Anderheit', Alteritas sein kann, ist es allegorisch."[692]

Es lohnt sich aber, den Gedankengang über den 'Umweg' des „mythischen Erzählens" in „Caliban über Setebos" weiterzuverfolgen. Wenn „wildes Denken", wenn die Kunst, in der es sich erhalten hat, sich nicht den be-

---

[688] Vgl. die Wendung „,...kam ich (...) mir etwa schon vor, wie..." (CüS 297/BA 525).
[689] Lévi-Strauss: Das wilde Denken, Seite 253.
[690] Ebenda.
[691] Vgl. Bloch: Tübinger Einleitung, Seite 334.
[692] Ebenda, Seite 338.

grifflichen Denken fügen will, so ist dies die elementare, literarische Widerstandsposition gegen den F/S-Code, der die dargestellte Welt seiner monosemierenden, zum psychoanalytischen *Begriff* strebenden, pansexuellen Deutung unterwerfen will. Doch die als Subtexte unterlegten Mythen reflektieren und umkreisen die in der Oberflächenhandlung angerissenen Probleme und Themen, sie sind keine reine „Übersetzung" als noch unbegriffene Psychologie im Gewande bunter Mythen, da sie ihrerseits ein reiches Feld von Analogien und allegorischen Spiegelungen aufspannen, die über den Problemhorizont der Geschichte vom Erwerb der „4. Instanz" hinausgehen. Jedoch unterminiert nicht nur das ständige Überschreiten des psychoanalytischen Horizonts durch den Bedeutungsgehalt des Erzählten den monosemierenden, den Text beherrschen wollenden F/S-Code. Dieser Code und seine Grundlage, die Psychoanalyse Freuds, tendieren selbst zum Mythos, zur Literatur, sind potentiell mythopoetisches Erzählen.

Es wurde oben schon darauf hingewiesen, daß Freud z.B. seine Instanzen anthropomorphisiert, damit also eine der wichtigsten Operationen des mythischen Denkens an ihnen vollzieht. An anderer Stelle spricht er von der Trieblehre als der Mythologie der Psychoanalyse.[693] Daß Freud sich seiner Nähe zum Mythos (und zum „wilden Denken" von Kunst und Literatur) bewußt war, geht auch aus einer Bemerkung zur Ausbildung von Psychoanalytikern hervor:

> „Anderseits würde der analytische Unterricht auch Fächer umfassen, die dem Arzt ferneliegen und mit denen er in seiner Tätigkeit nicht zusammenkommt: Kulturgeschichte, Mythologie, Religionspsychologie und Literaturwissenschaft."[694]

Freuds Psychoanalyse, dies deutete sich oben schon in der Kritik seitens der experimentellen Überprüfung an, rückt damit ab von 'objektiver' Naturwissenschaft und entspricht eher eines der „Humaniora" Paul Feyerabends: mehr eine Kunst, ohne eine klar formulierbare Abgrenzung zum Mythos.[695]

In Freuds Aufzählung erscheint neben der Mythologie und anderen 'Hilfswissenschaften der Psychoanalyse' auch die Literaturwissenschaft. Jean Starobinski hat die Frage nach dem Einfluß Freuds auf die Literatur um die notwendige, eine völlig neue Perspektive ermöglichende Gegenfrage, nämlich welchen Einfluß die Literatur auf die Herausbildung der psychoana-

---

[693] Vgl. Freud: Neue Folge der Vorlesungen, StA I, Seite 529.
[694] Freud: Die Frage der Laienanalyse, StA XI (Ergänzungsband), Seite 337.
[695] Vgl. Feyerabend: Wider den Methodenzwang, Seite 384f: „Die besten Teile der Wissenschaften, das heißt jene Teile, die von den großen Wissenschaftlern entwickelt wurden, sind Künste und nicht Wissenschaften im Sinne eines 'rationalen' Unternehmens, das allgemeine Maßstäbe der Vernunft genügt und wohldefinierte, stabile, 'objektive' und daher praxisunabhängige Begriffe verwendet. Man kann auch sagen, daß es keine 'Wissenschaften' im Sinne unserer Rationalisten gibt, sondern nur Humaniora. (...) Es gibt also keinen klar formulierbaren Unterschied zwischen Mythen und wissenschaftlichen Theorien."

lytischen Theorie hatte, ergänzt. Starobinski verweist dabei nicht nur auf die bekannte Verklammerung von Freuds Lektüre des von Sophokles im „König Ödipus" behandelten Mythos[696] und Shakespeares „Hamlet" (der für Freud eine weitere Bearbeitung des „Ödipus-Komplexes" darstellt)[697] mit der Selbstanalyse Freuds in der Geburtsstunde der Psychoanalyse.[698] Er zeigt, wie die Psychoanalyse, die in einem Kulturklima entstand, „...in dem der Anteil der Literatur nur schwer von einem Kontext wissenschaftlicher Ideen und Ideen über Wissenschaft zu trennen..."[699] war, konsequent „...die Literatur zur Fundgrube von Paradigmen, die im psychoanalytischen Vokabular ausgenutzt werden...",[700] machte. Starobinskis Untersuchung zeigt, daß die Grenze zwischen Literatur und Psychoanalyse fließend ist. Selbst Freuds Behandlungstechnik hat ja, wie Klaus Theweleit schreibt, „...mehr mit Literatur und Spiel zu tun (...), als mit herkömmlicher Ärztemedizin."[701] Nicht zuletzt stehen auch die literarischen Qualitäten von Freuds Werk außer Zweifel: so sind z.B. seine 'Fallgeschichten' spannende, gut aufgebaute Erzählungen auf hohem sprachlichen Niveau. Mit diesen Qualitäten und seinem Themenspektrum fügt sich Freuds Werk in literarische Tendenzen und Strömungen ein, die im damaligen Wien virulent waren.[702] Zugleich schöpfte Freud aus der deutschen romantischen Literatur. Thomas Manns Essay über „Die Stellung Freuds in der modernen Geistesgeschichte" geht denn auch hellsichtig den „...höchst merkwürdigen Beziehungen Freuds zur deutschen

---

[696] „Freuds Ödipus-Verallgemeinerung bezeichnet am deutlichsten den Punkt, wo die Psychoanalyse mit der literarischen Tradition verlötet ist...", schreibt auch Michael Rutschky (Rutschky: Lektüre der Seele, Seite 128), der hier allerdings eher die Perspektive der Psychoanalyse vertritt.

[697] Vgl. Freud: Traumdeutung, StA II, Seite 268 – 270. Der Ödipus-Komplex ist sogar in noch stärkerem Maße aus der belletristischen Literatur abgeleitet: Freud selbst erinnert wiederholt daran, daß sich die 'Theorie' schon in Diderots „Rameaus Neffe" vorgebildet findet (vgl. Freud: Vorlesungen zur Einführung, StA I, Seite 332), in dem es heißt: „Wäre der kleine Wilde sich selbst überlassen, bewahrte er seine ganze Einfältigkeit, und vereinigte er die geringe Vernunft des Kindes in der Wiege mit der Gewalt der Leidenschaften eines Mannes von dreißig Jahren, er würde seinem Vater den Hals umdrehen und mit seiner Mutter schlafen." (Diderot: Rameaus Neffe, Seite 79).

[698] Starobinski: Psychoanalyse und Literatur, Seite 135: „Das Denken Freuds bildet sich, wie es scheint, in der vielfachen Erleuchtung heraus, die aus der klinischen Erfahrung herrührt, aus der literarischen Lektüre (oder Reminiszenz) und dem rückschauenden Erkennen der eigenen Vergangenheit."; siehe auch ebenda, Seite 139: „Kurzum, Freud liest *Hamlet* und entwickelt dabei fortschreitend, was eines Tages die Psychoanalyse sein wird...".

[699] Ebenda, Seite 85.

[700] Ebenda, Seite 92.

[701] Theweleit: Objektwahl, Seite 75.

[702] Vgl. Ellenberger: Entdeckung des Unbewußten, Seite 750: „Die Psychoanalyse weist eine deutliche Ähnlichkeit mit bestimmten zeitgenössischen Literaturströmungen auf, z.B. mit der des Kreises Jung-Wien, mit der Neo-Romantik und (...) mit Ibsens Art der Entlarvung konventioneller Lügen und Blindheiten."

Romantik..."[703] nach und sieht z.B. in Freuds Pansexualismus, dem Charakteristikum seiner Lehre, nichts als „...der Mystik entkleidete, Naturwissenschaft gewordene Romantik."[704] Starobinskis konjunktivisch formulierte These erweist sich somit schließlich als eine verblüffende Einsicht:

> „Wenn es richtig wäre, daß die Literatur (...) eine der Quellen für die Psychoanalyse darstellte, würde diese, nachdem sie ein Instrument der Literaturwissenschaft geworden ist, der Literatur nur ihr Eigentum zurückerstatten; (...) andererseits hätte sie vielleicht nicht das Recht, sich die Autorität wissenschaftlicher Erkenntnis anzumaßen, wie sie es oft tut: sie spräche, ohne es zu ahnen, die Sprache der Literatur." [705]

Man darf diese Einsicht auf die Mythen erweitern: die Psychoanalyse übersetzt bei ihrer Interpretation von Literatur und Mythen – die untereinander ohnehin schon verwandt sind und aus deren Quellen Freud bei der Entwicklung seiner Lehre geschöpft hat – von einer literarischen Sprache in eine weitere, eine positivistisch gewendete Sprache romantischer Wissenschaft und Poesie.[706] Zwar will sich die Psychoanalyse, schreibt Starobinski, „...als der bewußte Diskurs der Vernunft über das Irrationale, das Nicht–Diskursive entwickeln...", jedoch zeigt sich, „...daß sie selbst *Mythopoiesis* ist, eine mythische Sprache, oder zumindest eine übertragene, metaphorische Sprache."[707]

Was bisher über die Lehre Freuds allgemein gesagt wurde, gilt für Arno Schmidts Version der Psychoanalyse (die für ihn den Charakter einer (natur-)wissenschaftlichen, also 'wahren' Weltanschauung hatte) in noch höherem Maße. Bei Schmidt wird die „hermeneutische Wende"[708] der Psychoanalyse noch weiter vorangetrieben, die rudimentäre, spekulative Sprachtheorie Freuds ohne Bedenken durch die „Etym"-Theorie ausgeweitet und mit dem Konstrukt der „4. Instanz" eine rein phantastische Annahme zu den ohnehin mythischen Instanzen Freuds hinzugefügt. Diese in „Zettels Traum" voll entfaltete F/S-Theorie ist für Oswald Wiener „die eigentliche mythologie des

---

[703] Mann: Die Stellung Freuds, Seite 277.
[704] Ebenda, Seite 278. Wenngleich die Bezeichnung „Naturwissenschaft" diskussionsbedürftig ist (s.o.), so ist jedoch der Bezug auf romantische Dichtung (Mann nennt insbesondere Novalis), Naturphilosophie und -wissenschaft vollkommen zutreffend, wie in dem Buch des Medizinhistorikers Ellenberger nachzulesen ist (vgl. Ellenberger: Entdeckung des Unbewußten, vor allem die Seite 281 – 316).
[705] Starobinski: Psychoanalyse und Literatur, Seite 85.
[706] Vgl. ebenda, Seite 86: „Man hat nicht ohne Grund vertreten können, daß die Psychoanalyse einer der Gipfel der romantischen Literatur des 19. Jahrhunderts ist. Aber man muß sogleich hinzufügen, daß Freuds 'Romantik' in eine kräftige Rüstung von positivistischem Rationalismus eingezwängt ist...".
[707] Ebenda, Seite 99f.
[708] Zimmer: Tiefenschwindel, Seite 67. Vgl. auch oben, Kapitel III.2.

buches".⁷⁰⁹ In dieser „Theorie" treten an die Stelle der mythischen Götter und Helden, die eine Abwertung und Übersetzung ins Alltägliche, ins Psychologische erfahren, ähnlich der Vorgehensweise Freuds anthropomorphisierte Instanzen,

> „...fabelhafte Homunculi (...), Kleingötter mit Teilzuständigkeiten, wie sie früher etwa Naturgöttern zugeeignet waren. Die Psyche (schon diese als solche ein Mythologem, ein Bedeutungsintegral) wird diesenfalles aufgefaßt als eine Miniaturgesellschaft. Ich, Es, Über-Ich regieren von einem Binnenhimmel aus den Menschen und seine Sprache; Hilfsgeister niederer Stufe, sogenannte Etyms, stehen den Instanzen zu Diensten, verraten deren Willen oder spielen ihnen Streiche. In eigenwilliger Adaption Freuds entsteht ein genuiner, veritabler Mythos (F/S), der konnotativ-autonom (wort)schöpferisch sogar einen neuen Gott emaniert (die 4. Instanz), der in ihm schon verborgen war, aber noch der Entdeckung bedurfte, wie es gut mythische Art ist."⁷¹⁰

Die „Etym"- und die „4. Instanz"-Theorie trägt also deutlich Merkmale des Mythos. An die Seite der zitierten antiken Mythen tritt also noch ein selbstentworfenes mythisches System hinzu. Für Karl-Ernst Bröer zeigt sich in „Zettels Traum" Mythisches in mindestens drei Erscheinungsformen:

> „1. Kulturgeschichtlich überlieferte Mythen, auf die der Text in vielfältiger Weise Bezug nimmt, durchweg mit der Intention, zu enttarnen, zu entmythisieren und in dem Sinne zu entmystifizieren, wie man einen Code entschlüsselt.
> 2. Mythisches (Poetisches) als bewußte Schöpfung Schmidts: etwa die Mittelspalten-Fiktion, z.T. unter bewußter Anwendung mythischer Sprechweisen...
> 3. Mythisch-Poetisches im Kleid (pseudo-)theoretischer Analyse (...) Etym- und 4-Instanz-Lehre [wird] faktisch ebenfalls ein Mythos...".⁷¹¹

Für „Caliban über Setebos" als poetischer Praxis der Verfahrensweisen von „Zettels Traum" kann vergleichbar festgestellt werden:

1. Neben vielen kleineren mythologischen Anspielungen werden die Mythen des Orpheus, Aktaion und Pentheus strukturbildend der Handlung als Folien unterlegt – mit der (Autor–)Intention des „debunking" und der Psychologisierung der Mythen.

2. Die Fiktion des „Caliban"-Textes ist nicht nur am Strukturschema des Heldenmythos, Campbells Monomythos, orientiert (schon durch das Or-

---

[709] Wiener: Arno-Schmidt-Jahr, Seite 18; Wiener spricht hier über „Zettels Traum", die Bezeichnung „eigentliche mythologie" für die „Etym"-Theorie trifft aber für alle Texte Schmidts, die 'mittels' der „4. Instanz" geschrieben sind, zu.
[710] Bröer: Wortmetzarbeit am Mythos, Seite 13.
[711] Bröer: Geburt, Seite 25.

pheus-Thema), sie erzählt zudem den zentralen Mythos der Entwicklung der „4. Instanz".
3. Die (wenn auch noch nicht ganz durchformulierte) „Etym"- und „4. Instanz"-Theorie ist ein „Großmythos",[712] der die abgerufenen Mythen, die zitierten Erzählungen aus dem Fundus der Literaturgeschichte in seinem Sinne neu konnotiert und entwirft (mythisiert), sie damit in den Großmythos integriert.

„Caliban über Setebos" als Gelenkstelle zwischen Früh- und Spätwerk beinhaltet überdies noch einige Quasi-Mythen, die, so Jörg Drews, schon im Frühwerk eine Tendenz zur „mythischen Weltauffassung" offenbaren; so gibt es

> „...den Mythos vom intellektuellen Einzelgänger, der der Welt physisch unterliegt, aber poetisch, intellektuell, psychisch triumphiert; den Mythos von den Gehirntieren, dem Schreckensmann, verwandt dem Mythos vom Einzelgänger; den Mythos vom stummen, dummen [,] teils bemitleidenswert sprachlosen, teils ewig und unabänderlich stumpfen und primitiven Volk; (...) und mir scheint auch Arno Schmidts häufiges Plädoyer für die Willens–Unfreiheit des Menschen Züge eines Mythos zu haben...(...) Und eine mythische Weltauffassung scheint mir auch in dem Satz zu stecken: 'Denken Sie nur an die Weltmechanismen: Fressen und Geilheit.'"[713]

Alle hier aufgezählten „Quasi"-Mythen sind im „Caliban"-Text zu finden. Schmidts „mythischen" Glauben an die Willens-Unfreiheit illustriert Drews mit einem Beispiel aus „Caliban über Setebos": die mit der Leinölfarbe verbundene Zwangsvorstellung, die sich Düsterhenn in Schadewalde mehrmals aufdrängt, „...ist die emblematische Widerlegung der Willensfreiheit und der Freiheit der Phantasie: eine 'lebenslängliche Zwangsvorstellung' ist ein mythischer Zwang."[714] Nimmt man die mythischen Vorstellungen (Hexen, der Teufel etc.), die durch reiche literarische Tradition gleichsam zu Mythen erhobenen Figuren (Caliban / Setebos, Mephisto / Faust, Tam O'Shanter etc.) und die alle zitierten Folien mythisierende Tendenz des „Großmythos" „Etym"-Theorie hinzu, so ist eine hochgradige *Potenzierung des Mythischen* in „Caliban über Setebos" zu beobachten. Schmidts Text zeigt also – denkt man andererseits an die demonstrativ vorgetragenen Mythenkritik („gerupfte Alltäglichkeit") und das Verfahren der Inbezugsetzung der 'unaufgeklärten' Mythen mit ihrer 'wissenschaftlichen' Form der psychoanalytischen Erkenntnisse – einen widersprüchlichen Umgang mit dem Mythos. Es gilt für diesen, was Stefan Gradmann in Blick auf Plato sagt: „...ein ablehnendes

---

[712] Bröer: Wortmetzarbeit am Mythos, Seite 12.
[713] Drews: Caliban, Seite 61f; das Schmidt-Zitat findet sich in Schmidt: Leviathan, BA I/1, Seite 48.
[714] Drews: Caliban, Seite 62.

Reden *über* den Mythos (...) und ein Reden *durch* oder *mit* dem Mythos...".[715]

Das Reden durch und mit dem Mythos erfolgt bei Schmidt zudem mittels eine F/S-Großmythos, der auf einem einzigen Code basiert, dem psychoanalytisch-sexuellen. Die monosemierende Wirkung dieses F/S-Codes konnte in den obigen Kapiteln an immer neuen Beispielen gezeigt werden. Derart alle (sprachliche) Realität als sexuell determiniert zu sehen, offenbart für Josef Huerkamp ein im pejorativen Sinne mythisches Weltverständnis:

> „Erkennt nicht gerade der (...) Autor, daß seine analytische Kompliziertheit ihn den erkannten Determinationen und Zwängen noch schlimmer ausliefert? (...) Man wird nicht fehlgehen, solches Realitätsverständnis als 'mythisches' anzusprechen, also als Beschwörung der Ohnmacht durch die Stereotypie der immer nur sich selbst reproduzierenden Einsicht. (...) Blind und ohnmächtig auf anderes zu weisen als auf sich selbst."[716]

Der mythische Zwang ist nicht überwunden, er wechselt nur die Erscheinungsweise und kehrt zurück in Form des Ausgeliefertseins an die Triebkonstitution, an die Mechanismen des seelischen Apparats.

Die Übersetzung mythologischer Geschichten in psychoanalytische Begriffe durch den F/S-Code wäre also nur die von einem Mythos in den anderen. Mythos, Wissenschaften wie die Psychoanalyse und Literatur, deren nahe Verwandtschaft aufgezeigt wurde, sind nach Ernst Cassirer nur unterschiedliche Symbolwelten, die die Welt des Menschen ordnen, sie strukturieren und damit die Angst vor dem „Absolutismus der Wirklichkeit" (Blumenberg) nehmen. Diese symbolischen Systeme gehören damit essentiell zum Wesen und zur Erkenntnisweise des Menschen:

> „Die unberührte Wirklichkeit scheint in dem Maße, in dem das Symbol-Denken und -Handeln des Menschen reifer wird, sich ihm zu entziehen. Statt mit den Dingen selbst umzugehen, unterhält sich der Mensch in gewissen Sinne dauernd mit sich selbst. Er lebt so sehr in sprachlichen Formen, in Kunstwerken, in mythischen Symbolen oder religiösen Riten, daß er nichts erfahren oder erblicken kann, außer durch Zwischenschaltung dieser künstlichen Medien."[717]

---

[715] Gradmann: Ungetym, Seite 87 (Hervorhebungen von Gradmann); auch Gradmann bezieht dies auf Schmidts Umgang mit Mythen.

[716] Huerkamp: Trommler, Seite 36; Huerkamps Interpretation entdeckte in der scheinbar harmlosen Fernfahrerkneipengeschichte „Trommler beim Zaren" eine „etymistisch verhüllte" Schilderung eines homosexuellen Aktes – „Trommler beim Zaren" gilt seither als Schmidts erste Anwendung seiner Freud-Rezeption für die eigene Prosaproduktion.

[717] Cassirer: Mensch, Seite 39.

In diesem Sinn unterhält sich Arno Schmidt in „Caliban über Setebos", in seinem mittleren und späten Werk, mit sich selbst mittels der symbolischen Systeme Literatur bzw. Kunst, Psychoanalyse und Mythologie, den Eckpfeilern seines Weltbilds. Daß er dabei die Welt, wie er sie auffaßt und abbildet, auf ein Prinzip reduziert und in diesem nahezu zwanghaften, monosemierenden Denken befangen bleibt, mindert den künstlerischen Wert vor allem von „Zettels Traum", in dem dieses Weltbild apodiktisch vorgetragen wird. „Caliban über Setebos", noch nicht von der Theorielast des folgenden Hauptwerks erdrückt, rettet die Vieldeutigkeit durch den noch sehr viel spielerischeren Charakter seines poetischen Verfahrens, der dem Leser noch größere Freiheit des eigenen Spiels mit den dargebotenen und zitierten Material, mit den Symbolwelten erlaubt. Möglicherweise spürte Schmidt selbst etwas von der unentrinnbaren Befangenheit in Symbolwelten, als er seinem Alter ego William T. Kolderup in der „Schule der Atheisten" die Worte in den Mund legte:

„…naja; sicher; Wir lebm Alle wie in ei''m kolossal'n Roman."[718]

---

[718] Schmidt: Schule der Atheisten, Seite 148; selbst diese so charakteristische Maxime Kolderups/Schmidts ist, wie könnte es anders sein, ein Zitat: „Nichts ist romantischer, als was man gewöhnlich Welt und Schicksal nennt – wir leben in einem kolossalen (im *großen* und *kleinen*) Roman. Betrachtung der Begebenheiten um uns her. Romantische Orientierung, Beurteilung und Behandlung des Menschenlebens." – so heißt es vollständig in Novalis' „Allgemeinen Brouillon" (Novalis: Werke, Seite 491).

Literaturverzeichnis

I. Primärliteratur

I. 1. Werke Arno Schmidts
I. 1. 1. Quellentext
Caliban über Setebos. In: Kühe in Halbtrauer. Karlsruhe 1964. Seite 226 – 316

I. 1. 2. Werkausgabe: Bargfelder Ausgabe.
Werkgruppe I: Romane, Erzählungen, Gedichte, Juvenilia. Zürich 1987 – 1988.
Band 1: Enthymesis, Leviathan, Gadir, Alexander, Brand's Haide, Schwarze Spiegel, Die Umsiedler, Faun, Pocahontas, Kosmas.
Band 2: Das steinerne Herz, Tina, Goethe, Die Gelehrtenrepublik.
Band 3: Kaff auch Mare Crisium, Ländliche Erzählungen.
Band 4: Kleinere Erzählungen, Gedichte, Juvenilia.
Werkgruppe II: Dialoge. Zürich 1990 – 1991.
Band 1: Massenbach, Cooper, Brockes, Fouqué, Pape, May, Schnabel, Das schönere Europa, Wieland, Meyern, Meisterdiebe, Klopstock, Moritz.
Band 2: Joyce, May II, Stifter, Krakatau, Herder, Vorspiel, Oppermann, Wezel, Kreisschlösser, Müller, Tieck, Schefer, Dickens, Brontë, Joyce II.
Band 3: Schlotter, Joyce III, May III, Frenssen, Stifter, Gutzkow, von Flaming, Joyce IV, Collins, Bulwer–Lytton, Bulwer–Lytton II, Spindler.
Werkgruppe III: Essays und Biographisches. Zürich 1993 – 1995.
Band 1: Fouqué und einige seiner Zeitgenossen.
Band 2: Sitara und der Weg dorthin. Eine Studie über Wesen, Werk & Wirkung Karl Mays.
Band 3: Essays und Aufsätze 1.
Band 4: Essays und Aufsätze 2.

I. 1. 3. Einzelausgaben
Abend mit Goldrand. Eine MärchenPosse. 55 Bilder aus der Lä/endlichkeit für Gönner der VerschreibKunst. Dritte Auflage. Frankfurt a.M. 1981
Der Briefwechsel mit Alfred Andersch. Herausgegeben von Bernd Rauschenbach. Zürich 1985
Der Briefwechsel mit Eberhard Schlotter. Herausgegeben von Bernd Rauschenbach. Zürich 1991
Fiorituren & Pralltriller. Arno Schmidts Randbemerkungen zum Originaltext von „Caliban über Setebos". Zürich 1988
Julia, oder die Gemälde. Scenen aus dem Novecento. Zürich 1983
Offenbach als Förderer? (Aus dem Briefwechsel mit Hans Wollschläger. Brief von Arno Schmidt vom 1.3.1966) In: Der Rabe Nr. 14. Hrsg. von Thomas Bodmer. Zürich 1986. Seite 144 – 148
Die Schule der Atheisten. Novellen-Comödie in 6 Aufzügen. Frankfurt a.M. 1972
Vorläufiges zu Zettels Traum. Textaufzeichnung von Arno Schmidts freier Rede beim Gespräch mit dem NRD über Entstehung, Aufbau und Absicht von „Zettels Traum". Frankfurt a.M. 1977

Zettels Traum. Studienausgabe in 8 Heften. 2., unveränderte Auflage. Frankfurt a.M. 1986.

I. 2. Andere Autoren

(Anonymus): Sir Orfeo. In: (J.R.R. Tolkien): Sir Gawain and the green Knight, Pearl and Sir Orfeo. Translated by J. R. R. Tolkien. London 1975. Seite 123 – 137
Apollonios Rhodios: Die Argonauten. (ARGONAUTIKA). Verdeutscht von Thassilo von Scheffer. (Zweite Auflage.) Wiesbaden 1947. (= Sammlung Dietrich; Band 90)
Die Bibel. Die Heilige Schrift des Alten und des Neuen Testaments. (Züricher (= Zwingli) Bibel) 19. Auflage. Zürich 1987
Browning, Robert: Caliban upon Setebos; or: natural theology in the island. In: R.B.: Dramatis Personae. Edited by F. B. Pinion. London/Glasgow 1969. (= Collins Annotated Student Texts), Seite 93 – 102
Burns, Robert: Tam o' Shanter. A Tale. In: R.B.: The Poems and Songs of Robert Burns. Edited by James Kinsley. Volume II. Oxford 1968. Seite 557 – 564
Busch, Wilhelm: Balduin Bählamm, der verhinderte Dichter. In: W.B.: Werke. Historisch-kritische Gesamtausgabe. Herausgegeben von Friedrich Bohne. Band IV. Wiesbaden/Berlin o.J. [1959]. Seite 5 – 80
Busch, Wilhelm: Die fromme Helene. In: W.B.: Werke. Historisch-kritische Gesamtausgabe. Herausgegeben von Friedrich Bohne. Band II. Wiesbaden/Berlin o.J. [1959]. Seite 203 – 293
Cocteau, Jean: Orpheus. Tragödie in einem Akt und einem Interval. Aus dem Französischen übersetzt von Ferdinand Hardekopf. In: J.C.: Werkausgabe in zwölf Bänden. Herausgegeben von Reinhard Schmidt. Band 4: Theater I. Frankfurt a.M. 1988. (= Fi 9204), Seite 55 – 145
Codex Manesse. Die Miniaturen der Großen Heidelberger Liederhandschrift. Herausgegeben und erläutert von Ingo F. Walther unter Mitarbeit von Gisela Siebert. Fünfte Auflage. Frankfurt a.M. 1992
Die Deutsche Literatur. Texte und Zeugnisse. Herausgegeben von Walther Killy u.a.. Band II: Spätmittelalter, Humanismus, Reformation. Zweiter Teilband: Blütezeit des Humanismus und Reformation. Herausgegeben von Hedwig Heger. München 1978
Dickens, Charles: Die Pickwickier. Mit Illustrationen von Robert Seymour, Robert William Buss und Phiz. Frankfurt a.M. 1986. (= it 896)
Diderot, Denis: Rameaus Neffe. In: D.D.: Das erzählerische Gesamtwerk. Herausgegeben von Hans Hinterhäuser. Übertragen von Raimund Rütten. Band 4: Rameaus Neffe und Moralische Erzählungen. Frankfurt a.M./Berlin 1987. (= Ullstein Werkausgaben. Ull 37144), Seite 5 – 90
Die Edda. Die ältere und jüngere nebst den mythischen Erzählungen der Skalda. Übersetzt und mit Erläuterungen begleitet von Karl Simrock. Fünfte verbeßerte Auflage. Stuttgart 1874
Eich, Günther: Ein Lesebuch. Ausgewählt von Günter Eich. Nachwort von Susanne Müller-Hanpft. Frankfurt a.M. 1981. (= st 696)
Euripides: Die Bakchen. (BAKXAI). Übersetzung, Nachwort und Anmerkungen von Oskar Werner. Stuttgart 1988. (= RUB 940)

Gluck, Christoph Willibald/Calzabigi, Ranieri de': Orfeo ed Euridice. Azione teatrale per musica.(Orpheus und Eurydike; Wiener Fassung von 1762). Italienisch/Deutsch; zweisprachiges Textbuch. Neue wortgetreue Übersetzung von Gerd Uekermann. In: Attila Csampai/Dietmar Holland (Hrsg.): Claudio Monteverdi: Orfeo/Christoph Willibald Gluck: Orpheus und Eurydike. Texte, Materialien, Kommentare. Reinbek 1988. (= rororo 8398), Seite 189 – 225

Goethe, Johann Wolfgang: Faust. Texte. Herausgegeben von Albrecht Schöne. In: J.W.G.: Sämtliche Werke. Briefe, Tagebücher und Gespräche. Vierzig Bände. I. Abteilung: Sämtliche Werke Band 7/1. Frankfurt a.M. 1994. (= Bibliothek deutscher Klassiker; Band 114)

Goethe, Johann Wolfgang: Gedichte (1756 – 1799). Herausgegeben von Karl Eibl. In: J.W.G.: Sämtliche Werke. Briefe, Tagebücher und Gespräche. Vierzig Bände. I. Abteilung: Sämtliche Werke Band 1. Frankfurt a.M. 1987. (= Bibliothek deutscher Klassiker, Band 18)

Grabbe, Christian Dietrich: Scherz, Satire, Ironie und tiefere Bedeutung. In: C.D.G.: Werke und Briefe. Historisch-kritische Gesamtausgabe in sechs Bänden. Herausgegeben von der Akademie der Wissenschaften in Göttingen. Bearbeitet von Alfred Bergmann. Erster Band. Emsdetten 1960. Seite 213 – 273

Gutzkow, Karl: Uriel Acosta. Trauerspiel in fünf Aufzügen. In: Gutzkows Werke. Herausgegeben von Reinhold Gensel. Auswahl in zwölf Teilen (in vier Bänden). Dritter Teil (erster Band). Berlin/Leipzig/Wien/Stuttgart o.J. [1871]. Seite 11 – 69. (= [Bong's] Goldene Klassiker–Bibliothek)

Jean Paul: Vorschule der Ästhetik. In: J.P.: Sämtliche Werke. Herausgegeben von Norbert Miller. Abteilung I, Band 5. 5. Auflage. München 1987. Seite 7 – 514

Joyce, James: Finnegans Wake. London 1975

Joyce, James: Ulysses. Übertragen von Hans Wollschläger. Zweite Auflage. Frankfurt a.M. 1982. (= es 1100)

May, Karl: Ardistan und Dschinnistan. In zwei Bänden. (Nach der Originalausgabe bei Friedrich Ernst Fehsenfeld, Freiburg i.Br. 1909). Berlin 1993

May, Karl: Himmelsgedanken. Gedichte. (Nach der Originalausgabe von Friedrich Ernst Fehsenfeld, Freiburg i.Br., o.J.). Berlin (Ost) 1988

May, Karl: Lichte Höhen. Aus Karl May's Nachlaß. In: K.M.: Gesammelte Werke. Band 49. (83. Tausend). Bamberg o.J. (1956ff) [Sigle: GWB 49; da der Karl-May-Verlag weder Auflage noch Jahr des Druckes angibt, muß man sich mit der Angabe der Auflagenhöhe behelfen, denn die verschiedenen Auflagen sind jeweils unterschiedlich stark „bearbeitet".]

May, Karl: Lichte Höhen. In: K.M.: Gesammelte Werke. Band 49. Radebeul o.J. [Sigle: GWR 49]

May, Karl: Der Oelprinz. In: K. M.: „Züricher Ausgabe". Karl Mays Hauptwerke in 33 Bänden. Band 6. (Lizenzausgabe nach der historisch-kritischen Ausgabe). Herausgegeben von Hans Wollschläger und Hermann Wiedenroth. (Zürich) 1992

Monteverdi, Claudio/Striggio d.J., Alessandro: L' Orfeo. Favola in musica. Italienisch/Deutsch; zweisprachiges Textbuch. Wortgetreue deutsche Übersetzung von Ursula Jürgens–Hasenmeyer. In: Attila Csampai/Dietmar Holland (Hrsg.): Claudio Monteverdi: Orfeo / Christoph Willibald Gluck: Orpheus und Eurydike.

Texte, Materialien, Kommentare. Reinbek 1988. Seite 41 – 81. (= rororo 8398), Seite 41 – 81
Nietzsche, Friedrich: Jenseits von Gut und Böse. Mit der Streitschrift „Zur Genealogie der Moral" und einem Nachwort von Ralph–Rainer Wuthenow. Frankfurt a.M. 1984. (= it 762)
Novalis: Werke. Herausgegeben und kommentiert von Gerhard Schulz. Dritte Auflage auf der Grundlage der zweiten, neubearbeiteten Auflage 1981. München 1987. (= Beck's kommentierte Klassiker)
Offenbach, Jacques/Cremieux, Hector/(Halévy, Ludovic): Orpheus in der Unterwelt. Buffo-Oper in zwei Aufzügen und vier Bildern. Nach der deutschen Bearbeitung von Ludwig Kalisch textlich revidiert herausgegeben und eingeleitet von Wilhelm Zentner. Stuttgart 1985. (= RUB 6639)
(Orpheus): Altgriechische Mysterien. Aus dem Urtext übertragen und erläutert von J.O. Plassmann. Mit einem Nachwort von Fritz Graf. Köln 1982. (= Diederichs Gelbe Reihe; 40: Antike)
Ovid (Publius Ovidius Naso): Metamorphosen. Übersetzt von Erich Rösch. Mit einer Einführung von Niklas Holzberg. München 1990. (= Bibliothek der Antike. Herausgegeben von Manfred Fuhrmann. dtv 2244)
Poe, Edgar Allan: Werke in vier Bänden. Deutsch von Arno Schmidt, Hans Wollschläger u.a. Herausgegeben von Kuno Schumann und Hans Dieter Müller. Olten 1966
Raabe, Wilhelm: Der Hungerpastor. In: W.R.: Sämtliche Werke. Im Auftrag der Braunschweigischen Wissenschaftlichen Gesellschaft herausgegeben von Karl Hoppe. Band 6. Freiburg i. Br./Braunschweig 1953
Rabelais, Francois: Gargantua und Pantagruel. In 2 Bänden. Mit Illustrationen von Gustave Doré. Herausgegeben [und übersetzt] von Horst und Edith Heintze. Übersetzung auf Grund der maßgebenden französischen Ausgabe, unter Benutzung der deutschen Fassung von Ferdinand Adolf Gelbcke. 4. Auflage. Frankfurt a.M. 1982. (= it 77)
Rilke, Rainer Maria: Über den Dichter. In: R.M.R.: Sämtliche Werke. Herausgegeben vom Rilke-Archiv. In Verbindung mit Ruth Sieber-Rilke besorgt durch Ernst Zinn. Sechster Band: Malte Laurids Brigge. Prosa 1906 – 1926. Frankfurt a.M. 1966. Seite 1032 – 1035
Rilke, Rainer Maria: Duineser Elegien. In: R.M.R.: Sämtliche Werke. Herausgegeben vom Rilke-Archiv. In Verbindung mit Ruth Sieber-Rilke besorgt durch Ernst Zinn. Erster Band: Gedichte. Erster Teil. Wiesbaden 1955. Seite 683 – 726
Rilke, Rainer Maria: Neue Gedichte. In: R.M.R.: Sämtliche Werke. Herausgegeben vom Rilke-Archiv. In Verbindung mit Ruth Sieber-Rilke besorgt durch Ernst Zinn. Erster Band: Gedichte. Erster Teil. Wiesbaden 1955. Seite 479 – 554
Rilke, Rainer Maria: Die Sonette an Orpheus. In: R.M.R.: Sämtliche Werke. Herausgegeben vom Rilke-Archiv. In Verbindung mit Ruth Sieber-Rilke besorgt durch Ernst Zinn. Erster Band: Gedichte. Erster Teil. Wiesbaden 1955. Seite 727 – 773
Rilke, Rainer Maria: Das Stunden-Buch. In: R.M.R.: Sämtliche Werke. Herausgegeben vom Rilke-Archiv. In Verbindung mit Ruth Sieber-Rilke besorgt durch

Ernst Zinn. Erster Band: Gedichte. Erster Teil. Wiesbaden 1955. Seite 249 – 366

Rilke, Rainer Maria/Andreas–Salomé, Lou: Briefwechsel. Mit Erläuterungen und einem Nachwort herausgegeben von Ernst Pfeiffer. Zürich/Wiesbaden 1952

Schiller, Friedrich: Über naive und sentimentalische Dichtung. In: F.S.: Werke und Briefe in zwölf Bänden. Herausgegeben von Otto Dann u.a.. Band 8: Theoretische Schriften. Herausgegeben von Rolf-Peter Janz unter Mitarbeit von Hans Richard Brittnacher, Gerd Kleiner und Fabian Störmer. Frankfurt a.M. 1992. (= Bibliothek Deutscher Klassiker; Band 78), Seite 706 – 810

Schopenhauer, Arthur: Die Welt als Wille und Vorstellung. Erster Band. In: A.S.: Werke in fünf Bänden. Nach den Ausgaben letzter Hand herausgegeben von Ludger Lütkehaus. Band I. Zürich 1991. (= Haffmans Taschen Buch 121)

Shakespeare, William: Der Sturm. In: W.S.: Sämtliche Werke in drei Bänden. Band I: Komödien. Nach der 3. Schlegel-Tieck-Gesamtausgabe von 1843/44. Aus dem Englischen von A.W. Schlegel, Dorothea Tieck, und Wolf Graf Baudissin. 3. Auflage. München 1993. Seite 29 – 93

Spitteler, Carl: Imago. In: C.S.: Gesammelte Werke. Vierter Band: Die Mädchenfeinde / Conrad der Leutnant / Imago. Herausgegeben von Robert Faesi. Zürich 1945. Seite 265 – 436

Storm, Theodor: Immensee. In: Th.S.: Sämtliche Werke in vier Bänden. Band I: Gedichte. Novellen 1848 – 1867. Herausgegeben von Dieter Lohmeier. Frankfurt a.M. 1987. (= Bibliothek deutscher Klassiker 19), Seite 295 – 328

Storm, Theodor: Späte Rosen. In: Th.S.: Sämtliche Werke in vier Bänden. Band I: Gedichte. Novellen 1848 – 1867. Herausgegeben von Dieter Lohmeier. Frankfurt a.M. 1987. (= Bibliothek deutscher Klassiker 19), 427 – 438

Vergil (Publius Vergilius Maro): Vom Landbau. (Georgica) Übertragen, eingeleitet und erläutert von Johannes und Maria Götte. In: Hesiod / Vergil / Ovid: Werke und Tage / Vom Landbau / Liebeskunst. München 1990. (= Bibliothek der Antike. Herausgegeben von Manfred Fuhrmann. dtv 2245), Seite 51 – 151 // 262 – 293

Wagner, Richard: Die Meistersinger von Nürnberg. Oper in drei Aufzügen. In: R.W.: Gesammelte Schriften. Herausgegeben von Julius Kapp. Fünfter Band: Dichtungen III („Tristan" bis „Parsifal"). Leipzig o.J.. Seite 81 – 182

Wagner, Richard: Das Rheingold. In: R.W.: Gesammelte Schriften. Herausgegeben von Julius Kapp. Vierter Band: Dichtungen II („Der Ring des Nibelungen"). Leipzig o.J.. Seite 15 – 70

Weinheber, Josef: Gedichte. Zweiter Teil. In: J. W.: Sämtliche Werke. Herausgegeben von Josef Nadler und Hedwig Weinheber. II. Band. Wien 1954

Wieland, Christoph Martin: Unterredungen mit dem Pfarrer von ***. In: C.M.W.: Sämtliche Werke X (= Band 30 – 32). Band 30: Vermischte Aufsätze. Herausgegeben von der „Hamburger Stiftung zur Förderung von Wissenschaft und Kultur" in Zusammenarbeit mit dem „Wieland-Archiv" und Dr. Hans Radspieler. (Faksimile der Ausgabe letzer Hand; Leipzig 1794 – 1811). Hamburg 1984. Seite 428 – 528

Wolfram von Eschenbach: Parzival. Studienausgabe. (Nach der Sechsten Auflage der Ausgabe von Karl Lachmann von 1926.) Berlin 1965

I. 3. Werke Sigmund Freuds

Die Werke Sigmund Freuds werden mit Titel-, (StA-)Band- und Seitenangabe zitiert nach der Freud-Studienausgabe.

Freud, Sigmund: Studienausgabe. Herausgegeben von Alexander Mitscherlich, Angela Richards, James Strachey. Frankfurt a.M. 1969ff. (= Conditio humana. Ergebnisse aus den Wissenschaften vom Menschen.)
Band I: Vorlesungen zur Einführung in die Psychoanalyse; Neue Folge der Vorlesungen zur Einführung in die Psychoanalyse.
Band II: Die Traumdeutung. Zweite, korrigierte Auflage. Frankfurt a.M. 1972
Band III: Psychologie des Unbewußten. Frankfurt a.M. 1975
Band IV: Psychologische Schriften. Zweite, korrigierte Auflage. Frankfurt a.M. 1970
Band V: Sexualleben. Frankfurt a.M. 1972
Band VI: Hysterie und Angst. Zweite, korrigierte Auflage. Frankfurt a.M. 1971
Band VII: Zwang, Paranoia und Perversion. Frankfurt a.M. 1973
Band VIII: Zwei Kinderneurosen. Frankfurt a.M. 1969
Band IX: Fragen der Gesellschaft. / Ursprünge der Religion.
Band X: Bildende Kunst und Literatur. Frankfurt a.M. 1969
[Band XI]: Ergänzungsband: Schriften zur Behandlungstechnik. Mitherausgeberin des Ergänzungsbandes: Ilse Grubrich Simitis. Frankfurt a.M. 1975
[Band XII]: Konkordanz und Gesamtbibliographie. Zusammengestellt von Ingeborg Meyer–Palmedo. Frankfurt a.M. 1975

Nicht in der „Studienausgabe" enthaltene Schriften:
Freud, Sigmund: Abriss der Psychoanalyse. Einführende Darstellungen. Einleitung von F.–W. Eickhoff. Frankfurt a.M. 1994. (= Fi 10434)

II. Sekundärliteratur

II. 1. Zu Arno Schmidt

Anonym (Ortlepp, Gunar): „„;.–:!–:!!" In: Der Spiegel. Nr. 20 /1959, Seite 44 – 60
Albrecht, Monika: „Wo bleibt vor solchem Traum die Wirklichkeit?" Bemerkungen zum Thema „Sexualität" bei Arno Schmidt. In: Michael Matthias Schardt/Hartmut Vollmer (Hrsg.): Arno Schmidt. Leben – Werk – Wirkung. Reinbek 1990. (= rororo 8737), Seite 247 – 258
Andersch, Alfred: Düsterhenns Dunkelstunde oder Ein längeres Gedankenspiel. In: A.A.: Norden Süden rechts und links. Von Reisen und Büchern 1951 – 1971. Zürich 1972. Seite 340 –357
Barczaitis, Rainer: Anmerkungen zur Rolle von Nachschlagwerken in „Caliban über Setebos". In: Martin Lowsky (Hrsg.): Zettelkasten 11. Aufsätze und Arbeiten zum Werk Arno Schmidts. Frankfurt a.M. 1993. (= Jahrbuch der Gesellschaft der Arno–Schmidt–Leser), Seite 107 – 121
Baumgart, Rolf: Nicht „Des Sengers Phall" – der Fall Asher! In: Bargfelder Bote. Lieferung 107-108/Oktober 1986. Seite 3 – 11
Bock, Hans-Michael (Hrsg.): Über Arno Schmidt. Rezensionen vom „Leviathan" bis zur „Julia". Mitarbeit und Redaktion von Thomas Schreiber. Zürich 1984

Boenicke, Otfried: Mythos und Psychoanalyse in „Abend mit Goldrand". München 1980 (= Bargfelder Bote. Sonderlieferung)
Bramkamp, Robert: Topographie der Wirklichkeit in Arno Schmidts Kurzroman „Aus dem Leben eines Fauns". In: Arno Schmidt. 4. Auflage: Neufassung. München 1986. (= Text + Kritik. Zeitschrift für Literatur. Heft 20/20a), Seite 92 – 108
Bröer, Karl-Ernst: Die Geburt der 4. Instanz aus dem Geiste der Impotenz. Zur „Mühdtollogie" in „Zettels Traum". In: Bargfelder Bote. Lieferung 58-60/März 1982. Seite 15 – 27
Bröer, Karl-Ernst: Wortmetzarbeit am Mythos: Abbruch und Aufbau. Konnotiereskapaden – Vergleichendes zu Joyce und Schmidt. In: Bargfelder Bote. Lieferung 126–127/Juni 1988. Seite 3 – 17
Burmeister, Roland: Die Musikstellen bei Arno Schmidt. Chronologisches Stellenverzeichnis zum Gesamtwerk von Arno Schmidt mit Erläuterungen & Kommentaren. Darmstadt 1991
Czapla, Ralf Georg: Mythos, Sexus und Traumspiel. Arno Schmidts Prosazyklus „Kühe in Halbtrauer". Paderborn 1993. (= Reihe Literatur- und Medienwissenschaft; Band 15)
Denkler, Horst: Die Reise des Künstlers ins Innere. Randbemerkungen über Arno Schmidt und einige seiner Bücher anläßlich der Lektüre von „Zettels Traum". In: Wolfgang Paulsen (Hrsg.): Revolte und Experiment. Die Literatur der sechziger Jahre in Ost und West. Fünftes Amherster Kolloquium zur modernen deutschen Literatur 1971. Heidelberg 1972. (= Poesie und Wissenschaft, XXXV), Seite 144 – 164
Denkler, Horst: Der untrügliche Spürsinn des Genius für seinesgleichen. Arno Schmidts Verhältnis zu Wilhelm Raabe. In: H.D.: Neues über Wilhelm Raabe. Zehn Annäherungsversuche an einen verkannten Schriftsteller. Tübingen 1988. Seite 123 – 138
Desilets, Andre: Protest und Außenseitertum im Werk Arno Schmidts. Frankfurt a.M. 1987
Drews, Jörg: Arno Schmidt vor 'Zettels Traum'. In: J.D./Hans-Michael Bock (Hrsg.): Der Solipsist in der Heide. Materialien zum Werk Arno Schmidts. München 1974. Seite 163 – 182
Drews, Jörg: Caliban Casts Out Ariel. Zum Verhältnis von Mythos und Psychoanalyse in Arno Schmidts Erzählung ›Caliban über Setebos‹. In: J.D. (Hrsg.): Gebirgslandschaft mit Arno Schmidt: Grazer Symposion 1980. München 1982. (= Bargfelder Bote. Sonderlieferung), Seite 45 – 65
Drews, Jörg: James Joyce und Arno Schmidt. In: Rudi Schweikert (Hrsg.): Zettelkasten 10. Aufsätze und Arbeiten zum Werk Arno Schmidts. Frankfurt a.M. 1991. (= Jahrbuch der Gesellschaft der Arno-Schmidt-Leser), Seite 183 – 195
Drews, Jörg: Mehr Lesungen als Lösungen. Ein Kommentar zum Auftakt des „Fauns". In: Arno Schmidt. Vierte Auflage: Neufassung. München 1986. (= Text und Kritik. Zeitschrift für Literatur. Heft 20/20a), Seite 109 – 118
Drews, Jörg: Schmidt und Joyce, und im Hintergrund der Dritte. In: Protokolle. Heft 1/1992, Seite 5 – 22
Drews, Jörg: „Wer noch leben will, der beeile sich!" Weltuntergangsphantasien bei Arno Schmidt. In: Gunter E. Grimm/Werner Faulstich/Peter Kuon (Hrsg.): A-

pokalypse. Weltuntergangsvisionen in der Literatur des 20. Jahrhunderts. Frankfurt a.M. 1986. (= suhrkamp taschenbuch materialien; st 2067), Seite 14 – 34
Dunker, Axel: „Man begeht kein Plagiat an sich selbst". Zur Transformation der Werke von James Joyce und Heinrich Albert Oppermann in Arno Schmidts Erzählung „Großer Kain". In: Bargfelder Bote. Lieferung 152–153/März 1991, Seite 3 – 20
Dunker, Axel: „Njus fromm hell". Dualistische Prinzipien in Schmidts Erzählung „Caliban über Setebos". In: Bargfelder Bote. Lieferung 146–147/Juni 1990, Seite 3 – 26
Eisenhauer, Gregor: „Die Rache Yorix." Arno Schmidts Poetik des gelehrten Witzes. Tübingen 1992. (= Studien zur deutschen Literatur; Band 122)
Fußmann, Klaus: „Du bekommst bestimmt eine Antwort". Versuch über Arno Schmidt. Hamburg 1993
Gätjens, Dieter: Die Bibliothek Arno Schmidts. Ein kommentiertes Verzeichnis seiner Bücher. Zürich 1991
Geulen, Hans: Nossacks „Untergang" und Arno Schmidts „Leviathan". Probleme ihrer Gegenwärtigkeit nach 1945. In: Friedhelm Rathjen (Hrsg.): Zettelkasten 8. Aufsätze und Arbeiten zum Werk Arno Schmidts. Frankfurt a.M. 1990. (= Jahrbuch der Gesellschaft der Arno-Schmidt-Leser), Seite 211 – 231
Gnüg, Hiltrud: Warnutopie und Idylle in den Fünfziger Jahren. Am Beispiel Arno Schmidts. In: H.G. (Hrsg.): Literarische Utopie – Entwürfe. Frankfurt a.M. 1982. (= st materialien; Band 2012), Seite 277 – 290
Goerdten, Ulrich: Ich – Spaltungen. In: Karl-Heinz Brücher (Hrsg.): Zettelkasten 3. Aufsätze und Arbeiten zum Werk Arno Schmidts. Arno Schmidt Tagung in Bensheim 1984. Frankfurt a.M. 1984. (= Jahrbuch der Gesellschaft der Arno-Schmidt-Leser), Seite 122 – 131
Goerdten, Ulrich: Zeichensprache, Wurzelholz und Widerstand. Arno Schmidts Erzählung 'Kühe in Halbtrauer' als Vier-Instanzen-Prosa gelesen. In: Protokolle 1/1982, Seite 61 – 80
Gradmann, Stephan: Das Ungetym. Mythos, Psychoanalyse und Zeichensynthesis in Arno Schmidts Joyce-Rezeption. München 1986. (= Bargfelder Bote. Sonderlieferung)
Guntermann, Georg: „In unseren Bestjen der Welten…". Zeit- und Religionskritik im Werk Arno Schmidts. In: Michael Matthias Schardt/Hartmut Vollmer (Hrsg.): Arno Schmidt. Leben – Werk – Wirkung. Reinbek 1990. (= rororo 8737), Seite 216 – 235
Häntzschel, Günter: Arno Schmidt, ein verkannter Idylliker. Schwierigkeiten beim Bewerten eines unbequemen Autors. In: Germanistisch-Romanistische Monatsschrift 57. (1976), Seite 307 – 321
Haffmans, Gerd: Von A.Sch. zu A.Sch.. Prolegomena zur Chronik einer Schopenhauer'schen Linken. In: Jörg Drews/Hans–Michael Bock: Der Solipsist in der Heide. Materialien zum Werk Arno Schmidts. München 1974. Seite 120 – 129
Heißenbüttel, Helmut: Annäherung an Arno Schmidt. (zuerst in: Merkur, Heft 169/1963) Zitiert nach: Hans Meyer (Hrsg.): Deutsche Literaturkritik. Band 4: Vom Dritten Reich bis zur Gegenwart (1933 – 1968). Zweite Auflage. Frankfurt a.M. 1983. (= Fi 2011), Seite 679 – 695

Heißenbüttel, Helmut: Die Sprache Arno Schmidts. (Zuerst in: Süddeutsche Zeitung, 17.9.1964) In: Hans-Michael Bock/Thomas Schreiber (Hrsg.): Über Arno Schmidt. Rezensionen vom 'Leviathan' bis zur 'Julia'. Zürich 1984, Seite 138 – 139

Henkel, Martin: BLUFF auch mare ignorantiae oder: des king ! s neue Kleider. Eine Studie zu Wesen, Werk und Wirkung Arno Schmidts. Hamburg 1992

Herrmann-Trentepohl, Henning: „Verfluchte Zeitn!" Die Rolle des Fernsehns im Spätwerk Arno Schmidts. Frankfurt a.M. 1992. (= Schriftenreihe der Gesellschaft der Arno-Schmidt-Leser; Band 2)

Herzog, Reinhart: Glaukus adest. Antike-Identifizierungen im Werk Arno Schmidts. In: Bargfelder Bote. Lieferung 14/1975 (unpaginiert)

Hink, Wolfgang: „Losung 'Heimlich Wein, öffentlich Wasser'". Latente Sexualität in 'Caliban über Setebos'. In: Bargfelder Bote. Lieferung 85-86/Januar 1985, Seite 3 – 20

Hinrichs, Boy: Vielfalt der Bedeutungsebenen, metaliterarisch transparent: Kaff auch Mare Crisium und Kühe in Halbtrauer. In: Michael Matthias Schardt/Hartmut Vollmer (Hrsg.): Arno Schmidt. Leben – Werk – Wirkung. Reinbek 1990. (= rororo 8737), Seite 121 – 141

Huerkamp, Josef: Das Gedächtnis der Menschheit? Fragen zum Zitatismus im Werk Arno Schmidts. In: Arno Schmidt. Vierte Auflage: Neufassung. München 1986. (= Text und Kritik. Zeitschrift für Literatur. Heft 20/20a), Seite 119 – 134

Huerkamp, Josef: „Gekettet an Daten & Namen." Zum 'authentischen' Erzählen in der Prosa Arno Schmidts. München 1981. (= Bargfelder Bote. Sonderlieferung)

Huerkamp, Josef: „Ein unerleDichter Fall" oder Arno Schmidt auf Schroeters Spur. In: Jörg Drews/ Heinrich Schwier (Hrsg.): „Lilienthal oder die Astronomen". Historische Materialien zu einem Projekt Arno Schmidt. Mit einem Nachwort von Josef Huerkamp. München 1984. (= Bargfelder Bote. Sonderlieferung), Seite 320 – 338

Huerkamp, Josef: Des Klarglaswitzboldes ernster Jux. Überlegungen zum prekären Status der Kritik Arno Schmidts an Karl May. In: Karl–Heinz Brücher (Hrsg.): Zettelkasten 3. Aufsätze und Arbeiten zum Werk Arno Schmidts. Arno Schmidt Tagung in Bensheim Juni 1984. Frankfurt a.M. 1984. (= Jahrbuch der Gesellschaft der Arno–Schmidt–Leser), Seite 207 – 226

Huerkamp, Josef: 'Trommler beim Zaren'. Eine Interpretation. In: Bargfelder Bote. Lieferung 32–33/Juni 1978, Seite 3 – 39

Jauslin, Kurt: Holbeins Bein. Traktat über das Verschwinden des Autors in den Wortwelten unter Berufung auf die Herren Arno Schmidt, Jean Paul und Laurence Sterne. In : K.J. (Hrsg.): Zettelkasten 7. Aufsätze und Arbeiten zum Werk Arno Schmidts. Frankfurt a.M. 1989. (= Jahrbuch der Gesellschaft der Arno-Schmidt-Leser.), Seite 166 – 224

Kaiser, Joachim: Des Sengers Phall. Assoziation, Dissoziation, Wortspiel, Spannung und Tendenz in Arno Schmidts Orpheus–Erzählung 'Caliban über Setebos'. In: Bargfelder Bote. Lieferung 5-6/1973, (unpaginiert)

Klein, Joachim: Arno Schmidt als politischer Schriftsteller. Tübingen/Basel 1995

Klußmeier, Gerhard: Ein seltsamer Weg nach Sitara. In: Heinz Stolte/G.K.: Arno Schmidt & Karl May. Eine notwendige Klarstellung. Hamburg 1973. Seite 23 – 49

Krawehl, Ernst (Hrsg.): Porträt einer Klasse. Arno Schmidt zum Gedenken. Frankfurt a.M. 1982
Krömmelbein, Thomas: Zur Rezeption der deutschen und nordischen Literatur des Mittelalters im Œvre Arno Schmidts. In: Karl-Heinz Brücher (Hrsg.): Zettelkasten 3. Aufsätze und Arbeiten zum Werk Arno Schmidts. Arno Schmidt Tagung in Bensheim Juni 1984. Frankfurt a.m. 1984. (= Jahrbuch der Gesellschaft der Arno-Schmidt-Leser), Seite 141 – 164
Kuhn, Dieter: Kommentierendes Handbuch zu Arno Schmidts Roman „Aus dem Leben eines Fauns". München 1986. (= Bargfelder Bote. Sonderlieferung)
Kuhn, Dieter: Das Mißverständnis. Polemische Überlegungen zum politischen Standort Arno Schmidts. München 1982. (= Bargfelder Bote. Sonderlieferung)
Kuhn, Dieter: Varnhagen und sein später Schmäher. Über einige Vorurteile Arno Schmidts. Mit Seitenblicken auf weitere Personen und einem dokumentarischen Anhang. Bielefeld 1994
Kutschkau, Andreas: Das Kaleidoskop. Zum Zusammenhang der Erzählungen des Zyklus 'Kühe in Halbtrauer'. In: Martin Lowsky (Hrsg.): Zettelkasten 11. Aufsätze und Arbeiten zum Werk Arno Schmidts. Frankfurt a.M. 1993. (= Jahrbuch der Gesellschaft der Arno-Schmidt-Leser), Seite 123 – 148
Kyora, Sabine: „Freud hat doch Recht!". Arno Schmidts Freud-Rezeption. In: Bargfelder Bote. Lieferung 162–163/März 1992, Seite 11 – 26
Leistner, Bernd: „…der tapfere dünne Lärm zwischen den Felsenzähnen des Daseins". Zu Arno Schmidts antigermanistischen Funkessays. In: B.L.: Sixtus Beckmesser. Essays zur deutschen Literatur. Berlin/Weimar 1989. Seite 173 – 201
Martynkewicz, Wolfgang: Arno Schmidt. Reinbek 1992. (= rororo bildmonographie 484)
Martynkewicz, Wolfgang: Selbstinszenierung. Untersuchungen zum psychosozialen Habitus Arno Schmidts. München 1991
Marx, Wolfgang: Psycholinguistische Brocken zu einer Rekonstruktion der Etym-Theorie. In: Bargfelder Bote. Lieferung 67-68/ März 1983, Seite 26 – 28
Maurer, Jörg: Landschaft bei Arno Schmidt. In: Karl–Heinz Brücher (Hrsg.): Zettelkasten 3. Aufsätze und Arbeiten zum Werk Arno Schmidts. Arno Schmidt Tagung in Bensheim Juni 1984. Frankfurt a.M. 1984. (= Jahrbuch der Gesellschaft der Arno–Schmidt–Leser), Seite 165 – 191
Meurer, Wolfgang: Arno Schmidt: Die Wasserstraße. In: Bargfelder Bote. Lieferung 53/Mai 1981, Seite 3 – 14
Minden, Michael R.: Erzählen, Gedankenspiel, Traum und Sprache. Zur Entwicklung der Form in Schmidts mittlerer Werkphase. In: Michael Matthias Schardt/Hartmut Vollmer (Hrsg.): Arno Schmidt. Leben – Werk – Wirkung. Reinbek 1990. (= rororo 8737), Seite 144 – 162
Mueller, Hugo J.: Arno Schmidts Etymtheorie. In: Wirkendes Wort 25 (1975), Seite 37 – 44
Neuner, Michael: Flucht aus dem Paradies. Arno Schmidts Erzählung „Caliban über Setebos". Egelsbach/Köln/New York 1993. (= Deutsche Hochschulschriften; Band 475)
Noering, Dietmar: Der „Schwanz-im-Maul". Arno Schmidt und die Gnosis. In: Bargfelder Bote. Lieferung 63/Juni 1982, Seite 3 – 18

Ortlepp, Gunar: Apropos: Ah!; Pro=Poe. In: Der Spiegel. Nr. 17 / 20.4.1970, Seite 225 bis 233
Ortlepp, Gunar: Bis zum letzten Gericht. Frühes Leid, späte Liebe. In: Der Spiegel. Nr. 11 / 14.3.1983, Seite 192 – 205
Ott, Friedrich P.: Aufnahme und Verarbeitung literarischer Traditionen im Werk Arno Schmidts. In: Michael Matthias Schardt/Hartmut Vollmer (Hrsg.): Arno Schmidt. Leben – Werk – Wirkung. Reinbek 1990. (= rororo 8737), Seite 259 – 273
Ott, Friedrich P.: Typographie als Mimesis. In: Friedhelm Rathjen (Hrsg.): Zettelkasten 8. Aufsätze und Arbeiten zum Werk Arno Schmidts. Frankfurt a.M. 1990. (= Jahrbuch der Gesellschaft der Arno-Schmidt-Leser), Seite 105 – 122
Pausch, Holger: Arno Schmidt. Berlin 1992. (= Köpfe des 20. Jahrhunderts; Band 116)
Phelan, Tony: Rationalist narrativ in some works of Arno Schmidt. Coventry 1972. (= Occasional Papers in German Studies, No. 2)
Proß, Wolfgang: Arno Schmidt. München 1980. (= Autorenbücher; Band 15)
Proß, Wolfgang: Von Dacqué zu Freud. Zum Verhältnis von Kulturtheorie und Psychoanalyse im Werk Arno Schmidts. In: Jörg Drews (Hrsg.): Gebirgslandschaft mit Arno Schmidt: Grazer Symposion 1980. München 1982. (= Bargfelder Bote. Sonderlieferung)
Rathjen, Friedhelm: „...schlechte Augen." James Joyce bei Arno Schmidt vor 'Zettels Traum'. Ein Kommentar. München 1988. (= Bargfelder Bote. Sonderlieferung)
Rathjen, Friedhelm: Revelry by Night – Vergebliche Mutmaßungen zur Datierung von „Pharos". In: Bargfelder Bote. Lieferung 134-136/März 1989, Seite 35 – 44
Reemtsma, Jan Philipp/Rauschenbach, Bernd (Hrsg.): „Wu Hi?". Arno Schmidt in Görlitz Lauban Greiffenberg. (Materialien für eine Biographie). Zürich 1991. (= Haffmans Taschenbuch 129)
Rofkar, Karl–Heinz: „Ein rissig verschimmeltes Gesicht...". Die Mondmetaphern im frühen und mittleren Erzählwerk Arno Schmidts. Eine lexikographische Anthologie nebst zwei Anhängen. Bielefeld 1993
Rosenberg, Leibl: Zionistische Rowdies und postatomare Pferdemetzger. Einige vorläufige Antworten auf die „Jüdische Frage" im Spätwerk Arno Schmidts. In: Karl-Heinz Brücher (Hrsg.): Zettelkasten 3. Aufsätze und Arbeiten zum Werk Arno Schmidts. Arno Schmidt Tagung in Bensheim Juni 1984. Frankfurt a.M. 1984. (= Jahrbuch der Gesellschaft der Arno-Schmidt-Leser), Seite 193 – 206
Ruetz, Michael: Arno Schmidt. Bargfeld. Mit Texten von Arno Schmidt, Jan Philipp Reemtsma, Michael Ruetz u.a.. Frankfurt a.M. 1993
Schleinitz, Astrid: Anmerkungen zum Titel der Erzählung 'Caliban über Setebos'. In : Bargfelder Bote. Lieferung 101-103/März 1986, Seite 41 – 47
Schlotter, Eberhard & Schmidt, Arno: „Viele GemEinsame Wege". Katalog zur Hildesheimer Schlotter-Ausstellung. Hrsg. von der Eberhard-Schlotter-Stiftung. Hildesheim 1989
Schneider, Michael: Bilanzen des Scheiterns. Raum, Wirklichkeit und Subjekt in Arno Schmidts Werken. Frankfurt a.M. 1984

Schneider, Michael: Geschichte und Schwerpunkte der Arno-Schmidt-Forschung. In: Michael Matthias Schardt/Hartmut Vollmer (Hrsg.): Arno Schmidt. Leben – Werk – Wirkung. Reinbek 1990. (= rororo 8737), Seite 306 – 318

Schneider, Michael: Zum gegenwärtigen Stand der akademischen Arno Schmidt-Forschung. In:Karl-Heinz Brücher (Hrsg.): Zettelkasten 3. Aufsätze und Arbeiten zum Werk Arno Schmidts. Arno Schmidt Tagung in Bensheim Juni 1984. Frankfurt a.M. 1984. (= Jahrbuch der Gesellschaft der Arno-Schmidt-Leser), Seite 227 – 246

Schuch, Ulrich: „Posthe" heißt Penis. Philatelistisches, Postalisches und Sexualität im Werk Arno Schmidts. Frankfurt a.M. 1991. (= Schriftenreihe der Gesellschaft der Arno-Schmidt-Leser, Band 1)

Schütte, Wolfram: Bargfelder Ich. Das Spätwerk und sein Vorgelände. In: Jörg Drews/Hans-Michael Bock (Hrsg.): Der Solipsist in der Heide. Materialien zum Werk Arno Schmidts. München 1974. Seite 69 – 89

Schwarze, Werner: Ägyptologie in „Caliban über Setebos". Ein Deutungsversuch. München 1980. (= Bargfelder Bote. Sonderlieferung)

Schweikert, Rudi: Arno Schmidts Lauban. Die Stadt und der Kreis. Bilder und Daten. München 1980. (= Bargfelder Bote. Sonderlieferung)

Schweikert, Rudi: Nah-entfernte Nachbarschaft. Über Arno Schmidt und Thomas Mann (und am Rande Alfred Döblin). In: Arno Schmidt. Vierte Auflage: Neufassung. München 1986. (= Text + Kritik. Zeitschrift für Literatur. Heft 20/20a), Seite 164 – 179

Schweikert, Rudi: Rilke-Spiegelungen im Werk des „Austriophoben" Arno Schmidt. In: Joachim W. Storck (Hrsg.): Rainer Maria Rilke und Österreich. Symposion im Rahmen des Internationalen Brucknerfestes '83 Linz. Linz 1986. Seite 182 – 203

Schweikert, Rudi: Siehe da: Vians 'Voyeur' und Schmidts 'Orpheus'. Entsprechungen – Umkehrungen. In: Bargfelder Bote. Lieferung 85-86/Januar 1985, Seite 21 – 25

Steinwender, Ernst-Dieter: Lä/Endlicher Spaziergang. Überlegungen zur Personenkonstellation in Schmidts Erzählung 'Schwänze'. In: Bargfelder Bote. Lieferung 138/Mai 1989, Seite 3 – 18

Steinwender, Ernst-Dieter: Odysses in der 'Midlife-Crisis' oder Der Gang zu den Müttern. Zu 'Abenteuer in der Sylvesternacht'. In: Bargfelder Bote. Lieferung 54/Juli 1981, Seite 3 – 13

Steinwender, Ernst-Dieter: „'Pornographie'! : Ich bin im Bild über Dich, Du!" Traum und Mythos in „Dr. Mac Intosh: 'Piporakemes!' In: Bargfelder Bote. Lieferung 81-82/August 1984, Seite 3 – 27

Stolte, Heinz: Nachträgliches über ein böses Buch. In: H.S./ Gerhard Klußmeier: Arno Schmidt & Karl May. Eine notwendige Klarstellung. Hamburg 1973. Seite 9 – 20

Strick, Gregor: An den Grenzen der Sprache. Poetik, poetische Praxis und Psychoanalyse in Zettel's Traum'. Zu Arno Schmidts Freud-Rezeption. München 1993. (= Bargfelder Bote. Sonderlieferung)

Thomé, Horst: Natur und Geschichte im Frühwerk Arno Schmidts. München 1981. (= Bargfelder Bote. Sonderlieferung)

Von Arnheim zu Zettel's Traum. Begleitheft der dritten Ausstellung der Arno Schmidt Stiftung in Bargfeld, 1990/91. Bargfeld 1990

Wehdeking, Volker: Arno Schmidt und die deutsche Nachkriegsliteratur. In: Michael Matthias Schardt/Hartmut Vollmer (Hrsg.): Arno Schmidt. Leben – Werk – Wirkung. Reinbek 1990. (= rororo 8737), Seite 274 – 293

Weninger, Robert: Arno Schmidt Bibliographie. Ein Verzeichnis der wissenschaftlichen Sekundärliteratur nach Titeln und Themen. München 1995. (= Bargfelder Bote. Sonderlieferung)

Weninger, Robert: Arno Schmidts Joyce-Rezeption 1957 – 1970. Ein Beitrag zur Poetik Arno Schmidts. Frankfurt a.M./Bern 1982. (= Analysen und Dokumente. Beiträge zur Neueren Literatur 9)

Wiener, Oswald: Wir möchten auch vom Arno-Schmidt-Jahr profitieren. München 1979

Witt, Hubert: Dädalus im Gehäuse. Zu Techniken des Spätwerks. In: Michael Matthias Schardt/Hartmut Vollmer (Hrsg.): Arno Schmidt. Leben – Werk – Wirkung. Reinbek 1990. (= rororo 8737), Seite 183 – 199

Wohlleben, Robert: Götter und Helden in Niedersachsen. Über das mythologische Substrat des Personals in 'Caliban über Setebos'. In: Bargfelder Bote. Lieferung 3/1973, (unpaginiert) (Textseiten 3 – 15)

Wohlleben, Robert: Übersicht: Rilkes 'Sonette an Orpheus' im Zitat bei Arno Schmidt (Caliban über Setebos). In: Bargfelder Bote. Lieferung 5–6/1973, (unpaginiert) (Textseiten 15 – 18)

Wollschläger, Hans: Arno Schmidt und Karl May. (Vortrag beim Arno Schmidt Symposium in Rendsburg 1989.) In: Akzente 37, Heft 1/Februar 1990, Seite 78 – 95

Wollschläger, Hans: Bruder Kuhn. Erledigung eines nicht erledigten Falles. In: Der Rabe. Magazin für jede Art von Literatur. Nummer 4. Zürich 1983, Seite 182 – 215

Wollschläger, Hans: Die Insel und einige andere Metaphern für Arno Schmidt. Rede zur Verleihung des Arno Schmidt Preises am 18. Januar 1982 in Bargfeld. In: Arno Schmidt Stiftung (Hrsg.): Arno Schmidt Preis 1982 für Hans Wollschläger. Bargfeld 1982, Seite 19 – 62

II. 2. Allgemeines

Anonymus [Schmid, Roland]: Der Wanderer und sein Ziel. In: Karl May: Lichte Höhen. Aus Karl May's Nachlaß. Bamberg o.J. (1956ff) (= Gesammelte Werke, Band 49), Seite 453 – 467 [Sigle: GWB 49]

Adorno, Theodor W.: Versuch über Wagner. In: Th. W. A.: Die musikalischen Monographien. Frankfurt a.M. 1971. (= Gesammelte Schriften. Herausgegeben von Gretel Adorno und Rolf Tiedemann. Band 13), Seite 7 – 148

Allemann, Beda: Rilke und der Mythos. In: Rilke heute. Beziehungen und Wirkungen. Zweiter Band. Frankfurt a.M. 1976. (= st 355), Seite 7 – 27

Arnold, Paul: Esoterik im Werke Shakespeares. Berlin o.J.

Auerbach, Günter: Sachgehalt und Wahrheitsgehalt in Shakespeares „The Tempest". (Masch. Diss.) Frankfurt a.M. 1973

Bachtin, Michail M.: Formen der Zeit im Roman. Untersuchungen zur historischen Poetik. Hrsg. von Edward Kowalski und Michael Wegner. Aus dem Russischen von Michael Dewey. Frankfurt a.m. 1989. (= Fischer Wissenschaft; Fi 7418)
Bachtin, Michail M.: Literatur und Karneval. Zur Romantheorie und Lachkultur. Aus dem Russischen übersetzt und mit einem Nachwort versehen von Alexander Kaempfe. Frankfurt a.M. 1990. (= Fischer Wissenschaft; Fi 7434)
Bloch, Ernst: Tübinger Einleitung in die Philosophie. Frankfurt a.m. 1970. (= Gesamtausgabe Bd. 13)
Bloch, Ernst: Über Beckmessers Preislied–Text. In: E. B.: Literarische Aufsätze. Frankfurt a.M. 1965. (= Gesamtausgabe, Band 9), Seite 208 – 214
Bloch, Ernst: Zauberrassel und Menschenharfe. In: E. B.: Literarische Aufsätze. Frankfurt a.M. 1965. (= Gesamtausgabe, Band 9), Seite 332 – 338
Blumenberg, Hans: Arbeit am Mythos. Frankfurt a.m. 1979
Böhme, Robert: Orpheus. Der Sänger und seine Zeit. Bern/München 1970
Bollenbeck, Georg: Theodor Storm. Eine Biographie. Frankfurt a.M. 1988
Bonaparte, Marie: Edgar Poe. Eine psychoanalytische Studie. (1934) Mit einem Vorwort von Sigmund Freud und einem Nachwort von Oskar Sahlberg. 3 Bände. Frankfurt a.M. 1981. (= st 592)
Borchmeyer, Dieter: Die Götter tanzen Cancan. Richard Wagners Liebesrevolten. Heidelberg 1992
Bornemann, Ernest: Das Patriarchat. Ursprung und Zukunft unseres Gesellschaftssystems. Frankfurt a.M. 1979. (= Fi 3416)
Bornemann, Ernest: Sex im Volksmund. Der obszöne Sprachschatz der Deutschen. Wörterbuch und Thesaurus. Reinbek 1971
Burkert, Walter: Griechische Religion der archaischen und klassischen Epoche. Stuttgart/Berlin/ Köln/Mainz 1977. (= Die Religionen der Menschheit. Herausgegeben von Christel Matthias Schröder. Band 15)
Burkert, Walter: Mythos und Mythologie. In: Propyläen Geschichte der Literatur. Literatur und Gesellschaft der westlichen Welt. Herausgegeben von Erika Wischer. Erster Band: Die Welt der Antike. 1200 v.Chr. – 600 n.Chr. . Sonderausgabe nach der Erstausgabe. Frankfurt a.M./Berlin 1988. Seite 11 – 35
Calasso, Roberto: Die Hochzeit von Kadmos und Harmonia. Aus dem Italienischen von Moshe Kahn. Frankfurt a.M. 1993. (= it 1476)
Campbell, Joseph: Der Flug der Wildgans. Mythologische Streifzüge. Aus dem Amerikanischen von Hans-Ulrich Möhring. München 1994. (= Serie Piper: Wege zur Ganzheit; SP 2076)
Campbell, Joseph: Der Heros in tausend Gestalten. Deutsche Übertragung von Karl Koehne. Frankfurt a.M. 1953
Cassirer, Ernst: Philosophie der symbolischen Formen. Zweiter Teil: Das mythische Denken. 3.Auflage (unveränderter Nachdruck der 2.Auflage von 1953). Darmstadt 1958
Cassirer, Ernst: Was ist der Mensch? Versuch einer Philosophie der menschlichen Kultur. Stuttgart 1960
Czach, Cornelia: Die Logik der Phantasie. Shakespeares Spätstücke: Pericles, Cymbeline, The Winter's Tale und The Tempest. Frankfurt a.M./Bern/New York 1986. (= Arbeiten zur Ästhetik, Didaktik, Literatur- und Sprachwissenschaften. Herausgegeben von H. Mainusch und E. Mertner. Band 11)

Delft, Pieter van/Botermans, Jack: Denkspiele der Welt. Puzzles, Knobeleien, Geschicklichkeitsspiele, Vexiere. Deutsche Bearbeitung von Eugen Oker. 13. Auflage. München 1994

di Nola, Alfonso: Der Teufel. Wesen, Wirkung, Geschichte. Mit einem Vorwort von Felix Karlinger. Aus dem Italienischen von Dagmar Türck–Wagner. München 1990

Eco, Umberto: Nachschrift zum „Namen der Rose". (1983) Deutsch von Burkhart Kroeber. 8. Auflage. München 1987. (= dtv 10552)

Ehrlich, Lothar: Christian Dietrich Grabbe. Leben und Werk. Leipzig 1986. (= RUB (Ost), Band 1174)

Elliott, George Roy: Shakespeare's significance for Browning. In: Anglia; Band 32/1909, Seite 90 – 162

Ellmann, Richard: James Joyce. Übersetzt von Albert W. Hess, Klaus und Karl H. Reichert. 2 Bände. Frankfurt a.M. 1979. (=st 473)

Esch, Arno: James Joyce und Homer. Zur Frage der ›Odyssee‹–Korrespondenzen im ›Ulysses‹. In: Therese Fischer–Seidel (Hrsg.) : James Joyces ›Ulysses‹. Neuere deutsche Aufsätze. Frankfurt a.M. 1977. (= es 826), Seite 213 – 227

Eysenck, Hans Jürgen: Sigmund Freud. Niedergang und Ende der Psychoanalyse. München 1985

Faris, Alexander: Jacques Offenbach. Zürich 1982

Feyerabend, Paul: Wider den Methodenzwang. Skizze einer anarchistischen Erkenntnistheorie. Zweite Auflage. Frankfurt a.M. 1979

Frank, Manfred: Der kommende Gott. Vorlesungen über die Neue Mythologie. 1. Teil. Frankfurt a. M. 1982. (= es 1142)

Gay, Peter: Freud. Eine Biographie für unsere Zeit. Aus dem Amerikanischen von Joachim A. Frank. Frankfurt a.M. 1995. (= Fi 12913)

Giebel, Marion: Ovid. Reinbek 1991 (= rororo bildmonographie 460)

Glaser, Hermann: Sigmund Freuds zwanzigstes Jahrhundert. Seelenbilder einer Epoche. Materialien und Analysen. Frankfurt a.M. 1979. (= Fi 6395)

Goerges, Horst: Wandlungen des Orpheus–Mythos auf dem musikalischen Theater. In: Attila Czampai/Dietmar Holland (Hrsg.): Claudio Monteverdi: Orfeo/Christoph Willibald Gluck: Orpheus und Eurydike. Texte Materialien, Kommentare. Reinbek 1988. (= rororo 8398),Seite 23 – 26

Günther, Herbert: Der Versteckspieler. Die Lebensgeschichte des Wilhelm Busch. Stuttgart 1991

Gulian, C.I.: Mythos und Kultur. Zur Entwicklungsgeschichte des Denkens. Aus dem Rumänischen von Friedrich Kollmann. Frankfurt a.M. 1981. (= st 666)

Hämmerling, Elisabeth: Orpheus' Wiederkehr. Der Weg des heilenden Klanges. Alte Mysterien als lebendige Erfahrungen. Interlaken 1984

Hamdorf, Friedrich Wilhelm: Dionysos – Bacchus. Kult und Wandlungen des Weingottes. München 1986

Harrison, Robert Pogue: Wälder. Ursprung und Spiegel der Kultur. (1992) Aus dem Amerikanischen von Martin Pfeiffer. München/ Wien 1992

Hocke, Gustav René: Die Welt als Labyrinth. Manierismus in der europäischen Kunst und Literatur. (1957/1959) Durchgesehene und erweiterte Ausgabe herausgegeben von Curt Grützmacher. Einmalige Sonderausgabe. Reinbek 1991

Holthusen, Hans Egon: Rainer Maria Rilke. 26. Auflage. Reinbek 1992. (= rororo bildmonographie 22)
Horkheimer, Max/Adorno, Theodor W.: Dialektik der Aufklärung. Philosophische Fragmente. Frankfurt a.M. 1988. (= Fischer Wissenschaft; Fi 7404)
Hornung, Erik: Der Eine und die Vielen. Ägyptische Gottesvorstellungen. Darmstadt 1973
Jack, Ian: Brownings major poetry. Oxford 1973
Jens, Walter: Ehrenrettung eines Kritikers: Sixtus Beckmesser. In: W. J.: Republikanische Reden. München 1976. Seite 93 – 100
Kabel, Rainer: Orpheus in der deutschen Dichtung der Gegenwart. (masch. Dissertation) Kiel 1964
Kayser, Wolfgang: Das Groteske. Seine Gestaltung in Malerei und Dichtung. Oldenburg/Hamburg 1957
Kiener, Franz: Empirische Kontrolle psychoanalytischer Thesen. In: K. Gottschaldt/Ph. Lersch/F. Sander/H. Thomae (Hrsg.): Handbuch der Psychologie. Band 8: Klinische Psychologie, 2. Halbband. Göttingen/Toronto/Zürich 1978, Seite 1200 – 1241
Kirk, Geoffrey Stephen: Griechische Mythen. Ihre Bedeutung und Funktion. (1974) Aus dem Englischen von Renate Schein. Reinbek 1987. (=re 444)
Klotz, Volker: Durch die Wüste und so weiter. In: Helmut Schmiedt (Hrsg.): Karl May. Frankfurt a.M. 1983. (= suhrkamp taschenbuch materialien; st 2025), Seite 75 – 100
Kott, Jan: Gott–Essen. Interpretationen griechischer Tragödien. Aus dem Polnischen von Peter Lachmann. München 1975
Kott, Jan: Shakespeare heute. Aus dem Polnischen von Peter Lachmann. München 1980. (= dtv 4359)
Kracauer, Siegfried: Jacques Offenbach und das Paris seiner Zeit. In: S.K.: Schriften. Herausgegeben von Karsten Witte. Band 8. Frankfurt a.M. 1976
Kraft, Herbert: Editionsphilologie. Darmstadt 1990
Kraus, Joseph: Wilhelm Busch. Reinbek 1989. (= rowohlts bildmonographien. 163)
Kühne, Hartmut: Kompositionen, Lieder und Vertonungen. In: Gert Ueding/Reinhard Tschapke (Hrsg.): Karl-May-Handbuch. Stuttgart 1987, Seite 601 – 606
Kuhns, Richard: Psychoanalytische Theorie der Kunst. (1983) Übersetzt von Klaus Laermann. Frankfurt a.M. 1986
Leistner, Bernd: Sixtus Beckmesser. In: B. L.: Sixtus Beckmesser. Essays zur deutschen Literatur. Berlin/Weimar 1989, Seite 121 – 155
Leppmann, Wolfgang: Rilke. Sein Leben, seine Welt, sein Werk. Bern/München 1981
Lesky, Albin: Die tragische Dichtung der Hellenen. 3., völlig neubearbeitete und erweiterte Auflage. Göttingen 1972. (= Studienhefte zur Altertumswissenschaft. Herausgegeben von Bruno Snell und Hartmut Erbse. Heft 2)
Lesky, Albin: Geschichte der griechischen Literatur. Unveränderter Nachdruck der dritten, neu bearbeiteten und erweiterten Auflage von 1971. München 1993. (= dtv 4595)

Lévi-Strauss, Claude: Das wilde Denken. Aus dem Französischen von Hans Naumann. Frankfurt a.M. 1968

Lévi-Strauss, Claude: Strukturale Anthropologie I. Übersetzt von Hans Naumann. Fünfte Auflage. Frankfurt a.M. 1991. (= stw 226)

Lévi-Strauss, Claude: Die eifersüchtige Töpferin. Übersetzt von Hans-Horst Henschen. Nördlingen 1987. (= Die andere Bibliothek. Herausgegeben von Hans Magnus Enzensberger. Band 36)

Lorenz, Christoph F.: Die Juweleninsel. In: Gert Ueding/Reinhard Tschapke (Hrsg.): Karl-May-Handbuch. Stuttgart 1987. Seite 376 – 380

Lorenz, Christoph F.: Von der Messingstadt zur Stadt der Toten. Bildlichkeit und literarische Tradition von „Ardistan und Dschinnistan". In: Karl May. München 1987. (= Text + Kritik; Sonderband. Herausgegeben von Heinz Ludwig Arnold), Seite 222 – 243

Lotman, Jurij M.: Die Struktur literarischer Texte. Übersetzt von Rolf-Dietrich Keil. 2., unveränderte Auflage. München 1986 (= UTB 103)

Lowsky, Martin: Karl May. Stuttgart 1987. (= Realien zur Literatur; Sammlung Metzler, Band 321)

Lüthi, Max: Shakespeares Dramen. Berlin 1957

Mann, Thomas: Freud und die Zukunft. (Festrede zu Sigmund Freuds achtzigstem Geburtstag am 8. Mai 1936 in Wien). In: Th.M.: Gesammelte Werke in dreizehn Bänden. Band IX: Reden und Aufsätze 1. Frankfurt a.M. 1990. Seite 478 – 501

Mann, Thomas: Joseph und seine Brüder. Ein Vortrag. In: Th.M.: Gesammelte Werke in dreizehn Bänden. Band XI: Reden und Aufsätze 3. Frankfurt a.M. 1990. Seite 654 – 669

Mann, Thomas: Leiden und Grösse Richard Wagners. In: Th.M.: Gesammelte Werke in dreizehn Bänden. Band IX: Reden und Aufsätze 1. Frankfurt a.M. 1990. Seite 363 – 426

Mann, Thomas: Die Stellung Freuds in der modernen Geistesgeschichte. In: Th.M.: Gesammelte Werke in dreizehn Bänden. Band X: Reden und Aufsätze 2. Frankfurt a.M. 1990. Seite 256 –280

Mayer, Hans: Richard Wagner. 24. Auflage. Reinbek 1994. (= rororo bildmonographie 29)

Meyer, Herman: Das Zitat in der Erzählkunst. Zur Geschichte und Poetik des europäischen Romans. Stuttgart 1961

Nalewski, Horst (Hrsg.): Rilke. Leben, Werk und Zeit in Texten und Bildern. Frankfurt a.M./Leipzig 1992

Naumann, Walter: Die Dramen Shakespeares. Darmstadt 1978

Neumann, Erich: Die Grosse Mutter. Eine Phänomenologie der weiblichen Gestaltungen des Unbewussten. Sonderausgabe. Olten/Freiburg i.Br. 1985

Nigg, Walter: Das Buch der Ketzer. Zürich 1986. (= detebe 21460)

Pfaff, Peter: Der verwandelte Orpheus. Zur „ästhetischen Metaphysik" Nietzsches und Rilkes. In: Karl Heinz Bohrer (Hrsg.): Mythos und Moderne. Begriff und Bild einer Rekonstruktion. Frankfurt a.M. 1983. (= es 1144), Seite 290 – 317

Phelps, William Lyon: Robert Browning. (Reprinted from the 1932 edition.) o.O. 1968

Der Rabe. Magazin für jede Art von Literatur. Nummer 29. Zürich 1990

Ranke-Graves, Robert von: Griechische Mythologie. Quellen und Deutung. (1955) Autorisierte deutsche Übersetzung von Hugo Seinfeld unter Mitwirkung von Boris v. Borresholm. Neuausgabe in einem Band. Reinbek 1989. (= re 404)
Ranke-Graves, Robert von/Patai, Raphael: Hebräische Mythologie. Über die Schöpfungsgeschichte und andere Mythen aus dem Alten Testament. Aus dem Englischen übersetzt von Sylvia Höfer. Redaktion und wissenschaftliche Beratung Jael B. Paulus. [2. Auflage.] Reinbek 1990. (= re 411)
Rehm, Walter: Orpheus. Der Dichter und die Toten. Selbstdeutung und Totenkult bei Novalis – Hölderlin – Rilke. Düsseldorf 1950
Rosenberg, Wolf: Offenbachs Aktualität. In: Heinz-Klaus Metzger/ Reiner Riehn (Hrsg.): Musik-Konzepte. Die Reihe über Komponisten. Heft 13: Jacques Offenbach. München 1980. Seite 71 – 86
Roskoff, Gustav: Geschichte des Teufels. Eine kulturhistorische Satanologie von den Anfängen bis ins 18. Jahrhundert. (1869) Zweite Auflage. Nördlingen 1987. (= Greno 10/20, Nr. 5)
Roxin, Claus: Mays Leben. In: Gert Ueding/Reinhard Tschapke (Hrsg.): Karl-May-Handbuch. Stuttgart 1987. Seite 62 – 123
Rutschky, Michael: Lektüre der Seele. Eine historische Studie über die Psychoanalyse der Literatur. Frankfurt a.M./Berlin/Wien 1981. (= Ullstein Materialien; Ull 35106)
Schmiedt, Helmut: Kritik und Rezeption Karl Mays. In: Gert Ueding/Reinhard Tschapke (Hrsg.): Karl-May-Handbuch. Stuttgart 1987. Seite 613 – 636
Schönau, Walter: Einführung in die psychoanalytische Literaturwissenschaft. Stuttgart 1991. (= Sammlung Metzler; Band 259)
Schweikert, Rudi: Karl Mays literarische Wirkung. Ein Rundgang mit 10 Stationen. In: Karl May. München 1987. (= Text + Kritik; Sonderband. Hrsg. von Heinz Ludwig Arnold), Seite 244 – 268
Segal, Charles: Griechische Tragödie und Gesellschaft. Ins Deutsche übertragen von Egon Menz. In: Propyläen Geschichte der Literatur. Literatur und Gesellschaft der westlichen Welt. Herausgegeben von Erika Wischer. Erster Band: Die Welt der Antike. 1200 v.Chr. – 600 n.Chr. Sonderausgabe nach der Erstausgabe. Frankfurt a.M./Berlin 1988. Seite 198 – 217
Senn, Fritz: Nichts gegen Joyce. Joyce versus Nothing. Aufsätze 1959 – 1983. Herausgegeben von Franz Cavigelli. Zweite Auflage. Zürich 1983
Sloterdijk, Peter: Die wahre Irrlehre. Über die Weltreligion der Weltlosigkeit. In: P.S./Macho, Thomas H. (Hrsg.): Weltrevolution der Seele. Ein Lese- und Arbeitsbuch der Gnosis von der Spätantike bis zur Gegenwart. Erster Band. o.O. [München] 1991, Seite 17 – 54
Stahl, August: Rilke-Kommentar zum lyrischen Werk. Unter Mitarbeit von Werner Jost und Reiner Marx. München 1978
Starobinski, Jean: Psychoanalyse und Literatur. (1970) Aus dem Französischen von Eckhart Rohloff. Frankfurt a.M. 1990. (= st 1779)
Starobinski, Jean: Das Rettende in der Gefahr. Kunstgriffe der Aufklärung. (1989) Aus dem Französischen und mit einem Essay von Horst Günther. Frankfurt a.M. 1992. (= Fi 11242)
Stauffacher, Werner: Carl Spitteler. Biographie. Zürich/München 1973

Steinbrink, Bernd: Initiation und Freiheit. Karl May und die Tradition des Abenteuerromans. In: Helmut Schmiedt (Hrsg.): Karl May. Frankfurt a.M. 1983. (= suhrkamp taschenbuch materialien; st 2025), Seite 252 – 277
Thalmann, Marianne: Provokation und Demonstration in der Komödie der Romantik. Mit Grafiken zu den Literaturkomödien von Tieck, Brentano, Schlegel, Grabbe und zum Amphitryon–Stoff. Berlin 1974
Theweleit, Klaus: Buch der Könige. Band 1: Orpheus und Eurydike. Basel/Frankfurt a.M. 1988
Theweleit, Klaus: Objektwahl (All You Need Is Love...). Über Paarbildungsstrategien & Bruchstück einer Freudbiographie. 2., verbesserte Auflage. Basel/Frankfurt a.M. 1990
Thompson, William Irwing: Der Fall in die Zeit. Mythologie, Sexualität und der Ursprung der Kultur. Aus dem Amerikanischen von Knut Pflughaupt. Reinbek 1987. (= rororo transformation. rororo 8341)
Thorlby, Anthony: Literatur und Psychologie. In: Propyläen Geschichte der Literatur. Literatur und Gesellschaft der westlichen Welt. Sechster Band: Die moderne Welt. 1914 bis heute. Frankfurt a.M./Berlin 1988, Seite 11 – 36
Ueding, Gert: Wilhelm Busch. Das 19. Jahrhundert en miniature. Frankfurt a.M. 1986. (= st 1246)
Walker, Benjamin: Gnosis. Vom Wissen göttlicher Geheimnisse. Aus dem Englischen von Clemens Wilhelm. München 1992. (= Diederichs Gelbe Reihe; 96)
Wapnewski, Peter: Die Oper Richard Wagners als Dichtung. In: Ulrich Müller/P. W. (Hrsg.): Richard-Wagner-Handbuch. Stuttgart 1986, Seite 223 – 352
Weimann, Robert: Literaturgeschichte und Mythologie. Methodologische und historische Studien. Frankfurt a.M. 1977. (= stw 204)
Wilhelm, Gertraud (Hrsg.): Die Literatur-Nobelpreisträger. Ein Panorama der Weltliteratur im 20. Jahrhundert. Düsseldorf 1983. (= Hermes Handlexikon)
Wollschläger, Hans: Karl May. Grundriß eines gebrochenen Lebens. (1965) Zürich 1976. (= detebe 20253)
Wollschläger, Hans: „Die sogenannte Spaltung des menschlichen Innern, ein Bild der Menschheitsspaltung überhaupt." Materialien zu einer Charakteranalyse Karl Mays. In: Jahrbuch der Karl-May-Gesellschaft 1972/73. Hamburg 1972. Seite 11 – 92
Zimbardo, Philip G.: Psychologie. Übersetzt von Erwin Hachmann et al. Bearbeitet und herausgegeben von W.F. Angermeier, J.C. Brengelmann und Th.J. Thiekötter. Vierte, neubearbeitete Auflage. Berlin/Heidelberg/New York/Tokio 1983
Zimmer, Dieter E.: So kommt der Mensch zur Sprache. Über Spracherwerb, Sprachentstehung, Sprache & Denken. Zürich 1988. (= Haffmans Taschenbuch 16)
Zimmer, Dieter E.: Tiefschwindel. Die endlose und die beendbare Psychoanalyse. Zweite Auflage. Reinbek 1987
Zumbach, Frank T.: Edgar Allan Poe. Eine Biographie. München 1989. (= dtv 11100)

II.3. Nachschlagwerke
Antonoff, Georg: Die Sprache des Waidmanns. Systematisches und alphabetisches Wörterbuch. Zweite, völlig neubearbeitete Auflage. München/Bern/ Wien 1977

Hunger, Herbert: Lexikon der griechischen und römischen Mythologie. Mit Hinweisen auf das Fortwirken antiker Stoffe und Motive in der bildenden Kunst, Literatur und Musik des Abendlandes bis zur Gegenwart. Nach der 6. erweiterten und ergänzten Auflage. Reinbek 1985. (= rororo 6178)
Kehrein, Josef/Kehrein, Franz: Wörterbuch der Weidmannssprache für Jagd- und Sprachfreunde aus den Quellen bearbeitet. Genehmigter Neudruck der Ausgabe von 1898. Wiesbaden 1969
Kloiber, Rudolf/Konold, Wulf: Handbuch der Oper. 7. Auflage (Nachdruck der 5., erweiterten und neubearbeiteten Auflage 1985). München/Kassel/Basel/ London 1993. (= dtv/Bärenreiter 3297)
Laplanche, J./Pontalis, J.-B.: Das Vokabular der Psychoanalyse. (1967) Aus dem Französischen von Emma Moersch. 9. Auflage. Frankfurt a.M. 1989. (= stw 7)
Simek, Rudolf: Lexikon der germanischen Mythologie. Stuttgart 1984. (= Kröners Taschenausgabe; Band 368)
Wilpert, Gero von: Sachwörterbuch der Literatur. 6., verbesserte und erweiterte Auflage. Stuttgart 1979 (= Kröners Taschenausgabe; Band 231)
The Wordsworth Companion to Literature in English. Edited by Ian Ousby. Foreword by Margaret Atwood. (Second Print of the) Revised paperback edition first published 1992. Cambridge/Ware (Hertfordshire) 1994
Yonah, Michael Avi/Shatzman, Israel: Enzyklopädie des Altertums. Zürich o.J.

Siglen

BS =	Bibliothek Suhrkamp
detebe=	Diogenes Taschenbuch
dtv =	Deutscher Taschenbuch Verlag
es =	Edition Suhrkamp
Fi =	Fischer Taschenbuch
it =	Insel Taschenbuch
Kn =	Knaur Taschenbuch
re =	Rowohlts Enzyklopädie
rororo =	Rowohlts Rotations–Romane (= Rowohlt Taschenbuch)
RUB =	Reclams Universal Bibliothek
RUB (Ost) =	" " " des gleichnamigen DDR–Verlages
SP =	Serie Piper
st =	Suhrkamp Taschenbuch
stw =	Suhrkamp Taschenbuch Wissenschaft
Ull =	Ullstein Taschenbuch
UTB =	Universitätstaschenbuch